世界银行中国经济改革促进与能力加强项目(TCC6)成果

政府会计数据分析与应用研究

ZHENGFU KUAIJI SHUJU FENXI
YU YINGYONG YANJIU

河南省财政厅
《基于河南省情的政府会计数据分析与应用研究》课题组　著

中国财经出版传媒集团

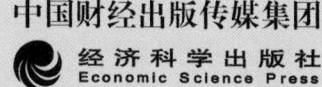

经济科学出版社
Economic Science Press

图书在版编目（CIP）数据

政府会计数据分析与应用研究/河南省财政厅《基于河南省情的政府会计数据分析与应用研究》课题组著. --北京：经济科学出版社，2021.9
ISBN 978-7-5218-2899-3

Ⅰ.①政… Ⅱ.①河… Ⅲ.①预算会计-研究 Ⅳ.①F810.6

中国版本图书馆 CIP 数据核字（2021）第 190060 号

责任编辑：杜 鹏 孙倩靖
责任校对：齐 杰
责任印制：王世伟

政府会计数据分析与应用研究

河南省财政厅
《基于河南省情的政府会计数据分析与应用研究》课题组 著

经济科学出版社出版、发行 新华书店经销
社址：北京市海淀区阜成路甲 28 号 邮编：100142
编辑部电话：010-88191441 发行部电话：010-88191522
网址：www.esp.com.cn
电子邮箱：esp_bj@163.com
天猫网店：经济科学出版社旗舰店
网址：http://jjkxcbs.tmall.com
固安华明印业有限公司印装
710×1000 16 开 28.5 印张 490000 字
2021 年 9 月第 1 版 2021 年 9 月第 1 次印刷
ISBN 978-7-5218-2899-3 定价：118.00 元
(图书出现印装问题，本社负责调换。电话：010-88191510)
(版权所有 侵权必究 打击盗版 举报热线：010-88191661
QQ：2242791300 营销中心电话：010-88191537
电子邮箱：dbts@esp.com.cn)

编委名单

主　　编：马晓飞
副 主 编：薛玉莲　颜　敏　王生交　臧希昌　王性玉
　　　　　马恒运　李晓东　门　科　张　睿　张功富
参与人员（按姓氏汉语拼音排序）：
　　　　　曹沥方　曹青子　陈素云　崔　璨
　　　　　董士清　方　健　付　东　郭丽婷
　　　　　郝　佳　何　利　何泽军　黄永华
　　　　　贾　娜　蒋格格　李飞亚　李丰团
　　　　　李建芳　李　楠　李婷婷　李现宗
　　　　　刘永丽　刘友友　刘志霞　鲁清仿
　　　　　路媛媛　吕冰妍　李颖杰　孟　媛
　　　　　米　蕊　盛　锐　时心怡　宋保胜
　　　　　王进朝　王林江　王齐琴　王向华
　　　　　王晓栋　魏森森　魏守智　武　龙
　　　　　席龙胜　薛　媛　闫明杰　叶忠明
　　　　　翟登峰　张津津　张　静　张耀匀
　　　　　张玉艳　张　悦　赵军营　赵卓娅
　　　　　郑方方　周海民

前　言

财政是国家治理的基础和重要支柱，政府财政在预算编制、预算执行、绩效管理等过程中汇聚了巨量的数据，并通过政府会计进行核算。"天下欲治计乃至"，清晰显示了政府会计在助力国家治理中的作用。如何对这些数据进行挖掘、分析和使用，辅助财政决策，已成为一项重要课题。自党的十八届三中全会《决定》提出"建立权责发生制的政府综合财务报告制度"的重要战略部署以来，财政部门积极贯彻落实党中央要求，加快推进政府会计改革。经过努力，政府会计标准体系已基本建立完成，全国行政事业单位从2019年起已实施新的政府会计准则制度体系。与此同时，2020年，河南省预算管理一体化系统上线运行，实现了纵向、横向的一体化，形成了标准和格式统一的财政数据仓库，为分析应用提供了丰富的资源。

为了探索政府会计数据在债务绩效管理、预算绩效管理和资产管理等财政改革领域的作用，充分挖掘预算管理一体化系统中政府会计数据的价值，河南省财政厅于2020年3月获批立项世界银行技术援助项目"中国经济改革促进与能力加强项目"（TCC6）子课题"基于河南省情的政府会计数据分析与应用研究"，并将该子课题分解为"政府会计主体成本核算应用研究""政府财务报告分析与应用国际比较研究""基于河南省情的政府财政数据分析与应用研究""政府会计促进债务绩效管理研究""政府会计促进预算绩效管理研究""预算管理与资产管理结合机制研究"六项研究任务，分别由河南财经政法大学、河南大学、郑州航空工业管理学院、河南农业大学、河南工程学院和河南财政金融学院六家单位承担。同时，招标确定河南省科研会计学会负责质量监控与进度管理工作，对其中五项研究报告的精华内容编撰形成本书。

本书具有以下特点：(1) 政、学、研结合，力求实效。现有关于政府会计的研究，主要聚焦政府会计标准，较少涉及政府会计数据分析运用，存在明显的"重核算轻应用"现象。本书以政府会计数据分析应用为主线，以财政改革热点难点问题为研究对象，以提高财政管理科学化、精细化水平为目标，进行了探索研究，并提出政策建议，具有较强的前瞻性和应用价值。(2) 立足基层实际，体现地方特色。课题组深入市县财政部门、高等学校、科研院所等数十家单位进行实地访谈和调研，基于河南实际，按照政策规定，综合运用决算、财务报告、预算执行、会计核算等有关数据，设计指标、开展分析，体现了河南特色，贯彻了改革要求。(3) 政策建议科学合理，丰富实用。本书根据实际工作需求，设计了较为完整、实用的政府综合财务报告分析指标体系、财政管理指标体系等量化指标，力求全面反映政府财务状况、运行情况、地方债务绩效、资产管理等状况，为公共决策提供信息支持。政策建议切合实际，科学合理，有较强的实用性。

本书在编写出版过程中，得到了有关各方的大力支持和帮助。财政部国际财金合作司、会计司、信息网络中心等单位的负责同志和世界银行等国际组织的专家给予了精心指导。河南省财政厅对外经济合作处、预算执行局、政府债务管理办公室、预算绩效管理处、会计处、资产管理处、预算绩效评价中心、政府债务管理中心、信息化管理办公室等部门给予了帮助。项目评审学者和实务专家提出了宝贵的修改建议。三门峡市财政局、驻马店市财政局、新乡市财政局、灵宝市财政局、宝丰县财政局等单位提供了大量素材。在研究过程中参阅了大量的国内外文献，然而限于篇幅，未能一一全部列出。在此向上述单位和个人一并表示衷心的感谢。

限于著者的理论、业务水平，本书的错漏在所难免，书中部分观点也有可能需要进一步完善，不妥和疏漏之处恳请广大读者批评指正。

河南省财政厅
《基于河南省情的政府会计数据分析与应用研究》课题组
2021 年 9 月

目 录

第一章　绪　论　　1
　一、研究背景与意义　　1
　二、研究思路与研究方法　　4
　三、研究内容与主要贡献　　7
　四、相关概念界定　　11
　五、河南省情简介　　13

第二章　政府财务报告分析与应用国际比较研究　　17
　一、政府财务报告基本概念与理论基础　　17
　二、研究对象及背景分析　　19
　三、主要国家政府财务报告分析体系介绍　　21
　四、主要评级机构的政府信用评级框架　　32
　五、对河南省政府财务报告分析与应用的启示　　44
　主要参考文献　　57

第三章　政府财政数据分析与应用研究　　61
　一、河南省政府财政数据分析与应用环境　　61
　二、河南省政府财政数据分析与应用领域　　68
　三、河南省政府财政数据分析与应用设计　　84
　四、河南省政府财政数据分析与应用实例　　113
　五、河南省政府财政数据分析与应用保障　　126
　主要参考文献　　137

第四章　政府会计促进债务绩效管理研究　　149

一、政府会计促进债务绩效管理的背景与逻辑框架　　149

二、政府会计对债务绩效管理的信息供给机制　　162

三、政府会计促进债务预算的机制　　166

四、政府会计促进债务控制的机制　　193

五、政府会计促进债务绩效评价的机制　　203

六、地方政府投融资平台转型　　238

七、政府会计促进债务绩效管理的政策建议　　260

主要参考文献　　265

第五章　政府会计促进预算绩效管理研究
——以河南省A高校为例　　269

一、政府会计促进预算绩效管理的机制分析　　270

二、政府会计在高校预算绩效管理中的应用现状　　276

三、基于政府会计的高校预算绩效指标设计　　286

四、绩效指标在预算绩效管理中的应用设计　　310

五、提升预算绩效管理的建议　　364

主要参考文献　　369

第六章　资产管理与预算管理结合机制研究　　372

一、河南省资产管理与预算管理结合机制现状及问题　　372

二、河南省资产管理与预算管理结合的路径研究　　388

三、河南省资产管理与预算管理结合的机制设计　　401

四、推进资产管理与预算管理结合机制建设的政策建议　　444

主要参考文献　　449

第一章

绪 论

一、研究背景与意义

(一) 研究背景

1. 政府会计改革为政府会计数据分析与应用提供了良好的数据基础

新中国的政府会计制度历经核算体系初步形成期、初步改革调整期、改革探索期、系统改革准备期后,实行的是以收付实现制政府会计核算为基础的政府决算报告制度,主要反映政府年度预算执行情况的结果,对准确反映预算收支情况、加强预算管理和监督发挥了重要作用。但随着经济社会发展,仅实行预算会计,无法科学、合理、准确地反映政府资产负债和成本费用,不利于强化政府资产管理、降低行政成本、提升运行效率、有效防范财政风险,难以满足建立现代财政制度、促进财政长期可持续发展和推进国家治理现代化的要求。为了提升政府财务管理水平,促进政府会计信息公开,推进国家治理体系和治理能力现代化,2013年11月9日至12日召开的党的十八届三中全会中提出要"建立权责发生制的政府综合财务报告制度"。

2014年,国务院批转通过《权责发生制政府综合财务报告制度改革方案》,提出要"建立健全政府财务报告分析应用体系",要以政府财务报告反映的信息为基础,采用科学方法,系统分析政府的财务状况、运行成本和财政中长期可持续发展水平,充分利用政府财务报告反映的信息,识别和管理财政风险,更好地加强政府预算、资产和绩效管理,并将政府财务状况作为评价政府受托责任履行情况的重要指标。这为政府会计数据分析与应用研究提供了政策依据并指明了方向。

根据国务院批转的《权责发生制政府综合财务报告制度改革方案》，财政部改革了原政府会计核算模式——满足预算会计功能、以收付实现制为基础、编制决算报告，构建了"双功能"（预算会计＋财务会计）、"双基础"（权责发生制＋收付实现制）、"双报告"（决算报告＋财务报告）、政府预算会计和财务会计适度分离又相互衔接的具有重大创新的政府会计核算模式。2015年以来，财政部发布了《政府会计准则——基本准则》和存货、投资、固定资产、无形资产、公共基础设施、政府储备物资、会计调整、负债、财务报表编制和列报、政府和社会资本合作项目合同10项具体准则及2项应用指南，以及《政府会计制度——行政事业单位会计科目和报表》和高等学校、医院、科学事业单位等7个行业执行《政府会计制度》的补充规定。2019年12月，财政部制定发布了《事业单位成本核算基本指引》。至此，我国已基本建立起包括政府会计准则、会计制度和成本核算指引在内的具有中国特色的政府会计标准体系，这为政府会计数据分析与应用提供了良好的数据基础。

2. 政府治理现代化对政府会计数据的分析与应用提出了新要求

党中央高度重视国家治理现代化。党的十八届三中全会将"推进国家治理体系和治理能力现代化"作为全面深化改革的总目标，党的十九大将推进国家治理体系和治理能力现代化与新时代中国特色社会主义发展的两个阶段战略安排相挂钩，十九届四中全会又提出推进国家治理体系和治理能力现代化"三步走"的总体目标。政府治理在国家治理中处于核心地位，是整个国家治理体系中最为重要的一个子系统，因此，要实现国家治理现代化，首先要实现政府治理现代化。

政府治理是指政府对公共事务的治理，是由政府治理理念、治理结构和运作方式与过程所构成的有机框架。政府治理现代化就是要改革政府治理体系和治理能力以使其适应现代社会发展的要求。江西师范大学唐天伟教授等认为，政府治理要实现现代化，必须实现五个转变：（1）治理模式由统治走向治理；（2）治理范围从全能走向有限；（3）治理标准由人治变为法治；（4）治理职能从管制走向服务；（5）治理格局从封闭走向透明。

数字化治理是推进政府治理体系和治理能力现代化的重要组成部分，是实现行政决策、行政执行、行政组织、行政监督等体制更加优化的新型政府治理模式。在数字化时代，数据本身就是一种资产，财政在收支过程中汇聚了巨量的资金，并通过政府会计进行了记录，如何盘活政府会计等海量的数据,已成为国家治理的重要议题。财政作为国家治理的一个核心内容,治理能力的提升,迫切需要对政府会计等数据进行挖掘、分析、使用,以推动财政工作决策更加科学准确,财政工作更加高效透明。

(二) 问题提出

基于上述背景,有必要通过开展国际比较研究,学习借鉴经济发达国家对财务报告数据、预算数据和其他大数据分析使用的经验,结合河南省的省情实际,围绕财政数据分析与应用,以及政府会计在促进债务绩效管理、预算绩效管理和资产管理与预算管理结合机制方面的作用等方面进行深入研究,进而提出建立健全政府会计数据分析应用体系的政策建议。具体而言,值得研究的问题包括以下五个方面。

(1) 关于政府财务报告的分析与应用,国际上有哪些先进的经验可以借鉴?包括:与中国相比,西方国家的财务报告分析体系有哪些特点?评级机构的政府评价框架有哪些内容值得借鉴和参考?

(2) 政府会计主体应该如何开展包括会计数据在内的财政数据的分析与应用?包括:财政数据分析与应用的环境是什么?在哪些领域需要进行财政数据的分析与应用?财政数据分析与应用的方法有哪些?如何运用这些方法进行财政数据的分析与应用?应如何从组织、制度、资金等方面为财政数据的分析与应用提供保障?

(3) 政府会计如何促进债务绩效管理?包括:政府会计促进地方政府债务绩效管理的逻辑框架和理论机制是什么?政府会计是如何通过促进债务预算、控制、评价进而促进债务绩效管理的?如何促进地方政府投融资平台进行转型?

(4) 政府会计如何促进高校预算绩效管理?包括:政府会计在高校预算绩效管理中的现状如何?如何设计政府会计在预算绩效管理中的绩效指标体系并将其应用于预算绩效管理之中?

(5) 资产管理与预算管理如何进行有机地结合?包括:当前资产管理与预算管理结合的现状如何?资产管理与预算管理相结合的路径有哪些?如何进行资产管理与预算管理结合的机制设计?

(三) 研究意义

本书通过借鉴国外先进经验,结合河南省情,对政府会计数据的分析与应用展开深入研究,具有以下重要意义。

1. 为政府会计数据分析与应用的开展提供实践指南

如前所述，目前政府会计改革已为政府会计数据分析与应用提供了良好的数据基础，政府治理现代化目标的提出为政府会计数据的分析与应用提出了迫切的需求，然而，学术界虽然对于企业会计数据的分析与应用有大量的研究，但对于政府会计数据分析与应用的研究成果非常鲜见。我国实务界对于政府会计数据分析与应用的实践目前处于早期的探索之中，亟须将已有的少量实务探索沉淀为知识，进而为政府会计数据分析与应用进一步深入开展提供实践指南。本书通过梳理政府会计数据分析与应用的国际经验，总结河南省在政府会计数据分析与应用的实践经验，从中提炼出可为政府会计数据分析与应用的进一步开展提供指导的规律性知识。

2. 为充分发挥政府会计数据的作用提供来自河南的经验借鉴

党的十八届三中全会中提出要"建立权责发生制的政府综合财务报告制度"以后，河南省于2014年选择部分地市试编本级政府的综合财务报告，并于2019年开始建设预算管理一体化平台，为政府会计数据的形成和利用积累了相关数据和实践经验，在运用政府会计数据促进债务绩效管理、预算绩效管理以及资产管理与预算管理结合等方面也开展了有益的探索。本书通过梳理河南省有关单位在政府会计数据分析与应用方面的实践，为在全国范围内更广泛、充分地发挥政府会计数据在实现政府治理现代化的决策支持作用提供来自河南的经验借鉴。

3. 为有关部门制定政府会计数据分析与应用的相关制度提供参考

为规范并指导各地方政府部门和相关事业单位开展政府会计数据分析与应用工作，需要有关部门出台相关制度，如制定《政府会计数据分析与应用指引》，从政府会计数据分析与应用的环境、程序、工具方法等方面提出要求；为制定《运用政府会计数据促进债务绩效管理的办法》《运用政府会计数据促进预算绩效管理的办法》《运用政府会计数据促进资产管理与预算管理相结合的办法》等制度提供政策建议。

二、研究思路与研究方法

（一）研究思路

本书为河南省财政厅承担世界银行贷款"中国经济改革促进与能力加强

项目"（TCC6）子课题"基于河南省情的政府会计数据分析与应用"的研究成果之一。课题组获准立项后，将课题分解为六项任务分别由六家高校承担（见表1-1）。

表1-1　　　　　　　　　研究任务分解情况

序号	任务名称	承担单位
1	政府会计主体成本核算应用研究	河南财经政法大学
2	政府财务报告分析与应用国际比较研究	河南大学
3	基于河南省情的政府财政数据分析与应用研究	郑州航空工业管理学院
4	政府会计促进债务绩效管理研究	河南农业大学
5	政府会计促进预算绩效管理研究	河南工程学院
6	预算管理与资产管理结合机制研究	河南财政金融学院

注：第1项任务"政府会计主体成本核算应用研究"的成果另行单独出版，不列入本书的内容。

各项任务承担单位分别对各自承担的研究任务进行文献和制度梳理，掌握相关主题的目前研究现状，然后深入相关政府部门和医院、高校、科研院所等事业单位进行访谈和实地调研，进一步了解相关主题的实务现状，对照理论预期和子课题2（政府财务报告分析与应用国际比较研究）梳理的国际实践，找出我国政府会计数据分析与应用的相关领域存在的不足与改进的方向，运用政府会计、政府治理、政府债务、预算管理、资产管理等相关理论，结合河南省情，对政府财政数据分析与应用以及政府会计在促进债务绩效管理、预算绩效管理和预算管理与资产管理结合方面的作用展开研究。

（二）研究方法

本书在研究过程中主要使用了文献分析法、调查研究法、案例研究法、比较研究法等多种研究方法。

1. 文献分析法

通过检索国内外学术文献数据库，对与政府会计、政府治理、政府会计数据分析与应用、债务绩效管理、预算绩效管理以及资产管理和预算管理结合相关的国内外文献进行梳理与回顾，从而掌握本书研究主题的国内外研究现状，寻找本书研究主题尚存的研究空间，确定本书研究的理论和应用价值。鉴于本项目的应用性和实务性需求均较强，各子课题通过检索美国、英国、瑞典、西班牙、日本等国家和我国中央政府部门、有关省份尤其是河南省发布的与本书主题相关的政策制度，对政府会计数据分析与应用的制度背景进行梳理和分析，为本书研究的"本土"特色提供制度素材。

2. 调查研究法

调查研究法是指通过考察了解客观情况直接获取有关材料，并对这些材料进行分析的研究方法。调查研究手段包括发布和填写问卷、实地或电话（线上）访谈、实地考察等多种方式。本书主要采用的是实地访谈和考察的方式获取被调查对象在政府会计数据分析与应用方面的实际做法。在实地调查开始前，各子课题组拟定调研提纲并提前发送给拟调研单位，被调研单位按接收到的提纲做好相关准备。课题组成员进入被调研单位后，整体了解被调研单位的组织架构和业务流程，重点就调研提纲所列的问题进行访谈，获得被调研单位在政府会计数据分析和应用方面的第一手材料。课题组通过梳理所获得的一手材料，掌握有关单位在政府会计数据分析与应用中的现状及存在的问题，有针对性地提出解决方案。

3. 案例研究法

案例研究法是通过典型案例，详细描述事物（案例）现象是什么、分析其为什么，并从中发现或探求事物的一般规律和特殊性，推导出研究结论或新的研究命题的一种研究方法。本书在开展财政数据分析与应用、政府会计促进预算绩效管理等研究时均采用了案例研究方法。在开展财政数据分析与应用时，以河南省某县级政府作为案例单位，基于该县政府编制的2019年度政府综合财务报表和决算报表，就政府财政经济状况和政府财政财务管理情况进行相关综合分析。在开展政府会计促进预算绩效管理研究时，以河南省A高校作为案例单位，对高校预算绩效管理运作模式、管理体制和现状以及存在的问题等进行了深入分析。上述"解剖麻雀式"的案例研究为政府会计数据分析与应用的现状、存在问题和对策建议提供了经验支持。

4. 比较研究法

比较研究法是将客观事物进行比较，以达到认识事物本质和规律并做出正确评价的研究方法。该方法在学术研究和实践中被广泛使用，本书也采用比较法开展政府财务报告分析与应用国际比较研究。通过比较美国、英国、瑞典、西班牙、日本、中国等国家的政府财务报告体系的特点，从评级维度和评级指标两方面分别对评级机构的主权国家信用评估框架和地方政府信用评级框架进行比较，深入挖掘共同点和不同点，从信息披露、评价维度、指标设计和报告编制等方面为我国政府财务报告分析与应用提供建议。

三、研究内容与主要贡献

（一）研究内容

本书借鉴国际先进经验，在国内充分调研，结合河南省情，围绕财政数据分析与应用以及政府会计促进债务绩效管理、预算绩效管理、资产管理与预算管理结合等主题展开研究，为建立健全政府会计数据分析应用体系提出解决方案。本书内容分为以下六章，各章的主要内容如下。

1. 绪论（第一章）

本章主要阐述了本书的研究背景、问题提出、研究意义、研究思路、研究方法、研究内容与主要贡献，并对本书以后各章中涉及的主要概念进行明确界定，最后对河南省情做一简要介绍。

2. 政府财务报告分析与应用国际比较研究（第二章）

本章对比分析了美国、英国、瑞典、西班牙、日本、中国六个国家的政府财务报告分析体系以及穆迪、标准普尔和惠誉三家国际知名信用评级机构对主权国家与地方政府的评级维度与评级指标。通过研究，提出了以下政策建议：（1）要厘清政府财务报告的主体与使用对象，建立政府财务报告信息披露制度，从出具报告、独立审计、对外公开三方面规范披露制度。（2）应从债务管理能力、财政自给能力、政府服务能力和财政可持续能力四个维度对政府财务报告进行分析。（3）报告编制时要合理界定特殊资产与隐性负债，全面反映政府资产负债情况，充实报表附注；衔接统计信息系统，披露宏观财政信息，丰富财政经济分析；建立一体化电子操作平台，提高政府财务报告编制的信息化程度。

3. 政府财政数据分析与应用研究（第三章）

本章主要围绕河南省政府财政数据分析与应用的环境、领域、设计、实例、保障五个方面展开研究。通过研究主要有以下发现：（1）把握了河南省政府财政数据分析与应用的现实环境。通过对财政数据分析与应用的宏观环境、河南省情、技术环境的分析，明确了财政数据分析与应用在国家治理现代化中的作用，明晰了"大智移云物区"时代、国家治理现代化以及河南省财政经济运行管理对财政数据分析与应用的时代要求与现实需要。（2）明确了河南省政府财政数据分析与应用的领域范围。以预算管理一体化的相关设计环节及数据为依托，主要从项目库管理、政府预算管理、政府预算绩效管理、政府债务风险管理、政府财政资金科学配置管理、财政资金监控、政府决算财务信息系统优化提升共七个方面对河南省政府财政数据予以分析与应用。(3) 设计了河南省政府财政数据分析与应用的程序路径；设计了政府财政经济分析报告和政府财政财务管理情况分析报告；明确了政府财政经济分析报告和政府财政财务管理报告的内容和技术方法以及政府财政数据分析报告的编制方法；搭建了政府财政数据分析与应用系统用户需求设计框架。(4) 提供了河南省政府财政数据分析与应用的实操案例。根据河南省某市2019年编制的政府综合财务报表和决算报表，对设计的河南省政府财政数据分析与应用的程序路径进行了实际操作，为项目成果的具体应用提供了操作指南。(5) 构建了河南省政府财政数据分析与应用的保障体系。结合河南省财政数据分析与应用的现实环境，为确保在河南省财政预算管理一体化平台中实现数据分析功能和智慧财务，从组织设置、制度建设、数据共享、资金支持、智慧财政五个渠道，构建了河南省政府财政数据分析与应用的保障体系。

4. 政府会计促进债务绩效管理研究（第四章）

本章从以下四个方面对政府会计如何促进我国债务绩效管理进行研究：(1) 政府会计对债务绩效管理的信息供给机制；(2) 政府会计促进债务预算机制（事前预算）；(3) 政府会计促进债务控制机制（事中控制）；(4) 政府会计促进债务绩效评价机制（事后评价）；(5) 地方政府融资平台转型路径。通过研究提出了以下政策建议：(1) 优化改革顶层设计，加强法治力度；(2) 完善会计核算体系，健全信息质量保障机制；(3) 完善债务绩效管理制度。

5. 政府会计促进预算绩效管理研究——以河南省A高校为例（第五章）

首先，本章分析了政府会计促进预算绩效管理的机制，认为这一机制应该包括政府会计与预算绩效管理的整合机制、成本管理与预算绩效管理的耦合机制；其次，对政府会计在高校预算绩效管理的应用现状进行了分析，指出了预算申报、预算监控、预算绩效评价等方面存在的问题；最后，以河南省A高校为例，设计了基于政府会计的高校预算绩效指标，并将其应用于预算申报、预算监控、预算绩效评价中。通过研究，提出了以下政策建议：(1) 推进成本核算，构建政府成本会计体系；(2) 规范资产管理，引入资产效率绩效指标；（3）强化预算会计控制功能，提升预算绩效管理水平；（4）提升政府会计信息质量，保障预算绩效管理信息可靠性；（5）完善财政信息一体化平台，实现信息共享。

6. 资产管理与预算管理结合机制研究（第六章）

本章主要聚焦在政府会计改革的背景下，基于政府综合财务报告编制中产生的数据信息，结合河南省实际情况，以行政事业性国有资产管理和预算管理为研究对象，按照履行综合管理职能的财政部门层级、履行监督管理职能的主管部门层级、履行具体管理职能的预算单位层级三个层级，通过深入挖掘与充分运用从资金到资产的价值链管理与信息流管理，打通全生命周期资产管理与全过程预算管理的路径，并以此路径为核心，建立一套有核心运行机制、保障机制、监督与绩效管理机制三个层面的机制框架，以保证预算资金及国有资产安全和高效使用。通过研究，提出了如下政策建议：（1）强化资产管理和资产预算管理理念；（2）加强资产管理和资产预算管理法制建设；（3）搭建互融互通信息化平台，为资产管理和预算管理有机结合强攻赋能；（4）全面摸清资产"家底"，做实资产存量；（5）做实资产配置计划编审；（6）加强资产管理和预算管理专业队伍建设；（7）强化绩效考核，勇于监督，奖惩分明，违法必究。

（二）主要贡献

与现有相关研究成果相比，本书的主要贡献体现在以下几个方面。

1. 从应用的层面充实了政府会计研究成果

现有关于政府会计的研究，大多集中于政府会计改革、政府会计准则、政府会计制度、预算会计、公立医院和行政事业单位会计等主题，主要围绕有关政府会计应如何改革、新政府会计准则和制度实施过程中遇到的问题及完善建议等政府会计数据的提供层面上的问题，而鲜有关于如何针对基于新政府会计准则产出的数据进行分析并运用于政府治理决策方面的研究。本书的研究正是通过梳理国外实务界在政府财务报告分析与应用方面的做法，借鉴其先进经验，结合河南省情，对地方政府财政数据的分析与应用、促进政府会计在债务绩效管理和预算绩效管理以及资产管理与预算管理相结合领域的实践进行了探索性研究，从而部分缓解了目前研究成果中存在的"重核算轻应用"的问题，使政府会计的研究成果能更好地转化为生产力。

2. 为政府会计数据分析与应用实践提供"河南"解决方案

自 2014 年国务院批转通过《权责发生制政府综合财务报告制度改革方案》提出要"建立健全政府财务报告分析应用体系"以来，我国一些省份，如海南省、广东省、北京市、吉林省等均组建了课题组，围绕着政府综合财务报告分析指标体系展开了研究，并取得了一些成果。但是，与上述省份相比，河南省是人口大省、农业大省，具有独特的省情，因而其政府会计实践也存在着一定的特殊性。本书通过深入河南省财政厅有关处室、地市财政局、公立医院、高等学校、科研院所等数十家单位进行实地访谈和调研，梳理这些单位在财政数据分析与应用，以及运用政府会计数据促进债务绩效管理、预算绩效管理和资产管理与预算管理相结合方面的实践做法，丰富了我国政府会计数据分析与应用的实践。

3. 构建了地方政府财政数据分析与应用的框架

尽管国外和我国一些地方省份开展了财政数据的分析与应用实践，但是相关实践活动不够系统，缺乏一个统一的框架，不利于指导未来的实践，因而亟须构建一个可用来指导政府会计数据分析与应用实践的系统、完整的框架。本书在借鉴我国管理会计应用指引的框架基础上，结合财政数据分析与应用的特点，提出了财政数据分析与应用的框架。该框架包括分析与应用环境、分析与应用领域、分析与应用设计、分析与应用保障四个部分，其中，分析与应用环境分为宏观环境和技术环境；分析与应用领域包括项目库管理、政府预算管理、预算绩效管理、政府债务风险管理、政府财政金科学配置管理、财政资金监控和政府决策财务信息系统优化提升；分析与应用设计包括财政数据分析报告的内容设计、财政数据分析的内容和技术方法、财政数据分析报告的编制方法、财政数据分析与应用系统用户需求设计等；分析与应用保障包括组织设置、制度建设、数据共享、资金支持、智慧财政等。河南省某县级政府在开展财政数据分析与应用实践时就是以上述框架来指导进行的，实践表明该框架结构清晰、全面系统，对实践具有很好的指导作用。

4. 揭示了政府会计促进政府债务绩效管理的机制

长期以来，学术界对于政府会计是否能促进政府债务绩效管理以及如何促进等问题研究较少，从而使得政府会计影响政府债务绩效管理的理论机理不清楚，这在一定程度上导致部分人怀疑政府会计在地方政府债务绩效管理中是否有积极的作用，进而影响着政府会计在地方政府债务绩效管理实践中的应用程度。本书通过理论推演和大量实践经验的总结，揭示了政府会计促进政府债务绩效管理的机制，认为政府会计在地方政府债务绩效管理中具有重要且积极的促进作用，这一机制包括信息供给、事前预算、事中控制和事后评价四个子机制：（1）政府会计（包括预算会计、财务会计和成本会计）对地方政府债务绩效管理的信息供给机制；（2）政府会计促进债务预算（包括预算目标、原则、方法、指标等）机制；（3）政府会计促进债务控制机制；（4）政府会计促进地方政府债务绩效评价机制。政府会计促进政府债务绩效管理的机制的揭示有助于纠正理论和实务界对于政府会计在政府债务绩效管理中的作用的错误认识，指导实务界运用政府会计促进政府债务绩效管理具有重要的意义。

5. 设计了资产管理与预算管理结合的机制

尽管早在 2006 年财政部颁布的《行政单位国有资产管理暂行办法》和《事业单位国有资产管理暂行办法》中就明确将"资产管理与预算管理相结合"作为行政、事业单位国有资产管理的原则之一，然而在行政、事业单位的国有资产管理实践中，资产管理与预算管理相脱节的现象依然较为普遍、严重，这可能源于虽然财政部有原则性的要求，但是实际操作中缺乏具体的结合机制指导。鉴于此，本书在政府会计改革的背景下，基于政府综合财务报告编制中产生的数据信息，结合河南省实际情况，通过深入挖掘与充分运用从资金到资产的价值链管理与信息流管理，打通全过程预算管理与全生命周期资产管理的路径，并以此为核心，设计了一套由核心运行机制、保障机制、监督与绩效管理机制组成的资产管理与预算管理结合的机制。这一机制兼具科学性和可操作性，预期可以有效指导行政事业单位在国有资产管理实践中将资产管理与预算管理有机地结合起来，保证财政资金及国有资产安全和高效使用。

四、相关概念界定

（一）政府会计[①]

关于政府会计，中外基本上没有一个单独的权威定义。国际会计准则委

[①] 本部分内容源自本项目承担单位之一的河南大学课题组研究报告初稿中的相关内容。

员会认为政府会计指的是一种会计体系，主要用来对政府和事业单位的财务收支情况进行记录、报告、确认和计量，以明确其履职情况，是实现国家财政职能、执行国家预算的重要手段。美国政府会计准则委员会从会计在政府组织中的作用的角度来定义政府会计，对政府会计系统提出了两点要求：一是"按照公认会计原则，公允、充分地报告政府部门的基金和账群的财务状况和财务经营成果"；二是"确定和证实其对财务法规和合约条款的遵守"。美国的政府会计实行基金会计模式，通过基金确定会计处理、报告的主体边界及范围划分，每一基金是独立会计主体、独立会计账户，一个政府部门是一些不同种类的基金会计主体的组合体。英国的政府会计则有"资源会计与预算（RAB）"这一特殊概念，所谓资源会计与预算是一种以权责发生制为核算基础的中央政府会计与预算，即采用权责发生制基础进行政府预算的编制、预算执行的会计处理和政府财务报告的编制，以更加全面、系统地反映公共部门运行的成本或资源耗费成本，旨在将投入与部门的目标、产出相联系，从而更准确地反映政府公共事务的产出与成本，提高公共部门会计信息与企业会计信息的可比性，但是由于运用资源会计的成本较高而使其遭受了一些质疑。我国《政府会计准则——基本准则》明确指出政府会计由预算会计和财务会计构成。其中，财务会计是指以权责发生制为基础对政府会计主体发生的各项经济业务或者事项进行会计核算，主要反映和监督政府会计主体财务状况、运行情况和现金流量等的会计；预算会计是指以收付实现制为基础对政府会计主体预算执行过程中发生的全部收入和全部支出进行会计核算，主要反映和监督预算收支执行情况的会计。

（二）政府会计数据分析与应用

会计数据是指通过会计核算实际记录或科学预测，反映会计主体过去、现在、将来有关资金运动状况的信息。政府会计数据主要来源是政府财务报告，既包括预算会计数据，也包括财务会计数据，涵盖反映政府预算执行情况和政府工作效率及效益情况、政府整体财务状况信息和政府运行信息以及政府受托责任履行情况等的数据。政府会计数据的使用者包括负责政策制定、政策监督的立法及监督机构，以及国债投资者、国外金融机构及其他投资机构、资源捐赠者、与政府有经济来往的主体、政府领导及上级机构和政府内部管理者与监督机构、社会公众、评级机构和经济财务分析师、媒体等。政府会计数据分析与应用是以政府财务报告为依据，结合国民经济形势，对政府财务状况、运行情况，以及财政中长期可持续性等内容进行分析，发现存在的问题，提出改进建议。不同的数据使用者，关注的重点也不相同，因而对政府会计数据的分析角度也不相同。政府会计数据的分析与应用领域非常广泛，本书将重点讨论包括会计数据在内的财政数据分析与应用的环境、领域、设计与保障，以及政府会计数据在地方政府债务绩效管理、预算绩效管理、资产管理与预算管理结合中的应用。

五、河南省情简介

（一）河南省情概况[①]

河南历史悠久，是中华民族和华夏文明的重要发祥地；文化灿烂、人杰地灵、名人辈出，是中国姓氏的重要发源地；资源丰富，是全国农产品主产区和重要的矿产资源大省；人口众多，是全国人口第一大省，劳动力资源丰富，消费市场巨大；区位优越，是全国重要的交通通信枢纽和物资集散地；农业领先，是全国第一农业大省、第一粮食生产大省、第一粮食转化加工大省；发展较快，经济总量稳居全国第五位；潜力很大，正处于工业化、城镇化加快发展阶段，发展的活力和后劲不断增强。

1. 基本省情

（1）人口大省。根据《河南统计年鉴》，2019 年河南省总人口达到 1.0952 亿人，位列全国第一，较 1978 年的 7 067 万人增长了 3 885 万人。根据 2021 年我国第七次人口普查数据，河南省常住人口为 9 936 万余人，位列全国第三，仅次于广东和山东。

（2）农业大省。根据《中国统计年鉴》，2019 年河南省粮食总产量为 6 695.4 万吨，位居全国第二，仅次于黑龙江省。2019 年河南省农业生产总值达到 5 408.6 亿元，连续三年位列全国第一。河南规模以上农产品加工业年实现主营业务收入占到全国近 1/10，位居全国第二。小麦种植面积全国第一，花生、芝麻产量均居全国第一，蔬菜及食用菌产量居全国第三，河南牛、猪、禽饲养量以及禽、蛋、肉、奶产量均居全国前四位。依托丰富优质的农产品资源，河南大力发展农产品加工转化，成为全国第一的粮食转化加工大省、

[①] 本部分根据相关资料整理而成。

第一肉制品大省、第一肉牛大省。目前全国市场 1/2 的火腿肠、1/3 的方便面、1/4 的馒头、3/5 的汤圆、7/10 的水饺产自河南。

（3）经济大省。2020 年，河南省生产总值 54 997.07 亿元，位列全国第五；在北方地区位列第二，仅次于山东省。但是人均可支配收入排名位列全国 24。河南省从 2000～2010 年国内生产总值（GDP）增长非常迅猛，从不到 6 000 亿元扩张到 26 655 亿元，增长速度超过 340%，快于全国平均的 304% 左右。但是从 2010 年开始，河南省的 GDP 增速有所放缓。

2. 河南省获批国家战略情况

截至目前，在河南落地的国家战略有五个，分别是粮食生产核心区、中原经济区、郑州航空港经济综合实验区、郑洛新国家自主创新示范区、中国（河南）自由贸易试验区。

（1）粮食生产核心区。2008 年，河南粮食生产核心区建设工程纳入国家粮食战略工程。核心区建设目标为：到 2020 年，在保护好全省 1.022 亿亩基本农田的基础上，粮食生产核心区用地稳定在 7 500 万亩，粮食生产能力达到 1 300 亿斤，使河南省粮食生产的支撑条件明显改善，粮食综合生产能力和农业综合效益显著提升，成为全国重要的粮食稳定增长的核心区、体制机制创新的试验区、农村经济社会全面发展的示范区。河南粮食生产核心区建设总投资为 939.81 亿元。

（2）中原经济区。2011 年，中原经济区被列入《中华人民共和国国民经济和社会发展第十二个五年规划纲要》，上升为国家战略。中原经济区的发展目标为：到 2015 年，粮食综合生产能力稳步提高，产业结构继续优化，城镇化质量和水平稳步提升，工业化、城镇化、农业现代化发展协调性不断增强，基本公共服务水平和均等化程度全面提高，居民收入增长与经济发展同步，生态环境逐步改善，资源节约取得新进展，初步形成发展活力彰显、崛起态势强劲的经济区域。到 2020 年，粮食生产优势地位更加巩固，工业化、城镇化达到或接近全国平均水平，综合经济实力明显增强，城乡基本公共服务趋于均等化，基本形成城乡经济社会发展一体化新格局，建设成为城乡经济繁荣、人民生活富裕、生态环境优良、社会和谐文明、在全国具有重要影响的经济区。

（3）郑州航空港经济综合实验区。2013 年，国务院正式批复郑州航空港经济综合实验区发展规划，这标志着郑州航空港经济综合实验区上升为国家战略。港区战略定位是建成国际航空物流中心、以航空经济为引领的现代产业基地、内陆地区对外开放重要门户、现代航空都市、中原经济区核心增长极。重点发展具有临空指向性和关联性的高端产业，培育临空高端服务功能和知识创新功能，构筑中原经济区一体化框架下具有明显特色和竞争力的包括航空物流业、高端制造业、现代服务业在内的空港产业体系。

（4）郑洛新国家自主创新示范区。2016年，郑洛新国家自主创新示范区获国务院批准。郑洛新国家自主创新示范区依托郑州、洛阳、新乡3个国家高新区，是中原地区的高科技产业中心，是河南省体制机制创新的重要示范基地，河南省将举全省之力将其建设成为具有较强辐射能力和核心竞争力的创新高地。

（5）中国（河南）自由贸易试验区。2016年8月31日，国务院决定设立中国（河南）自由贸易试验区。河南自贸区的战略定位是，加快建设贯通南北、连接东西的现代立体交通体系和现代物流体系，将河南自贸区建设成为服务于"一带一路"建设的现代综合交通枢纽、全面改革开放试验田和内陆开放型经济示范区。发展目标是，经过三至五年改革探索，形成与国际投资贸易通行规则相衔接的制度创新体系，营造法治化、国际化、便利化的营商环境，努力将河南自贸区建设成为投资贸易便利、高端产业集聚、交通物流通达、监管高效便捷、辐射带动作用突出的高水平高标准自由贸易园区，引领内陆经济转型发展，推动构建全方位对外开放新格局。

（二）政府会计准则制度在河南省的实施情况

河南省自2014年起开展市本级综合财务报告，选择部分县和市级单位进行试编，通过试编，基本摸清了单位家底，积累了编制经验。为确保政府会计准则制度体系于2019年1月1日顺利实施，河南省财政厅按照政府会计改革要求，从2016年起着力开展培训、试点、指导、编写模板四个方面的工作，取得了显著成效，全省累计现场培训10万余人次，基本做到"横向到边、纵向到底"。政府会计改革意义和内容深入人心，6家试点单位圆满完成新旧制度模拟衔接工作和新制度实施工作，省财政厅借鉴模拟试点经验，归纳提炼出全省通用的《政府会计准则制度衔接操作指引》，细化了财务会计科目、预算会计科目新旧制度衔接转换的具体步骤，具有较强的操作性和指导性。各预算单位组织人员研究制度、购置软件、组织培训、观摩学习。在全省各级各单位共同努力下，河南省全面实施了政府会计准则制度。2020年，对全省1万多家一级预算单位的财务数据进行大数据审计，除个别单位会计处理不规范外，绝大多数都按时进行了新旧制度转换。

行政事业单位全面实施政府会计改革，为编制综合财务报告提供了真实完整的数据基础。同时，财政部也出台了《政府财务报告编制办法》，规范了政府财务报告的内容、编制方法和数据质量审核等。河南省财政厅组织编制了 2020 年权责发生制政府综合财务报告，并开展了报告分析工作。

（三）河南开展政府会计数据分析使用的基础优势

2019 年，按照财政部统一安排，河南省开始建设预算管理一体化平台，规范了各级预算管理核心业务的工作流程，实现政府预算、部门预算、单位预算及上下级预算之间的业务环节和预算、会计核算、决算及财务报告的一体化。按照进度安排，预算管理一体化平台于 2020 年上线使用，打通了预算全流程的各环节，数据标准更加规范。这就形成了数据标准统一格式统一的海量财政数据仓库，为数据分析应用提供了丰富的资源。

本章作者：张功富

第二章

政府财务报告分析与应用国际比较研究

一、政府财务报告基本概念与理论基础

(一) 政府财务报告的基本概念

1. 政府财务报告

根据美国的定义[①],联邦政府的财务报告为决策、项目活动、绩效评估和其他目的提供信息。美国政府会计准则委员会(Government Accounting Standards Board,GASB)认为政府财务报告应包括主要报表、附表和统计表等部分。我国《政府会计准则——基本准则》则指出,"政府财务报告是反映政府会计主体某一特定日期的财务状况和某一会计期间的运行情况和现金流量等信息的文件。政府财务报告应当包括财务报表和其他应当在财务报告中披露的相关信息和资料"。虽然各国对政府财务报告的定义并不完全一致,但都具有两个特征:一是报告编制是由政府部门完成,并反映政府会计主体的相关信息;二是报告形式是以财务报表为基础,以其他附表和文字说明为辅助。

2. 政府财务报告的确认基础

从实务来看,各国政府财务报告确认基础除了最基本的收付实现制和权责发生制外,还存在中间带的会计基础,通常称为修正的收付实现制基础(modified cash basis) 或修正的权责发生制基础(modified accrual basis)。

(1) 收付实现制,也称为现金制,这就意味着当期的收入和支出取决于

---

① 《美国联邦财务会计概念第 1 号公告——联邦财务报告的目标》将财务报告定义为以货币形式报告和解释一个实体的交易或事项及其经济后果的书面文件。

资金是否已收到或支付到账户中,确认的时点是实际收到或支付款项的时间。这种做法在确认各类经济业务时不考虑预收和预付费用,期末也不需要进行账目调整,仅通过账簿中记录的本期的收付款项就可以对比出当期盈亏情况,比较简单。

(2) 权责发生制,也称为应计制,是与收付实现制对应的另一种会计确认和计量方法,即对应该进行记录和确认的事项,只要是当期收支都要将其视为当期收入或费用来处理,不考虑当期是否收付。因此,政府会计采用权责发生制更有优势,其能够完整清晰地反映单位的效率信息,更能促进资源的优化配置,满足公众需求。

(3) 修正的收付实现制,即原则上采用收付实现制,根据单位内部和管理的需要,对某些需要特殊记录和核算的交易事项偏向权责发生制。主要表现为两种模式:一是在财务年度结束后延长一段时间,本年度账务不进行结账,允许将特定年度内发生的在本年度拨付的款项作为本年度的支出;二是在财务年度结束时,人为地保持不结账状态,在此期间发生的属于上期的各类应收和应付款项均记录到上一期,作为上期的收支进行核算。

(4) 修正的权责发生制,即原则上采用权责发生制,根据单位内部和管理需要,对某些需要特殊记录和核算的交易事项偏向收付实现制。例如,与国防建设、公共基础设施有关的资产等,以及具有特殊性质的历史文化资产,建成后不确认为国有资产,而是确认为费用。

3. 政府财务报告分析指标体系

政府财务报告分析是以财务信息为对象,采用财务分析的方法,设计反映政府财务交易的各种分析指标,对政府的财务运行状况和未来的财务发展状况进行评价的过程。从性质上看,政府财务报告分析体系作为财务报告制度重要的配套设施,其目的是让包括债权人和社会公众在内的各类信息使用者掌握政府公共受托责任履行状况。从内容上看,政府财务报告分析指标体系是以各级政府为主体,通过对财务报告所反映的各项财务会计信息的有序排列,反映政府财政职能履行情况的一套指标体系。

(二) 政府财务报告的理论基础

1. 新公共管理理论

20 世纪 70 年代末,西方国家步入了公共管理特别是政府治理变革的时代,开始了一系列的政府改革运动。尽管各国的具体实践不同,但都有一个共同的取向：新公共管理。根据新公共管理理论，政府财务报告既要满足国家宏观管理和财务管理的需要，又要满足内部财务管理和预算管理的双重需要。政府财务报告的目标是履行公共责任，这就要求提高信息的透明度。因此，政府的财务报告更符合新公共管理理论的需要。

2. 公共治理理论

公共治理理论认为政府应以服务理念为导向，建设服务型政府，并且关注服务质量而不是服务数量。但追求公共服务质量的同时也会消耗更大规模的公共资源，随着全球各国公共财政支出规模不断扩大，政府的公共服务业效益日益低下。为了保障政府公共服务的质量与效益，各国逐渐开始评估政府绩效。政府财务报告则为评估国家绩效提供了自然数据，政府财务分析应该关注国家治理层面，注重分析财政收入与支出，评估政府提供公共服务的效率。

3. 决策有用理论

20 世纪 50 年代，一些美国会计学者开始批判受托责任观，其认为古典会计学过于强调准确性而忽视了相关性与可靠性，致使信息使用者无法正确决策。所谓决策有用，指财务信息能够为信息使用者的投融资决策、经营管理等提供服务。政府的投资者、债权人等利益相关者除关注政府受托责任的履行外，更注重从政府财务报告信息中评估自己获取的利益及承担的风险，并依据这些做出决策。因此，政府财务报告的分析与应用应以报告信息使用者的需求为基准，以使其做出有用的决策。

4. 财务分析理论

财务分析理论建立于会计形成和发展的基础之上。所谓财务分析，是以会计核算数据资料以及最终形成的报告为基础，使用相关技术和方法分析会计主体过去的财务状况、经营成果和现金流，为其现在和未来的经营、投融资等活动提供决策依据，并从偿债、营运、盈利及发展四个方面对会计主体进行全方位分析与评价，使得经营者、债权人等信息使用者能够了解和把握组织的过去，并对组织的现在展开适宜的评价，进而对未来做出合理的预测。

二、研究对象及背景分析

（一）主要国家的选择

在选择具体国家作为比较对象时，考虑到发达国家和地区在政府会计改革上的先行先试，政府财务报告体系相对成熟，本书最终确定美国、英国、瑞典、西班牙、日本五个主要国家与中国进行比较研究，具体原因如下。

1. 法系是各国推行权责发生制改革的前提

第一类是英国、美国，他们属于英美法系，对公众选民的信息需求更为看重，管理受托责任优先于法律受托责任；第二类是属于大陆法系的瑞典、西班牙和日本，与我国的法系一致，它们更注重法律方面的受托责任。

2. 政府综合财务报告主要以权责发生制为基础

具体来说，美国对财务会计采用权责发生制，对预算会计则采用收付实现制，预算报告与财务报告相互独立，与我国的双轨制有相通之处；英国则通过彻底的变革采用完全的权责发生制，其对权责发生制的运用值得借鉴；瑞典对权责发生制的实施最早也最彻底；西班牙主要对内部使用者编制财务报告，与我国之前的收付实现制会计类似；日本则是在传统预算会计基础上实施温和改革路径，且同属亚洲国家，与我国的改革路径更相似。这些样本国家的相关差异具体如表2-1所示。

表2-1　　　　　　　　　样本国家基本情况

项目	美国	英国	瑞典	西班牙	日本	中国
法系	英美法系	英美法系	大陆法系	大陆法系	大陆法系	大陆法系
编制基础	双轨制	完全的权责发生制	完全的权责发生制	修正的权责发生制	修正的权责发生制	双轨制
信息使用者	内外部使用者	内外部使用者	内外部使用者	内部使用者	内外部使用者	内外部使用者
报告目标	兼顾绩效评价与预算控制	兼顾绩效评价与预算控制	强调提高公共部门管理绩效	强调资金使用的合法性	兼顾绩效评价与预算控制，预算控制居首位	兼顾绩效评价与预算控制，绩效评价居首位
财务会计与预算会计的关系	相互独立	相互独立	相互独立	相互联系，以预算为主	相互联系，以财务为主	相互衔接，适度分离，两者同样重要

（二）主要评级机构的选择

之所以将国际评级机构也纳入国际比较的范畴，主要基于以下两点考虑。

1. 参考偿债能力指标，抵抗债务风险

近年来我国经济增速放缓，一些地方政府的债务风险凸显。我国出台的政府财务报告编制操作指南中也给出了 20 个分析指标，这些指标大多偏向于评价政府的偿债能力。因此，评级机构的分析指标对我国评估偿付能力和财政可持续性具有参考性。

2. 促进政府财务报告分析体系与国际接轨

虽然我国已出台政府财务报告编制办法，但在财务报告分析利用方面尚未出台相关制度，而国际评级机构在财务指标分析方面较为系统，基本包含了经济、财政、金融、外部融资和货币因素在内的主要宏观要素，评级工具也选用了计分卡、多元回归分析等比较科学的换算工具，能为我国的财务管理提供趋于标准化与国际化的参考。

尽管提供主权国家和政府信用评级的机构有很多，但是在全球金融市场上，主权信用评级基本上由穆迪和标准普尔主导，惠誉也有一定影响力，因此，本书对评级方法的梳理和比较主要集中在这三家评级机构。

三、主要国家政府财务报告分析体系介绍

（一）美国政府财务报告分析体系介绍

报告组成——美国联邦政府：联邦政府财务报告包括七部分，分别为管理层讨论与分析（MD&A）、主要财务报表、财务报表附注、必需的补充信息、必要的补充管理信息及其他信息、美国政府问责局审计报告和一份为美国纳税人提供财务报告关键状况和问题快速参考的财务报告公民指南，具体如图 2-1 所示。

报告组成——州和地方政府：美国州和地方政府的财务报告主要由三部分构成，分别为管理当局讨论与分析、政府整体财务报表和基金财务报表，具体如图 2-2 所示。

分析指标：美国政府会计准则委员会（GASB）对政府财政报告的披露规定更为全面，主要从统计信息和分析指标两个大的维度对政府财务报告进行分析，统计信息部分是对政府财务报告中相关信息的解释和归纳，分析指标则主要侧重点在于从财务状况、长短期偿债保障、债务偿付能力、应对风险能力等方面综合衡量政府偿债能力，具体指标如表 2-2 所示。

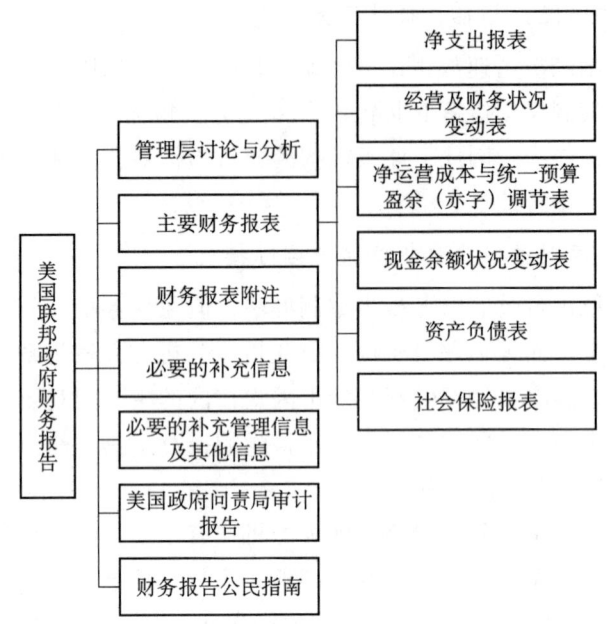

图 2-1　美国联邦政府财务报告组成

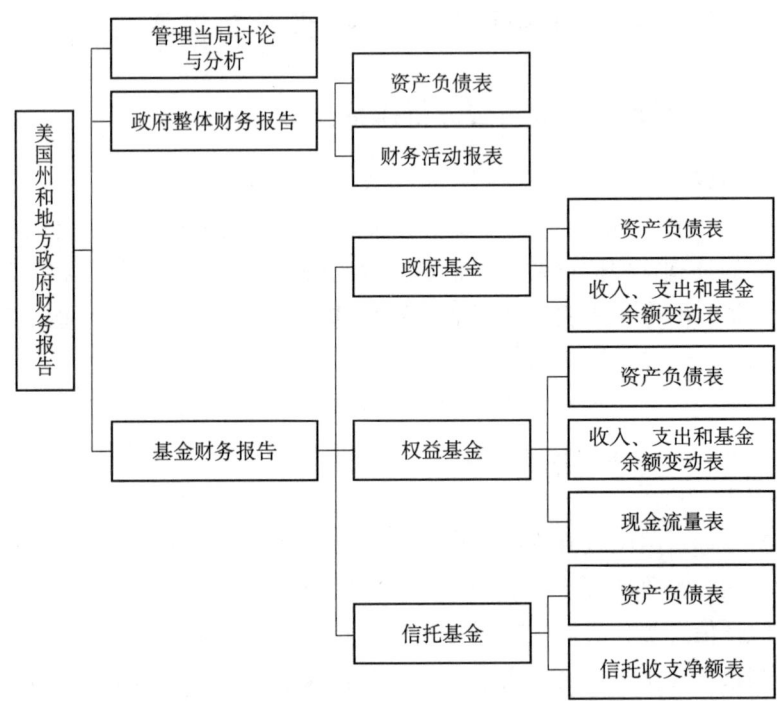

图 2-2　美国州和地方政府财务报告组成

表 2-2　　　　　　　　　美国政府财务报告分析指标体系

维度	相关指标
一般比率	分配率 = 个别要素的量/总量 变化率 = （本年 - 上年）/上年
财政状况	净资产及净资产变化： 净资产/总费用 净资产变化/总费用 净资产/总收入 净资产/总运行收入 净资产变化/总收入 净资产变化/总运行收入 基金余额/总支出 基金余额/总收入 非限制性基金余额/总收入 净头寸/总财政支出 非受限净头寸/总财政支出（净头寸中有些资金可能有限定用途） 非受限基金余额/总支出和其他财务费用
流动性和偿付能力	短期偿债能力： 流动比率 = 流动资产/流动负债 速动比率 = （现金 + 短期投资）/流动负债 现金存量天数比率 = （现金 + 现金等价物）/（管理费用 - 折旧费用） 偿付能力：还本能力 资产负债率 = （总负债 - 总递延支出）/（总资产 - 总递延收入） 净资产负债比率 = （总负债 - 总递延支出）/总净资产 偿付能力：覆盖能力 还本付息率 = （经营活动现金流量 + 债务偿付支出）/债务偿付支出 流动性比率 = 可用资金/所需资金 最大年度偿债能力系数 = （净收入 + 折旧 + 利息支出）/最大年度偿债额
财政能力	每 100 美元财产税收入评估价值比 = 财产税收入 × 100/总财产评估价值 附加比率： 销售税收入/零售收入 所得税/个人总收入 人均费用与人均收入（总体和特定消费者基础）
风险与承担	风险敞口率 = （利息收入 + 政府援助）/未受限财产税收入 税收杠杆率 = 管理费用/未受限财产税收入 附加比率： 应收财产税/流动资产 应收财产税/财产税征收总额 无法收回的财产税/财产税征收总额
其他	养老金风险池泄露： 养老基金资产精算价值/非基金精算应计负债 非基金精算应计负债/工资总额 精算退休金贡献/精算规定供款

续表

维度	相关指标
其他	附加比率： 雇员/人口数 教师（行政管理人员）/学生招生数 非基金养老金债务/评估价值（或收入、个人收入） 维修费用/资本资产 资本支出/资本资产 折旧费用/资本资产 累计折旧/资本资产 经济状况的非财务评价： 绩效计量 人口统计与社会经济信息 管理能力 管理与选民的意愿

（二） 英国政府财务报告分析体系介绍

报告组成——英国整体财务报告（whole of government accounts，WGA）通过合并 6 000 余个经过审计的英国公共部门组织账户，由概览、会计主管责任声明、治理声明、薪酬及员工报告、财务报表、审计长及审计署意见、国民账户对比七部分组成，具体如图 2－3 所示。

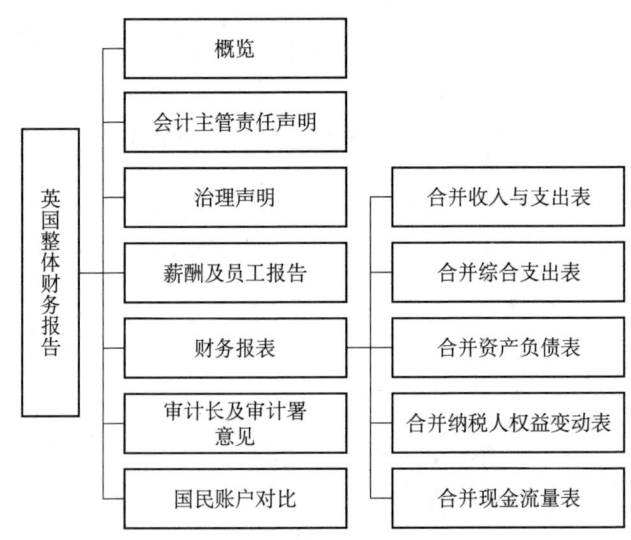

图 2－3 英国整体财务报告组成

报告组成——英国地方政府：主要由四部分构成，分别为书面声明、核心财务报表、财务报表注释和补充账户及其解释说明,具体如图2-4所示。

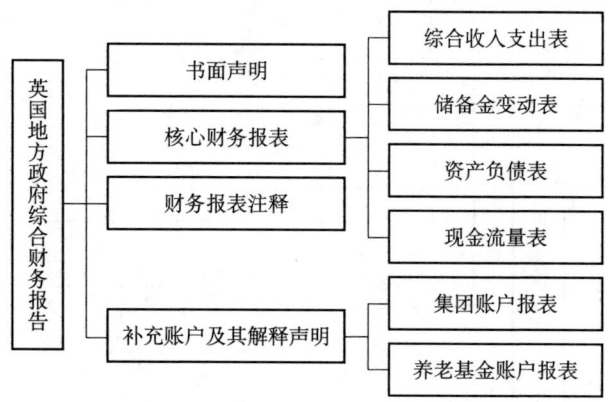

图2-4 英国地方政府综合财务报告组成

分析指标:报告分析评价重视对报表要素构成及变动情况的分析,在概览中先后对收入、费用、资产、负债的变化情况及原因进行讨论,通过大量文字和图表,描述报表要素的构成比例及发展趋势,阐释政府财务状况变化动因。

(三) 瑞典政府财务报告分析体系介绍

报告组成——中央政府:包含三个部分,损益表、资产负债表、财务分析和附注;中央政府债务发展情况;损益表和欧盟资金的资产负债表,以及进出欧盟的收支款项的现金和现金拨款表,具体如图2-5所示。

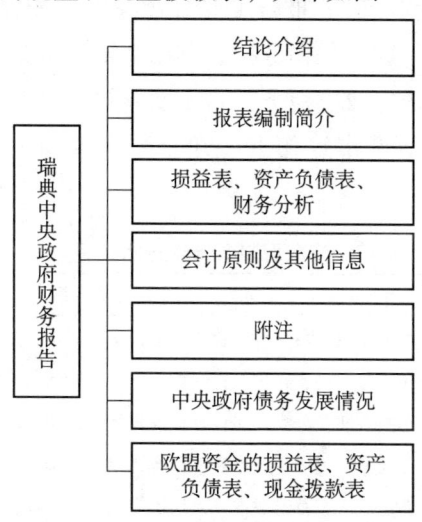

图2-5 瑞典中央政府财务报告组成

报告组成——地方政府：以斯德哥尔摩市为例，包括管理报告、城市治理、市议会重点目标、经济和金融分析、年度报告五部分（如图 2-6 所示）。

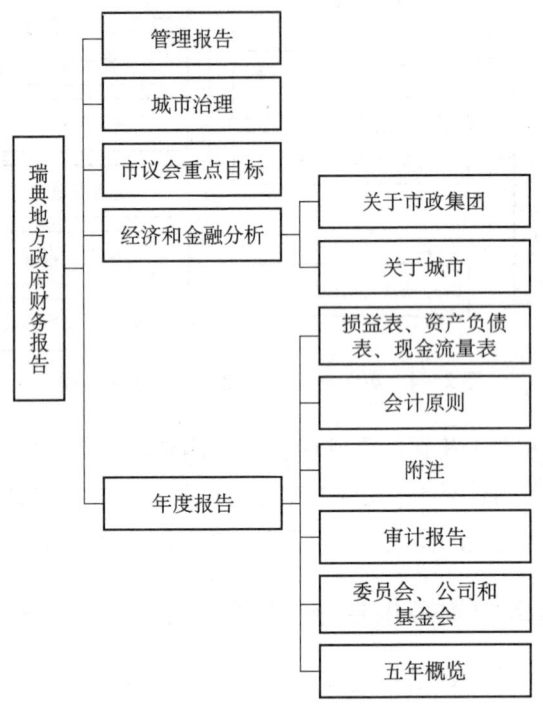

图 2-6　瑞典地方政府财务报告组成

分析指标：中央政府财务报告主要分析与上年相比增加或减少的比率，并与政府设定的绝对基准（如债务锚、支出上限、框架拨款）对比，以客观反映资产负债水平。地方政府财务报告主要从财务状况、城市治理、经济和金融分析、一般指标、城市运作五个角度设置指标，具体指标如表 2-3 所示。

表 2-3　　　　　　瑞典地方政府财务报告分析指标体系

维度	相关指标
财务状况	净成本/税收；权益/资产比率；资本成本/费用净额
城市治理	市政集团的股权比例；全市每笔税收净运营成本（最高）
经济和金融分析	总投资额及分配比率；外债投资组合总额、平均利率、利息支出
一般指标	就业率；失业率；市政总税率；年平均消费者物价指数
城市运作	营运收入；营运成本；人均资产；人均负债；权益比率

(四) 西班牙政府财务报告分析体系介绍

报告组成：由资产负债表、现金流量表、股本变动表、试算平衡表、预算报表和审计报告等部分组成，具体如图2-7所示。

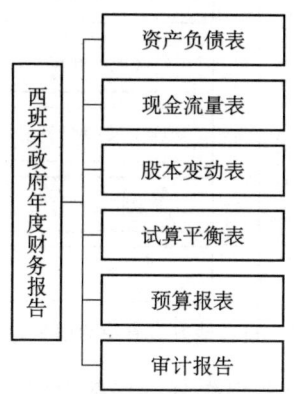

图2-7 西班牙政府财务报告组成

(五) 日本政府财务报告分析体系介绍

报告组成——中央政府：包括资产负债表、业务费用表、资产负债差额增减表、分类收支表、附注和附属明细表六个部分，具体如图2-8所示。

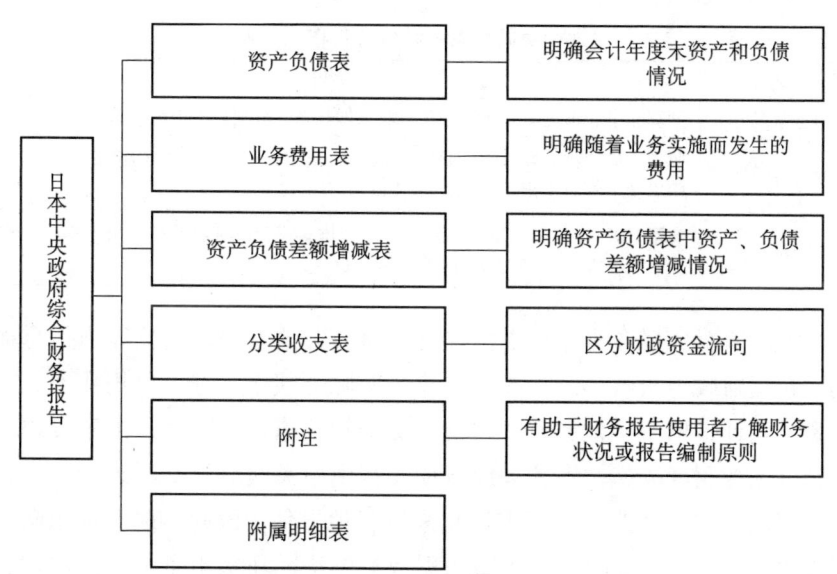

图2-8 日本中央政府综合财务报告组成

报告组成——地方政府：日本对地方政府也推行综合财务报告制度。以东京都为例，与中央财务报告的内容相比，虽然地方综合财务报告的五个组成部分名称不同，但实际内容与中央基本相同，具体如图2-9所示。

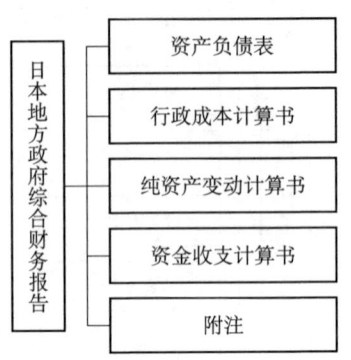

图2-9 日本地方政府综合财务报告组成

分析指标：中央政府财务报告分析指标主要从财务状况、财政可持续性和宏观经济状况三个维度分别进行设置，具体如表2-4所示。日本中央政府债务负担居高不下的主要原因是人口老龄化导致的社会保障成本上升，所以其在财务分析时对这一内容进行了详细分析。例如，通过计算投资收益率、工资增长率测算不同人口出生率、人均寿命、养老保险制度的支付方式对财源的需求，从而再与债务水平进行比对来测算财政可持续性。

表2-4 日本中央政府财务报告分析指标体系

维度	相关指标
财务状况	预算赤字、预决算差额、分项目收入增长率、分项目支出增长率
财政可持续性	收入构成、收入增长率、负债构成、负债增长率、总债务GDP比、基本赤字GDP比、利息支出GDP比、收支缺口GDP比
宏观经济状况	实际GDP增长率、CPI、失业率、工资增长率、投资收益率、出生率、平均寿命、全要素生产率（TFP）增长率

地方政府财务报告的许多指标都是针对公开地方财政还债能力信息而设置的，包括财政力指数、经常收支比率、实际偿债率、将来负担比率、有形固定资产累计折旧率、债务偿还可能年数、拉氏指数等。这是由于日本有意配合地方债务制度改革，将过去地方债发行由中央政府批准制改为地方债发行的协议制，即允许地方运用市场化来发行地方债，因此，地方也倾向评估偿债能力。此外，日本的《地方政府财政稳健法》还提出了资金短缺率，以及用实际赤字率、综合赤字率、实际偿债率和将来负担比率四个指标来判断

地方政府财政健全化。

（六）中国政府财务报告分析体系介绍

报告组成：政府综合财务报告由综合财务报表、财政经济分析、财政财务管理情况三部分组成①。具体如图 2–10 所示。

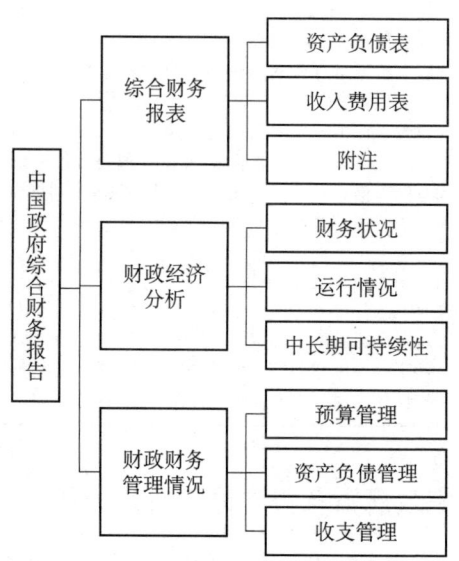

图 2–10　中国政府综合财务报告组成

分析指标：主要有 3 个维度的 20 个指标（参见《政府综合财务报告编制操作指南（试行）》（财库 2019〔58〕号，如表 2–5 所示）。

表 2–5　中国政府综合财务报告分析指标体系

维度	指标
财务状况	资产负债率 = 负债总额/资产总额 流动比率 = 流动资产/流动负债 现金比率 = 货币资金/流动负债 金融资产负债率 =（流动资产总额 – 存货 + 长期投资 + 应收转贷款）/负债总额 总负债变动率 =（负债总额年末数 – 负债总额年初数）/负债总额年初数

---

① 根据《政府综合财务报告编制操作指南（试行）》（财库 2019〔58〕号）的规定，财务报表包括会计报表和附注；财政经济分析以财务报表为依据，结合国民经济形势，对政府财务状况、运行情况及财政中长期可持续性进行分析；财政财务管理情况主要反映政府财政财务管理的政策要求、主要措施与取得的成效等。

续表

维度	指标
财务状况	主要负债占比 = 主要负债项目/负债总额 单位负债占比 = 单位负债总额/负债总额 流动负债占比 = 流动负债/负债总额 净资产变动率 = （净资产总额年末数 − 净资产总额年初数）/净资产总额年初数
运行情况	收入费用率 = 年度总费用/年度总收入 政府自给率 = （收入总额 − 政府间转移性收入）/（支出总额 − 政府间转移性支出） 税收收入比重 = 年度税收收入/年度收入总额 税收依存度 = 年度税收收入/年度一般公共预算收入 利息保障倍数 = （本年盈余 + 利息支出）/利息支出 人均工资福利费用 = 工资福利费用/政府年末实有人数
财政中长期可持续性	负债率 = 债务总额/本地区 GDP 税收收入弹性 = 年度税收收入增长率/本地区 GDP 增长率 固定资产成新率 = 固定资产账面净值/固定资产原值 公共基础设施成新率 = 公共基础设施净值/公共基础设施原值 保障性住房成新率 = 保障性住房净值/保障性住房原值

（七）主要国家政府财务报告体系对比分析

综上所述，国外对财务报告的分析和讨论在方法上主要以比较分析法和趋势分析法为主，侧重于描述报表要素的构成变化比例和发展趋势，不过比率分析法却运用较少，只是一个在分析和讨论时偶尔运用的辅助手段，尚未形成清晰完整的比率指标体系，对于我国的财务报告分析指标设计缺乏直接参考价值。但是，通过对指标设计的宗旨与建构逻辑进行挖掘，其对我们综合财务报告分析指标的设计理念依然具有一定的指导作用。

第一，各国国情不同，对财务报告的目标选择存在一定差异，指标设计自然也不同。例如，以英美为代表的国家对选民和大众比较看重，报告信息要为社会公众所用，因而报告目标兼顾受托责任观与决策有用观，报告分析内容以财务信息为主，站在信息使用者的立场上需要更多分析指标；而以西班牙、意大利为代表的国家财务信息主要为内部政府所用，强调决策有用观，报告内容以预算信息为主，外部披露较少，设计分析指标的必要性大大降低。

第二，政府与企业的财务分析存在根本性差异。企业以利润最大化为经营目标，指标分析以"利润增长"为核心考核，政府的目标是提供公共服务。财政收支平衡关系到财政分配和物质分配的调整，是保证国民经济持续、稳定、协调发展的必要条件，因此，对政府的财务分析更应侧重于"收支平衡"，各类趋势和结构分析也应围绕"收支平衡"展开讨论。

第三，关注财政中长期可持续概念。对财政中长期可持续性分析是依据政府过去和现在的情况对未来可持续存在和运行的分析，政府的继续存在和运作是政府提供服务和履行职责的基础。因此，财政中长期可持续性分析是财务状况分析、经营分析和预算执行分析的升华，也是分析的重点。

第四，政府综合财务报告应适当引入宏观经济指标。除了一般性职能外，政府也承担着广泛的受托责任，大多数责任的表现并不能为定量的财务信息所反映。为更加全面地分析主体状况，指标的设计分析应与宏观经济统计框架相结合，重视非财务信息的披露。

样本国家的政府财务报告体系在报告组成、分析指标方面的具体对比如表2-6所示。

表2-6　　　　　　　样本国家的政府财务报告体系对比

项目	美国	英国	瑞典	西班牙	日本	中国
报告组成	联邦：管理层讨论与分析（MD&A）、主要财务报表、财务报表附注、必需的补充信息（未审计）、必要的补充管理信息及其他信息（未审计）、美国政府问责局审计报告和一份为美国纳税人提供财务报告关键状况和问题快速参考的财务报告公民指南。地方：管理当局讨论与分析、政府整体财务报表和基金层面财务报表	中央：概览、会计主管责任声明、治理声明、薪酬及员工报告、财务报表、审计长和审计署的意见、国民账户对比。地方：书面声明、核心财务报表、解释说明和补充账户及其解释说明	中央：损益表，资产负债表，财务分析和附注；中央政府债务发展情况；损益表和欧盟资金的资产负债表，以及进出欧盟的收支款项的现金和现金拨款表。地方：管理报告、城市治理、市议会重点目标、经济和金融分析、年度报告	资产负债表、现金流量表、股本变动表、试算平衡表、预算报表、审计报告	中央：资产负债表、业务费用表、资产负债差额增减表、分类收支表、附注。地方：资产负债表、行政成本计算书、纯资产变动计算书、资金收支计算书、附注	综合财务报表、财政经济分析、财政财务管理情况
分析指标	一般指标、流动性和偿付能力、财政能力、风险承担、其他	重视对报表要素构成及变动情况的分析，在概览中先后对收入、费用、资产、负债的变化情况及原因进行讨论，通过大量文字和图表，描述报表要素的构成比例及发展趋势，阐释政府财务状况变化动因	中央：分析与上年相比增加或减少的比率，并与政府设定的绝对基准（如债务锚、支出上限、框架拨款）对比，以客观反映资产负债水平。地方：财务状况、城市治理、经济和金融分析、一般指标、城市运作	主要对内部使用者披露，资料缺失	中央：收支平衡、财政可持续性、宏观经济状况。地方：还债能力、财政稳健性	财务状况、运行情况、中长期可持续性

四、主要评级机构的政府信用评级框架

由于评级机构对主权国家与地方政府采用不同的评价框架,本部分将分别从主权国家与地方政府介绍信用评价框架中的评级维度与评级指标。

(一) 主要评级机构的主权国家信用评级框架

1. 评级维度比较

(1) 标准普尔:主要从三个步骤进行评估。第一步,定性与定量分析相结合,从政治、经济、外部、财政、货币五个维度对主权国家的政治和经济风险进行评估,前两大维度构成政治和经济部分,后三大维度构成灵活性和表现部分,分值对应最强到最弱,介于 1~6 分之间,对应将两大部分的得分和指示性级别表进行配对,即可得出一国的主权信用级别。第二步,对第一步的五个维度的分值加权求和,而后通过其他如极端风险等因素进行调整,得出一国的外币主权信用等级。第三步,根据本外币债务差别,将评级结果上调 0~2 个级别,得出一国的本币主权信用等级。具体如图 2-11 所示。

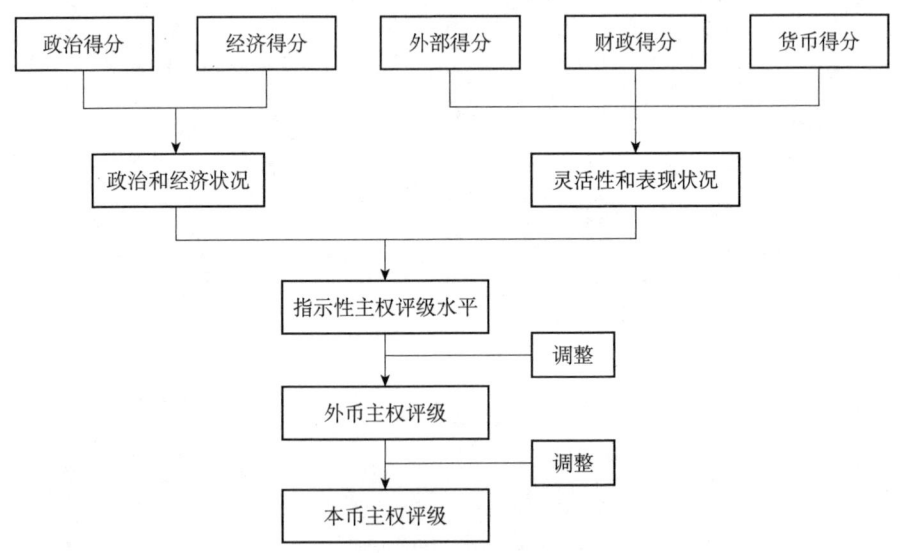

图 2-11 标准普尔主权国家评级框架

(2) 穆迪:结合定量和定性评估,分三步评级。一是结合经济和体制实力评估财政抗冲击能力。二是结合财政实力评估财政稳定性,在每步进行实际操

作时都会将影响因素分类为从非常弱到非常强的五个等级。三是将上述各个区间得到的值进行总合,最终得到对应的评级级别。具体如图2-12所示。

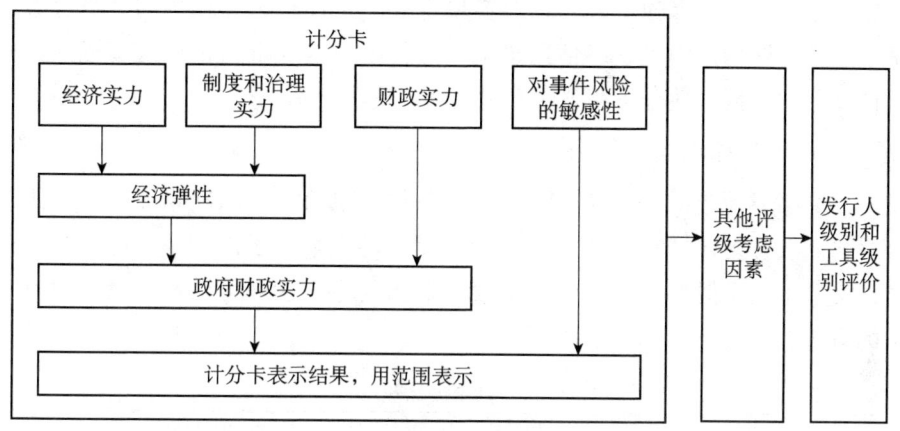

图2-12 穆迪主权国家评级框架

（3）惠誉：从三个步骤评估政府。一是定量分析,从结构特征、宏观经济、公共财政、外部财政四个维度划分出18个量化指标,将其三年平均值作为更具动态性的解释变量,基于主权信用理论基础、正负号与经济理论的一致性,以统计显著性为指导,将变量纳入多元回归模型,测出根据惠誉长期评级量表校准的分数；二是定性叠加,对评级标准中无法完全纳入主权评级模型的关键因素进行主观评估,对评级分数进行+3/-3范围内的调整；三是根据特殊情况进行调整,如处于危机状况中的国家等,最终确定信用等级。具体如图2-13所示。

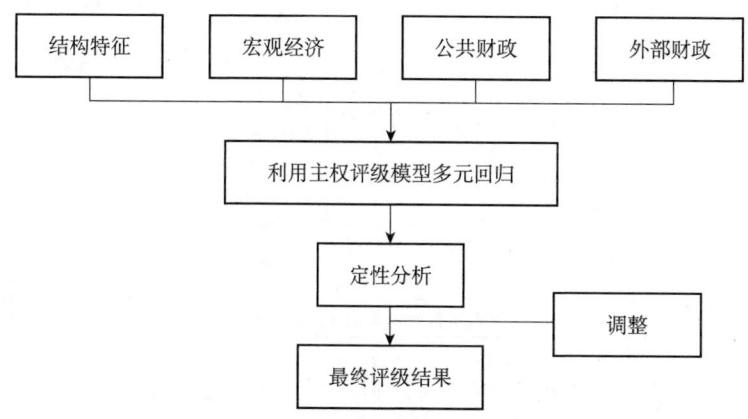

图2-13 惠誉主权国家评级框架

(4) 小结：在评级过程中，各家的核心都是对信用风险要素进行定性与定量分析基础上的综合判定，但各家的评级工具各有独特性，标准普尔和穆迪主要是采用计分卡的方法，在对各项定量和定性指标加权平均计算分数的基础上进行调整，确定最终信用级别，惠誉则先将定量指标代入多元回归模型计算分数，再定性分析调整因素确定最终信用级别。

2. 评级指标比较

（1）政治维度（见表2-7）：标准普尔和穆迪都有单独划分出一个维度度量，而惠誉则在"结构特征"下面采用了几个指标予以度量。虽然各机构指标度量不同，但都重在评价一国政治机构的稳定性和合法性，以及政府政策的有效性和透明度。

表2-7　　　　　　　　　政治维度比较

机构	二级维度	三级维度	度量指标
标准普尔	政治评估——制度有效性及政治风险	关键因素：决策和政治机构的有效性、稳定性和可预测性	政府处理政治、经济和金融危机的历史；总体政策框架和发展的可预测性；对政治机构的实际或潜在挑战；公民社会的凝聚力
		关键因素：机构、数据和流程的透明度和问责制	机构之间存在制衡机制；腐败程度与问责制紧密相关；遵守合同、尊重法制；统计局和媒体的独立性
		调整因素：政府偿债文化	双方债务的重大和持续亏欠
		调整因素：外部安全风险	战争风险及爆发时间
穆迪	制度和治理实力	制度质量	立法和行政机构的质量；社会和司法的力量
		政策有效性	财政政策有效性；货币和宏观经济政策有效性
		调整因素	政府拖欠债务的历史和追踪记录
惠誉	结构特征	当局调动资源支付债务的能力和意愿，以及可能因政治不稳定中断的风险	治理指标——世界银行六项指标"法制""腐败控制""政府效力""话语权和问责制""监管质量""政治稳定"的主权国家百分位排名的简单平均值
		执行有效经济和金融政策的能力	政治稳定性和能力
		一个国家政策框架的缺陷	自上次违约或重组事件发生后的年数

（2）经济维度（见表2-8）：各机构关注的都是经济增长的稳定性与发展前景，但从指标设置来看，标准普尔和惠誉认为一个有弹性和适应性强的经济最终会提高其债务承受能力，所以其主要关注一国的发展程度（人均

GDP 等)、增长预期（经济增长率、储蓄和投资等定量分析）；穆迪则认为经济实力是衡量主权国家抗冲击能力的关键指标，所以经济规模、国民收入是重要衡量因素。

表 2-8　　　　　　　　　　　经济维度比较

机构	二级维度	三级维度	度量指标
标准普尔	经济评估——收入、增长前景、经济多样性和波动性	关键因素：收入水平	人均 GDP
		调整因素：经济增长前景	人均 GDP 趋势增长；经济增长的主要推动力是机构向居民借款所导致债权的快速增加以及扣除通胀后的资产价格持续增长
		调整因素：经济多样性和波动性	单个周期性产业占 GDP 的比重
		调整因素：国民账户重大数据不一致、空白或不连续	
穆迪	经济实力	经济增长动力	实际 GDP 的平均增长率；实际 GDP 增长的波动性
		经济规模	名义 GDP
		国民收入	人均 GDP
		调整因素	经济灵活性、多样性、生产率、劳动力供应挑战等
惠誉	宏观经济	GDP 实际增长率波动性	经济和公共财政的脆弱性
		消费价格膨胀	经济增长稳定性
		实际 GDP 增长率	公共财政的波动性
		宏观政策的可信性与灵活性	货币和财政政策的协调性、经济的长期可持续增长
		GDP 增长前景	公共财政的未来轨迹
		宏观经济稳定性	对定量分析宏观经济不平衡的补充

（3）财政维度（见表 2-9）：各机构主要关注政府收支和债务负担对政府偿债能力的影响。穆迪和惠誉主要从债务负担与债务可持续性直接衡量债务风险，所以政府财政收支的定量指标成为主要衡量指标。而标准普尔的指标更丰富，不仅考察主权债务赤字与债务负担可持续性，更关注政府基础设施、或有负债等财政弹性指标，给出多个定性指标进行调整。值得注意的是，宏观杠杆率的通用指标"债务余额/当年 GDP"，它通常用来衡量整个经济规模承受公共债务的能力，西方市场经济国家使用该数据，一方面是因为统计政府的资产比较困难，另一方面是因为西方国家崇尚私有产权，政府支出大部分是医疗、教育等消费支出，不会形成资产，政府资产规模较小，从而政

府偿债资金的来源主要是税收产生的现金流，而不是资产产生的现金流，因此，该指标更适合西方国家。而中国的政府拥有大量经营性国有财产，政府在举债过程中也形成了大量固定资产，这些资产通过运营可以产生稳定的现金流，缓解地方政府债务，因此，该指标对拥有大量经营性资产的我国政府来讲，并不完全适用，我国政府还须考虑资产负债关系，如"负债总额/资产总额"。

表2-9 财政维度比较

机构	二级维度	三级维度	度量指标
标准普尔	财政评估——财务绩效和灵活性、债务负担	关键因素：财政表现和灵活性	政府一般债务/GDP
		积极调整因素：政府拥有大量流动金融资产	
		积极调整因素：政府能在短期内增加一般收入或削减一般支出	
		消极调整因素：收入基础不持续或不稳定	
		消极调整因素：短期内增加一般收入或削减一般支出的能力有限	
		消极调整因素：基础服务和基础设施不足	
		消极调整因素：老龄化支出的中期压力	
		关键因素：债务负担	政府一般净债务/GDP；政府一般利息支出/政府一般收入
		调整因素：债务结构和融资渠道	政府外币债务比例；非居民政府债务持有比例；债务偿付趋势；银行业的政府敞口
		调整因素：或有负债	与金融业有关的或有负债；与非金融公共部门有关的企业；担保和预算外或有负债
穆迪	财政实力	债务负担	一般政府债务/GDP；一般政府债务/收入
		债务承受力	一般政府利息支出/收入；一般政府利息支出/GDP
		调整因素	债务趋势；一般政府外币债务/一般政府债务总额；公共部门金融资产和主权财富基金/一般政府债务
		债务负担	一般政府债务/GDP；一般政府债务/收入

续表

机构	二级维度	三级维度	度量指标
惠誉	公共财政	一般政府债务总额/GDP	债务承担能力
		一般政府利息支付/收入	借款成本对偿付能力的削弱
		一般政府财政收支净额/GDP	财政赤字反映了财政管理的松散
		外币政府债务/政府债务总额	储备货币的灵活性
		财政融资灵活性	市场压力下保持市场准入的能力；债务结构和资本市场深度；主权存款和其他财政资产；与国际社会的关系
		公共债务可持续性	公共债务的动态轨迹和峰值；政府资产；或有负债的规模和多样性
		财政结构	收入基础的广度、收入来源的集中度与多样性、预算支出的僵化程度

（4）金融维度（见表2-10）：标准普尔主要评估货币政策的可信性，从货币政策和外汇政策的有效性、通胀率、货币市场和资本市场的成熟度三个要素度量；而穆迪和惠誉则主要从外部风险这一维度度量融资风险。总的来说，各机构都主要关注国家的外部融资能力与资本市场的成熟度。

表2-10　　　　　　　　　　金融维度比较

机构	二级维度	三级维度	度量指标
标准普尔	货币评估——汇率制度、政策可信性	关键因素：汇率制度	货币评估——汇率制度、政策可信性
		关键因素：货币政策信誉度	
		消极调整因素：资本市场或居民金融体系对经济传导机制的削弱	
		消极调整因素：外币存款或贷款超总额的50%	
		消极调整因素：广泛的兑换机制	
		消极调整因素：主权政府为货币联盟成员	
		消极调整因素：对当前的货币交易实施汇率限制或货币歧视	
穆迪	对事件风险的敏感性	政府流动性风险	融资便利性
		银行业风险	银行业信贷事件风险；国内银行总资产/GDP
惠誉	外部财政	外部融资灵活性	市场准入是否限制、外部融资流动的弹性、国际流动性比率

(5) 外部维度（见表 2-11）：标准普尔把货币视为"储备货币"或"交易货币"作为重要指标，认为只要国际货币相对稳定，债权的价值就高，所以侧重评价货币国际地位的稳定性；穆迪主要考察外债水平与外债储备；惠誉侧重评估外部财政，主要考虑外币资产和债务的构成和存量，以及经济体产生外汇的能力。值得注意的是，对于发达国家而言，国家的自身货币通常为国际货币，货币在金融市场上的兑换和支付能力都比较强，但对发展中国家而言，国内金融市场并没有那么发达，国家货币兑换能力差，所以将货币国际地位作为衡量外部流动性的关键指标，对我国现阶段的适用性值得商榷。

表 2-11　　　　　　　　　　外部维度比较

机构	二级维度	三级维度	度量指标
标准普尔	外部评估——货币国际地位、外部流动性、对外位置	关键因素：货币国际地位	发行储备货币/活跃交易货币
		关键因素：外部流动性	外部融资需求总额/资本充足率加上可用官方外汇储备之和
		关键因素：外债	狭义净外债/资本充足率
		积极调整因素：政府表现出一个显著增强的外部地位	
		积极调整因素：货币交易活跃、经常账户持续盈余	
		消极调整因素：面临外部融资明显恶化风险	由于资产质量减弱或融资压力上升，金融部门在更加困难的环境中运作；外部资金风险增加；不遵守贷款条件，可能会大大减少官方资金的提供；非居民存款可能会造成重大损失
		消极调整因素：外部贸易条件剧烈波动	贸易条件变化的标准偏差超过10%
		消极调整因素：低外债反映债务限制	
		消极调整因素：货币交易活跃但经常账户高赤字	
穆迪	对事件风险的敏感性	外部脆弱性风险	经常账户余额及融资方式；外债水平和可持续性；外汇储备和其他资源
		调整因素	环境风险；社会因素；治理问题
惠誉	外部财政	定量	储备货币灵活性
		定量	主权净外币资产——净外国资产/债务

续表

外部	二级维度	三级维度	度量指标
惠誉	外部财政	定量	商品依赖性——出口收入/总收入
		定量	外汇储备——进口付款的覆盖月数
		定量	外部利息偿付——偿还中长期债务本息和/对外收入总利息
		定量	经常账户余额+外国直接投资
		定性	外部融资灵活性
		定性	外部债务可持续性
		定性	外部冲击的脆弱性

（6）小结：三大评级机构的风险要素基本包含了政治因素、经济因素、财政因素、金融因素、外部因素等内容，各项指标都比较综合，在评价国家政治经济现状的同时，也关注国家的发展前景，在中长期可持续性指标的分析方面值得我们参考。我们也要注意到，评级机构试图构建普适性的指标，但不同国家在政治体制、经济体制、财税体制等方面存在巨大差异，所以在设计我国的评价指标时一定要考虑我国的个体特征。

（二）主要评级机构的地方政府信用评级框架

三大国际评级机构将地方政府信用评级适用类别划分为美国和国际两大类，但美国地方政府的评级方法只对债券评级，未对地方政府主体进行评级，国际地方政府的评级为地方政府主体评级，因此，下文主要分析三大国际评级机构对国际地方政府主体的评级方法。

1. 评级维度比较

（1）标准普尔：评估主要分三步进行，首先，评估体制框架，并根据其他五个因素（经济、财务管理、预算表现、流动性和债务负担）的加权平均值建立个体信用状况评估；其次，结合制度框架和个体信用状况评估，确定锚点（评分）；最后，根据模型外的一些调整因素，如主权级别、特殊政府支持等，得出地方政府的最终信用级别。具体如图2-14所示。

（2）穆迪：一是采用计分卡的方式评估地方政府的个体信用风险；二是结合所在国的系统风险，对照评级标准矩阵确定地方政府基本信用的模型得分；三是根据未被纳入计分卡但指标权重低估其对政府信用影响能力的其他相关指标调整模型得分，从而得出地方政府基本信用实力；四是综合考虑地方政府与支持政府间的违约相关性以及特殊支持被提供的可能性来评估地方

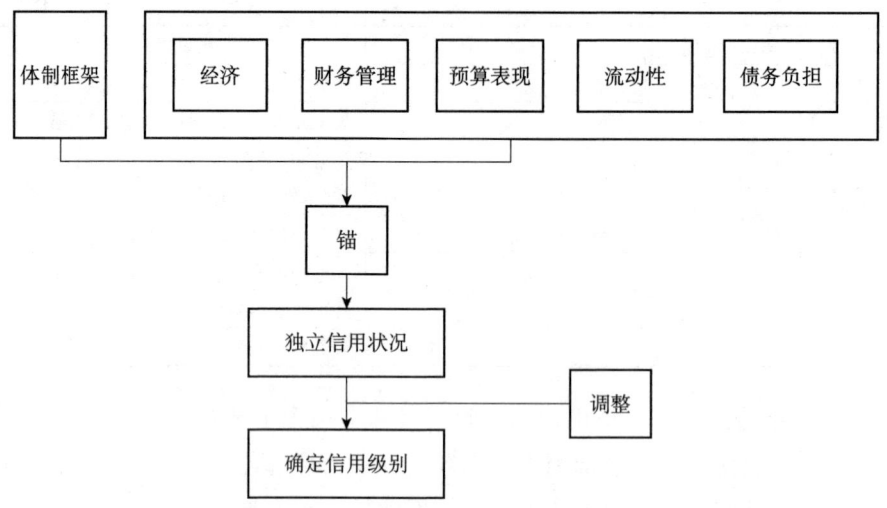

图 2-14 标准普尔地方政府评级框架

政府可能获得的特殊支持,并运用计分卡生成评级结果的区间范围;五是评级委员会在评级结果区间范围内讨论确定地方政府的最终信用级别。具体如图 2-15 所示。

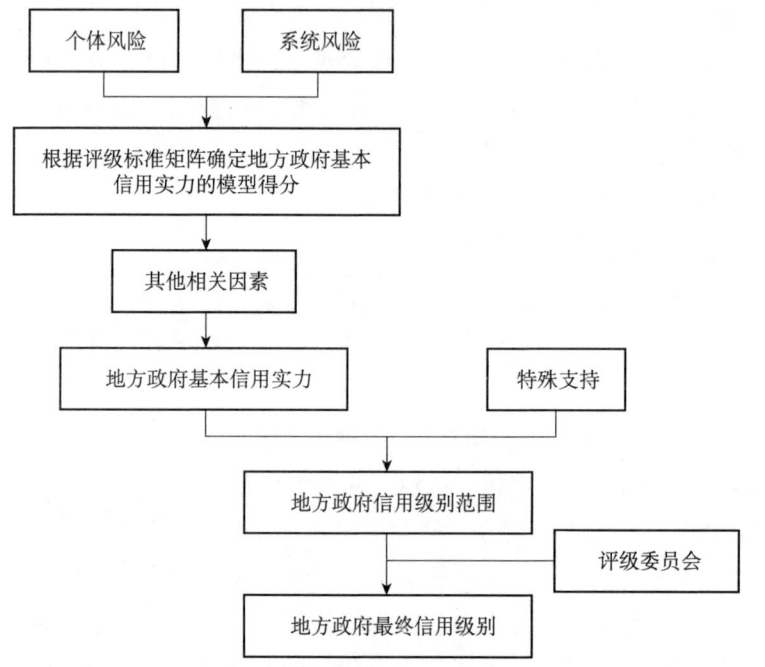

图 2-15 穆迪地方政府评级框架

(3) 惠誉：与标准普尔和穆迪公布的非美国地方政府信用评级方法相比，惠誉公布的评级方法相对简单很多，仅仅披露了一些评级指标以及如何去分析和评价这些指标，评级思路、指标权重和赋值方法等内容均未涉及，所以在此不介绍惠誉的评级步骤。

(4) 小结：三大评级机构的评级思路都是先对地方政府的个体信用风险进行判断，再结合其他因素得到地方政府最终信用等级。在评级过程中，三大评级机构均采用了定性与定量分析相结合以及专家判断与评级打分卡相结合的方式，这是值得我们借鉴的地方。

2. 评级指标比较

(1) 政治维度（见表2-12）：标准普尔认为体制框架是一套正式的规则和法律，以及惯例、习俗和判例，它们塑造了地方政府的机构安排并影响其公共财政政策，所以主要对可预测性、收支平衡、透明度和问责制展开定性评估；穆迪对政治的评价主要从制度框架和治理两个方面度量；惠誉则只关注政策与管理团队。总的来说，标准普尔和穆迪对政治维度的评价指标更为全面，不仅关注制度政策有效性，也关注财政实践方面的灵活性。

表2-12 政治维度比较

机构	二级维度	三级维度	度量指标
标准普尔	体制框架	可预测性	改革的频率和程度影响辖区政府各级之间的责任和收入分配；根据改革的实施速度以及对短期和长期财务的影响，对改革成果的可预测性；在较高水平上影响和潜在否决决策的能力
		收支平衡	收取的收入足以满足其支出任务；财政政策框架的实力对债务和赤字水平施加了审慎的限制；上级政府部门提供的特殊支持
		透明度和问责制	国家对公共部门会计制度的规定以及财务报告和计划的标准；管理者和政客的责任
穆迪	制度框架	法律背景	可预测性、稳定性和响应性
		财政灵活性	地方政府自有收入与支出的灵活性
	治理和管理	风险控制和财务管理	内部控制和财务规划的质量
		投资和债务管理	管理政策与实践
		透明度和披露	信息质量
惠誉	经营和治理	制度政策	管理机构制定和施行政策的有效性
		管理层团队	管理层经验丰富、人员稳定、协调有序

(2) 经济维度（见表2-13）：穆迪和惠誉分别从经济实力与财政绩效角度对政府经济进行评价，但标准普尔的评价则是综合了两个机构的角度，不

仅考虑财富和收入水平，而且结合经济增长前景、经济集中度和/或波动性以及社会经济状况等因素进行调整，并且考察财政框架如何影响政府偿还债务的意愿和能力。在经济基础方面，政府偿还债务的能力取决于当地经济为其提供的项目和服务创造必要收入的能力，以及经济活动的多样性，所以从经济实力与经济波动性两个因素进行度量。

表 2–13　　　　　　　　　　　经济维度比较

机构	二级维度	三级维度	度量指标
标准普尔	经济	财富与收入水平	人均 GDP
		经济增长前景	实际 GDP 增长率
		经济集中度/波动性	有一个单一的周期性行业；由于潜在资产泡沫或持续不断的自然灾害风险，其经济活动易受威胁
		社会经济概况	当地社会经济指标
	财务管理	政治和管理实力	政策制定者对纪律严明的财政政策的承诺；制定决策的能力和意愿；管理层在多个政府部门执行这些决策的能力
		财务计划和实施	是否存在可靠且有据可查的中长期财务计划，以支持财务纪律和稳定；预算编制过程的质量和全面性（包括合并相关实体）；制定批准程序以监控收入和控制支出，包括养老金责任和大型基础设施项目的实施
		流动性、债务和或有负债管理	管理层对于与债务相关的风险的偏好，如与市场风险、再融资和贷方集中度有关；保持审慎的流动性管理的做法和管理或有负债的能力，包括基础设施项目的表外融资和或有负债
穆迪	经济基础	经济实力	地区人均 GDP/全国人均 GDP
		经济波动性	产业集中度
惠誉	财政绩效	收入稳健性	收入的基本驱动因素及其动力：经济多样性、发展趋势、重点产业结构、GDP、人口增长率
		收入灵活性	增加财政收入的能力，额外收入的增加与合理预期财政收入的下降
		支出可持续性	比较支出的增长趋势与收入增长速度；支出责任的稳定性和可预测性
		支出灵活性	运营和资本支出占总支出的比例
		债务和流动风险的稳健性	债务风险管理的国家框架；对流动性和债务监管控制的有效性；借款政策的保守程度；货币、利率、再融资风险
		债务和流动风险的灵活性	债务类型、债务偿还百分比

(3) 债务维度（见表2－14）：在债务方面，标准普尔主要从资金流量和资金存量两方面考虑，流动性主要评估在偿债需求背景下内外部流动性来源的充足性，债务负担评估政府可用资源相对于债务和利息负担的前瞻性看法。穆迪从财政收支平衡方面考虑，认为政府必须筹集足够的收入来支付其运营和资本支出、利息和债务本金支付，所以要考虑收入、支出的各个方面。惠誉对债务的评估更侧重可持续性，从债务覆盖率角度评估政府债务。

表2－14　　　　　　　　　　　债务维度比较

机构	二级维度	三级维度	度量指标
标准普尔	流动性	内部流动性来源的充足性	自由现金总额/还本付息债务总额
		外部流动性来源的充足性	具有中央政府、上级政府或与中央政府相关的实体提供的良好且有效运营的流动资金来源的往绩记录；国内债券市场发展水平、贷款银行的多样性
	债务负担	债务和利息负担	税收支持债务/合并财政收入；利息支出/调整后的财政收入
		或有负债	与非金融部门相关的负债；与金融部门相关的负债；其他负债
穆迪	债务状况	财政绩效和债务状况（30%）	财政收支余额/财政收入（12.5%） 利息负担（12.5%）
		经济波动性（70%）	流动性（25%） 债务负担（25%） 债务结构（25%）
惠誉	债务可持续性	经济负债负担	调整后净债务总额/地区GDP
		投资回收率	调整后净债务总额/财政收支余额
		综合偿债覆盖率	财政收支余额/抵押债务余额
		实际偿债覆盖率	财政收支余额/到期债务余额
		财政债务负担	调整后净债务总额/财政收入

（三）借鉴思考

通过上述梳理和对比可以发现，三大信用评级机构的评级要素和评级工具都比较全面和相对成熟，但是也存在一些逻辑倾向和理论假设，而这些前提假设是否适用于中国环境，有待甄别。

1. 全面和较为成熟的评级要素

从评级维度上讲，虽然各评级机构的评级框架有所不同，但评级要素与指标仍有重合之处，它们都考虑到了政治、经济、财政、金融、货币等在内的主要宏观要素。从要素度量上来讲，三大评级机构的指标体系都坚持定性与定量结合，其中，定量指标主要侧重于对一国宏观经济数据的测度与分析。从时间维度上来讲，它们都坚持动态指标与静态指标相结合，综合历史、当前和前瞻性数据，对重要指标利用三到五年的平均值计算，如判断杠杆率看是否与经济增长同步，经济增长能否覆盖债务成本的增长。

2. 潜意识的制度偏好，对新兴市场国家的适应性不足

评级机构各自拥有一套系统性的主权评级模式，但其具有潜意识下的制度偏好，不可避免地存在一些主观的定性判断，且标准化的评级模型也忽视了各国具体国情，这些都在不同程度上使它们的评级模式具有明显的缺陷。

3. 仅适用于对偿债指标度量的参考

与各国政府财务报告分析体系不同，主权信用评级是对主权国家偿债能力和偿债意愿的综合评价，各项指标也侧重于对还债能力的度量，但是政府财务报告分析体系的信息使用者不只是投资者，还包括各级政府、社会公众，还应该反映政府的运营情况、对社会责任的履行等要素。

五、对河南省政府财务报告分析与应用的启示

根据改革方案①，我国政府会计改革主要有四个任务：建立健全政府会计核算体系、建立健全政府财务报告体系、建立健全政府财务报告审计和公开机制、建立健全政府财务报告分析应用体系。前两个任务已基本完成，改革重心正在向后两个任务推进，我们有必要借鉴国内外政府财务报告分析与应用的经验和成熟做法，为下一步我国政府财务报告的分析与应用提供借鉴，以便为深化政府会计改革和助力政府治理的完善做出贡献。

（一）主要国家的政府财务报告分析与应用的启示

1. 报表编制

（1）资产负债表的编制要完整反映政府拥有的各种资源。美国、英国等国家普遍将资产定义为"控制的资源"，从而将政府拥有的土地、基础设施等

---

① 2014年12月12日国务院批转的财政部《权责发生制政府综合财务报告制度改革方案》（国发〔2014〕63号）。

资产也纳入表内，在分析时全面分析资产、负债的构成及增减变动，我国这次政府会计改革，也将资产由原来"占有或者使用的能以货币计量的经济资源，包括各种财产、债权和其他权利"修改为"政府会计主体过去的经济业务或者事项形成的，由政府会计主体控制的，预期能够产生服务潜力或者带来经济利益流入的经济资源"。按照改革要求，政府应将公共基础设施、土地、股权投资等加入资产负债表中。虽然2021年各省份出台公路水路等交通基础设施的重置成本标准，但是有些隐性债务和市政基础设施还较难入账，只有摸清家底，才能真正反映政府的偿债能力，用于预警财政风险。

（2）逐步加入现金流量表的编制以评价政府的短期投融资能力。目前由于预决算报告与现金流量表功能存在部分重合，所以并没有编制现金流量表，但是预决算报告只能反映经营性活动和部分资本性活动信息，政府投融资活动的资金流动无法全面反映，因此，建议参考瑞典做法，划分经营活动、投资活动、筹资活动，以体现更充分的现金流信息。

2. 指标分析

（1）关注政府财务状况。以美国为例，其主要从财务状况、长短期偿债保障、应对风险能力等方面综合衡量了政府的偿债能力，财务状况主要分析资产质量，包括净资产及净资产变化（净资产/总费用、净资产变化/总费用、净资产/总收入、净资产变化/总收入）。我国政府财务报告用的反映财务状况的指标是资产负债率、流动比率、现金比率、金融资产负债率、总负债变动率、主要负债占比、净资产变动率等指标，主要是从偿债能力的角度分析财务状况，缺乏净资产和收入费用之间的比较，因此，建议对政府财务状况从多角度做综合分析。

（2）关注政府收入与费用的平衡。在对收入、费用状况进行分析时，各国主要从两个角度分析。一是成分分析，各国普遍会分析收入、费用中各项目的构成、规模、占比及结构，并与上年对比描述增减变动原因，而我国现有的反映政府运行情况的指标是收入费用率、政府自给率、税收收入比重、税收依存度、利息保障倍数、人均工资福利费用，基本是静态结构分析；二是宏观预测，西方国家普遍会以过往数据为基础，结合宏观经济环境预测收入费用走向，如瑞典会根据至少三年的时间序列数据，结合本地区经济形势、财政体制、负债占GDP比重等预测收入费用走向。因此，我们建议关注收入与费用的平衡不仅要做当年的构成变动分析，更要做动态的分析，结合近年的现金比率、流动比率等指标，做中长期的时间序列报告，以便对比并提供趋势预测信息，并为编制中长期财政规划提供支持。

（3）关注政府服务能力的评价。权责发生制改革的成果之一就是问责制，政府有责任报告财政资源使用情况并对结果负责。以英国为例，其会根据政府的财政目标和福利支出，结合公共财政预测判断政府的表现，如2017年1月，政府为自己设定了两个新的中期财政目标：一是到2020~2021年结构性赤字（经周期性调整的公共部门净借款）低于GDP的2%；二是公共部门的净负债占GDP的比重在2020~2021年下降。此外，英国政府还对其部分社会保障和税收抵免支出（"福利上限"）设定了现金限额，之后在每年的报告中会评估在当前政策下是否有超过50%的机会实现这些目标。因此，我们建议可以借鉴这些做法，结合预算执行情况和财务报告制定绩效目标，根据目标考核绩效与政府责任效率。

（4）关注政府中长期可持续发展。以日本中央政府为例，其为应对人口老龄化带来的未来债务负担，通过计算投资收益率、工资增长率、人口出生率等对财源的需求，与负债水平进行比对来测算财政可持续性，并测算有关地方政府将来应承担的实际债务与一般账户等应承担的标准财务规模的比率，显示未来财务承担压力的可能性。中国的老龄化问题也越来越受到社会关注。现有的中长期可持续性分析指标是负债率、税收收入弹性、固定资产成新率、公共基础设施成新率、保障性住房成新率等指标，基本以历史财务数据推断未来，而对能反映未来的人口、年龄等统计数据运用不足，因此，我们建议在分析财务报告时要重点关注政府财务的持续性，尤其是养老金等未来隐性负债的偿还，要多将统计数据运用到财政数据分析中。

（5）指标参考值的设定。要有效评价各指标值的高低，就要设定一个参考值，目前各个国家的参考值可分为两类：一是设定固定常数作为绝对参考，如瑞典引入债务锚，即以整个公共部门（政府以及地方和县政府）的合并债务占GDP的35%作为综合债务总额中期规模的基准；又如瑞典提出设立天花板，对政府退休金制度的支出提出三年的最高限额，明确指出存在哪些支出和税收框架以实现盈余目标。二是设定对照组作为相对参考，如美国GASB指出应该建立对照组，并将该政府的相关比率同作为对照组的其他政府同一指标的平均值做比较，这样才能了解该政府某个具体指标的变化，以及这一指标是如何由于其他类似政府的相关指标的变化而变化的。我们认为建立绝对或相对指标要与使用者契合，面对外部使用者，建议使用绝对指标以向公众展示实际水平如债务水平；面对内部使用者，如政府办公室主要是根据政府下达的任务进行管理及预测，建立对照组更能对比反映政府运行绩效，也更利于与其他组织或国家进行比较。

3. 信息披露

提高财政透明度是政府会计改革的目标之一，为此各国做了诸多努力。一是审计报告，英国建立了与公共实体审计行业标准类似的政府部门审计标准，对报告项目进行独立审计；二是公民指南，为了使公众易于接受报告内容，美国专门增设了国民指南，以易于理解的图表、文字说明等交代政府财政所处位置以及未来的方向，包括本年度预算执行情况、收入支出构成及变化、资产负债明细。这些做法值得我们借鉴，建议在信息披露时要考虑到审计报告对财务报告合法性的保障、公民指南对财务报告可理解性的保障。

（二）主要评级机构在债务风险评价方面的启示

1. 分析指标

相比于政府内部的自我评价，外部评级机构对政府偿债风险的评价更为综合，主要启示如下。

（1）关注经济提升的平稳性与发展前景。政府偿还债务的能力取决于当地经济为其提供的项目和服务创造必要收入的能力与经济活动的多样性，所以可从经济实力与经济波动性两个方面展开。在经济实力方面主要关注经济规模（名义 GDP）、人均国内生产总值（人均 GDP）；在经济波动性方面主要关注一国的发展程度（GDP 增长率、支出的增长趋势、收入增长速度等）、增长预期（经济增长率、储蓄和投资收益率等）、经济集中度（单个周期性产业占 GDP 的比重、重点产业结构）。目前，中国债务前景预测主要通过债务总额与 GDP 的比值反映经济增长对债务的依赖程度，我们建议可以增加产业结构、投资收益率等对未来偿债能力影响的分析。

（2）关注政府收支和债务负担对政府偿债能力的影响。各机构主要从债务负担与债务可持续性两个方面衡量债务风险。在债务负担方面，主要关注债务承担能力（政府一般债务/GDP、一般政府债务/收入、一般政府债务/资产）、借款成本对偿付能力的削弱（政府一般利息支出/政府一般收入、一般政府利息支出/GDP）；在债务可持续性方面，主要关注财政结构（收入基础的广度、收入来源的集中度与多样性、预算支出的僵化程度）、债务预期（公共债务的动态轨迹和峰值、政府资产、或有负债的规模和多样性）、债务覆盖率（财政收支余额/抵押债务余额、财政收支余额/到期债务余额）、投资回收率（调整后净债务总额/财政收支余额）。目前我国对政府偿债能力的衡量主要从资产、负债的质量出发，我们建议可以增加政府收支对偿债能力的分析，增加对动态偿债能力的评价信息。

2. 评级工具

由于我国目前还没有财务报告指标分析的具体评价模型，所以评级机构的评级工具值得借鉴。标准普尔、穆迪主要采用计分卡这一相对简单的参考工具对各项要素进行评分，并以总结的形式解释在向地区和地方政府分配评级时通常最重要的因素，对各项要素分数的加权平均与指示性级别表进行配对，即可得出一国的主权信用级别。惠誉的主权评级模型应用最小二乘法，选取了统计上显著且正负关系适当的18个变量纳入多元回归模型，测出根据惠誉长期评级量表校准的分数，并与定性因素叠加，确定主权信用级别。为了将定性问题定量化、保证各项指标的重要性与逻辑性，我们建议设计有关指标的高质量调查问卷，组织从事政府会计、公共管理研究的专家、学者进行打分，获得一手调查数据，从而判断各个指标的重要性程度，并从中选出若干个具有代表性的关键指标，将其赋予权重分数，总分为100分，然后参考历史平均值、国际基准值等确定一个标准值，再计算各指标的实际值与其比较，得出一个比率，将各指标的相对比率乘以权重，得出各指标的指数，将各指数相加即可计算得出比较优劣的综合指数。

（三）政策建议

一个国家的进步和发展需要政府体制和政府能力的现代化，而国家治理现代化需要法治的根本保障，法治需要依法理财，而依法理财要求依法公开财务信息，政府财政信息的发布必须以信息使用者的信息需求为导向，对公共财政报告进行分析并向使用者发布，以提高信息有用性、加强信息监督。只有引入以权责发生制为基础的财务会计，才能弥补以收付实现制为基础的预算会计的信息缺陷，满足依法治国的信息需求。

从财政管理的角度看，除了预算责任外，政府还有财政责任。预算资源收入包括税收和债务，预算资源支出包括消费和投资，政府代表人民依法管理自然资源、经营性国有资产等，对人民负有管理责任，这些依赖于预算，但预算不能完整反映。政府的受托管理公共资产与公共债务规模、债务风险性与财政可持续性、运行成本高低、是否依法履行财务管理责任等都属于财务信息，只有通过政府财务报告予以公开披露，才能满足包括政府、社会公众在内的内外部信息使用者在公共债务管理、财政收支控制、政府责任履行、财政可持续性等方面的需要。

基于以上思路,本书认为应从债务管理能力、财政自给能力、政府服务能力、财政可持续能力四个方面对政府财务报告进行分析,具体如图2-16所示。

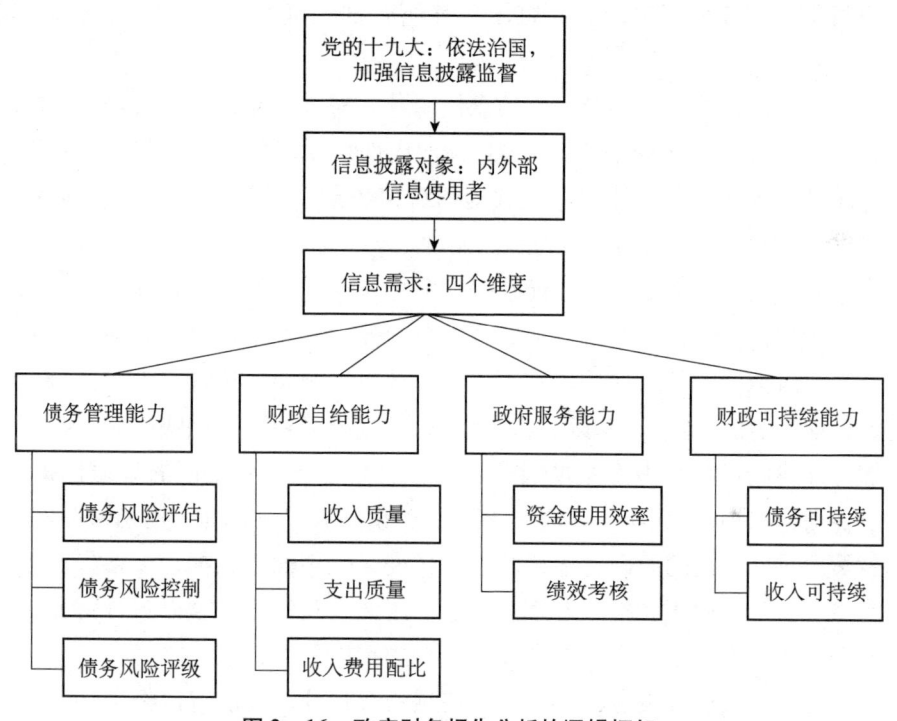

图 2-16　政府财务报告分析的逻辑框架

1. 信息披露

(1) 报告主体与使用对象。要提高财务报告信息的有用性,应厘清政府财务报告体系的信息供给者与信息需求者,即报告主体与使用对象。

从报告主体来看,参与编制政府财务报告的主要是负有受托责任的组织,包括财政、行政单位、事业单位等。从使用对象来看,可以划分为内外部使用者,具体来说,内部使用者有三类,首先是人大这一权力机关,我国的一切权力都属于人民,而人大则代表人民行使国家权力,因此,其有权要求政府上报其受托责任的履行情况,以代表人民进行监督;其次是审计与监察机关,需要审计检查政府的预决算报告与财务报告,从而判断政府各项业务活动的合法性、合理性、有效性;最后是各级政府管理部门,其作为政府会计改革的主力与主要参与者，必然需要运用政府财务报告进行经济决策。外部使用者也大致有三类，首先是纳税人、捐赠机构、捐赠人、投资者、债权人等资源提供者，其享有对政府资金来源与流向的知情权，政府财务报告是其进行投资决策的重要依据；其次是公众、企业组织等政府服务对象，他们对政府受托责任的履行情况享有知情权；最后是经济分析师、财务分析师、公共媒体和其他需要政府财务报告信息进行决策的需求者。

（2）披露内容。由于内外部信息使用者的需求不同，财务报告的披露内容也有所不同。为兼顾政府财务报告面向内部使用者的专业性与面向外部使用者的可理解性，我们建议建立政府财务报告信息披露制度，从出具报告、独立审计、对外公开三方面规范披露制度。

①充分利用财务信息，保证政府财务报告的完整性。一方面，政府综合财务报告作为反映整个国家各项经济业务的强大信息集，蕴含着多样化的指标，且政府会计的信息使用者包括人大、政府、纪检、审计、人民群众、政协等，他们的信息需求差异巨大，要满足各方决策使用、反映政府受托责任的履行，我们就要从多个维度展开分析、建立足够细致全面的普适性指标。另一方面，在报表内容上应该重点突出，为使用者提供最为关注的财务信息，坚持实质重于形式的原则，筛选出足以代表某个方面的指标，使报告指标突出重点，易于让使用者接收和理解信息。因此，我们应在全面报告财务信息的基础上建立维度全面、重点突出的财务指标体系。

②出具政府审计报告，保证财务信息的合法性。政府审计报告是政府财务报告信息披露的载体之一，起着鉴证政府财务报告有效性的作用，如西方国家的政府审计报告多由审计署签字并附在政府财务报告中。虽然政府对财务专项资金、预决算报告等进行了审计监督，但政府财务报告的审计制度并未完全建立，编制办法中的"审核"不能代替"审计"，且没有对外披露的政府审计报告，政府财务报告的社会公信力自然大大降低。为提高政府财务报告的公信力，我们建议从两个方面完善政府审计：一是提高政府财务报告审计制度的规定层级，以增强权威性和效力，督促各方重视政府财务报告工作，所有被合并的报告必须在上报合并前先经过独立审计。二是完善政府审计制度的目标和内容，要提高财务报告的质量，还应该从财务报告的真实性、准确性、完整性、规范性，以及与财务报告有关的内部控制有效性等方面完善审计目标，并增加以前年度审计发现问题的整改情况的规定，鼓励聘请第

三方会计师事务所对医院、高校、科研单位、社会组织等部门下属事业单位进行审计，等等。

③创新对外公开形式，确保财务信息能够得到广泛监督。一是完善信息披露程序，保证财务信息的及时性。例如，瑞典将在第二年开始前一年公布一份简短的季度政府财务报告和一份完整的政府财务报告，而我国目前只是提出编制年度政府财务报告，缺乏具体披露日期、披露层级等具体操作规定。为了提高财务报告披露效率，我们建议在市级以上层级按季度定期公开政府财务信息，及时改正会计核算错误等情况，在季度报告的基础上，争取在会计年度结束后的两个月内给出年度财务报告。二是推动政府财务报告传播形式多样化，提高信息可理解性，如美国联邦财务报告专门设有"公民指南"对政府报告的关键问题做具体说明，英国的财务报告通过大量图表对关键变化的原因做剖析和呈现，这些都有助于提高公众等外部使用者对政府财务报告的可理解性。因此，我们建议除了在政府机构官方网站与官方媒体公开综合性的电子版报告以外，有关部门还应该单独出具一个简单易懂的公民指南，通过公众号等媒体平台进行传播，便于群众了解和理解。

2. 评价维度

目前，《指南》[①] 共给出了 3 个维度、20 个指标参考。从国际政府财务报告分析的体系和国内财政部门调研看，从债务管理能力、财政自给能力、政府服务能力和财政可持续能力四个方面进行评价比较合适。

（1）债务管理能力。债务管理能力是加强财务管理与控制的基础，其核心是通过对债务风险的评估、评级和控制，对债务风险进行识别和防范，为我们研判财政经济运行走势、合理配置政府资源、科学安排财政收支提供信息支持，是防控地方政府债务风险的一个重要机制保障。2014 年新《预算法》出台后，地方政府发行债务的法律主体地位得到承认，而这些政府债务信息并没有得到相应的披露，使得一些国际评级机构借此主张调低对中国主权国家及地方政府的债务评级。为了有效预防债务危机、完善地方政府融资体系、提高政府的国际信用评级，我们有必要加强对政府债务管理能力的评估。目前，《指南》也更加侧重评估偿债能力，这与我国目前经济增速放缓、债务压力增大、债务信息披露不透明的现状相契合，如何评估预警地方政府

---

① 2019 年出台的《政府综合财务报告编制操作指南（试行）》《政府部门财务报告编制操作指南（试行）》。

债务风险成为政府财务分析的首要目标。

（2）财政自给能力。财政自给能力是加强财务管理与控制的关键，核心是结合年度预算衡量收支平衡的实现程度，以降低政府运行成本、提高政府运行效率、提高公共财政管理水平与透明度。随着"三公经费"的公开，政府财政资金来源与去向管理成为公众的关注重点。为了提高帮助使用者理解和评估政府创造自有来源收入的能力及保障基本支出的能力，我们有必要评估财政自给能力。以瑞典政府为例，其在20世纪90年代的新公共管理运动中，为提高政府运行效率开始了预算系统改革，将完全的权责发生制运用于预算报告系统与财务报告系统，并将会计目标直接定位于提高公共部门管理绩效，通过技术手段实现科学制定绩效规划和目标、降低政府运行成本、提高财政资源使用效率等管理目标。

（3）政府服务能力。政府服务能力是加强财政管理与控制的根本，核心是对政府持续提供资本和服务的意愿和能力作考评。随着国家治理现代化进程的不断推进，政府逐渐由无限政府向服务型政府转变，市场调节也逐渐由"看得见的手"向"看不见的手"转变。西方国家普遍会在政府财务报告第一部分中给出管理层讨论与分析，阐述自己本年度的目标完成情况，美国GASB给出的政府财务报告目标之一便是帮助主体评估可提供公共服务的水平。以英国政府为例，为扩大政府服务的供给，其提出的"整体政府"理念要求全面评估政府的资产、负债、绩效、财政风险，为了评估政府公共信托责任的履行情况，为债权人的投资决策提供财务依据，"资源会计与预算"侧重于政府生产而非投入，并通过分析资产使用率和资金使用效率来衡量政府服务效率。然而，我国《指南》中并没有提出政府服务能力这一维度，这可能是因为其与绩效评价的反映内容有重叠，但是政府绩效评价主要反映的是政府的运行成本，在社会公共资源一定的前提下，运行成本与公共服务的供给往往是此消彼长的，社会公众作为公共服务的受益者，总是希望能够最大限度地享受公共服务，因此，应该增加政府服务能力这一维度，以更加纯净地反映政府公共服务供给能力。

（4）财政可持续能力。评估财政可持续能力是加强财务管理与控制的保障，核心是预测中长期发展能力，对政府持续提供资源和服务的能力进行考评，以更加完整地反映政府整体财务状况与财政形势，增强财政部门宏观把握能力。财政可持续发展是一个国家财政状况良好的重要特征，党的十九大再次强调了可持续发展的重要性。为把握经济发展趋势，实现立足现在与面向未来的统一，随着基于权责发生制的财务报告编制更为成熟、数据更为充分，政府财务报告在分析中既要根据现实情况分析对比各流量指标，也要将未来的存量指标与目前的流量指标相结合，前瞻性地预测各存量指标的发展趋势与经济的各个发展阶段，保障经济的长期可持续发展。以日本政府为例，其为应对人口老龄化带来的长期财政缺口，通过计算投资收益率、工资增长率、人口出生率等对财源的需求，与债务水平进行比对来测算财政可持续性，并测算有关地方政府将来应承担的实际债务与一般账户等应承担的标准财务规模的比率，显示未来财务承担压力的可能性，并观察每年的债务增量与债务存量比率，将每年的净负债与当年度 GDP 对比计算债务持续率。我国《指南》也将实现财政可持续发展作为报告编制目标之一，但是目前给出的参考指标仅仅从债务、税收收入、公共基础设施等角度计算指标，缺少结合宏观形势的综合预测，随着我国的人口老龄化趋势日益明显，我们也有必要做中长期的时间序列预测。

3. 指标设计

结合上述政府财务报告分析的四个维度，我们在具体指标设计上有如下建议。

（1）债务管理能力指标设计建议。债务风险评估是对政府债务压力的反映，可以从债务负担、偿债能力、经济增长前景、外在风险、风险预警五方面展开。一是债务负担，可以借鉴国际评级机构的做法，考察政府债务承担能力，包括债务压力、借款成本对偿付能力的削弱等。二是偿债能力，可以参考美国的做法，考察政府还本付息能力，包括短期偿债能力、长期偿付能力等。三是经济增长前景，可以借鉴国际评级机构的做法，采用预期公共债务的动态轨迹和峰值、政府资产多样性、或有负债的规模和多样性等。四是外在风险，可以参考国际评级机构的做法，考察外部流动性、外币债务的构成和占比、外部利息负担等。五是风险预警，是对政府债务变化的动态监测，可以参考瑞典的做法，设定债务限额，这一限额可以通过分析财政实力、债务负担、偿债能力等测算得出；分析债务规模就是对一般债务、专项债务的存量与占比进行分析，并结合债务限额对债务风险有效预警；分析债务期限结构就是对流动负债与非流动负债的增量进行分析，流动负债比例越高，政府的短期偿债压力越高。

（2）财政自给能力指标设计建议。一是收入质量分析，收入体现了财政资金来源，为考察收入稳定性和弹性，反映政府收入的多样性，可以将政府的收入分为税收收入、非税收入、其他收入等，关注收入的构成及变化率，尤其是税收收入作为总收入的重要组成部分，应该对税收征管情况进行详细研究，揭示年度增值税、消费税、企业所得税和个人所得税的比例，以及税收依存度。二是费用质量分析，费用体现了财政资源的损耗，为考察费用流向，反映费用结构，可以分别计算运行成本、公共服务投入、商品和服务费用、工资福利费用等的比重，运行成本指运转类资产的费用支出，政府运行成本＝政府机关年度预算支出－运转类资产购置支出＋运转类资产折旧（摊销）费，公共服务方面的投资涉及新的建设投资、建筑物翻修投资和服务活动的维护，并通过计算人均成本来衡量公共工作人员的配置效率，若运行成本率较高而人均运行成本较低，说明机构臃肿、办事效率低。三是收入与成本关系分析。对公共收入和成本的分析不能孤立地进行，只能结合收入和成本进行分析，才能体现当年度政府收入能否满足所需要的费用。为考察收入与费用的匹配程度，我国通常采用收入费用率（费用总额/收入总额）来衡量，该指标一般为100%左右，若该指标长期大幅高于100%，意味着政府费用长期超出收入负担能力，日常运营性开支需靠借债维持，会给未来政府运行带来隐患；若该指标远低于100%，则需要关注政府是否充分实现自身职能。除此以外，还可以对收入费用率改进，扣除政府间转移收入与支出，计算财政自给系数，衡量政府自身收入对费用的保障能力。

（3）政府服务能力指标设计建议。一是政府持续服务能力分析，服务类资产是政府提供公共服务的基础，主要包括目前资产核算类别中的公共基础设施与政府储备物资。为考察政府服务潜能，可以计算服务类资产比重与人均服务类资产，人均服务类资产越大，政府提供公共服务的能力越强；此外，目前政府会计划分的流动资产与非流动资产主要借鉴企业会计反映经济利益的做法，但无法反映政府的社会利益，借鉴广东省的试点做法，我们建议可以按资产功能划分出服务类资产、投资类资产、运转类资产、保管类资产，服务类资产包括公共基础设施和政府储备物资、保障性住房，反映政府的直接服务能力；投资类资产包括货币资金、应收利息、应收股利、短期投资、长期投资等，反映政府资产变现后的市场调控能力；运转类资产包括维护政府机关运转所需的固定资产、无形资产和在建工程，反映政府运转从而履行职能的间接服务能力；保管类资产包括文物文化资产、受托代理资产。二是政府调控能力分析，政府拥有的流动资产和投资类资产是短期可以变现的，而适度的财务资源与适度的财务信用组成了可调控资源,为考察政府调节市场的能力,可以计算政府调控资源总量,总量越大,政府可调控能力越强,其中,投资类资产指政府掌控的资产。

(4)财政可持续能力指标设计建议。一是债务可持续性分析,主要反映政府偿还未来债务的压力。我们可以观察每年的债务增量与债务存量比率,将每年的净负债与当年度 GDP 对比计算债务负担率;也可以参考日本的做法,即计算将来负担比率、债务偿还可能年数,以衡量未来财务承担压力的可能性,并将未来负担比率与有形固定资产折旧率结合起来进行分析,更全面地把握包括未来公共设施更新费用在内的未来负担,如果未来负担比率降低,而物业、厂房和设备的折旧率增加,则一方面可能无法进行必要的投资,另一方面有可能使用现有设施来减轻财务负担,而不是简单地更新设施。二是收入可持续性分析,主要预测收支缺口及走向。我们可以以预决算报告的完整数据为基础,运用趋势分析法,参考瑞典做中长期的时间序列报告,结合经济形势、相关财政政策、税收政策、非税收收入政策、产业政策、负债占 GDP 比重等,以过去至少连续三年的数据为基础,充分分析未来中长期收支趋势,并对收支趋势和收支差距做出规定。尤其是,税收收入作为政府收入的稳定来源,我们应着重分析税收收入与经济发展程度的匹配度,以反映政府资源是否足以支撑社会经济的发展。

4. 报告编制

(1)合理界定特殊资产与隐性负债,全面反映政府资产负债情况,充实报表附注。就特殊资产而言,政府受托管理的许多资源如历史遗迹、自然资源等计量成本过高、主观判断的不确定性太大,强行将其纳入政府财务报告只会削弱政府会计信息的可靠性,起到相反的效果,但是不加披露就不能真正反映地方财政实力,还有一些如国防等涉及国家机密的资源不适合披露,因此,对于那些核算复杂、无法正常披露的经济资源和财务事项,可以通过报表附注适度披露,对于涉及国家机密的资源不予披露,在保障国家安全的基础上控制核算成本,有效监控特殊资产。对于隐性负债,当期政府税收支出仅包括实际支付的现金部分,不能记录和反映当期发生但尚未支付现金的债务,如社保基金支出缺口、政府隐性担保产生的企业贷款、投融资平台的政府债务等,逐渐演化为政府隐性债务,隐藏着巨大的债务风险。因此,我们有必要摸清家底,核算出地方政府有明确的长期偿还责任的债务;对于或有债务,要详细做好备查登记,并在政府财务报告附注中披露;

对于社保基金，可以借鉴美国基金会计体系，协调社保基金与预决算，完善社会基金核算体系，在附注中设立基金明细表，并逐渐纳入资产负债表核算。

（2）衔接统计信息系统，披露宏观财政信息，丰富财政经济分析。政府财务报告的分析是结合政府面临的内外部宏观政治经济环境与微观经济事项做出的综合分析与预测，不仅需要微观财务数据等定量信息，也需要人口、GDP等宏观统计数据，以及经济发展阶段等定性分析。当前我国经济已由高速发展逐渐过渡到高质量发展阶段，要深刻评估高质量发展，绝不能仅仅将微观定量指标的高低作为评估政府的唯一条件。如果单纯将财务指标与考评和治理挂钩，那么就有可能增大地方政府进行财务调节的动机。国际上一些国家的财务报告不仅提供财务报表，还会提供管理层分析与讨论、审计声明、宏观环境分析等其他信息，客观阐述政府对财政目标的实现程度与实现情况。但目前我国的政府财务报告中大多是分析微观经济数据，缺乏对外部风险、治理环境、经济社会发展等的综合分析。为了更全面地分析政府财务指标所衡量的信息，我们有必要在财务报告分析中引入相关统计数据与统计指标，与财务数据、财务指标结合，并依据政治、经济、文化、法制等环境做政府发展趋势的预测，保障中长期发展。

（3）建立一体化电子操作平台，提高政府财务报告编制的信息化程度。政府财务报告的编制合并涉及多个层级的公共会计主体与庞杂的政府会计数据，这给财务人员相对缺乏的基层政府带来了巨大的财务报告改革阻力，如何解决基层动力、提高财务报告编制合并效率、充分利用各项财务数据以发挥财政治理作用成为当前财务报告编制急需解决的关键问题之一。一些国家已经有了成熟的政府会计信息系统，如美国政府要求其在内部下载相关数据并按照统一格式转换数据，经由审计机关审核无误后再通过平台传送给财政部，财政部会自动下载归类数据编制财务报告。虽然我国已建立 XBRL 标准[1]，但政府财务报告信息系统尚未完全建立。因此，我们建议借鉴财政部实施《企业会计准则分类通则》的经验，应用 XBRL 语言进行数据收集和报告合并，推动政府财务报告的信息化改革，通过计算机审核确保财务报告数据准确性与勾稽关系，提高财务报告的质量。

---

[1] 2010 年，中国标准化管理委员会和财政部发布了《企业会计准则分类国家标准和通用标准 XBRL 技术规范》。

本章课题组负责人：王性玉
　　成　　员：武龙、席龙胜、鲁清仿、方健、魏森淼、赵军营、
　　　　　　　张静、刘友友、董士清、张耀匀

主要参考文献

［1］《标普准则｜国际公共财政：对非美国地方和地区政府进行评级的方法》（https://disclosure.spglobal.com/ratings/en/regulatory/article/view/type/HTML/id/2264131）。

［2］《标普准则｜政府｜主权评级方法》（https://disclosure.spglobal.com/ratings/en/regulatory/article/view/type/HTML/id/2684914）。

［3］常丽. 新公共治理、政府绩效评价与我国政府财务报告的改进［J］. 会计研究，2008（4）：19-24，93.

［4］《2018东京都年度财务报告》（https://www.zaimu.metro.tokyo.lg.jp/syukei1/zaisei/30nenjizaimuhoukokusho_index.html）。

［5］《国务院关于批转财政部权责发生制政府综合财务报告制度改革方案的通知》（国发〔2014〕63号）（http://www.gov.cn/zhengce/content/2014-12/31/content_9372.htm）。

［6］《惠誉地方政府主权评级》（https://www.fitchratings.com./research/international-public-finance/rating-criteria-for-international-local-regional-governments-13-09-2019）。

［7］《惠誉主权评级标准》（https://www.fitchratings.com./research/sovereigns/sovereign-rating-criteria-26-04-2021）。

［8］李定清，廖洪斌，江雪真，刘怡. 政府财务报告分析理论框架构建［J］. 财会月刊，2020（15）：65-71.

［9］李建发，肖华. 公共财务管理与政府财务报告改革［J］. 会计研究，2004（9）：7-10，97.

［10］李建发，张曾莲. 基于财务视角的政府绩效报告的构建［J］. 会计研究，2009（6）：11-17，96.

［11］李建发，张国清. 国家治理情境下政府财务报告制度改革问题研究［J］. 会计研究，2015（6）：8-17，96.

［12］李峻. 编制政府部门财务报告要实现六大转变［N］. 中国会计报，

2020 - 03 - 06（006）.

　　［13］李宗彦，郝书辰. 财政治理视角下的政府财务报告改革——英国的经验与启示［J］. 财政研究，2017（9）：27 - 39.

　　［14］刘筱. 对于权责发生制政府综合财务报告制度改革方案的思考［J］. 行政事业资产与财务，2020（3）：34 - 35.

　　［15］《穆迪在评级分析中使用信用评估的方法》（https：//www. moodys. com/research/Moodys-Approach-to-Using-Credit-Estimates-in-Its-Rating-Analysis- PBC_ 1177087）.

　　［16］《穆迪主权评级方法》（https：//www. moodys. com/researchdocumentcontentpage. aspx？docid = PBC_ 1158631）.

　　［17］潘俊，方致远，唐凯丽. 地方政府行为视角下的政府综合财务报告质量提升探析［J］. 财务与会计，2016（23）：57 - 58.

　　［18］《日本 2018 国家财务文件》（https：//www. mof. go. jp/policy/budget/fiscal_ condition/basic_ data/202104/index. html）.

　　［19］《瑞典 2018 年斯德哥尔摩市年度财务报告》（https：//start. stockholm/om-stockholms-stad/sa-anvands-dina-skattepengar/arsredovisningar/）.

　　［20］《瑞典 2019 年损益表资产负债表财务分析等——年度报告的一部分》 （https：//www. esv. se/contentassets/c0d652447fa54a63ad836e22402917c4/esv - 2020 - 17 - statens-resultatrakning-balansrakning-och-fiansieringsanalys-mm - 2019. pdf）.

　　［21］汤林闽. 权责发生制政府综合财务报告制度改革：阶段性评述［J］. 地方财政研究，2018（1）：23 - 31，38.

　　［22］《西班牙 2018 年年度账目报告》（https：//www. minhac. es）.

　　［23］张曾莲. 政府综合财务报告改革促进政府治理能力提升研究——基于 30 个国家的实证分析［J］. 经济问题，2017（2）：111 - 116.

　　［24］张琦，孙旭鹏. 政府审计独立性提升的治理效应——以审计机关人财物改革对公务接待行为的影响为例［J］. 会计研究，2021（1）：167 - 178.

　　［25］张琦，王森林，李琳娜. 我国政府会计改革重大理论问题研究［J］. 会计研究，2010（8）：76 - 82.

　　［26］张琦. 公共受托责任、政府会计边界与政府财务报告的理论定位［J］. 会计研究，2007（12）：29 - 34，96.

　　［27］《政府部门财务报告编制操作指南（试行）》（财库 2019〔57〕号）（http：//www. mof. gov. cn/gkml/caizhengwengao/wg201901/wg201912/202005/t20200522_

3518358. htm）。

［28］《政府财务报告编制办法（试行）》（财库 2019〔56〕号）（http://www. yueyang. gov. cn/czj/9062/9065/9067/content_ 1649913. html）。

［29］《政府综合财务报告编制操作指南（试行）》（财库 2019〔58〕号）（http://gks. mof. gov. cn/guizhangzhidu/202001/t20200103_ 3454469. htm）。

［30］周曙光，陈志斌. 基于国家治理主体视角的政府财务报告应用研究［J］. 财务研究，2019（5）：29－34.

［31］周卫华. XBRL 政府财务报告披露的国际经验与启示［J］. 财务与会计，2020（10）：55－58.

［32］朱义令. 政府综合财务报告分析应用体系构建——基于需求导向［J］. 财会月刊，2021（2）：82－87.

［33］An Analysts' Guide to Government Financial Statement（https://www. gao. gov/）.

［34］2019 Executive Summary to the Financial Report of the United States Government（https://www. fiscal. treasury. gov/files/reports-statements/financial-report/2019/executive-summary－2019. pdf）.

［35］Edmonds C. T. , Leece R. D. , VermeerB. Y. . The Information Value of Qualified and Adverse Audit Reports：Evidence from the Municipal Sector［J］. Auditing：A Journal of Practice & Theory，2020，39（1）：21－41.

［36］2019 Financial Report of the United States Government（https://www. fiscal. treasury. gov/reports-statements/financial-report/current-report. html）.

［37］2019－fasab-handbook（https://fasab. gov/）.

［38］FINANCIAL AUDIT：Fiscal Years 2017 and 2016 Consolidated Financial Statements of the U. S. Government（https://www. gao. gov/）.

［39］FINANCIAL AUDIT：Fiscal Years 2018 and 2017 Consolidated Financial Statements of the U. S. Government（https://www. gao. gov/）.

［40］Financial Reporting Advisory Board（FRAB）（https://www. gov. uk/government/groups/financial-reporting-advisory-board-frab）.

［41］Government Accounting Standards & Guidance（https://www. gasb. org）.

［42］Government Financial Reporting Manual（FRem）2017－18，2019－20，2020－21（https://www. gov. uk/government/groups/financial-reporting-advisory-board-frab）.

［43］ Grein B. M. , Tate S. L. . Monitoring by Auditors: Case of Public Housing Authorities ［J］. The Accounting Review, 2010, 86 (4): 1289 – 1319.

［44］ 2021 Handbook of International Public Sector Accounting Pronouncements (Current Edition), International Public Sector Accounting Standards Board (IPSASB) (https://www. ipsasb. org).

［45］ Mentz M, Barac K, Odendaal E. An Audit Evidence Planning Model for the Public Sector ［J］. Journal of Economic and Financial Sciences, 2018, 11 (1): 1 – 14.

［46］ Ngoepe M, Ngulube P. A. . Framework to Embed Records Management into the Auditing Process in the Public Sector in South Africa ［J］. Information Development, 2016, 32 (4): 890 – 903.

［47］ Sibanda M, Ndlela H. Effects of an Audit Opinion on the Operations of a Municipality in a Developing Economy ［J］. Acta Universitatis Danubius, 2018, 10 (1): 104 – 115.

［48］ Whole of Government Accounts (https://www. gov. uk/government/collections/whole-of-government-accounts).

［49］ Zimmerman J. L. The Municipal Accounting Maze: An Analysis of Political Incentives ［J］. Journal of Accounting Research, 1977, 15 (1): 107 – 144.

第三章

政府财政数据分析与应用研究

一、河南省政府财政数据分析与应用环境

(一) 财政数据分析与应用的宏观环境

坚持和完善中国特色社会主义制度、推进国家治理体系和治理能力现代化，是关系党和国家事业兴旺发达、国家长治久安、人民幸福安康的重大问题。目前，我国国家治理面临许多新任务、新要求，这使得国家治理体系必须更加完善、不断发展。而财政数据的分析与应用将催生财政治理的变革，裨益于更好地发挥财政在国家治理中的基础性和重要支柱性作用。在当前推进国家治理体系和治理能力现代化这一宏观环境下，财政数据分析与应用在国家治理现代化中的作用日益凸显，与此同时，国家治理现代化对财政数据分析与应用的要求也在不断提升。

1. 财政数据分析与应用在国家治理现代化中的作用日益凸显

财政数据的分析与应用是推进国家治理能力现代化的重要手段。我国对财政数据工作十分重视。过去二十多年来，我国不断探索财政信息化和大数据的建设与开发应用工作，取得了初步成效。2015 年 8 月，国务院总理李克强主持召开国务院常务会议，通过了《促进大数据发展行动纲要》（以下简称《行动纲要》）。《行动纲要》提出了在未来 5~10 年推动大数据发展和应用的目标，指出要"建立'用数据说话、用数据决策、用数据管理、用数据创新'的管理机制，实现基于数据的科学决策，将推动政府管理理念和社会治理模式进步……逐步实现国家治理能力现代化"。财政数据是与财政治理相关的数据，财政数据的分析与应用是提升财政治理能力和国家治理能力的

基础和工具。财政数据的范围很广，不仅包括全口径的财政收支等流量数据和政府资产负债等存量数据，还涵盖了其他相关数据，如教育、医疗、建筑、社保、农业、安全、军事等多个领域，这些大量的数据，分散在税务、金库、银行、海关、预算单位等多个地方，涉及社保系统、金库收支、税收征管等不同方面。财政数据量非常大，已经成为社会治理的重要资源。财政数据作为重要的基础性战略资源，对一国的社会经济活动和国家治理能力产生了重要影响。科学、规范的财政数据能够全面、清晰地反映政府预算执行信息和财务状况，满足权力机关、社会公众等对财政数据分析与应用全面性、准确性和及时性的需求，并为制定财政中长期规划、国民经济和社会发展中长期规划和国家相关宏观政策提供依据，从而有利于改进和加强财政管理，进一步规范政府行为和提高政府决策能力。例如，财政数据的分析与应用可以实现对预算执行的有效监督，有助于全面实施预算绩效管理，提高财政分配的科学性。依托财政数据，构建税务、工商、住建、海关等多部门的跨部门数据共享分析与应用平台，可以补齐税务部门信息短板，掌握真实的财源数据，实现税收应收尽收，助力实现税收公平。通过财政数据的分析与应用，可以促进财政部门与其他部门之间的协调与沟通，探索数据资源的潜在使用价值，提高政府公共管理的有效性和精准性，提升国家治理水平。

目前，我国步入中国特色社会主义新时代，处于新的历史方位，社会主要矛盾发生了转化，我国经济下行压力的加大和减税降费政策的执行，增加了财政增收的不确定性。在这种情况下，深化财政数据分析与应用、实现数据共享和融合，不仅有利于财政增收、提高财政资金使用效率，也有利于财政政策精准发力、提质增效，进而有利于推进国家治理体系和治理能力现代化。因此，财政数据分析与应用作为国家治理现代化的应有之义、主要工具，其在完成国家治理新任务、契合国家治理新要求、促进国家治理体系和治理能力现代化中的作用日益凸显。

2. 国家治理现代化对财政数据分析与应用的要求不断提升

财政数据除了具有规模大、价值高、外延性强的优势外，还具有结构相对简单的特点。财政数据的这些特点，一方面使得数据采集、处理的门槛较低，有利于对数据进行关联性分析和趋势分析；另一方面如何从海量数据中挖掘有价值的信息，实现对财政数据的有效分析和充分应用也成为一个难点。如何通过建设财政大数据平台（数据集市和数据仓库），不让财政数据"沉淀"，使数据分析应用变得直观、简便，提升国家财政管理和决策水平，提高工作效率，是当前财政部门面临的重要任务。2019 年 5 月，财政部发布了《关于推进财政大数据应用的实施意见》（财办〔2019〕31 号），要求各部门推进财政大数据应用，以支撑建立现代化财政制度，这也是第一次从顶层设计层面对财政数据的应用作出要求。2021 年 4 月，国务院发布的《关于进一步深化预算管理制度改革的意见》（国发〔2021〕5 号）指出，要实现中央和地方财政系统信息贯通，推动部门间预算信息互联共享。但是目前，财政数据流动性和共享性依然较弱，财政数据分析仍以简单分析为主，使得财政数据分析与应用覆盖面较小，财政数据资产价值尚未充分激发和释放。而推进国家治理体系和治理能力的现代化，则要求国家治理理念具有时代性、国家治理目标具有前瞻性、国家治理方式具有科学性、国家治理过程具有透明性，而这些要求的实现均需通过革新财政思维观念以激活释放财政数据资产价值；通过打破财政数据垄断格局以强化财政数据的流动性和共享性；通过统一财政数据口径标准以提升财政数据的系统性和连续性；通过挖掘分析财政数据关联以注重财政数据的关联性和应用性。

综上分析，推进国家治理体系和治理能力现代化对财政数据分析与应用提出了更高要求，我们需要通过充分激活和释放财政数据资产价值，以促进财政科学化、精细化管理，进而提升政府的服务能力和决策能力。

（二）财政数据分析与应用的河南省情

目前，河南在国家区域格局中的地位更加突出，在支撑中部崛起、服务全国大局中的战略地位不断提升，这对河南省财政治理能力提出了更高的要求；《河南省数字政府建设总体规划》的发布、数字财政建设工作的深入开展，则需要依托于财政部门决策参谋作用的充分发挥。而河南省数字财政建设工作的不断推进、财政数字化治理能力的提升、财政部门决策参谋作用的发挥，则需要以财政数据的分析与应用为支撑。

1. 提升河南省财政治理能力的需求不断增加

党的十九大针对社会治理提出了更高的要求，要求各地政府应在法治化、智能化、专业化的要求下加强社会治理力度，改进社会治理水平。各级政府社会治理的数字化、智能化水平成为反映数智化时代下各地政府治理能力的关键指标。同时，随着预算管理体制改革的不断深化，财政信息化建设、数字财政建设在支撑财政管理改革方面也发挥着越来越重要的作用。

近年来，河南省财政厅按照财政部、河南省委省政府的决策部署，紧紧围绕财政重点工作,深入推进豫财数字工程建设,积极开展财政信息化建设工作,着力加强信息化在深化全省财税体制改革、创新预算管理制度、科学履行宏观调控职能、夯实国家治理的财政管理基础等方面的应用,较好地支撑了全省财税体制改革。按照新时期财政信息化建设总体思路,河南省仍需继续积极贯彻全国财政信息化工作会议精神,加强财政信息化建设的统筹规划和顶层设计,全面提升财政数据的分析与应用对建立现代财政制度的支撑能力。河南省在推进国家治理现代化过程中,需要建立数字财政系统,通过信息技术的流程化、刚性化、透明化、简洁化等特点优化财政管理,通过财政数据分析与应用提升财政治理能力,进而助力于数字政府建设、进一步提升河南在支撑中部崛起和服务于国家大局中的作用。例如,结合财政数据对河南省各预算单位财务规划能力的监控,可以对各预算单位每年的预算批复信息、申请调整预算的信息进行分析,与该单位往年数据、其他单位的财务管理情况进行对比分析,发现一些财务规划能力较差的单位,采取有针对性的措施进行改善。再如,为加快建立现代财政制度、改进预算管理和控制,需要做好财政中期规划,基于财务数据对河南省财政中期收支进行预测,预测越准确,未来财政资金统筹调度就会越科学,财政服务经济发展的能力就越强。

2. 发挥财政部门决策参谋作用的需求日益凸显

河南省财政厅通过强化财政经济与大数据融合发展,建立了数据采集共享制度,构建了业务技术一体化体系,建设了财政经济大数据融合中心,建立了大数据协同共享体系、财政经济精准管理体系、政府决策支撑服务体系、面向社会的公共服务体系及财政经济大数据政府智库体系等。2015年以来,河南省财政厅通过建设全省综合治税信息共享系统,逐步完善涉税信息管理体系,加强涉税信息分析利用,提升税收征收效率和财税管理水平。2017年,通过创新扶贫资金监管方式,河南省建成了全省财政扶贫资金动态监控系统,实现扶贫资金全流程在线监控,得到了省委省政府主要领导的充分肯定。2017年,河南省建成人大预算联网系统,为预算决算审查监督、推动预算公开透明提供有效技术支撑。2018年以来,河南省启动财政经济大数据融合中心平台建设,进一步推进跨部门、跨层级财政经济数据的互通共享,为开展大数据应用提供统一的数据支撑平台;将扶贫资金动态监控作为"制度+技术"模式的一个切入点和突破口,进一步扩展到收入、支出和政府债务"三个在线监控",实现财政资金监控全覆盖。目前,全省财政收支运行监管平台已经实现对全省财政运行总体情况的实时监控，能够实现对分结构、分税种、分地区、分行业的全省收入情况的监控，实现全省收入预测及趋势比对分析，实现全省财政支出总体情况的监控，以及全省支持三大攻坚战、促进经济持续发展、保障和改善民生等重点领域的支出监控和保障房资金动态监控等专项监控。政府债务监控平台包括总体概览、债务全景、债务项目、融资平台、PPP项目、统计报表等模块，通过对政府债务项目合同、还款来源、偿还进度、使用情况等信息实时在线监控，对全口径政府债务实行事前、事中、事后全过程监督。

由此可见，财政部门政务数据和财政经济运行数据较为集中的天然优势，使得财政部门在河南省政府治理中的决策参谋作用越来越凸显，助力财政数据分析与应用在推进国家治理体系和治理能力现代化进程中发挥着越来越重要的作用。在数字政府建设步入全面提升阶段的态势下，财政部门决策参谋作用的充分发挥成为推进服务型政府建设、提升治理智慧化水平的重要助推器。而财政部门则需要以财政数据的分析与应用为基础，通过激活释放财政数据资产价值以达到其发挥决策参谋作用的目标，为财政改革与发展提供技术支撑，为财政经济高效安全运行提供保障，实现财政服务的便捷化、预算管理的精准化、资金使用的安全化、管理决策的科学化。在当前的河南省情下，亟须进一步提升河南省财政治理能力、发挥财政部门决策参谋作用，打造河南"智慧财政"，财政数据分析与应用则为这些要求的实现提供了方法和手段。

（三）财政数据分析与应用的技术环境

1. "大智移云物区"时代财政数据分析与应用的前景

"大智移云物区"即大数据、智能化、移动互联网、云计算、物联网技术和区块链技术。近年来，以"大智移云物区"为代表的新信息技术变革深深影响着社会运行方式，也影响着政府治理方式的转变。依托"大智移云物区"等新信息技术，财政部门的财政国库集中支付改革、财税库银联网、非税电子化改革等财政信息化工作不断深入推进，各类电子数据不断向财政部门集中，财政部门已经成为真正的数据中心，是一个海量的数据库聚集地。积极开展财政数据的分析与应用，既是财政改革的诉求，也是促进财政事业发展的应有之义。"大智移云物区"时代，财政数据分析与应用已然成为推进国家治理体系和治理能力现代化的重要手段，是财政部门行使职能的根本所在，财政数据分析与应用水平的高低将决定财政部门的管理方式和管理水平。"大智移云物区"为财政数据分析与应用提供了技术支撑，财政部门通过利用以"大智移云物区"为代表的新信息技术对海量财政数据资料进行撷取、管理、处理，有效梳理和充分利用财政数据，深入挖掘财政数据的价值，唤醒沉睡的财政数据，让财政数据直接服务于财政管理和决策，强化以数据为基础的分析，使数据成为财政管理、财政改革、政策设计的基础，从而能够形成可供财政管理运用的数据中心。这不仅有利于解决财政信息碎片化问题，还可提升政府的财政管理能力和决策水平，真正实现"数字财政"和"智慧财政"，节省财政部门的资源，提高财政部门的工作效率。"大智移云物区"时代，财政数据分析与应用的前景主要包括以下几个方面。

（1）助力财政改革与管理。近年来，随着财税改革难度逐步加大，以往单一的制度性改革已逐渐难以满足财政改革的持续深入，以"大智移云物区"为代表的新信息技术的出现为财政改革注入了新鲜的血液与力量，从而为突破财政改革中的难点与痛点提供支持。依托新的信息技术，对财政数据有效挖掘和充分利用不仅可以为政府制定财政中期规划提供有力的数据依据，提高财政规划的科学性，还可以提升财税业务人员的执行效能，加快财税体制改革的实施，为政府综合财务报告改革提供大量的数据支撑。

（2）为财政资金保驾护航。财政数据是实现全过程预算绩效管理的重要载体，以"大智移云物区"为代表的新信息技术能够帮助政府建立预算编制、预算执行和决算的动态监控和反馈机制，有助于发现财政资金使用过程中的规律和异常，提高预算管理和科学决策水平；有利于控制部门预算支出，提高资金使用效率；有利于有效支撑预算编制，提高预算的精细化和科学性，保证财政资金的安全性。在预算编制环节采用数据预测功能，搜集、整合、分析数据，从而提高预算编制的准确性。在预算执行环节采用新信息技术对预算执行进行实时监控，并依据资金使用情况进行实时动态追踪及调整。在预算绩效评价环节，采用数据挖掘技术发掘出数据最大价值，提高绩效评价的准确度及有效性。

（3）保障财政可持续发展。依托以"大智移云物区"为代表的新信息技术，建立财政数据分析与应用的长效机制，从财政长期可持续发展角度，充分利用财政数据可以深入研究财政收支与区域经济发展的关系；可以分析地区产业发展现状与财政的关系；可以分析和预测财政收入状况和发展态势；可以分析财政支出进度、支出趋势、支出偏好、支出结构和支出效率、结转结余情况等；可以探求国库现金流运行特点和规律，测算最佳库存量；可以分析监测项目位置、项目建设进度、项目资金拨付使用情况等项目信息；可以通过对比经济发展水平、产业结构、财政收支、创新能力等，全面了解区域经济特点和财政收支水平，预测财政可持续发展能力，为政府及财政部门实行中期预算规划管理、政策制定、产业经济发展等决策提供量化数据；使政府财政管理工作从以前的靠经验决策转变到用数据说话、用数据决策，可以有效提升政府治理能力和财政管理水平，保障财政可持续发展。

2. 河南省预算管理一体化系统的应用与拓展

近年来，河南省财政厅深入贯彻落实现代财政制度理念，紧扣河南经济社会发展实际，积极运用云计算、大数据等新一代信息技术，大胆探索、勇于创新，探索形成"互联网+制度+技术"模式，预算管理一体化系统建设不断取得新成效。

河南省财政厅于2019年7月顺利完成项目库和预算编制两大模块的开发工作，并在省本级、开封市本级、尉氏县、固始县等试点市县上线运行，为2020～2022年中期财政规划编制工作提供了新支撑。根据财政部工作安排，作为预算管理一体化系统第一批实施单位，河南省财政厅于2020年1月1日在省本级及开封市本级正式上线运行用款计划、集中支付、实拨、公务卡管理、资金清算、工资统发等预算执行管理业务功能模块，随后在两个试点县完成上线，全面打通项目库和支付模块的连结通道，进一步做实项目库全生命周期管理技术支撑，初步实现预算编制、预算执行和绩效管理等核心业务一体化、全流程规范管理，初步完成预算管理一体化业务和信息系统省市县三级贯通任务。在预算编制、预算执行核心功能建设基本完成后，与其他系统对接工作也不断推进。2020年2月，河南省实现与地方政府性债务系统对接，支持债券项目和债券发行计划自动转换为债券指标，下达至省直预算单位和市县财政部门。2020年3月，河南省实现与政府采购系统对接功能，在预算管理系统内实现采购计划关联指标以及根据采购支付申请办理资金支付、采购指标查询、采购合同查询等功能，为强化财政综合监管提供了有力支撑。根据省预算绩效管理工作安排，河南省于2020年5月完成绩效监控功能开发，2020年7月在省本级正式上线。在近半年试运行基础上，省直工资统发单位于2020年6月、7月、8月分三批正式上线运行工资统发功能，与原工资统发系统相比，实现与基础信息库的对接，并新增统发工资业务预警等功能，为工资支出精细化管理提供了新抓手。2020年8月，河南省实现社保专户资金指标管理、用款申请、资金拨付、账务核算全流程电子化管理，打破多个系统分散管理的局面，为社保预算资金全业务管理提供了坚实保障。河南省预算管理一体化系统中还包含预算单位会计核算功能，并于2020年1月1日试点在省直管县固始县上线运行。近期，省本级又选取了省民政厅、省生态环境厅等18家内控制度健全、财务管理规范、财务人员职业能力较高的省级预算单位作为试点，为下一步推开单位会计核算功能积累经验。目前河南省预算管理一体化系统建设已经初步完成，在省本级和试点市县试点应用平稳推进。截至2020年9月10日，省本级覆盖全部110个一级预算单位、3 317个基层预算单位、9家代理银行，可执行项目11 534个，预算指标8.06万笔，支付76.5万笔、金额1 584亿元，关联了1 205笔采购实施计划，支付金额18.9亿元。通过系统完成现金调度等实拨业务3 002笔、金额4 852亿元。开封市本级、尉氏县、固始县等试点市县涵盖全部363个一级预算单位和1 797个基层预算单位，可执行项目7 773个，预算指标4.9万笔，支付14.2万笔、金额139.6亿元。

由此可以看出，河南省预算管理一体化系统中已经产生和存储海量的财政数据，通过建立财政数据的分析与应用平台进一步应用和拓展预算管理一体化系统的功能，充分挖掘和有效分析预算管理一体化系统中的数据，才能使预算管理一体化系统的功能利用起来，才能使系统中海量的数据价值真正地发挥出来，才能使财政部门实现"有数""用数""管数"的全过程数据管理。

综上所述，根据当前的宏观环境和河南省情，进行财政数据分析与应用是非常必要的。"大智移云物区"等信息技术的迅猛发展、河南省预算管理一体化系统的构建等已经为财政数据的采集、存储、传递奠定了基础，亟须增强财政数据的流动性和共享性、完善财政数据分析体系、拓展财政数据应用的覆盖面、释放财政数据资产价值。

二、河南省政府财政数据分析与应用领域

对于财政数据分析与应用领域的界定有多种依据，如政府财政管理对象、政府经济组织结构、政府财政数据信息使用者等，但在不同的界定依据下，其强调的服务对象也有所不同。例如，按照政府经济组织结构进行界定，强

调的服务对象是各级政府机构；按照政府财政数据信息使用者进行界定，强调的服务对象是各类信息使用者。可以看出，政府财政数据分析与应用的服务对象是多样化的，这意味着若要满足不同服务对象的需求，则设计的财政数据分析与应用体系也需多样化，这不仅极大程度地增加了设计成本，而且当服务对象的需求发生变化时，所设计的财政数据分析与应用体系的适用性会降低。鉴于此，所设计出的财政数据分析与应用体系应具有通用性，不同的服务对象均可以按照需求进行个性化的选择。由于财政数据源自政府财政管理运动，按照政府财政管理对象设计财政数据分析与应用体系，涵盖了政府财政经济运行、财政财务管理的方方面面，便于不同的服务对象根据自身的需求进行个性化选择。因此，本部分选择按照政府财政管理对象对财政数据分析与应用领域进行界定。

现有研究按照政府财政管理对象，在政府财政数据分析与应用指标体系中，对政府财政经济分析、政府财政财务管理情况分析均有所涉及。目前颁布的《政府综合财务报告编制操作指南（试行）》中，政府综合财务报告的编制内容已经包括财务报表（资产负债表、收入费用表）、政府财政经济分析和政府财政财务管理情况。其中，现有的政府财政经济分析已经建立的指标包括三个方面：政府财务状况（9个指标）、政府运行情况（6个指标）和财政中长期可持续性（5个指标）。政府财政财务管理情况只是简要介绍了政府预算管理、政府资产负债管理和政府收支管理三个方面的政策要求、主要措施和取得成效，但并未建立具体的指标体系。鉴于此，本部分拟在现有财政数据分析指标体系的基础上，结合河南省省情，对财政数据分析与应用领域进行界定，为后续财政数据分析指标体系的完善奠定基础。

本部分依据现有的相关研究以及预算管理一体化系统的相关设计环节及数据，按照政府财政经济分析和政府财政财务管理情况分析这两个方面进行完善：对于政府财政经济分析主要是借鉴国内外已有的关于政府财政经济分析的指标构建，对现有的分析指标进行补充和完善；对于政府财政财务管理情况分析，以现有已发布的相关文件为基础，重点对政府财政财务管理情况的项目库管理、政府预算管理、政府预算绩效管理、政府债务风险管理、财政资金科学配置管理、财政资金监控、政府决算财务信息系统优化提升七部分内容开展研究。其中，政府财政经济分析方面在第二章已经对现有研究进行了比较全面的总结和分析，本章将在借鉴第二章研究的基础上结合河南省情直接对该方面进行补充完善；在政府财政财务管理情况方面，本章将予以着重分析。

（一）项目库管理

项目库管理是预算管理的基础，预算项目是预算管理的基本单元。由政府财政资金安排的项目库，是指为促进预算的科学精准编制和规范高效执行，对预算项目的提前研究谋划、评审论证、入库储备、排序优选等工作进行规范化、程序化管理的数据库。

按照财政部《预算管理一体化规范（试行）》（财办〔2020〕13号）和《预算管理一体化系统技术标准 V1.0》（财办〔2020〕15号）中"项目库管理"的有关规定，全部预算支出应以预算项目的形式纳入项目库，并实行全生命周期管理。预算项目按照预算支出性质和用途，分为人员类项目、运转类项目和特定目标类项目三类。人员类项目支出和运转类项目中的公用经费项目支出对应部门预算中的基本支出；运转类项目中的其他运转类项目支出和特定目标类项目支出对应部门预算中的项目支出。

项目库的全生命周期管理，主要分为前期谋划、项目储备、预算编制、项目实施、项目结束和终止等阶段，全流程动态记录和反映项目信息变化情况，要求各部门、单位要树立"先谋事后排钱"理念，坚持"先有项目再安排预算"原则，提前研究谋划、常态化储备预算项目，单位申请预算必须从项目库中挑选预算项目。预算项目逐年滚动管理，经常性项目、延续性项目及当年未安排的预算储备项目，自动滚入下一年度储备。

为做好项目库管理，河南省委、省政府于2019年4月23日制定了《中共河南省委 河南省人民政府关于全面实施预算绩效管理的实施意见》（豫发〔2019〕10号），河南省财政厅相继制定出台了《河南省财政厅关于印发〈河南省省级预算项目政策事前绩效评估管理办法〉等6个办法的通知》（豫财预〔2019〕176号）、《河南省省级预算绩效运行监控管理办法》（豫财效〔2020〕8号）和《河南省省级预算项目支出绩效评价管理办法》（豫财效〔2020〕10号），它们都涉及项目库管理问题。依据河南省项目库管理所产生的财政数据和管理要求，以人员类项目、运转类项目、特定目标类项目为分析对象，结合项目库全生命周期管理各个环节（前期谋划、项目储备、预算编制、项目实施、项目结束和终止）的内容，以项目支出绩效评价为导向，从项目支出的经济性、效率性、效益性和公平性角度，综合进行财政数据分析与应用的内容包括以下几个方面。

1. 项目前期谋划阶段的分析与应用

这一阶段主要分析项目筹划立项的充分性、规范性、项目绩效目标的合理性及相关指标的明确度等,评价项目立项的获取成功情况,以此为项目前期谋划决策效果和工作成效评价及进一步优化提升提供参考。

2. 项目储备阶段的分析与应用

这一阶段主要分析项目基础信息、项目支出标准、资产配置情况、入库项目的规范性(特定目标类项目)等,评价项目储备有效性和为预算提供的支持程度,以此为项目储备工作的科学规范化提供参考。

3. 预算编制阶段的分析与应用

这一阶段主要分析项目预算编制依据的充分性、科学性、预算资金分配的合理性等,评价项目预算编制的有效性,并结合储备项目列入预算情况,为项目预算编制工作的效果性管理提供参考。

4. 项目实施阶段的分析与应用

这一阶段主要分析项目预算下达、预算调整和调剂、预算执行、绩效管理、组织实施的保障情况等,评价项目实施过程中预算下达的及时性、预算资金到位情况、预算执行效果、预算资金使用的合规性、预算资金调整调剂的影响、组织实施制度保障情况,以此为项目有效实施管理提供参考。

5. 项目结束和终止阶段的分析与应用

这一阶段主要分析项目结束、未完成项目被终止、项目产出及项目效益等,评价项目完成效果、被终止项目影响、项目产出的效果、项目效益评价,以此为项目后期有效管理和保证项目及时有效完成提供参考。

通过上述相关财政数据综合分析与应用,为建立科学合理的项目管理及评价体系、提高财政资源配置效率和使用效益、规范项目库管理、支持地方经济发展等提供参考。

(二) 政府预算管理

政府预算是按照一定的法律程序编制和执行的年度财政收支计划,是政府组织和规范财政分配活动的重要工具。其内容包括一般公共预算、政府性基金预算、国有资本经营预算、社会保险基金预算,由于河南省国有资本经营预算在全部预算中所占比例非常低,以及社会保险基金预算资金的特殊性,所以本章主要研究一般公共预算、政府性基金预算管理中的相关财政数据分析与应用。据此按照预算管理环节所产生的财政数据进行财政数据分析与应用的内容包括以下几个方面。

1. 一般公共预算管理的分析与应用

一般公共预算是对以税收为主体的收支，用于安排保障和改善民生、推动经济社会发展、维护国家安全、维持国家机构正常运转等方面的收支预算。中央一般公共预算包括中央各部门的预算和中央对地方的税收返还、转移支付预算。中央一般公共预算收入包括中央本级收入和地方向中央的上解收入；中央一般公共预算支出包括中央本级支出、中央对地方的税收返还和转移支付。地方各级一般公共预算包括本级各部门的预算和税收返还、转移支付预算。地方各级一般公共预算收入包括地方各级收入、上级政府对本级政府的税收返还和转移支付、下级政府的上解收入；地方各级一般公共预算支出包括地方本级支出、对上级政府的上解支出、对下级政府的税收返还和转移支付。一般公共预算收入主要是税收收入、非税收入、债务收入和转移性收入。一般公共预算支出按支出功能分类，需设置类、款、项三级科目；按支出经济分类，需设置类、款两级科目。

一般公共预算应当根据年度经济社会发展目标、国家宏观调控总体要求和跨年度预算平衡的需要，参考上一年预算执行情况、有关支出绩效评价结果和本年度收支预测，按照量入为出、收支平衡、讲求绩效的原则进行编制。据此主要分析预算收入的构成情况、预算项目支出的构成情况、预算收支平衡情况、预算调整情况、预算执行情况。借以评价一般公共预算收入构成的合理性及其变动、一般公共预算支出安排的合理性及其变动、一般公共预算收支平衡能力及效果、预算调整效度、税收收入的征收入库效果、一般公共预算支出支付进度等，从而为分析河南省地方经济增长及决策效应、预算调整效果、预算执行能力和管理效率、省政府逆周期性预算管理效果等提供参考。

2. 政府性基金预算管理的分析与应用

政府性基金是按照法律、行政法规的规定在一定期限内向特定对象征收、收取或者以其他方式筹集的资金，专项用于特定公共事业发展，包括参照政府性基金管理或列入基金预算、具有特定用途的专项债券等财政资金。政府性基金预算的管理原则是以收定支、专款专用、结余结转下年继续使用。政府性基金预算收入包括非税收入、债务收入和转移性收入三类；政府性基金预算支出包括政府性基金支出、转移性支出、债务还本支出三类。

在编制政府性基金预算时要求支出预算与收入预算按基金项目一一对应，做到以收定支、讲求绩效。据此主要分析预算收入的构成情况、预算项目支出的构成情况、预算收支平衡情况、预算执行情况，评价政府性基金预算收入构成的合理性及其变动、政府性基金预算支出安排的合理性及其变动、政府性基金预算收支平衡能力及效果、政府性基金预算执行效果等，从而为分析河南省地方经济发展中对政府性基金的需求及决策效应、预算执行能力、省政府逆周期性预算管理效果等提供参考。

（三）政府预算绩效管理

近几年来，加快推进国家治理体系和治理能力现代化已经成为当今我国的重要国策，中共中央、国务院对此高度重视，不断推出切实可行的有效政策和措施，其中将全面实施预算绩效管理作为重要举措之一。财政部相继出台了开展预算绩效管理的可操作性相关办法，各级地方政府也将此项工作纳入地方政府治理体系和财政治理能力现代化的重要内容，并制定出台了本地区的相关可执行的办法。由此可见，加快建立全方位、全过程、全覆盖的预算绩效管理体系，在提升财政治理能力现代化、进而推进政府治理体系和治理能力现代化，优化财政资源配置，提升公共服务质量等方面的重要作用可见一斑。

河南省委、省政府从2019年起颁布了一系列关于预算绩效管理的文件。这些政策、制度、办法，将预算绩效管理分别从政府预算、部门和单位预算、政策和项目预算三个方面构建全方位预算绩效管理格局，并主要围绕预算支出的资金从建立事前绩效评估机制、强化绩效目标管理、加强绩效运行监控、开展绩效评价、加强绩效评价结果应用等方面构建了全过程预算绩效管理环节链条，将其评价结果作为改进预算管理和省财政部门安排以后年度预算的重要依据。由此，也为进行与此相关的财政数据分析与应用提供了有力的政策和数据依据，本章主要对政府预算绩效管理进行研究。

根据预算绩效评价的内容和目的，河南省财政厅发布的相关办法已经构建了事前评价、目标管理、运行过程监控、执行结果评价以及评价结果运用的完整闭环管理系统，其中都有对应可操作的评价方法，产生了系统的预算绩效管理的财政数据信息，在此需要重点关注的问题则是如何将其有效归纳综合，利用所产生的财政数据进行分析后，最终为预算支出的合理安排和政策调整提供更好的依据。因此，根据预算绩效管理各环节链条中产生的信息，围绕政府预算绩效管理进行财政数据分析与应用的内容包括以下几个方面。

1. 事前绩效评估环节的分析与应用

政府预算依据项目政策事前绩效评估结果中确定予以支持的，将其对应列入政府财政预算管理的一般公共预算、政府性基金预算、国有资本经营预算和社会保险基金预算等预算资金中。因此，财政数据分析与应用的依据是项目政策事前评估结论，有关内容按照项目政策事前绩效评估进行。

由于政府预算事前绩效评估环节的分析与应用按照项目政策事前绩效评估环节的分析与应用进行，现对项目政策事前绩效评估环节的分析与应用进行阐述。省级预算项目政策事前绩效评估，是指省级部门根据部门战略规划、事业发展规划、项目政策、申报理由等内容，运用科学、合理的评估方法，对项目政策立项实施必要性、投入经济性、绩效目标合理性、实施方案可行性、筹资合规性、财政支持的方式及项目预算的合理性等方面进行客观、公正的评估。评估的对象为党政机关、企事业单位等申请省财政预算资金的政策和项目。据此主要依据最终评估报告的评估结论，分析项目政策立项实施的必要性和投入经济性、实施方案的可行性、绩效目标合理性、财政支持方式科学性、预算编制合理性、其他以及总体意见，为项目政策是否列入下年度预算提供参考。

2. 预算绩效目标管理环节的分析与应用

政府预算绩效目标，是指部门（单位）整体绩效目标，即省级部门及其所属单位按照确定的职责，利用全部部门预算资金在一定期限内预期达到的总体产出和效果。其绩效目标同样可分为实施期绩效目标和年度绩效目标。绩效目标管理仍然是省财政厅和省级部门及其所属单位以绩效为导向，以对部门预算绩效目标的设置、审核、批复、调整和应用等为主要内容所开展的预算管理活动。据此主要依据财政厅预算绩效目标评价审核意见，分析部门（单位）的绩效目标以及对其支撑的产出、效益、服务对象满意度等绩效指标的量化打分信息，完整性、相关性、适当性、可行性等方面的审核信息、综合评定等级及其总体意见，为部门（单位）整体预算的政策调整、改进管理和预算安排提供重要依据。

3. 预算绩效运行监控环节的分析与应用

政府预算绩效监控是指在预算执行过程中，省财政厅、省级部门（单位）依照职责，对部门整体全部预算资金支出的绩效监控，包括及时性、合规性和有效性监控。绩效监控内容主要包括绩效目标完成情况、预算资金执行情况、重大政策项目绩效跟踪延伸监控和其他情况。据此主要依据省级部门（单位）绩效监控报告以及《部门整体支出绩效监控情况表》等有关信息，分析部门（单位）投入管理、产出、效益等绩效指标的完成情况及与年度指标值对比出现偏差的原因和完成目标的可能性等，为以后年度预算安排和政策制定提供重要参考依据，也为纠正绩效目标执行偏差和堵塞管理漏洞提供依据，并将其工作开展情况纳入省级预算绩效管理工作考核范围。

4. 预算绩效评价结果的分析与应用

政府预算绩效评价，是指省财政厅和省级部门（单位）根据设定的绩效目标，运用科学、合理的绩效评价指标、评价标准和评价方法，对预算支出的经济性、效率性和效益性进行客观、公正的评价。评价范围是所有省级预算资金安排支出的绩效评价及相关管理活动。评价对象是纳入省级预算支出的资金，是部门整体绩效评价，按照预算级次，可分为部门预算资金和省对下转移支付资金。绩效评价结果，是指省财政厅和省级部门根据预算绩效管理相关规定，采用科学合理的评价指标、评价标准和评价方法，对省级预算安排的部门预算及转移支付资金进行绩效评价所形成的评价结论和意见等，以绩效评价报告为载体，分为优、良、中、差四个等级。由于现行《河南省省级预算绩效评价管理办法》是以项目资金为重点，仅设计了预算项目绩效评价的指标体系和评价报告，因此，对政府预算绩效评价结果进行分析时还只能参照项目政策的评价结论信息的相关内容，通过对其进行综合分析，从而为改进预算管理、以后年度编制预算和安排财政资金提供重要依据。

由于政府预算绩效评价结果的分析与应用只能参照项目政策评价结论信息，现对项目政策预算绩效评价结果的分析与应用予以阐述。项目支出绩效评价，是指财政部门和省级预算部门（单位）依据设定的绩效目标，对项目支出的经济性、效率性、效益性和公平性进行客观、公正的测量、分析和评判。评价范围是省级一般公共预算、政府性基金预算、国有资本经营预算安排的项目支出绩效。评价对象分为单位自评的纳入省级政府预算管理的所有项目支出，部门根据工作需要评价的部门履职的重大改革发展项目和随机选择一般性项目，财政厅根据工作需要评价的贯彻落实党中央、国务院及省委、省政府重大方针政策和决策部署的项目及覆盖面广、影响力大、社会关注度高、实施期长的项目。预算绩效评价结果，是指省财政厅和省级部门根据预算绩效管理相关规定，采用科学合理的评价指标、评价标准和评价方法，对省级预算安排的部门预算及转移支付资金进行绩效评价所形成的评价结论和意见等,以绩效评价报告为载体,其中包含事前绩效评估、绩效评价以及预算管理综合考核等。据此主要依据省级部门和财政厅评价报告中的评价结论信息,分析项目和政策的决策情况、过程情况、产出情况、效益等,从而为省级部门和财政厅项目政策预算管理提供反馈与整改、报告与公开、安排项目预算、完善政策、改进管理和综合考核奖惩的重要依据。

(四) 政府债务风险管理

政府债务是平衡财政预算的重要工具。随着我国市场经济的日趋完善与成熟,政府运用债务工具对宏观经济有效运行进行逆周期调控作用越来越显著,其在政府预算管理中成为不可或缺的重要组成部分之一。因此,政府债务风险管理自然也成为政府债务管理的重要内容。

针对地方政府如何搞好政府债务管理,党中央、国务院高度重视,不断发布相关政策、法规,以现行情况来看,国务院先后发布了《国务院关于加强地方政府性债务管理的意见》(国发〔2014〕43号)、《地方政府性债务风险应急处置预案》(国办函〔2016〕88号)。之后,财政部先后出台了地方政府一般性债务和专项债务的预算管理、限额管理、风险管理,以及地方政府一般债券和专项债券发行、地方政府性债务风险分类处置等相关政策、办法或意见。

河南省依据国家制定的有关政策法规,也相应制定出台了《河南省人民政府关于加强政府性债务管理的意见》(豫政〔2016〕11号)、《河南省政府性债务风险应急处置预案》(豫政办〔2017〕39号)、《河南省政府一般债务预算管理办法》(豫财预〔2017〕1号)、《河南省政府专项债务预算管理办法》(豫财预〔2017〕2号)、《河南省政府性债务管理工作绩效考核办法》(豫财预〔2016〕252号)等相关政策和办法。

根据财政部的有关规定,地方政府债务按照其来源方式不同可分为地方政府一般债务和专项债务。一般债务包括地方政府一般债券(以下简称一般债券)、地方政府负有偿还责任的国际金融组织和外国政府贷款转贷债务(以下简称外债转贷)、清理甄别认定的截至2014年12月31日非地方政府债券形式的存量一般债务。除外债转贷外,按照《地方政府一般债务预算管理办法》(财预〔2016〕154号)的要求,一般债务收入通过发行一般债券方式筹措;《地方政府专项债务预算管理办法》(财预〔2016〕155号)中指出专项债务包括地方政府专项债券（以下简称专项债券）、清理甄别认定的截至2014年12月31日非地方政府债券形式的存量专项债务（以下简称非债券形式专项债务），且这两种债务收入应当用于公益性资本支出，均不得用于经常性支出。《国务院关于加强地方政府性债务管理的意见》（国发〔2014〕43号）规定，地方政府举债融资机制采取政府债券方式，没有收益的公益性事业发展确需政府举借一般债务的，由地方政府发行一般债券融资，主要以一般公共预算收入偿还，收支纳入一般公共预算管理；有一定收益的公益性事业发展确需政府举借专项债务的，由地方政府通过发行专项债券融资，以对应的政府性基金或专项收入偿还，收支纳入政府性基金预算管理。

根据《河南省人民政府关于加强政府性债务管理的意见》的规定，政府性债务范围根据政府对债务的偿还责任和法律责任不同分为政府债务和或有债务。其中，政府债务是政府负有直接偿还责任的债务，包括存量政府债务和新增政府债务。存量政府债务是清理甄别后截至2014年12月31日政府负有偿还责任的债务；新增政府债务是自2015年1月1日起经国务院批准，通过发行政府债券方式举借的政府负有偿还责任的债务和一定期限内符合条件的在建项目后续融资纳入政府债务的部分。或有债务主要是政府提供直接或间接担保，当债务人无法偿还债务时，政府负有连带偿债责任的债务。或有债务，包括政府提供担保的债务，即由企事业单位举借、政府及有关部门提供担保的存量或有债务；政府承担救助责任的债务，即企事业单位因公益性项目举借、由非财政性资金偿还，政府在法律上不承担偿债或者担保责任的存量或有债务，或为维护经济安全或者社会稳定，政府需要承担一定救助责任的存量或有债务。

除此之外，研究者还将地方政府债务分为显性债务和隐性债务。显性债务指政府通过财政预算明示的直接举借并承诺偿还的债务；隐性债务是长期执行现行公共支出政策产生的债务。

在本部分主要以便于取得财政数据的政府债务为内容进行分析，如果或有债务信息也能够获得，可将其加入。

从2019年河南省级决算和河南省地方政府债务决算公开的信息来看，河南省政府债务的构成主要为：一般债券（747.4亿元）、专项债券（424.3亿元）、再融资一般债券（323亿元），分别占决算总收入（11 032亿元）的6.77%、3.85%、2.93%，合计占决算总收入的13.55%；全省政府债务限额9 729亿元，政府债务余额7 910.1亿元，其中，全部一般债务余额4 471.3

亿元（中央批付限额 5 773.5 亿元），专项债务余额 3 438.8 亿元（中央批付限额 3 955.5 亿元），全省政府债务余额低于财政部核定的限额，政府债务风险总体可控。2019 年累计发行政府债券 1 817.1 亿元，较去年增长 37%，其中，新增债券 1 448.3 亿元，再融资债券 368.8 亿元，切实发挥了债券资金对稳投资、扩内需、调结构、补短板等一举多得的政策效应。从以上情况来看，河南省政府债务已经具有了一定规模，相关风险管理已经列为河南省政府经济运行管理的重要内容。

地方政府债务风险分为规模风险、结构风险、效率风险和外在风险四类。规模风险是指地方政府因过度举债或债务增速过快而无法按时偿还债务所带来的风险；结构风险是指由地方政府债务的地区分布、层级分布、债务期限等结构所引发的风险；效率风险，既包括由于债务资金管理效率不高可能造成资金不能得到有效使用的风险，也包括债务资金的使用效率不高可能造成举债项目不能达到预期经济效益的风险；外在风险是指地方政府未能按时偿还到期债务可能产生的其他风险。

根据国务院、财政部和河南省有关规定，河南省对政府性债务风险管理采取的主要措施是举债权限管理、严格举债程序管理、债务限额管理、建立债务风险预警机制管理、严格落实偿债资金管理、建立应急处置机制管理等。根据上述有关政策法规，结合河南省政府预决算、政府债务管理绩效考核、债务风险应急处理等所产生的信息，主要分析河南省政府债务规模情况、债务结构情况、债务资金使用效率、偿债情况等，为综合有效运用各种风险管理措施，加强对河南省政府各种债务风险的有效控制和及时化解风险提供直接依据。

（五）政府财政资金科学配置管理

财政资源是政府为实现国家经济社会发展目标而据其财政职能使用的各种要素的总和，是政府资源的核心内容之一，对财政资源进行有效、科学的配置则是政府为实现其职能的客观必需。而财政资源中通过政府进行直接配置的是财政资金，财政资金配置的直接手段是政府的预算管理，预算对各类公共资源具有直接的统筹能力，因此，对政府财政资源（资金）实施科学配置管理，构成了财政数据分析与应用的重要内容之一。从财政资金配置对象来说，主要是财政支出的配置，即预算支出的合理安排、使用及其效果，所以，以下仅以财政支出的配置为内容进行说明。

中共中央、国务院在《关于全面实施预算绩效管理的意见》(中发〔2018〕34号)中开宗明义指出,全面实施预算绩效管理,是优化财政资源配置、提升公共服务质量的关键举措。财政部在《关于贯彻落实〈中共中央国务院关于全面实施预算绩效管理的意见〉的通知》(财预〔2018〕167号)中多次提到,要提高财政资源配置效率、优化财政资源配置、不断提高财政资源使用效益;在《预算管理一体化规范(试行)》(财办〔2020〕13号)中要求要提升财政资金配置效率、提高财政资金的使用效益、加大财政资金统筹力度。原财政部部长肖捷认为,全面实施预算绩效管理,可以更加科学合理配置财政资源,通过有效配置财政资源,推动实现高质量发展,提高资金使用效益,要求财政部门要在当前和今后一个时期,站在加快建立现代财政制度、推进国家治理体系和治理能力现代化的战略高度,紧扣我国社会主要矛盾变化,坚持围绕推动高质量发展,着力提升财政资源配置效率。因此,加强财政资源(资金)科学配置管理研究具有重要意义。

财政资金配置的科学性问题,截至目前,尚无专门的制度办法或文件规定,现有的文献资料也未见到对此专门的论述,从大量出现的情况看,都仅停留在一种对财政资金配置结果的有效性、科学合理性、配置效率等要求性的提法,既无具体的配置过程设计,也无配置结果的标准衡量。依据本部分研究的内容,我们初步认为应当将政府财政资金的科学配置作为一种管理活动,并将这一活动分为财政资金配置依据的选择、财政资金配置过程的安排、财政资金配置结果的评价三个环节,分别从配置的依据客观、过程合理(风险可控)、结果有效来综合体现财政资金配置的科学性,现实工作就是对财政支出预算编制结果的一种衡量。以下对结合和利用上述各种财政数据分析与应用的内容进行说明。

1. 财政资金配置依据的选择

财政资金配置依据可分为政策法规依据、预算编制依据。其中,政策法规依据是为了满足政府发展经济及其运行的需要,在不同时期对财政支出预算提出的要求;预算编制依据主要是在有关政策法规依据的要求之下所形成的各种项目库。需要落实的政策法规是通过形成的项目列入预算来实现的,二者相辅相成。因此,我们要求对财政资金配置依据的选择和确定要保证充分客观,这样才能为后面配置管理活动提供坚实的基础。

依据2020年1月10日河南省财政厅在河南省第十三届人民代表大会第三次会议上提交的《关于河南省2019年预算执行情况和2020年预算草案的报

告》，2019年财政支出安排落实的主要政策是：严格压缩一般性支出、节省的资金统筹用于支持打赢三大攻坚战（脱贫攻坚、污染防治、化解政府债务风险）、着力助推经济高质量发展（产业转型升级、创新驱动发展、支持扩大开放、实体经济健康发展）、加快推动城乡融合发展（实施乡村振兴战略、新型城镇化建设）、稳步增进民生福祉（就业和社会保障、教育优先发展、社会事业发展、社会和谐稳定）等。2020年预算草案中，紧紧围绕落实省委、省政府决策部署和各项重点任务，将助力打赢三大攻坚战、支持制造业高质量发展（转型升级、改善发展环境、发挥省属企业引导作用）、推动创新驱动发展和高水平开放（创新驱动基础、人才强省建设、建设内陆开放高地）、深入推进乡村振兴战略（农业供给侧结构性改革、补齐农业农村基础设施短板、乡村治理能力）、提升新型城镇化水平（中原城市群发展、基础能力建设、县域经济发展）、着力保障和改善民生（就业和社会保障、公平优质教育、健康中原建设、文化繁荣兴盛、平安河南建设、兜牢县级"三保"底线）等作为主要支出政策。依据这些内容，对照2019年的预算，可以看出河南省在2019年财政资金配置依据的选择确定是客观的，2020年预算草案中财政支出安排依据也很清晰，并都有对应的预算数据予以证明。

在利用财政数据进行分析时，我们应当从相关政策法规是否通过项目落实列入预算情况来衡量其充分客观性，主要通过分析项目支出与地区发展战略相关性，为财政资金配置在落实政策法规要求的客观性方面的分析提供依据。

2. 财政资金配置过程的安排

在财政资金配置过程中，要做好财政资金配置内容的安排，并强化财政资金配置风险的控制。

财政资金配置内容安排就是政府预算支出的各项内容，安排的结果要保证其合理性，合理性的体现是是否将上述财政资金配置依据按照可用财政资金情况和轻重缓急的要求加以落实。为此，应通过分析预算收支平衡性、预算编制精准性等，为评判财政资金配置内容安排是否科学合理提供依据。

财政资金配置风险主要体现为为了预算平衡而安排的政府债务及其存在的风险，其风险范围和风险程度要能够可控。因此，可依据上述政府债务风险管理中政府债务规模结构及其是否超过财政部规定的余额限额、债务增速情况、债务风险情况、债务效率情况、偿债保证情况等进行分析，为评估财政资金配置风险的高低及其是否可控提供直接依据。

3. 财政资金配置结果的评价

通过上述环节，形成财政资金配置的结果，即政府预算草案中的支出预算（内容结构）及其执行结果（政府决算），对其结果需要进行评价，以便衡量其配置是否有效或具有效率性。因此，可依据上述预算绩效评价的相关内容，主要是财政厅预算绩效目标评价审核意见和预算绩效评价报告中的相关数据信息，并结合前面三个环节的分析，对财政资金配置的有效性或效率性提供综合评价依据，并通过这些评价，形成财政资金配置科学性的综合意见，也为下一年度财政资金配置提出可循性建议。

（六）财政资金监控

对财政资金实施有效监控是财政管理的核心工作之一，自政府预算编制完成经核准执行开始，其工作重心就将转为对财政资金的全过程监控。对财政资金监控应当站在资金动态的角度，从财政资金拨付、财政资金使用（预算执行）和财政资金存量管理三个方面来进行，通过保证财政资金的安全和有效使用，切实落实政府预算管理目标的实现。监控主体应当是负责拨付财政资金的各级财政部门，就河南省来说当属河南省财政厅。对此从中央到地方政府都给予了高度重视，就目前发布的主要政策文件来看，国务院和财政部发布的主要有《国务院办公厅关于进一步做好盘活财政存量资金工作的通知》（国办发〔2014〕70号）、《财政部关于做好直达资金监控工作的通知》（财办〔2020〕29号）、《关于做好直达资金预算执行有关工作的通知》（财库便函〔2020〕387号）、《中央财政预算执行动态监控管理办法》（财库〔2020〕3号）、《关于中央预算单位预算执行管理有关事宜的通知》（财库〔2020〕5号）、《关于切实加强地方预算执行和财政资金安全管理有关事宜的通知》（财库〔2019〕49号）、《关于加强地方预算执行管理 加快支出进度的通知》（财预〔2018〕65号），并专门发布了《地方财政预算执行支出进度考核办法》（财预〔2018〕69号）和《财政管理工作绩效考核与激励办法》（财预〔2018〕222号），将其列为对地方政府财政管理工作绩效考核与激励的重要内容，对全国36个省、直辖市、自治区、计划单列市进行考核激励。河南省政府和财政厅相应发布的主要有《河南省人民政府办公厅关于加强省级预算管理盘活财政存量资金的通知》（豫政办〔2014〕54号）、《河南省省级财政专项资金管理办法》（豫政〔2014〕16号）、《河南省财政厅关于进一步加强预算执行管理加快预算执行进度的通知》（豫财预〔2018〕196号）等，并针对不同的财政专项资金适时制定下发专门的政策规定。

根据上述有关政策规定，结合前述有关财政数据分析的内容，围绕河南省财政资金拨付、财政资金使用（预算执行）和财政资金存量管理三个方面进行监控，需要的财政数据分析与应用说明如下。

1. 财政资金拨付

政府预算一经政府批准下达，就需要按照资金使用要求及时进行财政资金拨付，财政资金拨付的及时性和对应的拨付率直接关系到政府相关工作能否按时进行，也会关系社会对政府工作的满意和信任度。河南省审计厅公布的"2019年度省级预算执行和其他财政收支情况审计结果"（审计结果公告2020第5号）中就将"财政支出效率有待进一步提高"作为审计中发现的第一个主要问题提出来，而这其中的第一个方面就是部分预算资金分配下达不够及时，192.51亿元中央转移支付资金、27.2亿元上年结转资金、13.21亿元代编预算资金未及时分配下达。为此，应利用财政数据，通过分析各种预算资金下达的及时情况、拨付情况等，为财政资金拨付管理与考核提供依据。

2. 财政资金使用

财政资金使用情况主要包括财政资金支付进度、使用的规范性和效率性等，这些直接体现着财政资金的使用效率、合规性、安全性和效果，构成财政资金监管的核心内容。河南省审计厅公布的"2019年度省级预算执行和其他财政收支情况审计结果"发现的主要问题中就包含部分项目预算执行率偏低，619个项目预算资金31.45亿元执行率低于30%，其中345个项目预算资金12.66亿元未执行；落实过"紧日子"要求还不够到位，存在"三公经费"、会议费和培训费超预算、部分直属部门和单位违规发放奖金补贴等；财政收支管理不够规范等。为此，应利用财政数据，通过分析各种预算资金的支付进度、预算资金使用的合法合规情况、预算绩效管理效果等，为财政资金及时、安全、合法合规、有效使用等管理与考核提供依据。

3. 财政资金存量管理

财政资金存量主要表现为财政结转和结余资金，对其管理的内容主要是如何有效地盘活存量，以便为用好增量、减少财政赤字和压缩政府债务规模奠定坚实基础。党中央、国务院将其列为提高财政资金使用效率和效益、创新宏观调控的重要内容，并认为其对稳增长、惠民生具有重要意义，要求中央和地方各级政府都要采取有力措施做好这项工作。河南省审计厅公布的"2019年度省级预算执行和其他财政收支情况审计结果"公告中也指出财政存量资金清理盘活力度有待进一步加大，有28.89亿元未及时清理盘活。为此，应利用财政数据，通过分析各省财政存量资金规模、各种预算资金结转结余情况、财政资金统筹使用能力情况等，为提高财政资金存量管理能力提供依据。

（七）政府决算财务信息系统优化提升

决算，是指各级政府、各部门、各单位编制的经法定程序审查和批准的预算收支和结余的年度执行结果。未经法定程序审查和批准（政府审计部门审计、政府审定、人大常委会审查批准）的决算称为决算草案。政府决算财务信息系统在《预算管理一体化规范（试行）》（财办〔2020〕13号）的第八部分专门进行了设计，其中将决算分为财政总决算和部门决算，将财务报告分为政府部门财务报告、政府综合财务报告和地方政府综合财务报告，此外还包括行政事业单位国有资产月报和年度报告，实际上是行政事业单位资产报表、填报说明和分析报告。

财政总决算是各级政府依照法律法规和法定程序编制、经本级人民代表大会常务委员会（乡级为人民代表大会）审查批准的全面反映各级政府年度预算收支执行结果的综合报告，包括决算报表和其他应当在决算报告中反映的相关信息和资料。部门决算是由政府各部门依据国家有关法律法规及其履行职能情况编制，反映部门所有收入和支出情况等的综合性年度报告，是对部门预算执行进行监督管理以及编制后续年度部门预算的参考和依据，包括决算报表和其他应当在决算报告中反映的相关信息和资料。政府综合财务报告以权责发生制为基础，由各级政府财政部门编制，主要反映政府整体财务状况、运行情况和财政中长期可持续性等信息，包括财务报表、政府财政经济分析和政府财政财务管理情况。地方政府综合财务报告是将本级政府及所辖各级政府的综合财务报表进行合并，编制反映本地区政府整体财务状况、运行情况和财政中长期可持续性等信息的政府综合财务报告，包括财务报表、政府财政经济分析和财政财务管理情况。在政府决算草案中都附有详细的决算草案说明，财政部发布的政府综合财务报告和部门财务报告编制操作指南（财库〔2019〕58号、财库〔2019〕57号）中也分别专门规定了政府财政经济分析和政府部门财务分析的相关内容分析指标。

目前，财政部正在推行的预算管理一体化的规范和技术标准建设以及构建的相应信息系统，对推动政府决算财务信息的智能化和智慧化利用将会产生积极有效的作用，河南省近几年来也一直在积极开展此项工作，并取得了一定成效，前期工作成果得到了财政部的充分肯定和表扬。

上述政府决算和财务报告分别从以现金制为基础的政府预算执行结果和以权责发生制为基础的各类财务状况和运行情况（收入费用）集中反映了各种数据性的财政信息，为财政数据分析与应用提供了丰富的基础数据。财政数据分析与应用就是为了政府管理的需要，对政府决算财务信息和其他信息进行数据挖掘和整理，形成集成化、集约化的财政数据分析应用系统，其中，政府决算财务信息是最核心的财政数据，其信息系统的先进性、内容的完整性、可利用的便捷性等，将直接影响到财政数据分析应用的效果。政府决算财务信息侧重于信息的角度生成和管理相关信息，财政数据分析与应用侧重于用的角度满足政府管理的各种需求，二者有机结合，将会对加快构建智慧财政和推进政府财政治理能力现代化发挥重要作用。但是，财政数据分析与应用一方面需要结合政府管理需求进行设计并收集挖掘信息，另一方面需要结合不同时期政府管理需要的变化做出调整，相对具有变动性，这样，政府财政数据分析与应用系统将会不断对政府决算财务信息系统提出新的要求，从而为促进其不断优化提升信息服务能力提供相关依据。从上述分析内容，对照现行政府决算财务信息系统就可以看出，有些可以直接提取数据应用，有些还需要进行加工后应用，或者需要挖掘其他信息经再加工后应用，如果政府决算财务信息系统能够进一步结合财政数据分析应用中提出的新要求对其进行优化升级，将会共同促进财政数据在政府治理现代化中发挥更大功效。

三、河南省政府财政数据分析与应用设计

政府财政数据分析与应用是反映政府财务报告信息应用情况、考核地方政府绩效（预算管理情况、政府收支情况）、开展地方政府信用评级和评估预警地方债务风险的重要依据。为了实现政府财政数据分析与应用的目的，我们需立足河南省情，基于政府财政数据分析与应用领域，围绕服务于政府管理这一目标，对大量杂乱无章的政府财政数据进行挖掘，总结和评价政府财政经济运行情况、政府财政财务管理情况，并将其以通用报告的形式提供给信息使用者。此外，为保证设计项目的有效落地，应对政府财政数据分析与应用系统的用户需求进行设计。围绕这一思路，我们需对政府财政经济分析

报告、政府财政财务管理情况分析报告进行设计，为保证分析报告的科学性、实用性，分析报告应该遵循定性定量结合、重点突出、决策导向、可执行性强等原则。

（一）政府财政数据分析报告的内容设计

本部分依据现有的相关研究以及预算管理一体化系统的相关设计环节及数据，建立的政府财政数据分析报告的基本内容和格式设计如下。

政府财政数据分析报告的基本内容包括两大部分：政府财政经济分析报告（主要包括政府财务状况分析、政府运行情况分析、财政中长期可持续性分析）和政府财政财务管理情况分析报告（主要包括政府预算管理情况分析、政府资产负债管理情况分析和政府收支管理情况分析）。

1. 政府财政经济分析报告参考格式

政府财政经济分析报告

一、××政府财政经济运行总体情况
二、××政府财政经济运行分析对象与范围
三、××政府财政经济运行分析方法与分析标准
四、××政府财政经济运行指标分析
（一）政府财务状况分析
（二）政府运行情况分析
（三）财政中长期可持续性分析
五、存在的问题及相关建议
六、其他需要说明的问题
七、政府财政经济分析总表

政府财政经济分析报告共分七部分，其中，"七、政府财政经济分析总表"见表3-1。

表3-1　　　　　　　　　政府财政经济分析总表

类别	一级指标	二级指标	三级指标	数值	与去年同期比较	与其他对标政府比较	备注
一、政府财务状况分析#	1. 债务管理能力√	1.1 偿债能力√	1.1.1 流动比率#				明细计算指标见表3-3
			1.1.2 现金比率#				
			1.1.3 金融资产负债率#				
			1.1.4 债务支付保障率√				
			1.1.5 资产负债率#				

续表

类别	一级指标	二级指标	三级指标	数值	与去年同期比较	与其他对标政府比较	备注
一、政府财务状况分析#	1. 债务管理能力√	1.2 债务风险预警√	1.2.1 一般债务余额限额比√				明细计算指标见表3-3
			1.2.2 专项债务余额限额比√				
			1.2.3 总负债变动率#				
			1.2.4 主要负债占比#				
			1.2.5 单位负债占比#				
			1.2.6 流动负债占比#				
	2. 资产管理能力√	2.1 净资产管理能力√	2.1.1 净资产变动率#				
		2.2 长期资产管理能力√	2.2.1 长期资产占比√				
			2.2.2 长期资产变动率√				
二、政府运行情况分析#	1. 政府财政自给能力√	1.1 收入质量√	1.1.1 税收收入比重#				明细计算指标见表3-4
			1.1.2 政府自给率#				
			1.1.3 税收依存度#				
		1.2 支出质量√	1.2.1 人均工资福利费用#				
			1.2.2 三公经费执行率√				
			1.2.3 利息保障倍数#				
		1.3 收入费用配比质量√	1.3.1 收入费用率#				
	2. 政府服务能力√	2.1 资金使用效率√	2.1.1 人均公用经费变动率√				
			2.1.2 公共服务投入率√				
			2.1.3 三公经费变动率√				
			2.1.4 财政存量资金管理水平√				
		2.2 预算执行效率√	2.2.1 预算执行率√				
			2.2.2 预算调整调剂率√				
			2.2.3 结转结余变动率√				
三、财政中长期可持续性分析#	1. 债务可持续性√	1.1 总负债可持续性√	1.1.1 负债率#*				明细计算指标见表3-5
		1.2 利息支出可持续性√	1.2.1 利息率√*				
		1.3 债务收入可持续性√	1.3.1 债务依存度√				

续表

类别	一级指标	二级指标	三级指标	数值	与去年同期比较	与其他对标政府比较	备注
三、财政中长期可持续性分析#	2. 收入和资产可持续性√	2.1 收入可持续性√	2.1.1 税收收入弹性#*				明细计算指标见表3-5
		2.2 资产可持续性√	2.2.1 固定资产成新率#				
			2.2.2 公共基础设施成新率#				
			2.2.3 保障性住房成新率#				
	3. 财政收支缺口√	3.1 财政收支预测差异性√	3.1.1 财政收支缺口预测比率√				

注：标有#指标为《政府综合财务报告编制操作指南（试行）》中的原有指标，标有*指标为本级政府综合财务报告分析时可不使用，标有√指标为本书新增指标。在"一、政府财务状况分析"类别中，对于"1.1 偿债能力"指标，偿债能力分为短期偿债能力和长期偿债能力，其中，流动比率、现金比例、金融资产负债率衡量短期偿债能力；债务支付保障率、资产负债率衡量长期偿债能力；对于"1.2 债务风险预警"指标，分别从债务余额限额比和债务规模两个方面进行动态监测。其中，债务余额限额比包括一般债务余额限额比、专项债务余额限额比；债务规模包括总负债变动率、主要负债占比、单位负债占比、流动负债占比。

2. 政府财政财务管理情况分析报告参考格式

政府财政财务管理情况分析报告

一、××政府财政财务管理总体情况
二、××政府财政财务管理分析对象与范围
三、××政府财政财务管理分析方法与分析标准
四、××政府财政财务管理指标分析
（一）政府预算管理情况
（二）政府资产负债管理情况
（三）政府收支管理情况
五、存在问题及相关建议
六、其他需要说明的问题
七、政府财政财务管理情况总表

政府财政财务管理情况分析报告共分七部分，其中，"七、政府财政财务管理情况总表"见表3-2。对该总表中类别明细的说明如下。

项目库管理。通过对项目前期谋划的科学规范性、预算执行的有效性、项目完成的质量这几个核心指标的计量，反映项目库的谋划阶段、储备阶段、编制阶段、实施阶段和终止阶段的全生命周期管理，动态记录、反映和监督

表 3-2 政府财政财务管理情况总表

类别	类别明细	一级指标	二级指标	三级指标	数值	与去年同期比较	与其他对标政府比较	备注
一、政府预算管理情况	(一) 项目库管理	1. 项目前期谋划准备的充分性	1.1 预算支持率					
			1.2 预算资金调整调剂率					
		2. 项目预算执行的有效性	2.1 预算资金到位率					
			2.2 预算执行率					
			2.3 预算资金使用不合规率					
		3. 项目完成质量	3.1 项目完成率					
			3.2 被终止项目预算资金剩余率					
	(二) 政府预算管理	1. 一般公共预算管理	1.1 一般公共预算收入构成	1.1.1 一般公共预算收入结构合理性				详细指标见表3-6
				1.1.2 一般公共预算收入增长率				
				1.1.3 一般公共预算收入地区差异率				
			1.2 一般公共预算支出构成	1.2.1 一般公共预算支出结构合理性				
				1.2.2 一般公共预算支出增长率				
				1.2.3 一般公共预算支出地区差异率				
			1.3 一般公共预算收支平衡情况	1.3.1 一般公共预算收支平衡能力				
				1.3.2 新增举债债务占比				
			1.4 一般公共预算调整效度	1.4.2 一般公共预算调整效度地区差异率				
			1.5 一般公共预算执行效果	1.5.1 税收收入预算完成率				
				1.5.2 一般公共预算支出完成率				
		2. 政府性基金预算管理	2.1 政府性基金预算收入构成	2.1.1 政府性基金预算收入结构合理性				详细指标见表3-7
				2.1.2 政府性基金预算收入增长率				
				2.1.3 政府性基金预算收入地区差异率				

续表

类别	类别明细	一级指标	二级指标	三级指标	数值	与去年同期比较	与其他对标政府比较	备注
一、政府预算管理情况	（二）政府预算管理	2. 政府性基金预算管理	2.2 政府性基金预算支出构成情况	2.2.1 政府性基金预算支出结构合理性				详细指标见表3-7
				2.2.2 政府性基金预算支出增长率				
				2.2.3 政府性基金预算支出地区差异率				
			2.3 政府性基金预算收支平衡情况	2.3.1 政府性基金预算收支平衡能力				
				2.3.2 政府性基金预算收入支出保障率				
			2.4 政府性基金预算执行效果	2.4.1 政府性基金预算收入完成率				
				2.4.2 政府性基金预算支出完成率				
	（三）政府预算绩效管理	1. 事前绩效评估	1.1 事前绩效评估未通过率					详细指标见表3-8
		2. 预算绩效目标管理	2.1 预算绩效目标设置的科学性					
		3. 预算绩效运行监控	3.1 项目实施的有效性					
		4. 预算绩效评价结果	4.1 项目完成的质量					
二、政府资产负债管理情况	（一）政府债务风险管理	1. 政府债务规模情况	1.1 政府债务限额情况	1.1.1 一般债务余额限额比				详细指标见表3-9
				1.1.2 专项债务余额限额比				
			1.2 政府债务余额增长情况	1.2.1 债务增长率				
		2. 政府债务结构情况	2.1 政府债务层级分布结构	2.1.1 本级政府债务占比				
				2.1.2 下级政府债务占比				
			2.2 政府债务期限结构	2.2.1 一般债务期限结构				
				2.2.2 专项债务期限结构				

续表

类别	类别明细	一级指标	二级指标	三级指标	数值	与去年同期比较	与其他对标政府比较	备注
二、政府负债资产管理情况		3. 政府债务资金使用效率	3.1 政府债务资金使用及时性	3.1.1 年末新增债券的支出进度				
			3.2 政府债务资金投入产出率	3.2.1 债务资金乘数				
		4. 政府债务偿债情况	4.1 政府债务的偿债保证情况	4.1.1 债务率				详细指标见表3-9
				4.1.2 新增债务率				
				4.1.3 债务支付保障率				
			4.2 政府债务的偿还情况	4.2.1 偿债率				
				4.2.2 逾期债务率				
三、政府收支管理情况	(一) 政府财政资金科学配置管理	1. 财政资金配置依据	1.1 项目支出与地区发展战略相关性	1.1.1 项目支出结构				详细指标见表3-10
				1.1.2 重大重点项目资金计划完成率				
		2. 财政资金配置过程	2.1 预算收支平衡性	1.1.3 三公经费变动率				
				2.1.1 财政资金盈余率				
			2.2 预算编制精准性	2.2.1 项目资金结余比例				
		3. 财政资金配置结果	3.1 区域经济增长与财政资金配置	3.1.1 债务风险变动率				
				3.1.2 财政支出GDP占比				
	(二) 政府财政资金监控①	1. 财政存量资金管理水平	1.1 财政存量资金管理静态指标					详细指标见表3-11
			1.2 财政存量资金管理动态指标					
	(三) 政府决算财务信息系统优化提升	1. 信息化基础层面	1.1 决算总支出比率					详细指标见表3-12
			1.2 人均财务信息化比率					

① 财政资金监控共包括财政资金拨付、财政资金使用和财政资金存量管理三个方面。财政资金监控是一个涉及多个环节的动态过程,由于财政资金拨付项目库管理方面,关于财政资金使用主要体现在政府预算管理。鉴于此,此部分仅主要体现在财政存量资金管理。关于财算财务信息化投入方面,关于财政资金决算主要体现在政府决算管理。

续表

类别	类别明细	一级指标	二级指标	三级指标	数值	与去年同期比较	与其他对标政府比较	备注
三、政府收支管理情况	（三）政府决算财务信息系统优化提升	1. 信息化基础层面	1.3 决算财务信息化经费利用率					详细指标见表3-12
			1.4 决算财务信息化经费预算占有率					
		2. 业务层面	2.1 决算财务信息采集准确率					
			2.2 决算财务信息采集完整率					
			2.3 决算财务数据更新次数					
		3. 人员基础方面	3.1 年度人均培训次数					
			3.2 财务信息化相关证书人均持有率					
			3.3 财务信息化研究论文数					
			3.4 财务信息化研究课题数					
			3.5 员工信息化操作考评合格率					

项目的信息变化。科学规范性从预算支持率和预算资金调整调剂率两个方面来进行分析；项目预算执行的有效性从预算资金到位率、预算执行率和预算资金使用不合规率三个方面来进行分析；项目完成的质量从项目完成率和被终止项目预算资金剩余率两个方面来进行分析。

政府预算管理。此处的政府预算管理主要包括一般公共预算管理和政府性基金预算管理。对于一般公共预算管理主要从一般公共预算收入构成、一般公共预算支出构成、一般公共预算收支平衡情况、一般公共预算调整效度、一般公共预算执行效果五个方面进行分析；对于政府性基金预算管理主要从政府性基金预算收入构成、政府性基金预算支出构成、政府性基金预算收支平衡情况、政府性基金预算执行效果四个方面进行分析。

政府预算绩效管理。对政府预算绩效管理，主要从事前绩效评估、预算绩效目标管理、预算绩效运行监控、预算绩效评价结果四个方面进行分析。主要的分析指标为事前绩效评估未通过率、预算绩效目标设置的科学性、项目实施的有效性和项目完成的质量。

政府债务风险管理。政府债务风险情况主要从政府债务规模情况、政府债务结构情况、政府债务资金使用效率、政府债务偿债情况四个方面进行监控。政府债务规模情况分别从政府债务限额情况和政府债务余额增长情况两个方面进行分析；政府债务结构情况分别从政府债务层级分布结构、政府债务期限结构两个方面进行分析；政府债务资金使用效率分别从政府债务资金使用及时性、政府债务资金投入产出率两个方面进行分析；政府债务偿债情况分别从政府债务的偿债保证情况和政府债务的偿还情况两个方面进行分析。

政府财政资金科学配置管理。财政资金的科学配置以地方社会和经济有序增长为出发点，综合考虑配置依据、配置过程和配置结果三个方面，设立相关评价指标。主要包括项目支出结构、重大重点项目资金计划完成率、三公经费变动率、财政资金盈余率、项目资金结余比例、债务风险变动率、财政支出 GDP 占比等指标。

财政资金监控。通过衡量财政资金拨付效率、财政资金使用效率以及财政存量资金管理效益，以实现对财政资金的监控管理。财政资金拨付监控方面，主要采用预算资金到位率指标；财政资金使用监控方面主要包括预算执行率、预算资金使用不合规率、一般公共预算执行效果、政府性基金预算执行效果等指标。由于财政资金监控是一个涉及多环节的动态监控过程，关于财政资金拨付监控、财政资金使用监控这两个方面的指标则主要分布在项目库管理领域和政府预算管理领域，故此处仅关注财政存量资金管理。盘活财政存量资金是一项重要的财政管理工作，通过衡量财政存量资金管理效益，可实现对财政资金的监控管理。财政存量资金管理主要用财政存量资金管理水平指标，分别从静态和动态两个方面对财政存量资金管理情况进行分析。

政府决算财务信息系统优化提升。财政数据分析与应用就是为了政府管理的需要，对政府决算财务信息和其他信息进行数据挖掘和整理，形成集成化、集约化的财政数据分析应用系统，其中，政府决算财务信息是最核心的财政数据，其信息系统的先进性、内容的完整性、可利用的便捷性等，将直接影响到财政数据分析应用的效果。针对财政数据分析与应用的预算管理一体化系统的开发和利用情况将决定其分析的质量和水平，因此，为了衡量各级政府及单位的信息化水平，我们将从信息化基础层面、业务层面、人员基础层面建立指标。

（二）政府财政数据分析的内容和技术方法

可根据实际需要增加内容，并基于相关内容分析要求采用相应技术方法，目的是致力于打造智慧财政。

1. 政府财政经济分析的内容和技术方法

政府财政经济分析以政府综合财务报表为依据，结合宏观经济形势和预决算报表相关数据，分析政府财务状况、政府运行情况以及财政中长期可持续性。

（1）政府财务状况分析。政府财务状况重点考查债务管理能力和资产管理能力。债务管理能力主要关注偿债能力和债务风险预警两个方面。通过流动比率、现金比率、金融资产负债率、债务支付保障率、资产负债率等指标来反映偿债能力，通过一般债务余额限额比、专项债务余额限额比、总负债变动率、主要负债占比、单位负债占比、流动负债占比等指标来分析债务风险。资产管理能力主要关注净资产管理能力和长期资产管理能力两个方面，采用净资产变动率、长期资产占比和长期资产变动率等具体指标。具体政府财务状况分析明细指标见表3-3。

表 3-3　　　　　　　　　政府财务状况分析明细指标

一级指标	二级指标	三级指标	计算公式	指标说明
1. 债务管理能力	1.1 偿债能力	1.1.1 流动比率	流动资产/流动负债	反映政府利用流动资产偿还短期负债的能力
		1.1.2 现金比率	货币资金/流动负债	反映政府利用货币资金偿还短期负债的能力
		1.1.3 金融资产负债率	（流动资产总额－存货＋长期投资＋应收转贷款）/负债总额	反映政府利用金融资产偿还负债的能力
		1.1.4 债务支付保障率	（当期盈余＋折旧＋摊销＋利息支出）/应偿债务本息总额	反映政府对债务本息的偿付保障能力
		1.1.5 资产负债率	负债总额/资产总额	反映政府偿付债务的能力
	1.2 债务风险预警	1.2.1 一般债务余额限额比	一般债务余额/一般债务限额	反映一般债务的发行空间
		1.2.2 专项债务余额限额率比	专项债务余额/专项债务限额	反映专项债务的发行空间
		1.2.3 总负债变动率	（负债总额年末数－负债总额年初数）/负债总额年初数	反映负债的增长速度，同比增速是否过快可参考全国地方政府债务限额增幅
		1.2.4 主要负债占比	主要负债项目/负债总额	反映政府主要负债项目占总负债的比重
		1.2.5 单位负债占比	单位负债总额/负债总额	反映政府单位负债占总负债的比重，进而评估政府的直接债务风险和间接债务风险
		1.2.6 流动负债占比	流动负债/负债总额	反映政府负债结构是否合理，政府面临负债集中偿付的压力
2. 资产管理能力	2.1 净资产管理能力	2.1.1 净资产变动率	净资产增加额/净资产年初额	反映净资产的变动情况
	2.2 长期资产管理能力	2.2.1 长期资产占比	（固定资产净值＋在建工程净值＋公共基础设施净值＋保障性住房净值）/总资产	反映政府主要长期资产项目占总资产的比重
		2.2.2 长期资产变动率	（主要长期资产项目年末数－主要长期资产项目年初数）/主要长期资产项目年初数	反映政府主要长期资产项目的变动情况

(2) 政府运行情况分析。政府运行情况重点考查政府财政自给能力和政府服务能力。政府财政自给能力重点分析收入质量、支出质量和收入费用配比质量三个方面。通过税收收入比重、政府自给率、税收依存度来反映收入质量；通过人均工资福利费用、三公经费执行率、利息保障倍数来反映支出质量；通过收入费用率来反映收入费用配比质量。政府服务能力重点分析资金使用效率和预算执行效率两个方面。通过人均公用经费变动率、公共服务投入率、三公经费变动率、财政存量资金管理水平来反映资金使用效率；通过预算执行率、预算调整率、结转结余变动率来反映预算执行效率。具体政府运行情况分析明细指标见表3-4。

表3-4　　　　　　　　政府运行情况分析明细指标

一级指标	二级指标	三级指标	计算公式	指标说明
1. 政府财政自给能力	1.1 收入质量	1.1.1 税收收入比重	年度税收收入/年度收入总额	反映政府税收收入在年度总收入中的占比
		1.1.2 政府自给率	（收入总额－政府间转移性收入）/（支出总额－政府间转移性支出）	反映地方政府自给能力大小
		1.1.3 税收依存度	年度税收收入/年度一般公共预算收入	反映政府收入的稳定性及质量
	1.2 支出质量	1.2.1 人均工资福利费用	工资福利费用/政府年末实有人数	反映人均工资福利费用情况
		1.2.2 三公经费执行率	三公经费实际支出数/三公经费预算数	反映三公经费预算的执行情况
		1.2.3 利息保障倍数	（当期盈余＋利息支出）/利息支出	反映政府偿还债务利息的能力
	1.3 收入费用配比质量	1.3.1 收入费用率	年度总费用/年度总收入	反映政府收入和费用的配比情况
2. 政府服务能力	2.1 资金使用效率	2.1.1 人均公用经费变动率	（本年度人均公用经费－上年度人均公用经费）/上年度人均公用经费	反映部门对控制和压缩重点行政成本的努力程度
		2.1.2 公共服务投入率	一般公共服务费用/费用总额	反映公共服务支出的占比
		2.1.3 三公经费变动率	（当年三公经费－上年三公经费）/上年三公经费	反映三公经费的变动情况
		2.1.4 财政存量资金管理水平	当年财政存量资金规模/当年财政支出规模	反映政府对财政存量资金的管理情况

续表

一级指标	二级指标	三级指标	计算公式	指标说明
2. 政府服务能力	2.2 预算执行效率	2.2.1 预算执行率	实际支出资金/实际到位资金	反映预算执行情况
		2.2.2 预算调整率	预算调整资金数/预算资金	反映预算调整情况
		2.2.3 结转结余变动率	（本年度累计结转结余资金总额－上年度累计结转结余资金总额）/上年度累计结转结余资金总额	反映结转结余变动率

注：各省份财政存量资金规模包括一般公共预算结转结余、政府性基金预算结转结余、国有资本经营预算结转结余、转移支付结转结余、部门预算结转结余、预算稳定调节基金、预算周转金、其他存量资金。部门和地方政府则根据实际情况确定其自身的财政存量资金规模。财政存量资金规模计算参考财预〔2018〕222号。

（3）财政中长期可持续性分析。财政中长期可持续性重点关注债务可持续性、收入和资产可持续性、财政收支缺口。债务可持续性方面主要关注总负债可持续性、利息支出可持续性和债务收入可持续性；收入可持续性方面主要关注税收收入弹性、税收预期；资产可持续性方面主要关注固定资产成新率、公共基础设施成新率、保障性住房成新率。具体政府财政中长期可持续性分析明细指标见表3-5。

表3-5　　　　政府财政中长期可持续性分析明细指标

一级指标	二级指标	三级指标	计算公式	指标说明
1. 债务可持续性	1.1 总负债可持续性	1.1.1 负债率	负债总额/本地区GDP	反映经济增长对债务的依赖程度
	1.2 利息支出可持续性	1.2.1 利息率	利息支出/本地区GDP	反映借款成本的负向作用
	1.3 债务收入可持续性	1.3.1 债务依存度	当年债务收入/当年财政支出总额	反映财政支出对债务的依赖程度
2. 收入和资产可持续性	2.1 收入可持续性	2.1.1 税收收入弹性	年度税收收入增长率/本地区GDP增长率	反映税收收入变动对本地区GDP变动的敏感程度
	2.2 资产可持续性	2.2.1 固定资产成新率	固定资产账面净值/固定资产原值	反映政府固定资产的持续服务能力
		2.2.2 公共基础设施成新率	公共基础设施净值/公共基础设施原值	反映政府公共基础设施的持续服务能力
		2.2.3 保障性住房成新率	保障性住房净值/保障性住房原值	反映政府保障性住房的持续服务能力

续表

一级指标	二级指标	三级指标	计算公式	指标说明
3. 财政收支缺口	3.1 财政收支预测差异性	3.1.1 财政收支缺口预测比率	(预测财政支出 - 预测财政收入) / 预测财政支出①	反映政府的风险应对能力

2. 政府财政财务管理情况分析的内容和技术方法

(1) 项目库管理。项目库管理分析的目的是提高项目执行效率，为预算管理绩效评价提供参考依据，实现项目管理的标准化和规范化。项目库管理分析的主要方法有对标比较法、定量分析和定性分析相结合、成本效益法、专家评判法、标杆管理法。项目库管理分析对象因划分标准不同而异，具体如下：以预算内容为划分标准分为一般公共预算、政府性基金预算和国有资本经营预算；以项目类别为标准分为人员类、运转类和特定目标类（重点分析特定目标类）；以对标分析层级为标准分为单位项目库、部门项目库和政府项目库。项目全生命周期管理过程分为前期谋划、项目储备、预算编制、项目实施、项目结束和终止。项目库管理分析的标准包括行业标准、历史标准等。项目库管理分析指标的选取需要遵循以下原则：相关性（紧密结合评价对象）、全面性（能够涵盖项目从决策到执行到产出的全过程）、代表性（最能直接反映产出和效益）、明确性（内涵界定清晰）、可计量性（相关数据可得和佐证资料可采集）。具体计量指标包括：一是项目前期谋划的科学规范性，反映项目立项依据情况和预算编制的准确性；二是预算执行的有效性，反映预算资金对项目实施的总体保障程度和预算资金使用的合规程度；三是项目完成的质量，反映项目数量目标和金额目标的实现程度。具体项目库管理指标分析见表 3-6。

表 3-6　　　　　　　　项目库管理指标分析

一级指标	二级指标	三级指标	指标解释与计算公式	指标说明	数据来源
1. 项目前期谋划的科学规范性②	1.1 预算支持率		当年下达预算资金项目数/项目总数量	反映项目立项依据情况	项目库信息
	1.2 预算资金调整调剂率		调整资金总额/预算资金总额	反映预算编制的科学性	预算变动情况表

---

① 预测财政支出 = 上年财政支出 × 近三年财政支出平均增长率；预测财政收入 = 上年财政收入 × 近三年财政收入平均增长率。

② 项目前期规划的科学规范性应包括立项的充分性、立项的规范性、绩效目标的合理性、指标的明确度、项目信息的完备性等，而按照项目库管理的要求，对入库并下达预算资金的项目，其前期规划应具有科学规范性。鉴于此，在进行指标分析时，当年下达预算资金项目视为其前期规划具有科学规范性。

续表

一级指标	二级指标	三级指标	指标解释与计算公式	指标说明	数据来源
2. 项目预算执行的有效性①	2.1 预算资金到位率		实际到位资金额/预算资金下达总金额	反映预算资金对项目实施的总体保障程度	财政部门零余额账户等
	2.2 预算执行率		实际支出资金/实际到位资金	反映预算执行情况	财政部门零余额账户等
	2.3 预算资金使用不合规率		审计认定违规资金额/预算资金总额	反映预算资金使用的合规情况	审计或专项审计结果
3. 项目完成质量	3.1 项目完成率		项目如期完成数/项目完成数	反映项目数量目标的实现程度	项目库信息
	3.2 被终止项目预算资金剩余率		财政收回资金数/预算资金总额	反映项目金额目标的实现程度	财政部门零余额账户等

（2）政府预算管理。政府预算管理指标应用分析主要围绕一般公共预算和政府性基金预算。一般公共预算指标应主要分析预算收入的构成合理性及其变动、预算项目支出的构成合理性及其变动、预算收支平衡能力及效果、预算执行效果；政府性基金预算指标主要分析预算收入的构成合理性及其变动、预算项目支出的构成合理性及其变动、预算收支平衡能力及效果、预算执行效果。借此以评价河南省财政收支结构的合理性及与经济发展的匹配效果，为河南省宏观经济决策及管理重点调整提供参考。政府预算管理主要采用结构分析法、比率分析法和比较分析法等分析各项预算的类型结构和收入支出结构等情况。具体政府预算管理指标分析见表3-7。

（3）政府预算绩效管理。政府预算绩效管理按照"事前绩效评估、预算绩效目标管理、预算绩效运行监控、预算绩效评价"这一链条，以该链条上各环节所生成的评估报告、审核结果、监控报告为基础，对财政数据进行分析与应用。政府预算绩效管理主要采用结构分析法、比率分析法和比较分析法等分析政府预算绩效管理效果。具体政府预算绩效管理指标分析见表3-8。

---

① 项目预算执行的有效性应涵盖两个层面，一是项目预算编制的有效性；二是项目实施的效果性。项目编制的有效性包括预算编制依据的充分性和科学性、预算资金分配的科学性、预算资金分配的合理性、立项项目资金获取率等。按照项目库管理要求，立项并实施的项目其预算编制应是有效的。鉴于此，在进行项目预算执行的有效性分析时，立项并实施的项目视为其预算编制具有有效性。

表3-7 政府预算管理指标分析

一级指标	二级指标	三级指标	指标解释与计算公式	指标说明	数据来源
1.一般公共预算管理	1.1 一般公共预算收入构成	1.1.1 一般公共预算收入结构合理性	本级一般公共预算收入/一般公共预算收入	反映本级一般公共预算收入在一般公共预算收入中的占比	本级一般公共预算收入表
		1.1.2 一般公共预算收入增长率	税收收入/本级一般公共预算收入	反映税收收入在本级一般公共预算收入中的占比	本级一般公共预算收入表
		1.1.3 一般公共预算收入地区差异率	(本年一般公共预算收入－上年一般公共预算收入)/上年一般公共预算收入	反映政府年度收入增长水平	本级一般公共预算收入表
	1.2 一般公共预算支出构成	1.2.1 一般公共预算支出结构合理性	人均一般公共预算收入/全国人均一般公共预算收入	反映人均一般公共预算收入与全国人均一般公共预算收入的差异	本级一般公共预算收入表
		1.2.2 一般公共预算支出增长率	一般债务还本支出/一般公共预算支出	反映一般债务还本支出在一般公共预算支出中的占比	本级一般公共预算支出表
		1.2.3 一般公共预算支出地区差异率	转移支付支出/一般公共预算支出	反映转移支付支出在一般公共预算支出中的占比	本级一般公共预算支出表
	1.3 一般公共预算收支平衡情况	1.3.1 一般公共预算收支平衡能力	(本年一般公共预算支出－上年一般公共预算支出)/上年一般公共预算支出	反映政府一般公共预算支出的增长水平	本级一般公共预算支出表
			人均一般公共预算支出/全国人均一般公共预算支出	反映政府人均一般公共预算支出与全国人均一般公共预算支出的差异	本级一般公共预算支出表
			本年一般公共预算收入/本年一般公共预算支出	反映本年一般公共预算收支平衡水平	本级一般公共预算支出表

续表

一级指标	二级指标	三级指标	指标解释与计算公式	指标说明	数据来源
1. 一般公共预算管理	1.3 一般公共预算收支平衡情况	1.3.2 一般公共预算收入支出保障率	本年一般公共预算收入/一般公共预算实际支出	反映本年一般公共预算收支保障水平	本级一般公共预算收入表 本级一般公共预算支出表
	1.4 一般公共预算调整效度	1.4.1 新增举债务占比	新增举债债务/预算调整数	反映新增举债债务在预算调整数的占比	本级一般公共预算支出表
		1.4.2 一般公共预算调整地区差异率	人均预算调整数/全国人均预算调整数	反映政府人均预算调整数与全国人均预算调整数的差异水平	一般公共预算收支预算变动总表
	1.5 一般公共预算执行进度	1.5.1 税收收入预算完成率	税收收入决算数/税收收入预算数	反映税收收入预算完成情况，据以分析税收收入预算决算偏离程度	本级一般公共预算收入表
		1.5.2 一般公共预算支出完成率	一般公共预算支出决算数/一般公共预算支出预算数	反映一般公共预算支出完成情况，据以分析一般公共预算支出预算决算差异情况	一般公共预算支出决算总表
2. 政府性基金预算管理	2.1 政府性基金预算收入结构合理性	2.1.1 政府性基金预算收入结构合理性	专项债务收入/政府性基金预算收入	反映本年政府专项债务收入在政府性基金预算收入中的占比	本级政府性基金预算收入表
		2.1.2 政府性基金预算收入增长率	(本年政府性基金预算收入预算数－上年政府性基金预算收入预算数)/本年政府性基金预算收入预算数	反映本年政府性基金预算收入的年度增长水平	本级政府性基金预算收入表
		2.1.3 政府性基金预算收入地区差异率	人均政府性基金预算收入/全国人均政府性基金预算收入	反映政府人均政府性基金预算收入与全国人均政府性基金预算收入的差异水平	本级政府性基金预算收入表

续表

一级指标	二级指标	三级指标	指标解释与计算公式	指标说明	数据来源
2. 政府性基金预算管理	2.2 政府性基金预算支出构成	2.2.1 政府性基金预算支出结构合理性	专项债务转贷支出/政府性基金预算支出	反映专项债务转贷支出在政府性基金预算支出中的占比	本级政府性基金支出预算表
		2.2.2 政府性基金预算支出增长率	(本年政府性基金预算支出－上年政府性基金预算支出)/上年政府性基金预算支出	反映本年政府性基金预算的年度增长水平	本级政府性基金支出预算表
		2.2.3 政府性基金预算支出地区差异率	人均政府性基金预算支出/全国人均政府性基金预算支出	反映政府人均政府性基金支出与全国人均政府性基金支出的差异水平	本级政府性基金支出预算表
	2.3 政府性基金预算收支平衡情况	2.3.1 政府性基金预算收支平衡能力	本年政府性基金预算收入/本年政府性基金预算支出	反映本年政府性基金预算的收支平衡水平	本级政府性基金收入预算表
		2.3.2 政府性基金预算收入支出保障率	本年政府性基金预算收入/上年政府性基金预算实际支出	反映本年政府性基金预算收入对实际支出的保障水平	本级政府性基金收入预算表
	2.4 政府性基金预算执行效果	2.4.1 政府性基金预算收入完成率	政府性基金预算收入决算数/政府性基金预算收入预算数	反映政府性基金预算收入完成情况，据以分析政府性基金收入预决算偏离度	政府性基金收入决算表
		2.4.2 政府性基金预算支出完成率	政府性基金预算支出完成数/政府性基金预算支出预算数	反映政府性基金预算支出支付完成情况，据以分析政府性基金预算支出预决算差异情况	本级政府性基金支出预算表

表 3-8　　　　　　　　　　政府预算绩效管理指标分析

一级指标	二级指标	三级指标	指标解释与计算公式	指标说明	数据来源
1. 事前绩效评估①	1.1 事前绩效评估未通过率		不予支持的项目数/进行事前绩效评估的项目数	反映进行事前绩效评估项目的可行性情况	政府预算事前绩效评估报告
2. 预算绩效目标管理②	2.1 预算绩效目标设置的科学性		绩效目标审核结果优良占比	反映预算绩效管理目标设置的科学性	政府预算绩效目标审核结果
3. 预算绩效运行监控③	3.1 项目实施的有效性		暂缓或者停止拨款项目数占比	反映预算执行进度情况及绩效目标实现程度	政府预算绩效监控报告
4. 预算绩效评价④	4.1 项目完成的质量		绩效评价结果优良占比	反映项目完成效果	政府预算绩效评价结果

（4）政府债务风险管理。政府债务作为我国地方政府的重要融资工具，在弥补地方财力、促进地区社会经济事业发展的同时，其债务风险也在不断累积。地方政府债务风险具有极强的传导性、扩张性，甚至会引发区域性、系统性的财政金融风险，影响经济安全和社会稳定。本部分主要从政府债务规模情况、政府债务结构情况、政府债务资金使用效率、政府债务偿债情况四个方面对债务风险管理情况进行分析，全面评估地方政府债务风险程度，为正确认识地方政府债务风险提供了重要参考，有助于将风险控制在地方政府可承受的范围之内。政府债务规模情况采用限额分析法、趋势分析法分别从政府债务限额情况和政府债务余额增长情况两个方面进行分析；政府债务结构情况采用结构分析法、比率分析法分别从政府债务层级分布结构、政府债务期限结构两个方面进行分析；政府债务资金使用效率分别从政府债务资金使用及时性、政府债务资金投入产出率两个方面进行分析；政府债务的偿债情况分别从政府债务的偿债保证情况和政府债务的偿还情况两个方面分析。具体政府债务风险管理指标分析见表 3-9。

---

① 由于政府预算是根据项目政策事前绩效评估结果确定是否予以支持的，该环节的财政数据分析应以项目政策为基础。分析内容主要是政策项目实施的必要性和投入经济性、实施方案的可行性、绩效目标合理性、财政支持方式科学性、预算编制合理性等，而政府预算事前绩效评估报告则是根据上述分析内容形成的，鉴于此，在进行事前绩效评估分析时，则主要根据政府预算事前绩效评估报告中所形成的结论。

② 预算绩效目标管理环节的分析内容主要是绩效目标以及对其支撑的产出、效益、服务对象满意度等绩效指标量化打分信息，完整性、相关性、适当性、可行性等审核信息，而绩效目标审核结果则是根据上述分析内容形成的，鉴于此，在进行预算目标管理分析时，则主要根据绩效目标审核结果。

③ 预算绩效监控环节的分析内容主要是投入、管理、产出、效益等绩效指标的完成情况，以及与年度指标值对比出现偏差的原因和完成目标的可能性等，而绩效监控报告则是根据上述分析内容形成的，鉴于此，在进行预算绩效监控分析时，则主要依据绩效监控报告。

④ 由于政府预算绩效评价是项目资金为重点，在进行政府预算绩效评价分析时，则主要依据绩效评价结果。

表 3-9　政府债务风险管理指标分析

一级指标	二级指标	三级指标	指标解释或计算公式	指标说明	数据来源
1. 政府债务规模情况	1.1 政府债务限额情况	1.1.1 一般债务余额限额比	一般债务余额/上级批复一般债务限额	反映一般债务的限额管理情况	河南省预决算报告
		1.1.2 专项债务余额限额比	专项债务余额/上级批复专项债务限额	反映专项债务的限额管理情况	河南省预决算报告
	1.2 政府债务增长情况	1.2.1 债务增长率	债务当年增加额/上年末债务余额	反映总债务规模的增长情况	河南省预决算报告
2. 政府债务结构情况	2.1 政府债务层级分布结构	2.1.1 本级政府债务占比	本级政府债务余额/本行政区政府债务余额	反映本级政府债务在本行政区债务中的占比。占比越高，本行政区的债务风险相对越低	河南省预决算报告，省本级预决算报告
		2.1.2 下级政府债务占比	下级政府债务余额/本行政区政府债务余额	反映下级政府债务在本行政区债务中的占比。占比越高，本行政区的债务风险相对越高	河南省预决算报告，市县政府预决算报告
	2.2 政府债务期限结构	2.2.1 一般债务期限结构	各个期限一般债务余额/一般债务总额	反映一般债务期限结构是否合理，政府面临一般债务集中偿付的压力	河南省预决算报告，债券数据
		2.2.2 专项债务期限结构	各个期限专项债务余额/专项债务总额	反映专项债务期限结构是否合理，政府面临专项债务集中偿付的压力	河南省预决算报告，债券数据
3. 政府债务资金使用效率情况	3.1 政府债务资金使用及时性	3.1.1 年末新增债券的支出进度	年末新增债券的累计支出金额/当年新增债券发行收入+上年新增债券结转资金①	反映债务资金的支出进度	豫财预 [2016] 252 号

① 上年新增债券结转资金为上年发行但未使用完毕，结转到当年的新增债券资金。

续表

一级指标	二级指标	三级指标	指标解释或计算公式	指标说明	数据来源
3. 政府债务资金使用效率情况	3.2 政府债务资金投入产出率	3.2.1 债务资金的乘数	当年使用债务资金的公益性项目的总投资额/竣工的公益性项目使用的债务资金规模	反映债务资金的乘数效应	债务数据
4. 政府债务偿债情况	4.1 政府债务的偿债保证情况	4.1.1 债务率	债务总额/当年综合财力[①]	反映当年政府综合财力的承载能力	河南省预决算报告
		4.1.2 新增债务率	新增债务金额/当年综合财力	反映当年政府综合财力对新增债务的承载能力	河南省预决算报告
		4.1.3 债务支付保障率	（当期盈余＋折旧＋摊销＋利息支出）/应偿债务本息总额	反映政府对债务本息的偿付保障能力	债务数据
	4.2 政府债务的偿还情况	4.2.1 偿债率	当年已还债务本息/当年综合财力	反映政府综合财力对已还债务的承载能力	河南省预决算报告、债券数据
		4.2.2 逾期债务率	年末逾期债务余额/年末债务余额	反映政府到期不能偿还的债务在总债务中的占比	债券数据

---

① 当年综合财力＝一般公共预算财力＋政府性基金预算财力。其中，一般公共预算财力＝本级一般公共预算收入＋中央一般公共预算补助收入－地方一般公共预算上解。政府性基金预算财力＝本级政府性基金预算收入＋中央政府性基金预算补助收入－地方政府性基金预算上解。当综合财力计算参考财预〔2017〕35号。

(5) 政府财政资金科学配置管理。财政资金是国家治理的基础和重要支柱，财政资金配置宏观功能体现在：一是市场有效性，保障市场机制对社会资源有效配置，尤其要解决垄断、外部性、信息不对称等导致的市场失灵问题；二是社会公平性，由于某些客观因素导致城乡间等起点不均，且这种起点不均难以在市场配置资源中收敛，财政资金需要对这种客观条件不均导致的结果差距进行调节；三是促进经济可持续增长，核心是通过财政手段打通社会供给与社会需求间时滞性和结构性障碍，尤其是在供给侧改革下要实现社会供给结构与社会需求变化的适应性，防止政府干预下的供给自身"空转"，保持国民经济可持续增长；四是保证社会稳定和国家长治久安，对外保证不受外来干扰和侵略，对内保证社会长期和谐稳定。财政资金配置效率目标，就是在既定财政干预程度下最大化地履行好上述政府治理职能。具体政府财政资金科学配置评价管理指标分析见表3－10。

财政资金的科学配置除上述指标外，还应从一般公共预算、政府基金预算、国有资本经营预算的支出安排合理性、预算收支平衡能力及效果、人大对预算批复认可度等方面进行定性分析；依据政府债务风险管理中政府债务规模结构及限额规定对债务风险管控的科学性进行定性分析；最后还需要从财政资金配置的效果角度，定性分析预算绩效目标评价审核意见和预算绩效评价报告。

(6) 财政资金监控。为了强化对财政资金的监督与管理，主要采用指标分析法、标杆管理法等对财政资金拨付情况、财政资金使用情况和财政存量资金情况进行动态监督与管理。由于财政资金拨付监控、财政资金使用监控的相关指标已经在项目库管理、政府预算管理环节予以体现，此处只对财政存量资金管理指标进行设计。财政存量资金管理指标分析见表3－11。

(7) 政府决算财务信息系统优化提升。财政数据分析与应用的管理信息系统的开发和利用情况将决定其对财政数据分析的质量和水平。为了衡量各级政府及单位的信息化水平，我们将从信息化基础、业务、人员基础三个层面出发建立指标。具体政府决算财务信息系统优化提升指标分析见表3－12。

（三）政府财政数据分析报告的编制方法

1. 数据收集

数据收集是指根据系统自身的需求和用户的需要收集相关的数据，"河南省财政数据分析与应用"系统的数据收集，以预算管理一体化系统平台为主要

表 3-10　政府财政资金科学配置评价管理指标分析

一级指标	二级指标	三级指标	指标解释或计算公式	指标说明	数据来源
1. 财政资金配置依据	1.1 项目支出与地区发展战略相关性	1.1.1 项目支出结构	特定目标类项目预算资金总额/总预算支出	反映项目支出安排的合理性	项目库信息 预决算报告
		1.1.2 重大重点项目资金计划完成率	重大重点项目资金预算执行额合计/重大重点项目预算资金总额	反映预算支出安排对地区发展的支撑	项目库信息
		1.1.3 三公经费变动率	（当年三公经费－上年三公经费）/上年三公经费	反映三公经费的控制情况	一般公共预算支出表
2. 财政资金配置过程	2.1 预算收支的平衡性	2.1.1 财政资金盈余率	1-（财政收入－财政支出）/财政收入	反映财政资金的平衡能力	预决算报告
	2.2 预算编制的精准性	2.2.1 项目资金结余比例	项目库预算结余合计/项目库计划预算资金总额	反映项目资金使用效率	项目库信息
3. 财政资金配置结果	3.1 区域经济增长与财政资金配置	3.1.1 债务风险变动率	（当年负债率－上年负债率）/上年负债率	反映债务风险的变动情况	预决算报告
		3.1.2 财政支出GDP占比	当年财政支出/当年GDP	反映财政支出的负担情况	政府工作报告

表 3–11 财政存量资金管理指标分析

一级指标	二级指标	三级指标	指标解释/计算公式	指标说明	数据来源
1. 财政存量资金管理	1.1 财政存量资金管理静态指标		当年财政存量资金规模/当年财政支出规模	反映政府对财政存量资金的静态管理情况	决算报表
	1.2 财政存量资金管理动态指标		当年财政支出规模-上年财政存量资金规模/上年财政支出规模	反映政府对财政存量资金的动态管理情况	决算报表

注：各省份财政存量资金规模包括一般公共预算结转结余、政府性基金预算结转结余、国有资本经营预算结转结余、转移支付结转结余、部门预算结转结余、预算稳定调节基金、预算周转金、其他存量资金。部门和地方政府则根据实际情况确定其自身的财政存量资金规模。财政存量资金规模计算参考财预〔2018〕222号。

表 3-12 政府决算财务信息系统化优提升指标分析

一级指标	二级指标	三级指标	指标解释或计算公式	指标说明	数据来源
1. 信息化基础层面	1.1 决算信息化投入占年度总支出比率		财务信息化经费总额/年度总支出	反映财务信息化投入结构的合理性	单位填报/报表核对
	1.2 人均信息化投入比率		财务信息化经费总额/单位总人数	反映人均信息化投入情况	单位填报/报表核对
	1.3 决算财务信息化经费利用率		财务信息化实际使用经费/财务信息化计划使用经费	反映财务信息化经费的利用效率	单位填报/报表核对
	1.4 决算财务信息化经费预算占有率		财务信息化经费总额/年度预算总额	反映财务信息化经费预算安排的合理性	单位填报/报表核对
2. 业务层面	2.1 决算财务信息采集准确率		财务信息正确总量/采集总量	反映财务信息采集的准确性	单位填报/报表核对
	2.2 决算财务信息采集完整率		实际信息采集量/应采集信息总量	反映财务信息采集的完整性	单位填报/报表核对
	2.3 决算财务数据更新率		财务信息更新数据量/数据总量	反映财务数据的更新情况	单位填报/报表核对
3. 人员基础层面	3.1 年度人均培训次数		年度培训总数（单位内、单位外）/财务部门总人数	反映员工进行财务信息化培训的情况	单位填报/报表核对
	3.2 财务信息化相关证书人均持有率		部门财务信息化相关证书总数/财务部门总人数	反映员工在财务信息化证书方面的成果情况	单位填报/报表核对
	3.3 财务信息化研究论文数		财务信息化研究论文总数	反映员工在财务信息化论文方面的成果情况	单位填报/报表核对
	3.4 财务信息化研究课题数		财务信息化研究课题总数	反映员工在财务信息化课题方面的成果情况	单位填报/报表核对
	3.5 员工信息化操作考评合格率		员工信息化操作考评合格人数/考评总人数	反映员工信息化操作考评情况	单位填报/报表核对

数据来源，兼顾连接其他需要的外部数据，其主要分类以预算管理一体化系统技术标准 V1.0 为数据标准进行处理。

2. 会计核算数据收集与挖掘

大数据分析与统计息息相关，无论是方差分析、多变量分析、分类数据分析、回归分析等以线性模型为核心的方法，还是时间序列分析、多变量时间序列分析、面板数据分析等以时间轴因子或频率轴因子转换为核心的技术，都可以用来分析大数据。基于数据科学的视角，大数据分析整合了互联网和移动互联网信息分析与应用、数据库建构与分析、统计分析、统计学习等方面既有的工具，但在数据内容格式、数据处理维度、数据分布形态等方面又不同于传统分析方法。大数据分析更加关注于处理具有信息量大（volume）、时效性要求高（velocity）、内容多样化（variety）、真实性不同（veracity）这些"4V"特性的各种不同结构（结构化、非结构化和半结构化）数据，能更好地实现可视化信息呈现（visualization）、数据挖掘（data mining）以及结构化与非结构化信息融合处理（structured and non-structured information processing）的目标。大数据环境下政府财政管理聚焦于辅助管理决策、创造组织价值，为了更好地支撑基于数据驱动的管理预测、评价与决策功能的实现，提升政府管理水平，亟须解决三个方面的问题：政府部门和单位过去发生了什么？政府部门和单位的未来趋势是什么？如何让政府部门和单位做得更好？而这些问题分别对应以下三类数据分析方法。

（1）描述性分析。描述性分析主要回答过去发生了什么的问题，是数据分析中最简单的一个类型，也是最常使用的数据分析类型，通常以描述性统计、关键绩效指标（KPI）或其他类型的可视化数据来分析。描述性分析一方面反映过去，对过去进行总结；另一方面可以进行趋势分析，有助于加强费用控制和风险管控。

（2）预测性分析。预测性分析主要回答未来可能会发生什么的问题，是利用各种统计、建模、数据挖掘工具对某段时间内累积的历史数据进行研究，计算未来事件发生的可能性，从而对未来进行预测。预测性分析采用的数据大部分是定量数据，主要的算法有支持向量机（SVM）、人工神经网络（ANN）、遗传算法、时间序列回归等。预测性分析本质上只是测算一个概率，虽然并不一定准确，但是可以降低突发事件的可能性，最大限度地降低风险。预测性分析是根据当前可能收集到的数据对以后的某个时间点或者时间段进行预测，随着日期的临近，预测结果的准确性更高，因而应该给予足够的重视。

(3) 规范性分析。规范性分析主要回答如何做得更好的问题，是在获得描述性分析和预测性分析结果的情形下，通过寻找一个或多个解决方案，分析每个解决方案的可能结果，给出最优解决方案，从而能够有效地指导我们应该怎么做才能获得更好的结果。绩效考核也离不开规范性分析，大数据的多样性、及时性、广泛性等使得单位能够更加便捷地获取与绩效相关的交易数据、交互数据和感知数据，通过规范性分析制定更有针对性、更具操作性的绩效考核方案。

3. 报告撰写

基本情况应说深说透，切忌模棱两可。撰写报告的过程，实际上是对绩效评价前序工作检验的过程。基本情况只有查深查透，报告才能说深说透。各个级次的指标体系、各个指标的分值、绩效目标实现程度、评价方法、组织实施情况等，是则是、非则非，应当如实叙述，表述清楚。

存在问题和所提建议应言之有物，切忌官样文章。存在问题应当站在宏观立场上，站在纳税人的立场上，站在财政资金的立场上，写大事、抓要害，对存在问题要找准、原因分析要透彻、评价结论要公正、所提建议要有用。这就是说，不但要写好问题的表象，还要分析产生问题的深层次原因，更要提出有针对性的建议，建议政府和有关部门由控制结果上升为控制原因，为国家宏观决策提供有价值的参考依据。

分析研究应有理有据，令人信服。阐述问题，应当有观点、有实例；各个实例，应当有出处、有证据；各个数据应当有比较、有分析，必要时应当列举诸如因素分析法、因果分析法、坐标图标等，说清分析、计算的过程和结果，做到夹叙夹议、有理有据、令人信服。

语言文字应简洁明快、旗帜鲜明。报告中的每一个句子、每一个文字都应当仔细斟酌、有所考究，绝对不应使用"大概""可能"等概念模糊的词汇和语句，一些可有可无的句子、文字应当全部舍弃。整篇评价报告应当体现严肃有力、是非分明、简洁明快、旗帜鲜明的文风。

调查研究应贯穿于绩效评价工作的全方位、全过程。财政支出绩效评价工作的一个显著特点是，评价人员在每一个环节都在进行调查研究，从接受委托之前的风险评估，到方案制订、指标确定等一系列环节，都离不开调查研究，特别是考核计分阶段，绩效评价人员更应当对财政支出进行全面、深入的调查了解。通过调查了解，评价人员能够掌握大量丰富的实例和素材，通过对这些实例和素材进行分析、归纳、总结、提高，上升至本质的认识，为撰写绩效评价报告提供有力保证。

（四）政府财政数据分析与应用系统用户需求设计

为了项目落地并持续应用，应依据上述研究内容，按照软件开发的要求，为政府财务分析与应用软件开发提供依据，最终形成"河南省财政数据分析与应用"系统，可作为预算管理一体化系统的功能拓展。但由于此系统涉及内容多而复杂，需要与软件开发商协同完成，因此，需要进行专题研究，在此仅就下列内容搭建用户需求设计框架。

1. 设计要求

（1）政府财政数据分析与应用系统组织结构分析。组织结构分析是将需求分析中得到的关于财政组织的文档资料进行整理之后，得到一张反映财政内部各组织部门之间隶属关系的树状结构图，即组织结构图。组织结构分析就是弄清组织内部的部门划分，以及各部门之间的领导与被领导关系、信息资料的传递关系、物资流动关系与资金流动关系，并了解各部门的工作内容与职责，此外还要了解各级组织存在的问题以及对新系统的要求。因此，财政数据分析与应用的组织结构分析就是以财政部门为对象进行组织结构研究，这是系统构建与研发的开始。

（2）政府财政数据分析与应用系统的功能结构分析。为了实现系统的目标，系统必须具有各种功能。功能是完成某项工作的能力，功能要以组织结构为背景来识别和调查，因为每个组织都是一个功能机构，都有各自不同的功能。调查时要按部门的层次关系进行，然后用归纳法找出其功能，形成各层次的功能结构。

功能结构描述的工具是业务功能结构图。业务功能结构图通过图示或表单的形式把组织内部各项管理业务功能列示出来，它是今后进行功能与数据间关系分析、确定新系统拟实现的功能和分析建立管理数据指标体系的基础，同时也为后续划分系统功能层次结构提供参考依据。因此，业务功能结构图是一个完全以业务功能为主体的树形结构，其目的在于描述组织内部各部分的业务和功能。

（3）政府财政数据分析与应用系统的业务流程分析。业务流程分析是在组织结构和业务关系分析的基础上，对每项业务进行流程分析，以及各业务之间信息流动的分析，即按照原有信息流动过程，逐个调查分析所有环节的处理业务、处理内容、处理顺序和对处理时间的要求，弄清各个环节需要的信息、信息来源、流经去向、处理方法、计算方法、提供信息的时间和方式。

业务流程分析包括分析原有的各处理过程是否具有存在的价值，其中哪些过程可以删除或合并；原有业务流程中哪些过程不尽合理，可以进行改进或优化；现行业务流程中哪些过程存在冗余信息处理，可以按计算机信息处理的要求进行优化，流程的优化可以带来什么好处；画出新系统的业务流程图（transaction flow diagram，TFD），新的业务流程中人与计算机的分工，即哪些工作可由计算机自动完成，哪些必须有人的参与。

业务流程分析可以用业务流程图来描述。业务流程图是业务流程分析所使用的图形工具，它使用一些规定的符号来表达某个具体业务处理过程。业务流程图是一种描述系统各部门、人员之间业务关系、作业顺序和管理信息流动的流程图，它可以帮助分析人员找出业务流程中的不合理问题，优化业务工作流；同时业务流程图也是进行数据流程分析的依据。

2. 主要内容

政府财政数据分析与应用系统必须满足会计准则、会计制度、税收制度要求，留给用户自主性操作的空间较小，从某种意义上来看，政府财政数据分析与应用系统实际上是一种工具软件。政府财政数据分析与应用系统应当以财政数据预算管理一体化系统为基础，在此基础之上进行业务接口。

（1）基础管理功能。

①支持年库管理。

②支持多币种。

③支持多级预算组织设置。

④支持树状、多级不同预算组织类型。

⑤支持与外部人力资源管理系统接口。

⑥支持监管管理项目灵活定义；支持多维度、多度量查询。

⑦支持专项归口管理设置。

⑧支持定额、标准管理。

⑨支持政府财政数据分析与应用假设定义。

⑩支持常用选项的码表维护；支持灵活定义新的选择项。

⑪支持申请审批流程灵活设置功能。

⑫支持流程跟踪监控功能。

⑬支持用户角色管理；支持灵活的权限设置。

⑭支持对系统的灵活设置。

⑮支持日志管理功能。

（2）数据收集功能。

①支持灵活定义监控项，包括监控频率、触发条件、报告对象等。

②支持仪表盘动态图形预警监控。

③支持待办、电子邮件等多种预警方式。

④支持政府财政数据分析与应用信息的导出、打印等功能。

⑤支持政府财政数据分析与应用信息转发功能。

（3）政府财政数据分析与应用分析功能。

①支持政府财政数据分析与应用系统差异分析：预算数、发生数、差异、差异百分比、累积变更数等各种数据。

②支持目标达成差异分析：根据预算实际发生，计算预算目标实现达成情况，并和目标值进行对比分析。

四、河南省政府财政数据分析与应用实例

为更加真实、完整地反映河南×市财务状况和运营情况，根据《河南省财政厅关于开展 2019 年度政府财务报告编报工作的通知》的要求，依据政府会计准则制度、《政府财务报告编制办法（试行）》、《政府部门财务报告编制操作指南（试行）》、《政府综合财务报告编制操作指南（试行）》，河南×市财政部门组织编制了《河南×市 2019 年度政府综合财务报告》。该报告以权责发生制为基础编制，向报告使用者提供与政府财务状况和运营情况等有关的信息，反映政府受托责任履行情况，主要包括三部分：一是政府综合财务报表，主要有会计报表，包括资产负债表、收入费用表；报表附注，用于说明财务报表中各项目的列报方法和明细内容，以及对政府财务状况有重大影响的事项。二是政府财政经济状况，以政府财务报表为依据，结合国民经济形势，分析政府财务状况、运行情况，以及财政中长期可持续性等。三是政府财政财务管理情况，包括政府预算管理、资产负债管理、收支管理工作主要措施和成效等。下面依据河南×市 2019 年编制完成的政府综合财务报告和决算报表，就政府财政经济状况和政府财政财务管理情况进行相关综合分析。

（一）河南×市财政经济分析报告

河南×市2019年财政经济分析报告

一、河南×市政府财政经济运行总体情况

总体而言，河南×市政府财政运行总体情况良好，政府偿债的压力不是特别大，面临的外在风险也不高，政府长期资产占比稍微偏高，会导致整体资产流动性较弱，政府对资产的管理能力还需要进一步提高。政府财政自给能力较强，预算执行率高，预算编制工作整体有效，政府服务能力较强。收入和资产的可持续性能力较强。

二、河南×市财政经济运行分析对象与范围

河南×市财政经济运行分析以政府综合财务报告为依据，结合宏观经济形势，分析政府财务状况、政府运行情况及财政中长期可持续性。

分析范围主要包括本级、各部门及所属下属单位。

三、河南×市财政经济运行分析方法与分析标准

按照国际性与本土性相结合、整体性与重要性相结合、短期可比性与长期可预测性相结合、信息专业性与逻辑可理解性相结合、适度披露与成本效益相结合这五大原则，采用比较法、公众评判法、标杆管理法等方法，分析标准包括设定固定值和设定对照组两种标准。

四、河南×市财政经济运行指标分析

（一）政府财务状况

1. 债务管理能力方面

具体指标数值如下：流动比率为193.08%，现金比率为14.72%，金融资产负债率为94.83%，资产负债率为63.89%，一般债务余额限额比为97.50%，专项债务余额限额比为83.67%，总负债变动率为-0.80%，主要负债占比为34.72%，单位负债占比为42.82%，流动负债占比为38.57%。数据表明，政府拥有较好的经济基础，资本债务结构合理，债务风险管理情况较好，债务风险整体可控。一般债务的余额限额率和专项债务的余额限额率为分别为97.50%和83.67%，债务规模未超过省批复的限额。一般债务和专项债务的增速情况相对平稳。

2. 资产管理能力方面

净资产变动率为23.76%，长期资产占比为30.12%，长期资产变动率为10.44%。说明政府长期资产占比相对偏高，会导致整体资产流动性偏弱。因此，对资产的管理能力还需要进一步提高。具体指标分析见附表3-2。

（二）政府运行情况

1. 政府财政自给能力方面

从收入质量看，税收收入比重为18.85%，政府自给率为123.25%，税收依存度为70%。从支出质量看，人均工资福利为8.70万元，三公经费执行率为86.11%，利息保障倍数为12.08。从收入费用配比质量看，收入费用率为87.20%。整体说明政府财政自给能力较强。

2. 政府服务能力方面

从资金使用效率来看，三公经费变动率为-44.50%，财政存量资金管理水平为5.95%。从预算执行效率看，预算执行率为83.34%，预算调整调剂率为31.67%。相关数据说明预算执行率强，预算调整调剂率不是特别高，预算编制工作整体有效，整体说明政府服务能力较强。具体指标分析见附表3-3。

（三）财政中长期可持续发展情况

1. 债务的可持续性方面

负债率为0.318%，利息率为0.0371%，债务依存度为10.60%。从债务的类型结构来看，一般债务占比70.30%，专项债务占比29.70%。从债务的期限结构来看，如图3-1和图3-2所示，一般债务的期限结构和专项债务的期限结构分布均较为合理，3年内需要偿还的一般债务占比38%，3年内需要偿还的专项债务占比30%，短期偿债压力相对较小。

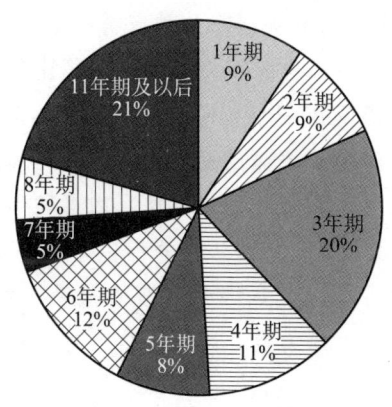

图3-1　一般债务期限结构

2. 收入和资产可持续性方面

税收收入弹性为146.56%，固定资产成新率为57.30%，公共基础设施成新率为90.42%。整体说明收入和资产的可持续性能力较强。具体指标分析见

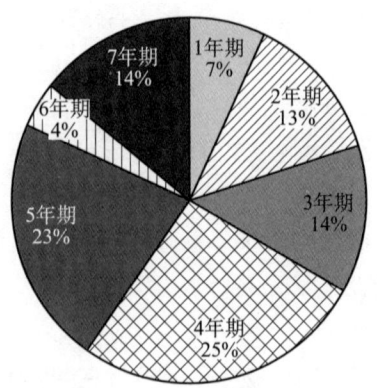

图 3-2　专项债务期限结构

附表 3-4。

五、存在的问题及政策建议

（一）政府债务系统和预算管理一体化系统需要有效对接

政府债务系统未纳入预算管理一体化系统，导致相关数据有缺失，数据的提取和应用也不是很方便。建议将政府债务系统与预算管理一体化系统进行对接。根据数据分析结果，债务的可持续性也需要进一步提高。

（二）税收收入的多样化需要进一步加强

河南×市税收收入有所减少，政府要有相关突发事件的收入调整预案，以应对收入减少带来的冲击。建议税收收入要进一步多样化，增加税收收入的源头。

（三）政府综合财务报告相关信息的披露需要进一步规范化

现有关于政府综合财务报告的相关披露制度等比较欠缺，关于披露方式、披露内容和披露次数等都没有一个统一的法律规范，不能达到政府综合财务报告编制的应用目的。建议从法律层面（在不涉及国家相关安全等涉密内容的前提下）规范政府综合财务报告的相关披露内容和形式。

（四）政府综合财务报告分析方法和分析指标还需要进一步完善和修正

目前财政部发布的指标以及本部分新增的指标，整体还是具有一定的局限性，逻辑连贯性也要进一步加强。后续应结合对新建指标体系的应用反馈，对相应指标进行调整或修正。

六、其他需要说明的问题

无。

七、政府财政经济分析总表

河南×市 2019 年政府财政经济分析总表见表 3-13。

表 3-13　河南 x 市 2019 年政府财政经济分析总表

类别	一级指标	二级指标	三级指标	数值	与去年同期比较	与其他对标政府比较	备注
一、政府财务状况分析	1. 债务管理能力	1.1 偿债能力	1.1.1 流动比率	193.08%			明细计算指标见附表 3-2
			1.1.2 现金比率	14.72%			
			1.1.3 金融资产负债率	94.83%			
			1.1.4 债务支付保障率	—			
			1.1.5 资产负债率	63.89%			
		1.2 债务风险预警	1.2.1 一般债务余额限额比	97.50%			
			1.2.2 专项债务余额限额比	83.67%			
			1.2.3 总负债变动率	-0.80%			
			1.2.4 主要负债占比	34.72%			
			1.2.5 单位负债占比	42.82%			
			1.2.6 流动负债占比	38.57%			
	2. 资产管理能力	2.1 净资产管理能力	2.1.1 净资产变动率	23.76%			
		2.2 长期资产管理能力	2.2.1 长期资产占比	30.12%			
			2.2.2 长期资产变动率	10.44%			
二、政府运行情况分析	1. 政府财政自给能力	1.1 收入质量	1.1.1 税收收入比重	18.85%			明细计算指标见附表 3-3
			1.1.2 政府自给率	123.25%			
			1.1.3 税收依存度	70%			
		1.2 支出质量	1.2.1 人均工资福利费用	8.70 万元			
			1.2.2 三公经费执行率	86.11%			
			1.2.3 利息保障倍数	12.08			
		1.3 收入费用配比质量	1.3.1 收入费用率	87.20%			

续表

类别	一级指标	二级指标	三级指标	数值	与去年同期比较	与其他对标政府比较	备注
二、政府运行情况分析	2. 政府服务能力	2.1 资金使用效率	2.1.1 人均公用经费变动率	—			明细计算指标见附表3–3
			2.1.2 公共服务投入率	—			
			2.1.3 三公经费变动率	-44.50%			
			2.1.4 财政存量资金管理水平	5.95%			
		2.2 预算执行效率	2.2.1 预算执行率	83.34%			
			2.2.2 预算调整调测率	31.67%			
			2.2.3 结转结余变动率	—			
三、财政中长期可持续性分析	1. 债务可持续性	1.1 总负债可持续性	1.1.1 负债率	0.318%			明细计算指标见附表3–4
		1.2 利息支出可持续性	1.2.1 利息率	0.0371%			
		1.3 债务收入可持续性	1.3.1 债务依存度	10.60%			
	2. 收入和资产可持续性	2.1 收入可持续性	2.1.1 税收收入弹性	146.56%			
		2.2 资产可持续性	2.2.1 固定资产成新率	57.30%			
			2.2.2 公共基础设施成新率	90.42%			
			2.2.3 保障性住房成新率	0			
	3. 财政收支缺口	3.1 财政收支预测差异性	3.1.1 财政收支缺口预测比率	—			

注：由于获取数据的不完整性，表中的有些数据无法计算，在表中以"—"表示。

（二）河南×市财政财务管理情况分析报告

河南×市2019年财政管理情况分析报告

一、河南×市财政财务管理总体情况

河南×市财政财务管理总体情况较好。

一是从政府预算管理情况来看，项目库中预算支持率为61.52%，预算资金调整调剂率为31.67%，预算资金到位率为94.77%，不存在审计认定违规资金。因为河南×市尚未对所有项目库项目实施绩效评价，所以项目完成的质量情况数据暂时无法获取。相关数据整体说明前期立项项目选拔的科学性较强，预算编制准确可靠，预算资金到位及时有效。从整体来看，财政预算收支运行总体平稳，预算收入和预算支出结构较合理，一般公共预算收入增长率为32%，远高于全国3.80%，税收收入入库率为112%，一般公共预算支出支付完成率为152%，说明一般公共预算支出预决算差异较大。政府性基金预算收入增长率为37%，高于全国12%的同比增长率，政府性基金预算收支平衡能力也较强。项目和政策预算绩效评价方面效果显著，但是并非所有资金全部到位，尚有一定的完善空间。

二是从政府资产负债管理情况来看，政府债务风险管理情况较好，政府债务风险整体可控。一般债务余额限额比和专项债务余额限额比分别为97.50%和83.67%，债务规模未超过省批复的限额。一般债务和专项债务的增速情况相对平稳。一般债务的期限结构和专项债务的期限结构分布均较为合理，3年内需要偿还的一般债务和专项债务分别占比38%和30%，短期偿债压力相对较小。年末新增债券的支出进度为100%，债务资金的使用效率较高。债务率为35.90%，新增债务率为10.58%，偿债率为2.60%，远低于警戒线，而且没有逾期未偿还的本息，说明偿债能力较强，信用较好。

三是从政府收支管理情况来看，预算资金到位率为94.77%，资金到位情况较好。三公经费控制效果显著，较上年减少了45%左右。财政存量资金管理静态指标值为5.95%，财政存量资金不大。财政存量资金管理动态指标值为-0.28%，表明与2018年度相比，财政存量资金管理能力方面有所提升。

二、河南×市财政财务管理分析对象与范围

政府财政财务管理情况，主要反映政府财政财务管理的政策要求、主要措施和取得成效等，可主要从政府预算管理情况、政府资产负债管理情况和

政府收支管理情况三个方面进行分析。政府预算管理情况包括项目库管理、政府预算管理、政府预算绩效管理三个方面。政府资产负债管理情况仅对政府债务风险管理情况进行分析。政府收支管理情况包括政府财政资金科学配置管理、财政资金监控、政府决算财务信息系统的优化提升。

三、河南×市财政财务管理分析方法与分析标准

（一）政府财政财务管理分析方法

政府财政财务管理分析方法有定量分析和定性分析相结合、成本效益法、专家评判法、标杆管理法、结构分析法、比率分析法、比较分析法、限额分析法、趋势分析法等。

（二）政府财政财务管理分析标准

政府财政财务管理分析标准包括计划标准、行业标准、历史标准等，用于对指标完成情况进行比较分析。

1. 计划标准

计划标准指以预先制定的目标、计划、预算、定额等作为评价标准。

2. 行业标准

行业标准指参照国家公布的行业指标数据制定的评价标准。

3. 历史标准

历史标准指参照历史数据制定的评价标准。

4. 其他标准

财政部门和预算部门确认或认可的其他标准。

四、河南×市财政财务管理指标分析

（一）政府预算管理情况

政府预算管理情况主要从项目库管理、政府预算管理、政府预算绩效管理三个方面进行分析。

1. 项目库管理方面

（1）项目前期谋划的科学规范性方面。预算支持率为61.52%，说明所有入库项目大部分都获得财政资金支持；预算资金调整调剂率为31.67%，说明预算编制整体比较准确有效。

（2）项目预算执行的有效性方面。预算资金到位率为94.77%，说明预算资金下达的整体非常及时。预算资金使用不合规率为0%，说明没有存在截留、挤占、挪用和虚列支持的项目，预算资金的使用合法合规。

（3）项目完成的质量方面。因为河南×市未对所有的项目支出进行评价，

导致该部分数据整体缺失，无法进行指标的计量、评价和分析应用。

2. 政府预算管理方面

（1）一般公共预算管理。

①一般公共预算收入构成方面：在市本级一般公共预算收入、一般债务收入和转移性收入之和中，三者占比分别为45%、14%和41%，市本级一般公共收入占比相对偏低。税收收入在市本级一般公共预算收入中占比70%，比例偏低。一般公共预算收入增长率为32%，远高于全国3.8%，说明河南×市一般公共预算收入2019年增速较快。河南×市人均一般公共预算收入与全国人均一般公共预算收入之比为37%，说明相比全国，河南×市人均一般公共预算收入较低。

②一般公共预算支出构成方面：一般债务还本支出、转移支付支出和一般公共服务支付在预算支出中，分别占比1%、9%和13%，说明一般债务还本支出和转移支付占比较低。一般公共预算支出增长率为32%，高于全国8%的增长率，但与收入增长率持平，比较合理。一般公共预算支出地区差异率为36%，即河南×市人均一般公共预算支出与全国人均一般公共预算支出之比较低。

③一般公共预算收支平衡方面：一般公共预算收支平衡能力指标数值为0.51，一般公共预算收入支出保障率为39%，说明河南×市一般公共预算的收支平衡能力有待加强。

④一般公共预算执行进度方面：税收预算收入预算完成率为112%，一般公共预算支出支付完成率为152%，说明一般公共预算支出预决算差异较大。

（2）政府性基金预算管理。

①政府性基金预算收入构成方面：国有土地使用权出让相关收入在政府基金预算收入中占比高达96%，说明收入结构不够合理。政府性基金预算收入增长率为37%，高于全国12%的同比增长率。政府性基金预算收入地区差异率即河南×市人均预算收入只有全国人均预算收入的55%，说明相比全国，河南×市人均预算收入较低。

②政府性基金预算支出构成方面：国有土地使用权出让收入及对应专项债务收入安排的支出在政府性基金预算支出中占比94%，虽然与预算收入构成一致，但支出结构不够合理。政府性基金预算支出增长率为42%，高于全国13.4%的同比增长率。政府性基金预算支出地区差异率为53%，说明相比全国，河南×市人均预算支出较低，但也与人均预算收入较低相一致。

③政府性基金预算收支平衡方面：政府性基金预算收支平衡能力指标数

值为 0.91，说明河南×市政府性基金预算收支平衡能力较强。

3. 政府预算绩效管理方面

由于尚未获得政府事前绩效评估报告、绩效目标审核结果、绩效监控报告、绩效评价结果等资料，故无法对河南×市预算绩效管理情况进行分析。

4. 主要指标分析

主要指标分析见附表 3-5。

（二）政府资产负债管理情况

本部分仅对政府债务风险管理情况进行分析。

1. 政府债务风险管理情况

（1）政府债务规模情况方面：从债务的限额情况来看，一般债务的余额限额比为 97.50%，专项债务的余额限额比为 83.67%，一般债务和专项债务余额均未超过省批复的限额，但一般债务的余额限额率较高，对于一般债务的发行规模需要适当控制。从债务余额的增长情况来看，债务增长率为 33.13%，一般债务和专项债务的增速情况相对平稳。

（2）政府债务结构情况方面：从债务的期限结构来看，如图 3-1 和图 3-2 所示，一般债务的期限结构和专项债务的期限结构分布均较为合理，3 年内需要偿还的一般债务占比 38%，3 年内需要偿还的专项债务占比 30%，短期偿债压力相对较小。

（3）政府债务资金的使用效率方面：从债务资金的使用及时性来看，年末新增债券的支出进度为 100%，说明能够及时将债务资金投入使用，提高债务资金的使用效率。

（4）政府债务的偿债方面：从偿债保障情况来看，债务率为 35.90%，新增债务率为 10.58%，远低于警戒线，说明偿债保障能力较强。从偿还情况来看，偿债率为 2.60%，远低于警戒线，而且没有逾期未偿还的本息，说明偿债能力较强，信用较好。

2. 主要指标分析

主要指标分析见附表 3-6。

（三）政府收支管理情况

政府收支管理情况主要从政府财政资金科学配置管理、财政资金监控、决算财务信息系统的优化提升三个方面分析。

1. 政府财政资金科学配置管理

河南×市 GDP 近 10 年来有很大幅度提升，从 2009 年到 2019 年增长了 153%。

根据河南×市 2019 年政府综合财务报告，财政支出 GDP 占比为 19.10%，低于全国水平，在国际上，财政支出占 GDP 比例，美国为 22% 左右，日本为 16% 左右。财政资金一般性支出方面，三公经费控制效果显著，较上年减少了 44.50% 左右。预算收支平衡性方面，财政资金盈余率为 64.70%，财政支出超过财政收入较多，赤字较大。此外，债务风险变动率为 34.50%，这可能是财政支出安排较大、超出财政收入数量过多的原因所致。

2. 财政资金监控

财政资金拨付监控方面，预算资金到位率为 94.77%，资金到位情况较好。财政资金使用监控方面，预算执行率为 83.34%，预算资金调整调剂率为 31.67%，一般公共预算支出完成为 152%，一般公共预算支出预决算差异较大。财政存量资金管理监控方面，根据河南×市 2019 年度年终数据，财政存量资金管理静态指标值为 5.95%，总体而言，财政存量资金不大。财政存量资金管理动态指标值为 -0.28%，表明与 2018 年度相比，财政存量资金管理能力方面有所提升。

3. 政府决算财务信息系统的优化提升

决算财务信息系统的优化提升情况在业务层面的情况，2019 年财务信息化投入占年度总支出比率为 2.90%；人均财务信息化投入为 0.20 万元；财务信息化经费利用率为 72%；财务信息化经费预算占有率为 2.80%。

4. 指标分析

主要指标分析见附表 3-7。

五、存在的问题及相关建议

（一）政府预算管理情况

1. 项目库管理方面

（1）评价指标体系不健全。一是定性指标过多，没有办法转化成具体计分的标准，导致实用性和可比性差。二是缺乏通用性与差异性，与政府预算改革要求有一定程度的脱节。建议尽量减少主观判断的定性指标，增加定量指标，严格遵循政府预算改革的总体要求，增加指标的通用性并体现出差异。

（2）评价结果应用不到位。项目库评价结果没有与下一年预算编制有效结合，无法提高项目支出整体效率，未能体现项目支出评价的本质和要求。评价结果"名存实亡"，缺乏法律法规的明显约束。建议出台相关的法律法规或规章制度来提高评价结果在预算编制过程的前导作用。

（3）评价目标功能不明确。项目支出评价是注重过程、产出还是结果的应用性不够明确。在项目绩效评价设计时应该进一步明确目标、主体和评价对象等。

（4）评价范围不够广泛。据调研等资料显示，目前尚未实现对所有入库项目、所有基层（县级）的项目开展项目库的绩效评价工作。

2. 政府预算管理方面

2019年，河南×市统筹推进经济社会发展，扎实做好"六稳"工作，经济呈现持续恢复向好态势，财政预算收支运行总体平稳，但仍存在一些问题，具体如下：

（1）一般公共预算管理方面，税收收入在本级一般公共预算收入中占比偏低，人均一般公共预算收入和支出低于全国平均水平，收支平衡能力不强。河南×市可以适当扩大税收收入比例，提升人均一般公共预算收入水平，加大支持保障和改善民生的支出，进而提高一般公共预算收入支出保障能力，提升人民群众的获得感、幸福感和满意感。

（2）政府性基金预算管理方面，国有土地使用权出让收入和国有土地使用权出让收入及对应专项债务收入安排的支出分别在政府性基金预算收入和支出中占比高达96%和94%，说明政府性基金预算收入和支出结构均不合理，且人均预算收入和支出都低于全国平均水平。河南×市可以在增加政府性基金收入和支出的同时，完善政府性基金预算收入和支出结构。

（3）评价指标体系不完善。一是由于设计的指标缺少具体标准，导致其缺乏实用性和可比性。二是预算管理未与预算绩效相结合设计指标。建议推进财政收入和支出标准化，强化标准对预算的约束作用，增加指标的可评价性、通用性和可比性。同时，应深化预算绩效管理改革，加快推动预算和绩效管理一体化。

3. 政府预算绩效管理方面

在政府预算绩效管理方面，河南×市存在具有普遍性的问题。具体如下：

（1）政府预算绩效评价尚未全覆盖，影响财政数据的可获得性。目前，由于政府预算绩效评价尚未全覆盖，影响了财政数据获得的充分性，从而使得以财政数据为基础的预算绩效管理工作无法高效开展。

（2）政府预算绩效评价指标体系不科学，影响财政数据分析与应用结果的科学性。对于政府预算评价本身而言，定性指标过多，定量指标较少，实践性和应用性较差，这使得所形成的政府预算事前绩效评价报告、政府预算绩效目标审核结果、政府预算绩效监控报告、政府预算绩效评价结果本身会存在一定偏颇，以此为基础提出财政数据进行分析和应用，会使得分析结果存在偏颇。

（二）政府资产负债管理情况

该部分仅对政府债务风险管理方面存在的问题及相关建议进行分析。

（1）专项债务的偿还期限配置依据缺少数据支撑。专项债务的偿还期限与项目收益的回收期匹配度缺少数据支撑，还需要进一步关注和分析，以免造成专项债务的期限错配，引发偿债风险。

（2）债务资金使用效率的评价体系不健全。从债务资金的产出率来看，缺少相关的数据，说明还需要进一步关注使用债务资金的公益性项目的绩效评价，将项目的绩效评价与债务资金的使用效率评价结合起来，提高项目支出效率和债务资金的产出率。

（三）政府收支管理情况

1. 政府财政资金科学配置管理方面

（1）三公经费控制得比较好，需长期保持。

（2）财政支出占GDP比重较为合理，应持续关注并维持该状态。财政支出来源于GDP并用于各项公共服务，财政支出占GDP比重，在理论上看其高低不存在好坏，如果一个国家或地区的该比值越高，说明政府的宏观调控能力越强，提供的公共服务和社会福利也越多；如果这个比值越低，也可能意味着市场主体在资源配置中发挥了更主要的作用，是一个国家和地区经济活力增强的表现。总体上看，世界上主要发达国家的该比率均在25%以下，因此，河南×市的该比值处于合理区间。

（3）在财政资金预算管理方面，应进一步改善预算收支的平衡性，防范债务风险，增强项目预算申报的科学性，进一步降低预算支出调整调剂率。

2. 财政资金监控方面

需进一步加大存量资金消化力度。通过分析存量资金的产生原因，采取收回财政统筹安排、按程序调整项目投向、不再对同类项目增加预算并逐步压减等措施，并对存量资金支出预算单独审批、预算执行中实施分类限时管理等，以促进存量资金的消化。

3. 政府决算财务信息系统的优化提升方面

（1）决算财务信息化系统的投入层面还需要进一步加大投入，优化系统的开发和应用水平，从而为预算管理一体化的进一步推广和应用做好准备工作。

（2）决算财务信息化系统的应用转化率只有72%，还需要提高，加大对于给定的信息化费用加速转化，为系统优化提前做好规划和安排。

（3）财政部门对于财务人员的信息化业务层面和人员层面的重视度还不够，应该加大对于财务人员的业务层面和人员层面的投入和要求，预算管理以人格化的系统提供技术支撑。

六、其他需要说明的问题

无。

七、政府财政财务管理情况总表

河南×市2019年政府财政财务管理情况总表见表3-14。

五、河南省政府财政数据分析与应用保障

（一）组织设置

考虑到政府财政数据的敏感性，现阶段无法采用政府购买服务的形式开展政府财政数据分析与应用。预算管理一体化系统的建设目的在于打破系统割裂和信息孤岛，实现预算编制、执行、核算、内控、绩效、监督等一体化、全流程管理，搭建数据采集、分析与共享平台。因此，政府可以在不成立专门机构的情况下，重新划分部门职责，分解数据分析工作任务，推进不同部门采集数据、监控数据过程、分析数据结果、撰写分析报告等工作的有序开展。具体措施如下：

一是加强组织领导。省厅主要领导总负责、分管信息化的厅领导牵头负责，审议相关重大任务、政策措施。机关各处室、厅属有关单位与信息化办公室要建立协调推进机制，按照责任分工，统筹人员力量，细化目标任务，及时协调解决工作推进中出现的问题。

二是明确责任分工，建立健全工作机制。政府债务管理办公室、预算局、预算执行局、预算绩效管理处、资产管理处等部门负责业务攻关，信息化办公室为数据分析系统建设提供技术支持，政府采购监督管理处负责采购业务指导，财政监督检查局负责过程监督，即建立业务、技术、政府采购、监督等部门各司其职、相互协调的工作机制，实现上下级部门间有效联动，加强

表 3-14　河南×市 2019 年政府财政财务管理情况总表

类别	类别明细	一级指标	二级指标	三级指标	数值	与去年同期比较	与其他对标政府比较	备注
一、政府预算管理情况	（一）项目库管理	1. 项目前期谋划的科学规范性	1.1 预算支持率		61.52%			
			1.2 预算资金调整调剂率		31.67%			
		2. 项目预算执行的有效性	2.1 预算资金到位率		94.77%			
			2.2 预算执行率		83.34%			
			2.3 预算资金使用不合规率		0			
		3. 项目完成质量	3.1 项目完成率		—			
			3.2 被终止项目预算资金剩余率		—			
	（二）政府预算管理	1. 一般公共预算管理	1.1 一般公共预算收入构成	1.1.1 一般公共预算收入结构合理性	—*			详细指标见附表 3-5
				1.1.2 一般公共预算收入增长率	32%			
				1.1.3 一般公共预算收入地区差异率	37%			
			1.2 一般公共预算支出构成	1.2.1 一般公共预算支出结构合理性	—*			
				1.2.2 一般公共预算支出增长率	32%			
				1.2.3 一般公共预算支出地区差异率	36%			
			1.3 一般公共预算收支平衡情况	1.3.1 一般公共预算收支平衡能力	0.51			
			1.4 一般公共预算债务情况	1.4.1 新增举债收入占比	39%			
			1.5 一般公共预算执行效果	1.4.2 一般公共预算调整效度	100%			
				1.5.1 税收预算完成率	112%			
				1.5.2 一般公共预算支出完成率	152%			
		2. 政府性基金预算管理	2.1 政府性基金预算收入构成	2.1.1 政府性基金预算收入结构合理性	—			
				2.1.2 政府性基金预算收入增长率	37%			
				2.1.3 政府性基金预算收入地区差异率	55%			

续表

类别	类别明细	一级指标	二级指标	三级指标	数值	与去年同期比较	与其他对标政府比较	备注
一、政府预算管理情况	(二) 政府预算管理	2. 政府性基金预算管理	2.2 政府性基金预算支出构成	2.2.1 政府性基金预算支出结构合理性	—			详细指标见附表3-5
			2.2 政府性基金预算支出构成	2.2.2 政府性基金预算支出增长率	42%			
			2.2 政府性基金预算支出构成	2.2.3 政府性基金预算支出地区差异率	53%			
			2.3 政府性基金预算收支平衡情况	2.3.1 政府性基金预算收支平衡能力	0.91			
			2.3 政府性基金预算收支平衡情况	2.3.2 政府性基金预算收入支出保障率	100%			
			2.4 政府性基金预算执行效果	2.4.1 政府性基金预算收入完成率	—			
			2.4 政府性基金预算执行效果	2.4.2 政府性基金预算支出完成率	—			
	(三) 政府预算绩效管理	1. 事前绩效评估	1.1 事前绩效评估情况		—			
		2. 预算绩效目标管理	2.1 预算绩效目标设置的科学性		—			
		3. 预算绩效运行监控	3.1 项目实施的有效性		—			
		4. 预算绩效评价结果	4.1 项目完成的质量		—			
二、政府资产负债管理情况	(一) 政府债务风险管理	1. 政府债务规模情况	1.1 政府债务限额情况	1.1.1 一般债务余额限额比	97.59%			详细指标见附表3-6
			1.1 政府债务限额情况	1.1.2 专项债务余额限额比	83.67%			
			1.2 政府债务余额增长情况	1.2.1 债务增长率	33.13%			
		2. 政府债务结构情况	2.1 政府债务层级分布结构	2.1.1 本级政府债务占比	见图3-1			
			2.1 政府债务层级分布结构	2.1.2 下级政府债务占比	—			
			2.2 政府债务期限结构	2.2.1 一般债务期限结构	见图3-2			
			2.2 政府债务期限结构	2.2.2 专项债务期限结构				

续表

类别	类别明细	一级指标	二级指标	三级指标	数值	与去年同期比较	与其他政府指标比较	备注
二、政府资产负债管理情况		3. 政府债务资金使用效率	3.1 政府债务资金使用及时性	3.1.1 年末新增债券的支出进度	100%			详细指标见附表3-6
			3.2 政府债务资金投入产出率	3.2.1 债务资金乘数	35.90%			
		4. 政府债务偿债情况	4.1 政府债务的偿债保证情况	4.1.1 债务率	10.58%			
				4.1.2 新增债务率	—			
				4.1.3 债务支付保障率	2.60%			
			4.2 政府债务的偿还情况	4.2.1 偿债率	0			
				4.2.2 逾期债务率	—			
三、政府财政收支管理情况	（一）政府财政资金配置管理	1. 财政资金配置依据	1.1 项目支出与地区发展战略相关性	1.1.1 支出结构	—			详细指标见附表3-7
				1.1.2 重大重点项目资金计划完成率	-44.50%			
				1.1.3 三公经费变动率	64.70%			
		2. 财政资金配置过程	2.1 预算收支平衡性	2.1.1 财政资金盈余率	—			
			2.2 预算编制精准性	2.2.1 项目资金结余比例	34.50%			
		3. 财政资金配置结果	3.1 区域经济增长与财政资金配置	3.1.1 债务风险变动率	19.10%			
				3.1.2 财政支出GDP占比	5.95%			
	（二）财政存量资金管理	1. 财政存量资金管理水平	1.1 财政存量资金管理静态指标		-0.28%			
			1.2 财政存量资金管理动态指标					
	（三）政府决算财务信息系统优化提升	1. 信息化基础层面	1.1 决算财务信息化投入占年度总支出比率		2.90%			

续表

类别	类别明细	一级指标	二级指标	三级指标	数值	与去年同期比较	与其他对标政府比较	备注
三、政府收支管理情况	（三）政府决算财务信息系统优化提升	1. 信息化基础层面	1.2 人均财务信息化投入比率		0.20万元			
			1.3 决算财务信息化经费利用率		72%			
			1.4 决算财务信息化经费预算占有率		2.80%			
		2. 业务层面	2.1 决算财务信息采集准确率		—			
			2.2 决算财务信息采集完整率		—			
			2.3 决算财务数据更新率		—			
		3. 人员基础层面	3.1 年度人均培训次数		—			详细指标见附表3-7
			3.2 财务信息化相关证书人均持有率		—			
			3.3 财务信息化研究论文数		—			
			3.4 财务信息化研究课题数		—			
			3.5 员工信息化操作考评合格率		—			

注：由于获取数据的不完整性，表中的三级数据无法计算，在表中以"—"表示。表中*代表有多个数值，具体数值详见对应附表。

工作交流指导，推进实现对不同部门数据的采集融合、分析、挖掘、利用和监控，支持财政数据的实时查询、分布式计算，实现数据信息面向全社会共享。

三是加强相关人才专业能力培养。结合大国财政人才培养的战略要求，当前财政部门必须抓紧培养自己的数据分析人才，重点培养和引进数据挖掘综合型人才；对于财政相关联业务部门工作人员，也要加强数据挖掘应用培训，提高数据分析的实践能力，进而为打造"数字财政"及财政决策和有效运行提供坚实的人才保障。

四是财政部门和相关高校科研单位要加强合作，为财政数据分析体系的完善、分析能力的提升提供"外脑"支撑。

（二）制度建设

目前，关于财政数据分析与应用的相关制度主要有财政部制定发布的《政府财务报告编制办法（试行）》（2019年修订）、《政府综合财务报告编制操作指南（试行）》（2018年、2019年两次修订）、《政府部门财务报告编制操作指南（试行）》（2018年、2019年两次修订），在这些制度中，关于财政数据分析与应用方面，主要是对政府财政经济情况、政府财政财务管理情况进行了分析，但在分析框架、分析维度、分析指标、分析结果应用等方面还需要进一步完善。基于满足国家治理现代化、财政治理能力现代化的需要，以及搭建基于财政数据的决策机制、保障机制的目的，现有财政数据分析与应用制度还需进一步补充、完善。基于政府财政数据分析与应用环境，围绕政府财政数据的分析和应用目的，根据政府财务数据分析和应用范围，从以下四个维度对政府财政数据应用与分析制度进行设计。

1. 政府财政经济运行分析与应用制度

该制度主要用于规范政府财政经济运行数据的分析与应用，以确保数据在分析与应用环节的安全性、有效性，从而保证政府及时准确把握各省份经济运行情况及动向，促进政府职能的切实履行。基于该制度的设计目的，其设计思路如下：（1）界定政府财政经济运行分析与应用主体；（2）明确政府财政经济运行数据的内容和范围；（3）确定政府财政经济运行数据的应用领域；（4）明晰政府财政经济运行数据的分析和应用要求；（5）构建政府财政经济运行分析与应用方法体系；（6）搭建政府财政经济运行分析指标体系；（7）报送政府财政经济运行分析与应用报告；（8）提出政府财政经济分析与应用的相关建议。

2. 政府财政财务管理分析与应用制度

该制度主要用于规范政府财政财务管理数据的分析与应用，以确保数据在分析与应用环节的安全性、有效性，从而明晰政府财政财务管理方面的政策要求、主要措施以及取得的成效。基于该制度的设计目的，其设计思路如下：（1）界定政府财政财务管理分析与应用主体；（2）明确政府财政财务管理数据内容和范围；（3）确定政府财政财务管理数据的应用领域；（4）明晰政府财政财务管理数据的分析和应用要求；（5）构建政府财政财务管理分析与应用方法体系；（6）搭建政府财政财务管理分析指标体系；（7）报送政府财政财务管理分析与应用报告；（8）提出政府财政财务管理分析与应用的相关建议。

3. 政府财政数据标准化管理制度

该制度主要用于规范政府财政数据管理的组织、职责、方法和流程，通过对政府财政数据的科学、规范管理，明晰相关人员职责，保证数据质量、数据安全以及数据有效传递。基于该制度的设计目的，其设计思路如下：（1）界定政府财政数据的内容和范围；（2）明确政府财政数据管理的功能和内容；（3）设置政府财政数据管理组织及岗位职责；（4）设计政府财政数据的采集、加工、生成流程；（5）设计政府财政数据质量审核流程；（6）确定政府财政数据安全的技术要求；（7）明确用户及用户权限；（8）制定监督检查和责任追究制度。

4. 政府财政数据资源共享管理办法

该制度主要用于规范政府财政数据资源的共享活动，以打破信息壁垒，促进政府财政数据资源的共享。基于该制度的设计目的，其设计思路如下：（1）确定政府财政数据资源共享的原则；（2）明确政府财政数据资源共享基础设施要求；（3）明确政府财政数据资源目录与分类共享要求；（4）设计政府财政数据资源采集、提供与使用流程；（5）制定政府财政数据信息资源共享工作的安全管理制度；（6）制定政府财政数据信息资源共享工作的监督和保障制度。

以上各项制度之间应相互协调、相互支撑，政府财政数据标准化管理制度、政府财政数据资源共享管理办法为政府财政经济运行分析与应用制度和政府财政财务管理分析与应用制度的实施奠定了基础，而政府财政经济运行分析与应用制度、政府财政财务管理分析与应用制度的实施也将促进政府财政数据标准化管理制度、政府财政数据资源共享管理办法的优化和完善。

（三）数据共享

政府财务报告的分析是结合政府面临的内外部宏观政治经济环境与微观经济事项做出的综合分析与预测，不仅需要微观财务数据等定量信息，也需要人口、GDP 等宏观统计数据与经济发展阶段等定性分析。当前我国经济已由高速发展转向高质量发展阶段，要深刻评估高质量发展，决不能仅仅依靠微观定量指标的高低作为评估政府的唯一条件。如果单纯将财务指标与考评和治理挂钩，那么就有可能会增大地方政府进行财务调节的动机，进一步可能降低政府财务报告的信息可靠性，过往的"唯 GDP 论"就是教训之一。许多西方国家政府财务报告不仅提供财务报表，还会提供管理层分析与讨论、审计声明、宏观环境分析等其他信息，客观阐述政府对财政目标的实现程度与实现情况。但目前我国的政府财务报告中大多是分析微观经济数据，缺乏对外部风险、治理环境、经济社会发展等的综合分析。为了更全面地分析政府财务指标所衡量的信息，我们有必要在政府财务报告分析中引入相关统计数据与统计指标，与财务数据、财务指标结合，并依据政治、经济、文化、法制等环境做政府发展趋势的预测，保障中长期发展。

建立一体化电子操作平台，提高政府财务报告编制的信息化程度。政府财务报告的编制合并涉及多个层级的公共会计主体与庞杂的政府会计数据，这给财务人员缺乏的基层政府带来了巨大的财务报告改革阻力，如何提升基层编制政府财务报告动力、提高政府财务报告编制合并效率、充分利用各项财务数据以发挥财政治理作用成为当前财务报告编制急需解决的关键问题之一。很多西方国家已经有了成熟的政府会计信息系统，如美国政府要求其在内部下载相关数据并按照统一格式转换数据，经由审计机关审核无误后再通过平台传送给财政部，财政部会自动下载归类数据编制财务报告。2010 年，我国标准化管理委员会和财政部发布了 XBRL 技术规范系列国家标准和企业会计准则通用分类标准，但关于政府的财务报告编制信息系统尚未完全建立，因此，我们建议借鉴财政部实施企业会计准则通用分类标准的经验，应用 XBRL 语言进行数据收集和报告合并，推动政府财务报告的信息化改革，通过计算机审核确保财务报告数据准确性与勾稽关系。

（四）资金支持

财政数据信息技术平台的财政资金支付与保障应按照国库集中支付制度

有关规定和合同约定，综合考虑项目财政资金预算、建设进度等因素执行。信息技术平台的软件开发过程中应当根据批准的项目预算、年度投资计划和预算、建设进度等控制项目投资规模。信息技术平台的软件开发项目的决策阶段应当明确建设资金来源，落实建设资金，合理控制筹资成本。财政厅信息化管理办公室负责研究制订技术方案，按照项目招标方案，严格执行招标采购工作，规范合同签订、项目验收、收集整理项目档案；并负责建设资金筹集、账务管理和项目档案归档等工作，按照合同完成资金支付，实行专账核算。

资金保障的后期持续完善优化，可以通过财政数据系统，实现预算编制、执行、资金绩效评价的信息闭环运行，逐步实现资金保障管理的自动化、智能化，进而为政府财政数据分析与应用提供现代化持续运行信息技术平台的软件开发提供资金保障。

（五）技术支撑

以政府财政数据互联互通和信息共享为基础，着力提升政府财政数据信息的分析和应用能力，实现财政数据资源利用最大化，为政府决策提供信息支撑和政策建议，着力打造"数字财政"和"智慧财政"，为财政决策和有效运行提供坚实技术保障。

1. 主要的措施

（1）树立政府财政大数据理念。充分认识大数据、云计算、人工智能、区块链等新技术在国家管理和社会治理中的作用，以推行电子政务和预算管理一体化为抓手，以数据集中和信息共享为途径，把数字化作为财政治理现代化的手段，以数字化提升财政决策科学化、公共服务高效化、治理能力现代化。

（2）深入推进财政大数据建设。统一基础数据、技术标准、系统和制度体系，加强预算基础数据管理，梳理业务应用系统基础数据，确定统一的基础数据标准化模板和标准，确保上下级系统基础数据的一致性和准确性。推进预算管理一体化管理的实施与落地工作，打破系统割裂和信息孤岛，积极推进预算管理一体化系统建设，进一步强化云计算基础运行环境，提升传统方式和基于互联网的数据采集，全面提升财政信息化对数据的存储、处理和展现能力。推进财政历史资料数据化、业务管理数据标准化，开展数据汇聚、分析、整理、清洗、处理，建立财政大数据应用标准库，解决数据质量低、数据缺失、错误、重复和断层等问题，实现预算编制、执行、核算、内控、绩效、监督等一体化、全流程管理，支撑财政预算管理与改革，提升财政预算管理现代化水平。

（3）建立财政数据分析与应用机制。在预算管理一体化的平台管理运行下，进一步积极创造条件，深化与扶贫、人社、卫健、公安、税务等部门和单位信息共享，加大数据共享力度，为数字分析与应用打下数据基础。建立跨部门、跨领域、跨行业的大数据发展应用协同机制，拓展数据共享交换途径与方式，建立多方协同、整合共享的数据共享工作机制。深化大数据应用，推进收入、支出、债务等在线监控。从财政工作需求迫切的业务领域入手，进一步明确大数据应用重点，持续开展财政大数据专题应用。

2. 主要路径

（1）建立财政数据分析与应用"智慧驾驶舱"。财政数据分析与应用的"智慧驾驶舱"是对财政数据的综合利用，建立智慧驾驶舱平台，可以对政府经济运行、政府财政财务管理状况的重要指标和重要影响因素以及全面情况进行掌握，为监控和管理提供重要的信息支持和决策支持。根据对财政数据的分析及应用重要程度建立三个层面的数据展示，第一层面主要包括政府经济运行状况、宏观数据、财政财务管理状况、债务风险管理和财政资金管理，基本模板如图3-3~图3-5所示。

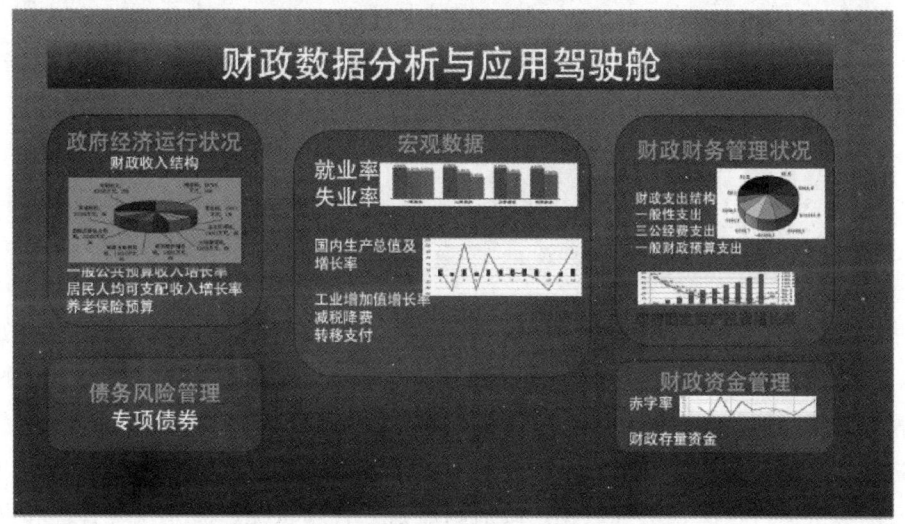

图3-3 财政数据分析与应用驾驶舱顶层界面

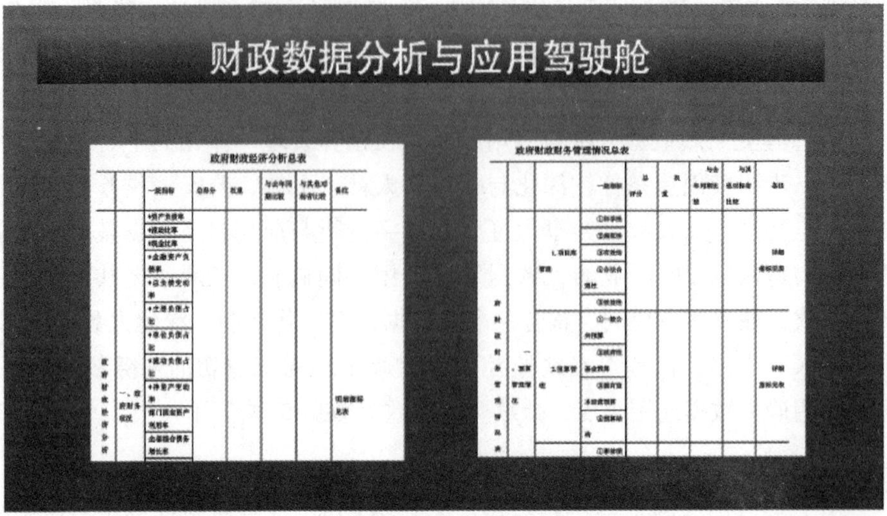

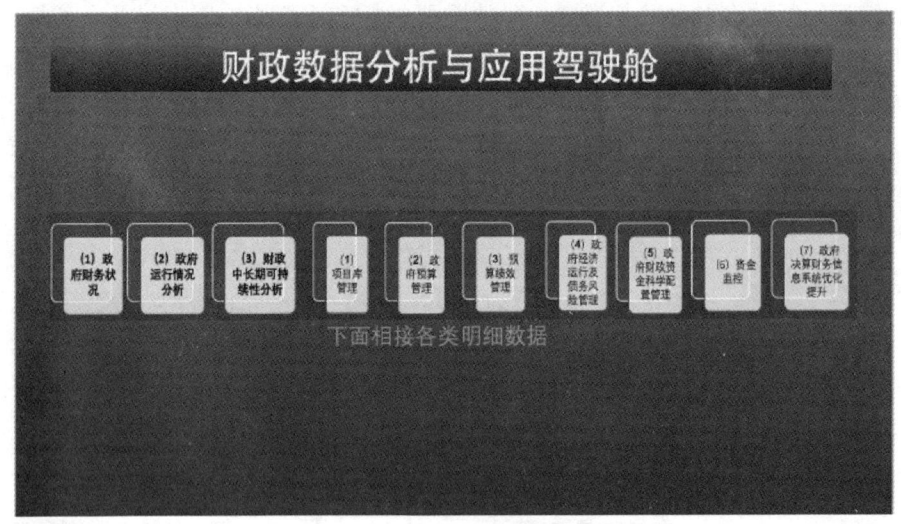

图 3-4　财政数据分析与应用驾驶舱中层界面

图 3-5　财政数据分析与应用驾驶舱业务层界面

（2）财政数据分析与应用"智慧驾驶舱"功能设计与开发。结合当前的预算管理一体化的系统和平台，根据财政数据分析与应用的"智慧驾驶舱"进行功能设计与开发，充分考虑当前数据平台和"智慧驾驶舱"的需求，以政府经济运行状况、宏观数据、政府财政财务管理状况、债务风险管理和财政资金管理的数据显示和分级为标准的功能显示，进行数据的收集、分析与显示，建立实时的分析和显示系统，根据时间变动动态显示，为智慧财政提供功能设计与开发。

（3）财政数据分析"智慧驾驶舱"应用与推广。财政数据分析"智慧驾驶舱"的内部使用者，包括政府财政管理部门、预算单位等，可以根据经济运行及管理的状况，从各不同使用者的需求，结合管理内容将其归类列入规划和管理。尤其是政府部门中的财政厅应该加强财政数据分析"智慧驾驶舱"的应用和推广，从而促使智慧财政的实现与发展；针对外部使用者，依据需要提供的使用者类别确定，分别针对省人大审核批复预算和决算、省政府初步审查预算和决算、省审计厅全程审计的角度来加强对财政数据分析"智慧驾驶舱"的应用及进一步的改善。

本章课题组负责人：李晓东
   成 员：李现宗、叶忠明、王进朝、闫明杰、刘永丽、王晓栋、张津津、李楠、张玉艳

主要参考文献

［1］陈少强，向燕晶．运用财政大数据提升国家治理能力［J］．财政科学，2019（7）：75–83．

［2］崔学刚．英国政府会计执行国际会计准则的经验与教训［J］．会计之友，2020（14）：1–8．

［3］戴柏华．更好发挥法治引领作用 全面推进财税体制改革［J］．中国财政，2015（1）：1．

［4］郭月梅，胡智煜．中国地方政府性债务支出效率评估［J］．经济管理，2016，38（1）：10–19．

［5］河南省财政厅．河南：深化制度技术融合 扎实推进预算管理一体化系统建设［J］．中国财政，2020（19）：14–16．

［6］李定清，廖洪斌，江雪真，等．政府财务报告分析理论框架构建［J］．财会月刊，2020（15）：65–71．

［7］李端阳．完善财政大数据建设的建议［J］．中国财政，2020（20）：63–64．

［8］刘尚希．以拆弹的精准和耐心化解地方隐形债务风险［J］．地方财政研究，2018（8）：4–6．

［9］刘文卿．新时代对财政大数据应用的思考［J］．地方财政研究，2017（12）：10-14．

［10］刘子怡，陈志斌．政府治理效率、财政透明度与政府会计治理工具：信息需求的视角［J］．北京工商大学学报（社会科学版），2015，30（6）：54-59．

［11］柳宇燕，张鼎祖．政府财务报告图像印象管理策略研究［J］．会计研究，2019（7）：75-81．

［12］马洪范．大数据时代的财政治理［J］．地方财政研究，2017（12）：4-9，14．

［13］宋达飞，丛树海．信息需求视角下政府综合财务报告分析指标体系构建研究［J］．中央财经大学学报，2019（2）：13-23．

［14］谭静，褚彦含．强化财政数据资产监管 服务国家治理现代化［J］．财政监督，2020（16）：17-24．

［15］万敏．我国政府综合财务报告分析应用体系构建的研究综述［J］．财会研究，2019（11）：5-8．

［16］王东伟．财政治理现代化面临的挑战与对策［J］．财政科学，2020（3）：38-48．

［17］王汇华，刘永泽．政府会计与政府治理——基于中国省级面板数据的经验研究［J］．贵州财经大学学报，2019（2）：62-69．

［18］肖捷．全面实施预算绩效管理 提高财政资源配置效率［J］．中国财政，2018（7）：4-6．

［19］杨婷婷．我国地方政府债务风险管理研究［D］．北京：中共中央党校，2019．

［20］赵全厚．风险预警、地方政府性债务管理与财政风险监管体系催生［J］．改革，2014（4）：61-70．

［21］赵兴罗．我国政府预算改革四十年：回顾与展望［J］．财政监督，2018，422（8）：12-16．

［22］郑智杰．加强信息化建设 提升财政治理能力——以河南省为例［J］．预算管理与会计，2020（8）：49-52，55．

［23］周曙光，陈志斌．基于国家治理主体视角的政府财务报告应用研究［J］．财务研究，2019（5）：29-34．

本章附表

附表3-1　　　　　　　　　参考政策文件总览

序号	文件号	文件名称	发布时间	发布机关	参考领域
1	财办〔2020〕13号	《预算管理一体化规范（试行）》	2020年2月27日	财政部	项目库管理、政府预算管理、政府财政资金科学配置管理、政府决算财务信息系统优化提升
2	财办〔2020〕15号	《预算管理一体化系统技术标准V1.0》	2020年2月27日	财政部	项目库管理
3	豫财效〔2020〕10号	《河南省省级预算项目支出绩效评价管理办法》	2020年7月30日	河南省财政厅	项目库管理、预算绩效管理
4	中发〔2018〕34号	《中共中央 国务院关于全面实施预算绩效管理的意见》	2018年9月2日	中共中央 国务院	预算绩效管理、政府财政资金科学配置管理
5	财预〔2018〕167号	《财政部关于贯彻落实〈中共中央 国务院关于全面实施预算绩效管理的意见〉的通知》	2018年11月8日	财政部	预算绩效管理、政府财政资金科学配置管理
6	豫发〔2019〕10号	《中共河南省委 河南省人民政府关于全面实施预算绩效管理的实施意见》	2019年4月24日	河南省委、省政府	预算绩效管理
7	豫财效〔2020〕9号	《河南省财政厅关于开展2020年省级预算绩效运行监控工作的通知》	2020年7月17日	河南省财政厅	预算绩效管理
8	豫财效〔2020〕8号	《河南省省级预算绩效运行监控管理办法》	2020年7月13日	河南省财政厅	预算绩效管理
9	豫财预〔2019〕176号	《河南省省级预算项目政策事前绩效评估管理办法》等6个办法的通知	2019年4月30日	河南省财政厅	预算绩效管理
10	国发〔2014〕43号	《国务院关于加强地方政府性债务管理的意见》	2014年9月21日	国务院	政府债务风险管理
11	国办函〔2016〕88号	《地方政府性债务风险应急处置预案》	2016年10月27日	国务院办公厅	政府债务风险管理
12	财库〔2018〕61号	《关于做好2018年地方政府债券发行工作的意见》	2018年5月4日	财政部	政府债务风险管理
13	财预〔2018〕34号	《关于做好2018年地方政府债务管理工作的通知》	2018年2月24日	财政部	政府债务风险管理

续表

序号	文件号	文件名称	发布时间	发布机关	参考领域
14	财预〔2017〕35号	《新增地方政府债务限额分配管理暂行办法》	2017年3月23日	财政部	政府债务风险管理
15	财预〔2016〕154号	《地方政府一般债务预算管理办法》	2016年11月9日	财政部	政府债务风险管理
16	财预〔2016〕155号	《地方政府专项债务预算管理办法》	2016年11月9日	财政部	政府债务风险管理
17	财预〔2016〕152号	《地方政府性债务风险分类处置指南》	2016年11月3日	财政部	政府债务风险管理
18	财预〔2015〕225号	《关于对地方政府债务实行限额管理的实施意见》	2015年12月21日	财政部	政府债务风险管理
19	豫政办〔2017〕39号	《河南省政府性债务风险应急处置预案》	2017年3月6日	河南省人民政府办公厅	政府债务风险管理
20	豫政〔2016〕11号	《河南省人民政府关于加强政府性债务管理的意见》	2016年2月23日	河南省人民政府	政府债务风险管理
21	豫财预〔2017〕1号	《河南省政府一般债务预算管理办法》	2017年1月3日	河南省财政厅	政府债务风险管理
22	豫财预〔2017〕2号	《河南省政府专项债务预算管理办法》	2017年1月3日	河南省财政厅	政府债务风险管理
23	豫财预〔2016〕252号	《河南省政府性债务管理工作绩效考核办法》	2016年9月20日	河南省财政厅	政府债务风险管理
24		《关于河南省2019年预算执行情况和2020年预算草案的报告》	2020年1月10日	河南省财政厅	政府财政资金科学配置管理
25	国办发〔2014〕70号	《国务院办公厅关于进一步做好盘活财政存量资金工作的通知》	2014年12月30日	国务院办公厅	财政资金监控
26	财办〔2020〕29号	《财政部关于做好直达资金监控工作的通知》	2020年6月18日	财政部	财政资金监控
27	财库便函〔2020〕387号	《关于做好直达资金预算执行有关工作的通知》	2020年6月17日	财政部	财政资金监控
28	财库〔2020〕5号	《关于中央预算单位预算执行管理有关事宜的通知》	2020年1月17日	财政部	财政资金监控
29	财库〔2020〕3号	《中央财政预算执行动态监控管理办法》	2020年1月13日	财政部	财政资金监控
30	财库〔2019〕49号	《关于切实加强地方预算执行和财政资金安全管理有关事宜的通知》	2019年11月25日	财政部	财政资金监控
31	财预〔2018〕222号	《财政管理工作绩效考核与激励办法》	2018年12月29日	财政部	财政资金监控

续表

序号	文件号	文件名称	发布时间	发布机关	参考领域
32	财预〔2018〕69号	《地方财政预算执行支出进度考核办法》	2018年5月11日	财政部	财政资金监控
33	财预〔2018〕65号	《关于加强地方预算执行管理 加快支出进度的通知》	2018年4月25日	财政部	财政资金监控
34	豫政办〔2014〕54号	《河南省人民政府办公厅关于加强省级预算管理盘活财政存量资金的通知》	2014年5月13日	河南省人民政府办公厅	财政资金监控
35	豫政〔2014〕16号	《河南省省级财政专项资金管理办法》	2014年1月28日	河南省人民政府	财政资金监控
36	豫财预〔2018〕196号	《河南省财政厅关于进一步加强预算执行管理加快预算执行进度的通知》	2018年6月12日	河南省财政厅	财政资金监控
37	审计结果公告2020第5号	《2019年度省级预算执行和其他财政收支情况审计结果》	2020年7月31日	河南省审计厅	财政资金监控
38	国发〔2021〕5号	《关于进一步深化预算管理制度改革的意见》	2021年4月13日	国务院	政府决算财务信息系统优化提升
39	财库〔2019〕57号	《政府部门财务报告编制操作指南（试行）》	2019年12月12日	财政部	政府决算财务信息系统优化提升
40	财库〔2019〕58号	《政府综合财务报告编制操作指南（试行）》	2019年12月12日	财政部	政府决算财务信息系统优化提升

注：文件排序按照政府财政数据分析与应用领域、发布机关、发布时间（倒序）进行排序。

附表3-2　　　　　　　　河南×市财务状况分析明细

类别	一级指标	二级指标	三级指标	2019年数值
一、政府财务状况分析	1. 债务管理能力	1.1 偿债能力	1.1.1 流动比率	193.08%
			1.1.2 现金比率	14.72%
			1.1.3 金融资产负债率	94.83%
			1.1.4 债务支付保障率	—
			1.1.5 资产负债率	63.89%
		1.2 债务风险预警	1.2.1 一般债务余额限额比	97.50%
			1.2.2 专项债务余额限额比	83.67%
			1.2.3 总负债变动率	-0.80%
			1.2.4 主要负债占比	34.72%
			1.2.5 单位负债占比	42.82%
			1.2.6 流动负债占比	38.57%
	2. 资产管理能力	2.1 净资产管理能力	2.1.1 净资产变动率	23.76%
		2.2 长期资产管理能力	2.2.1 长期资产占比	30.12%
			2.2.2 长期资产变动率	10.44%

附表 3-3　　　　　　　　河南×市运行情况分析明细

类别	一级指标	二级指标	三级指标	2019 年数值
二、政府运行情况分析	1. 政府财政自给能力	1.1 收入质量	1.1.1 税收收入比重	18.85%
			1.1.2 政府自给率	123.25%
			1.1.3 税收依存度	70%
		1.2 支出质量	1.2.1 人均工资福利费用	8.70 万元
			1.2.2 三公经费执行率	86.11%
			1.2.3 利息保障倍数	12.08
		1.3 收入费用配比质量	1.3.1 收入费用率	87.20%
	2. 政府服务能力	2.1 资金使用效率	2.1.1 人均公用经费变动率	—
			2.1.2 公共服务投入率	—
			2.1.3 三公经费变动率	-44.50%
			2.1.4 财政存量资金管理水平	5.95%
		2.2 预算执行效率	2.2.1 预算执行率	83.34%
			2.2.2 预算调整率	31.67%
			2.2.3 结转结余变动率	—

附表 3-4　　　　　　　　河南×市财政中长期可持续分析明细

类别	一级指标	二级指标	三级指标	2019 年数值
三、财政中长期可持续性分析	1. 债务可持续性	1.1 总负债可持续性	1.1.1 负债率	0.318%
		1.2 利息支出可持续性	1.2.1 利率	0.0371%
		1.3 债务收入可持续性	1.3.1 债务依存度	10.60%
	2. 收入和资产可持续性	2.1 收入可持续性	2.1.1 税收收入弹性	146.56%
		2.2 资产可持续性	2.2.1 固定资产成新率	57.30%
			2.2.2 公共基础设施成新率	90.42%
			2.2.3 保障性住房成新率	0
	3. 财政收支缺口	3.1 财政收支预测差异性	3.1.1 财政收支缺口预测比率	—

附表 3-5　　　　　　　　河南×市预算管理情况指标分析

(一) 项目库管理				
序号	指标	计算公式	指标项目	2019 年数据
1. 项目前期谋划的科学规范性				
1.1	预算支持率	当年下达预算资金项目数/项目总数量	当年下达预算资金项目数	61.52%
			项目总数量	
1.2	预算资金调整剂率	调整资金总额/预算资金总额	调整资金总额	31.67%
			预算资金总额	

续表

序号	指标	计算公式	指标项目	2019年数据
\multicolumn{5}{c}{2. 项目预算执行的有效性}
2.1	预算资金到位率	实际到位资金额/预算资金下达总金额	实际到位资金额	94.77%
			预算资金下达总金额	
2.2	预算执行率	实际支出资金/实际到位资金	实际支出资金	83.34%
			实际到位资金	
2.3	预算资金使用不合规率	审计认定违规资金额/预算资金总额	审计认定违规资金额	0
			预算资金总额	
\multicolumn{5}{c}{3. 项目完成的质量}
3.1	项目完成率	项目如期完成数/项目完成数	项目如期完成数	—
			项目完成数	
3.2	被终止项目预算资金剩余率	财政收回资金数/预算资金总额	财政收回资金数	—
			预算资金总额	

(二) 政府预算管理

序号	指标	计算公式	指标项目	2019年数据
\multicolumn{5}{c}{1. 一般公共预算管理}
1.1.1	一般公共预算收入结构合理性	本级一般公共预算收入/一般公共预算收入	本级一般公共预算收入	—
			一般公共预算收入	
		税收收入/本级一般公共预算收入	税收收入	70%
			本级一般公共预算收入	
1.1.2	一般公共预算收入增长率	(本年一般公共预算收入-上年一般公共预算收入)/上年一般公共预算收入	本年一般公共预算收入	32%
			上年一般公共决算收入	
1.1.3	一般公共预算收入地区差异率	人均一般公共预算收入/全国人均一般公共预算收入	人均一般公共预算收入	37%
			全国人均一般公共预算收入	
1.2.1	一般公共预算支出结构合理性	一般债务还本支出/一般公共预算支出	一般债务还本支出	1%
			一般公共预算支出	
		转移支付支出/一般公共预算支出	转移支付支出	9%
			一般公共预算支出	
1.2.2	一般公共预算支出增长率	(本年一般公共预算支出-上年一般公共预算支出)/上年一般公共预算支出	本年一般公共预算支出	32%
			上年一般公共预算支出	
1.2.3	一般公共预算支出地区差异率	人均一般公共预算支出/全国人均一般公共预算支出	人均一般公共预算支出	36%
			全国人均一般公共预算支出	
1.3.1	一般公共预算收支平衡能力	本年一般公共预算收入/本年一般公共预算支出	本年一般公共预算收入	0.51
			本年一般公共预算支出	

续表

序号	指标	计算公式	指标项目	2019 年数据
1.3.2	一般公共预算收入支出保障率	本年一般公共预算收入/上年一般公共预算实际支出	本年一般公共预算收入 上年一般公共预算实际支出	39%
1.4.1	新增举债债务占比	新增举债债务/预算调整数	新增举债债务 预算调整数	100%
1.4.2	一般公共预算调整效度地区差异率	人均预算调整数/全国人均预算调整数	人均预算调整数 全国人均预算调整数	—
1.5.1	税收收入预算完成率	税收收入决算数/税收收入年初预算数	税收收入决算数 税收收入年初预算数	112%
1.5.2	一般公共预算支出完成率	一般公共预算支出决算数/一般公共预算支出预算数	一般公共预算支出决算数 一般公共预算支出预算数	152%
2. 政府性基金预算管理				
2.1.1	政府性基金预算收入结构合理性	专项债务收入/政府性基金预算收入	专项债务收入 政府性基金预算收入	—
2.1.2	政府性基金预算收入增长率	(本年政府性基金预算收入预算数−上年政府性基金预算收入预算数)/本年政府性基金预算收入预算数	本年政府性基金预算收入预算数 上年政府性基金预算收入预算数	37%
2.1.3	政府性基金预算收入地区差异率	人均政府性基金预算收入/全国人均政府性基金预算收入	人均政府性基金预算收入 全国人均政府性基金预算收入	55%
2.2.1	政府性基金预算支出结构合理性	专项债务转贷支出/政府性基金预算支出	专项债务转贷支出 政府性基金预算支出	—
2.2.2	政府性基金预算支出增长率	(本年政府性基金预算支出−上年政府性基金预算支出)/上年政府性基金预算支出	本年政府性基金预算支出 上年政府性基金预算支出	42%
2.2.3	政府性基金预算支出地区差异率	人均政府性基金预算支出/全国人均政府性基金预算支出	人均政府性基金预算支出 全国人均政府性基金预算支出	53%
2.3.1	政府性基金预算收支平衡能力	本年政府性基金预算收入/本年政府性基金预算支出	本年政府性基金预算收入 本年政府性基金预算支出	0.91

续表

序号	指标	计算公式	指标项目	2019年数据
2.3.2	政府性基金预算收入支出保障率	本年政府性基金预算收入/上年政府性基金预算实际支出	本年政府性基金预算收入	—
			上年政府性基金预算实际支出	
2.4.1	政府性基金预算收入完成率	政府性基金预算收入决算数/政府性基金收入预算数	政府性基金预算收入决算数	100%
			政府性基金预算收入预算数	
2.4.2	政府性基金预算支出完成率	政府性基金预算支出完成数/政府性基金预算支出预算数	政府性基金预算支出完成数	—
			政府性基金预算支出预算数	
（三）政府预算绩效管理				
序号	指标	计算公式	指标项目	2019年数据
1. 事前绩效评估				
1.1	事前绩效评估未通过率	不予支持的项目数/进行事前绩效评估的项目数	不予支持的项目数	—
			进行事前绩效评估的项目数	
2. 预算绩效目标管理				
2.1	预算绩效目标设置的科学性	绩效目标审核结果优良占比	绩效目标审核结果为优和良的项目数	—
			进行绩效目标审核的总项目数	
3. 预算绩效运行监控				
3.1	项目实施的有效性	暂缓或者停止拨款项目数占比	绩效监控评估后被暂缓或停止拨款的项目数	—
			进行绩效评估的项目总数	
4. 预算绩效评价结果				
4.1	项目完成质量	绩效评价结果优良占比	绩效评价结果为优和良的项目数	—
			进行绩效评价的总项目数	

附表3－6　　河南×市资产负债管理情况指标分析

（一）政府债务风险管理					
序号	指标	计算公式	指标项目	2019年数据	
1. 政府债务规模					
1.1.1	一般债务余额限额比	一般债务余额/上级批复一般债务限额	一般债务余额	97.59%	
			上级批复一般债务限额		
1.1.2	专项债务余额限额比	专项债务余额/上级批复专项债务限额	专项债务余额	83.67%	
			上级批复专项债务限额		
1.2.1	债务增长率	（当年末总债务余额－上年末总债务余额）/上年末总债务余额	当年末总债务余额	33.13%	
			上年末总债务余额		

续表

序号	指标	计算公式	指标项目	2019 年数据
	2. 政府债务结构				
2.1.1	本级政府债务占比	本级政府债务余额/本行政区政府债务余额	本级政府债务余额	—
^	^	^	本行政区政府债务余额	^
2.1.2	下级政府债务占比	下级政府债务余额/本行政区政府债务余额	下级政府债务余额	—
^	^	^	本行政区政府债务余额	^
2.2.1	一般债务期限结构	各个期限一般债务余额/一般债务总额	各个期限一般债务余额	见图 3-1
^	^	^	一般债务总额	^
2.2.2	专项债务期限结构	各个期限专项债务余额/专项债务总额	各个期限专项债务余额	见图 3-2
^	^	^	专项债务总额	^
	3. 政府债务资金使用效率				
3.1.1	年末新增债券的支出进度	年末新增债券的累计支出金额/当年新增债券发行收入+上年新增债券结转资金	年末新增债券的累计支出金额	100%
^	^	^	当年新增债券发行收入	^
^	^	^	上年新增债券结转资金	^
3.2.1	债务资金的乘数	当年使用债务资金的竣工的公益性项目的总投资额/竣工的公益性项目使用的债务资金规模	当年使用债务资金的竣工的公益性项目的总投资额	—
^	^	^	竣工的公益性项目使用的债务资金规模	^
	4. 政府债务偿债情况				
4.1.1	债务率	债务总额/当年综合财力	债务总额	35.90%
^	^	^	当年综合财力	^
4.1.2	新增债务率	新增债务金额/当年综合财力	当年新增债务金额	10.58%
^	^	^	当年综合财力	^
4.1.3	债务支付保障率	(净收入+折旧+摊销+利息支出)/应偿债务本息总额	净收入+折旧+摊销+利息支出	—
^	^	^	应偿债务本息总额	^
4.2.1	偿债率	当年已偿还债务本息金额/当年综合财力	当年已偿还债务本息金额	2.60%
^	^	^	当年综合财力	^
4.2.2	逾期债务率	年末逾期债务余额/年末债务余额	年末逾期债务余额	0
^	^	^	年末债务余额	^

附表 3-7　　河南×市收支管理情况指标分析

序号	指标	计算公式	指标项目	2019 年数据
	（一）政府财政资金科学配置管理				
	1. 财政资金配置依据				
1.1.1	项目支出结构	特定目标类项目资金预算合计/总预算支出	特定目标类项目资金预算合计	—
^	^	^	总预算支出	^

续表

序号	指标	计算公式	指标项目	2019年数据
1.1.2	重大重点项目资金计划完成率	重大重点项目资金预算执行额合计/重大重点项目预算资金总额	重大重点项目资金预算执行额合计	—
			重大重点项目预算资金总额	
1.1.3	三公经费变动率	（当年三公经费－上年三公经费）/上年三公经费	当年三公经费	-44.50%
			上年三公经费	
2. 财政资金配置过程			
2.1.1	财政资金盈余率	｜（财政收入－财政支出）/财政收入｜	财政收入	64.70%
			财政支出	
2.2.1	项目资金结余比例	项目库预算结余合计/项目库预算计划资金总额	项目库预算结余合计	—
			项目库预算计划资金总额	
3. 财政资金配置结果			
3.1.1	债务风险变动率	（当年负债率－上年负债率）/上年负债率	当年负债率	34.50%
			上年负债率	
3.1.2	财政支出GDP占比	当年财政支出/当年GDP	当年财政支出	19.10%
			当年GDP	
（二）财政资金监控			
序号	指标	计算公式	指标项目	2019年数据
1. 财政存量资金管理水平			
1.1	财政存量资金管理静态指标	当年财政存量资金规模/当年财政支出规模	当年财政存量资金规模	5.95%
			当年财政支出规模	
1.2	财政存量资金管理动态指标	当年财政存量资金规模/当年财政支出规模－上年财政存量资金规模/上年财政支出规模	上年和当年财政存量资金规模	-0.28%
			上年和当年财政支出规模	
（三）政府决算财务信息系统优化提升			
序号	指标	计算公式	指标项目	2019年数据
1. 信息化基础层面			
1.1	决算财务信息化投入占年度总支出比率	财务信息化经费总额/年度总支出	财务信息化经费总额	2.90%
			年度总支出	
1.2	人均财务信息化投入比率	财务信息化经费总额/单位总人数	财务信息化经费总额	0.20万元
			单位总人数	
1.3	决算财务信息化经费利用率	财务信息化实际使用经费/财务信息化计划使用经费	财务信息化实际使用经费	72%
			财务信息化计划使用经费	

续表

序号	指标	计算公式	指标项目	2019年数据
1.4	决算财务信息化经费预算占有率	财务信息化经费总额/年度预算总额	财务信息化经费总额	2.80%
			年度预算总额	
2. 业务层面				
2.1	决算财务信息采集准确率	财务信息正确总量/采集总量	财务信息正确总量	—
			采集总量	
2.2	决算财务信息采集完整率	实际信息采集量/应采集信息量	实际信息采集量	—
			应采集信息量	
2.3	决算财务数据更新率	财务信息更新数据量/数据总量	财务信息更新数据量	—
			数据总量	
3. 人员基础方面				
3.1	年度人均培训次数	年度培训总数（单位内、单位外）/财务部门总人数	年度培训总数（单位内、单位外）	—
			财务部门总人数	
3.2	财务信息化相关证书人均持有率	部门财务信息化相关证书总数/财务部门总人数	部门财务信息化相关证书总数	—
			财务部门总人数	
3.3	财务信息化研究论文数	财务信息化研究论文总数	财务信息化研究论文总数	—
3.4	财务信息化研究课题数	财务信息化研究课题总数	财务信息化研究课题总数	—
3.5	员工信息化操作考评合格率	员工信息化操作考评合格人数/考评总人数	员工信息化操作考评合格人数	—
			考评总人数	

第四章

政府会计促进债务绩效管理研究

一、政府会计促进债务绩效管理的背景与逻辑框架

(一) 我国地方政府债务发展的制度背景与基本状况

1. 地方政府债务相关定义

地方政府债务作为公共债务的一种，是中央政府以下的各级政府部门及其所属机构向个人、社会团体等借款或发行债券所产生的财政义务。2010年，审计署将"地方政府性债务"界定为："地方政府（包括政府部门以及机构）、经费补助事业、事业单位、融资平台公司等为公益性（基础性）项目直接借款、拖欠或因提供担保、回购等信用支持形成的债务，以及地方政府（含政府部门和机构）为竞争性项目建设直接借入、拖欠或因提供担保、回购等信用支持形成的债务。"随后，审计署进一步将地方政府性债务划分为地方政府承担偿还责任的债务、地方政府承担担保责任的债务以及地方政府可能负有相关救助责任的债务三大类。

2014年，《预算法》第三十五条第五款使用了"地方政府债务"这一概念，但未对其内涵作出相关界定。2014年，《国务院关于加强地方政府性债务管理的意见》（国发〔2014〕43号）中使用了"地方政府债务"和"地方政府性债务"两种表述，且财政部预算司明确强调两者内涵并不相同。2015年后财政部官方公布的地方政府债务相关数据以"地方政府一般债务"和"地方政府专项债务"为主。

2. 我国地方政府债务发展的制度背景

我国地方政府债务的发展过程可按三个阶段划分。2009年之前，地方政

府不具备独立发行地方政府债券的权力，只能通过融资平台公司举借债务；2009~2014年，地方政府债券逐渐开始试点发行，同时地方融资平台债务规模迅速膨胀；2015年之后，《预算法》明确地方政府可以在国务院确定的限额内以地方政府债券的方式举债融资，地方政府债务资金统一纳入预算管理。

1998年东南亚金融危机爆发后，中央通过增发国债为基础设施建设项目融资，将部分新增国债项目资金转贷给地方，形成"国债转贷资金"，由地方政府还本付息，不纳入中央预算。2006年开始，中央将积极财政政策转换为稳健性财政政策，大幅削减长期建设国债发行规模，不再把国债资金转贷给地方使用。2008年金融危机之后，我国经济下行压力逐年增大，为解决地方政府融资问题，财政部每年代理发行2 000亿元地方政府债券，由财政部代发代还，纳入地方财政预算管理。

2011年，浙江省、广东省、上海市、深圳市试点自行发债，实行年度发行额管理制度，由财政部代办还本付息，即"自发代还"模式。2013年，新增江苏省和山东省作为试点地区。2014年，财政部颁发《地方政府债券自发自还试点办法》，地方政府第一次自主发行并偿还债务。此次试点在前期6个试点省市的基础上增加北京市、青岛市、江西省和宁夏回族自治区。

2014年9月《国务院关于加强地方政府性债务管理的意见》（国发〔2014〕43号）中，明确取消融资平台公司的政府融资功能且规定政府不得通过企业和事业单位举借债务。2015年，财政部先后发布《地方政府一般债券发行管理暂行办法》和《地方政府专项债券发行管理暂行办法》，对一般债券、专项债券的定义、发行方式、发行期限、预算管理等进行了具体规定。此外，为加强地方政府债务管理，防范和化解系统性经济风险，2015年12月，财政部印发《关于对地方政府债务实行限额管理的实施意见》，且作为配套措施，于2017年出台了《新增地方政府债务限额分配管理暂行办法》，进一步补充和完善地方债务的限额管理措施。

2017年8月，财政部发布相关文件鼓励各地方政府依据当地实际情况，将专项债券发布于有一定收益的公益性事业领域，打造"市政项目收益债"。土地储备及收费公路两个项目因收入来源较为稳定，成为我国地方政府专项债券的试点项目。此后地方政府专项债券品种逐步丰富，用于乡村振兴、环保、能源、水利、教育、医疗等其他公共服务领域。2018年2月，财政部要求加快实现地方政府债券管理与项目严格对应，落实全面实施绩效管理。在严格规范地方政府债券管理的背景下，国家开始细化地方专项债券项目的预算管理措施。2019年，财政部、自然资源部联合发布《土地储备项目预算管理办法（试行）》（财预〔2019〕89号），对土地储备项目进行事前事中事后全方位的预算管理。财政部2020年7月发布《财政部关于加快地方政府专项债券发行使用有关工作的通知》（财预〔2020〕94号），对地方债资金投向方面做出明确规定，要求地方债资金重点用于国务院常务会议确定的交通基础设施、能源项目、农林水利、生态环保项目、民生服务、冷链物流设施、市政和产业园区基础设施七大领域。我国地方政府债务管理政策出台历程如图4-1所示。

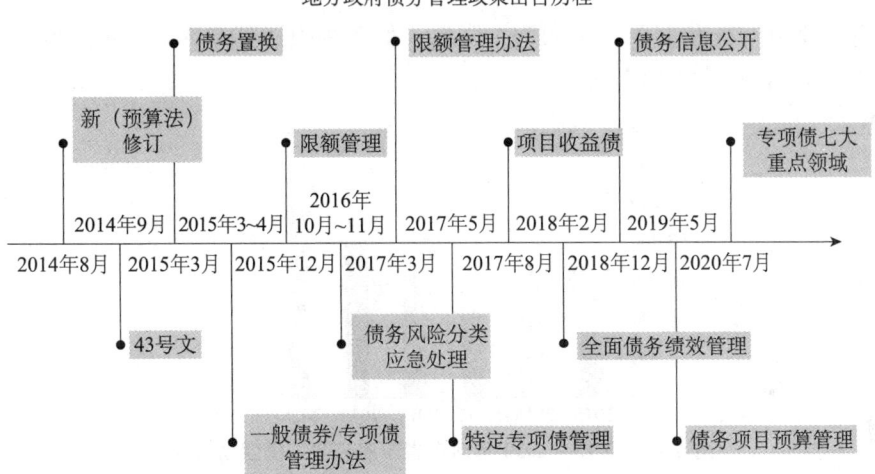

图4-1 我国地方政府债务管理政策出台历程

3. 我国地方政府债务的基本状况

（1）地方政府债务规模。在新《预算法》颁布之前，我国地方政府不被允许借债，但通过财政部代发债务等形成地方政府债务240 000亿元。2014年10月底公布的《国务院关于加强地方政府性债务管理的意见》中明确提出，把当前政府性的债务规模作为一个硬指标纳入政绩考核，对于约束当前地方政府的盲目举债可能会带来积极的效果，2015年债务规模也得到了控制。2016年颁布了《地方政府性债务风险应急处置预案》，此后对地方政府债务的管理更加严格，采取终身问责、倒查责任的形式。之后地方政府债务规模有序增长，截至2020年12月末，全国地方政府债务余额为256 615亿元。具体如图4-2所示。

河南省债务规模近年来也呈现出渐渐扩大的趋势。如图4-3所示，2015年债务规模为5 455亿元，之后2016年和2017年保持稳定小幅增长。随着2018年国务院《关于防范化解地方政府隐形债务风险的意见》的出台，以及

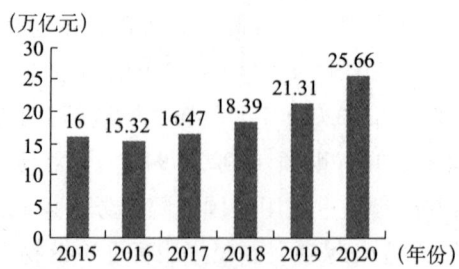

图 4-2　2015~2020 年我国地方政府债务规模变动情况

资料来源：中央国债登记结算有限公司网站。

解除了季度均衡和期限比例的两个限制，债务规模达到 6 541 亿元，2019 年持续上升增长至 7 910 亿元。

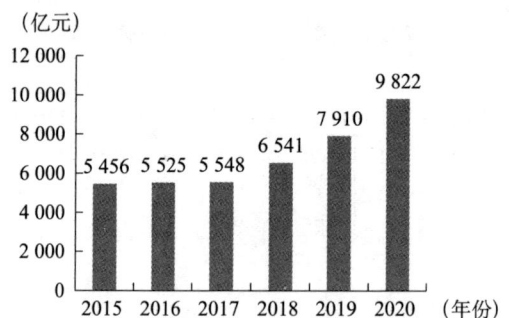

图 4-3　2015~2020 年河南省政府债务规模变动情况

资料来源：中央国债登记结算有限公司网站。

具体到专项债，如图 4-4 所示，河南省政府从 2015 年到 2020 年专项债发布规模整体呈上升趋势，到 2020 年达到 1 777 亿元。从 2020 年专项债发债类别来看，如图 4-5 所示，社会事业专项债发布规模最大，达到 475 亿元，而生态环保及基础设施专项债规模最小，约为 25 亿元。

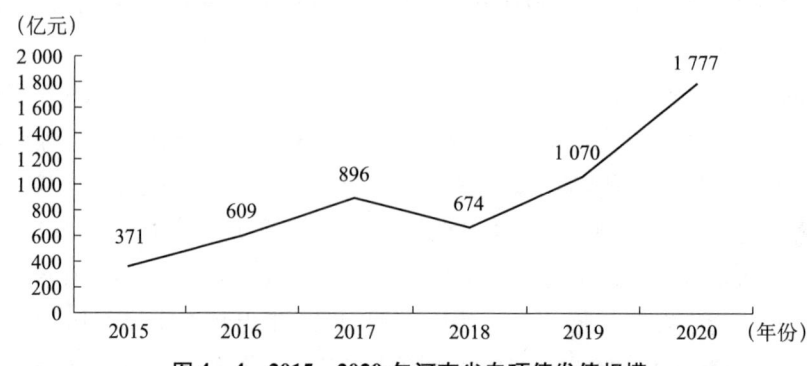

图 4-4　2015~2020 年河南省专项债发债规模

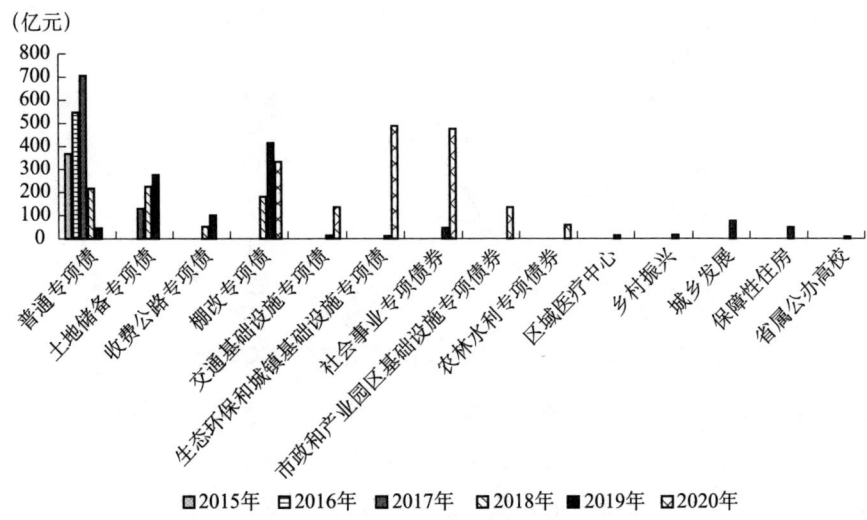

图 4-5　2015~2020 年河南省专项债发债类别统计

(2) 地方政府债务增长速度。从我国的地方政府债务余额的增长率情况看,如图 4-6 所示,2014 年 10 月底公布的《国务院关于加强地方政府性债务管理的意见》中明确提出,要将当前政府性的债务工程作为一个新的硬指标纳入政绩考核,对于约束当前地方政府盲目的举债工程将会产生积极的效果,2015 年债务总量的增长率降低了 33.33%,随后稳步提升,截至 2020 年末,债务增长率为 20.41%。

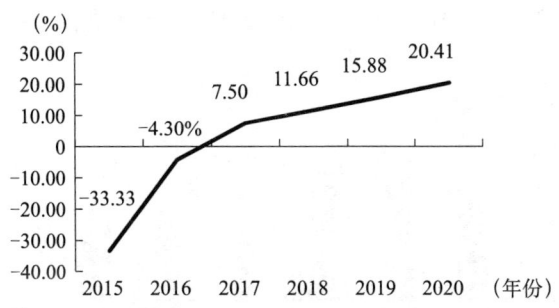

图 4-6　2015~2020 年我国地方政府债务增长率变动情况

从河南省地方政府性债务余额的增长率和期限变化的实际情况来看,如图 4-7 所示,2016~2017 年河南省增长率有所下降,2018 年后受到国务院《关于防范化解地方政府隐形债务风险的意见》的出台,以及解除了对季度均衡和期限比例的两个限制的影响,债务余额增速加大。

(3) 地方政府融资平台。政府融资平台是地方政府隐性债务的主要载体。

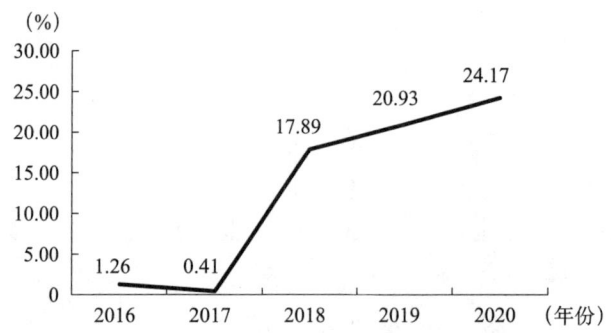

图 4-7　2016~2020 年河南省地方政府债务增长率变动情况

在新《预算法》实施之前,地方政府不具备发行债券的能力,融资平台自然成为地方政府最重要的融资渠道,但仍然存在一些问题,主要是政企不分导致融资平台债务产权关系不清,政府投资管理亟须创新,引导和带动作用有待进一步发挥以及投资法制建设滞后,相关法律法规急需完善。2014 年新《预算法》颁布实施后,融资平台发债融资的能力受到限制。

4. 我国地方政府债务风险

(1) 偿付风险。快速增长的政府债务余额和隐性债务规模可能会导致地方政府在债务到期时偿还本息困难。我国 2020 年全国政府负债率为 34%,虽然从负债率来看,我国总体债务水平处于一个安全的范围,但不同地区经济发展会有差异,资源和政策也各有不同。例如,贵州和青海等,其负债率已达到 70%以上,偿付风险较大。2015~2020 年我国政府负债率如图 4-8 所示。

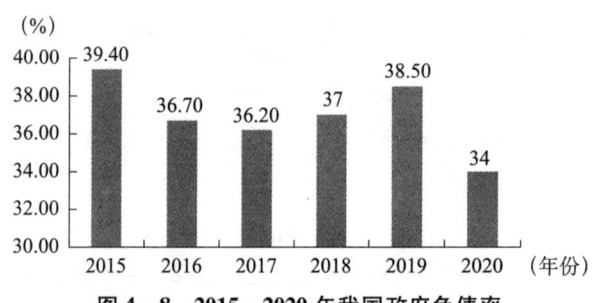

图 4-8　2015~2020 年我国政府负债率

从河南省政府负债率来看,如图 4-9 所示,河南省政府负债率保持在比较稳定的水平,在 13.5% 上下浮动,负债率较低,在全国处于领先的地位。从负债率来看,河南省地方政府债务处于可控范围之内。

(2) 道德风险。地方政府可能出现过度扩张债务以及过度创新举债方式

图 4-9　2015~2020 年河南省政府负债率

的冲动。由于预算软约束背书、攀比政绩心理严重以及缺乏政府破产机制，地方政府倾向于多发债，晚还债。在现有监管制度下，明面正规融资渠道有限，地方政府便致力于变相创新举债融资渠道，导致过度发债，债务规模膨胀、债务风险累积。在预算软约束的情况下，地方政府融资平台在金融市场上融资存在信息不对称，隐含道德风险，会进一步扭曲资源配置，最终导致财政风险转化为系统性风险。

（3）期限错配风险。地方政府会将大部分债券资金投入到回报周期长、投资规模大的长期基础设施建设项目，期限错配增大了银行的信用风险和流动性风险。当前我国地方政府债务中的剩余资金债券主要包括 9 种期限的资金债券，其中绝大多数的剩余资金债券分别是 5 年期、7 年期和 10 年期的债券。从我国近两年地方债发行情况来看，我国地方债的发行期限在不断增加。2019 年 4 月起，财政部不再限制地方性债券的发行时间和期限，允许当地财政部门自行制定债券发行的期限。2018 年发债平均期限为 6.1 年，从 2019 年开始发债的期限迅速增加，2020 年债券平均发行期限达到了 15 年。2015~2020 年地方债券发行期限具体如图 4-10 所示。

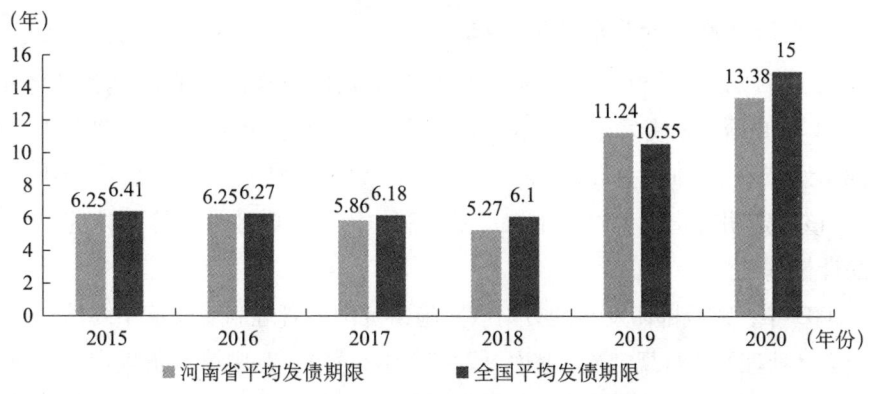

图 4-10　2015~2020 年地方债券发行期限

从河南省地方政府债券发行期限来看，2015～2017年发行期限比较稳定，2018～2020年上升，2018年的平均发行期限为5.27年，2019年增长至11.24年，直至2020年，达到了13.38年。虽然对发行期限进行了较大幅度的延展，但仍存在期限错配的风险。2015～2020年河南省地方政府债券发行期限如图4-11所示。

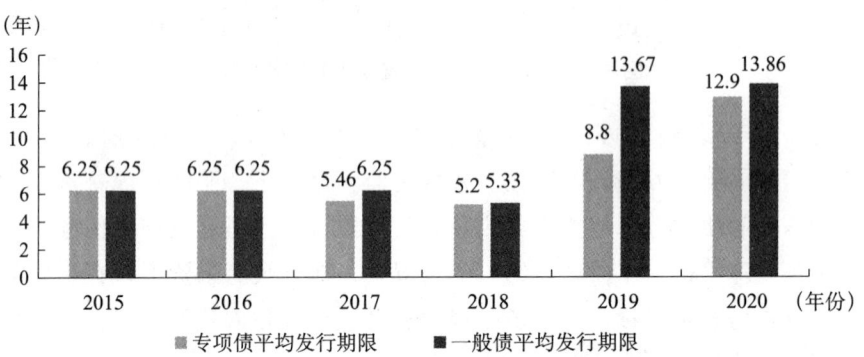

图4-11　2015～2020年河南省地方政府债券发行期限

（4）投资效率风险。在以GDP为导向的政绩驱动下，政府官员会尽可能将融到的资金"投出去"，即便项目短期内可能难以收回成本。这直接导致了很多重复投资和滥投资现象的出现。此外，当政府投入一个项目以后，通常很少会对其进行有效的管理，缺乏有效的企业管理或项目管理的直接结果是项目收益很少甚至是零收益。地方政府债务的效率风险的直接结果是投资项目主体无力偿还债务造成违约，并将偿债压力转移给政府。

（二）我国政府会计改革发展历程及其对地方政府债务的影响

1. 我国政府会计改革发展历程

我国行政事业单位一直以来实行的都是收付实现制下的预算会计体系，从2001年开始，权责发生制在我国政府会计中的应用逐步扩大。2001年，财政部印发了《〈财政总预算会计制度〉暂行补充规定》（财库〔2001〕63号），该规定明确指出可以使用权责发生制作为中央财政总预算会计的个别事项的计量基础。

2003年，财政部印发《地方财政实施财政国库管理制度改革年终预算结余资金会计处理的暂行规定》（财库〔2003〕126号）。其中第一条规定，收付实现制仍然是地方财政总预算会计核算的基础，权责发生制仅应用于个别事项。

2006 年，财政部印发《行政事业单位工资和津贴补贴有关会计核算办法》（财库〔2006〕48 号）。该规定指出行政事业单位需要增加三个会计项目，分别是应付工资、应付地方（部门）津贴补贴和应付其他个人收入。权责发生制在我国行政事业单位预算会计中的应用逐步增加。

2014 年 12 月，《权责发生制政府综合财务报告制度改革方案》出台，该方案对权责发生制的应用做了详细规划，为以构建权责发生制为基础的政府会计报告制度确定了相关指导思想和下一步具体安排。

2015 年 10 月，《政府会计准则——基本准则》正式印发，并于 2017 年初开始执行。至此，政府会计首次以准则形式确认，我国政府会计体系的顶层设计就此完成。

2. 我国政府会计改革的相关内容

2017 年 11 月 9 日，财政部颁布了《政府会计制度——行政事业单位会计科目和报表》，并规定于 2019 年正式施行，此次政府会计改革相比以往的政府会计变革有以下创新之处。

（1）明确政府会计信息的受托责任目标。《政府会计准则——基本准则》要求政府会计信息要能够充分反映出政府对公众受托责任的履行程度，政府会计报告在满足内部信息使用者的同时还要向外部信息使用者公开和披露相关信息，这可以帮助公众对政府相关活动进行正确评估，做出正确决策。

（2）全面引入权责发生制。《政府会计准则——基本准则》中，财务会计和预算会计分别以权责发生制和收付实现制为基础进行会计处理。《政府会计准则》实施之前，我国政府会计在收付实现制基础下进行，不能精确反映会计时点的资产负债和会计期间的收入费用，难以全面反映公共资源存量。此次政府会计改革全面引入权责发生制，实行"双基础"会计处理模式，财务会计和预算会计由此可以真正分离并有效衔接。

（3）全面编制各类报表。此次政府改革要求全面编制各类报表，不同报表根据不同的核算基础进行编制，这样就从不同领域、不同职能、不同编制基础等角度，实现了政府会计报表功能的完整化，有助于对地方政府债务进行更完整有效的核算。

（4）明确合并报表编制规则。此次政府会计改革在宏观层面对合并报表的编制规则进行了明确。在政府会计改革以前，合并的财务处理没有明确的规定。"财务报表编制和列报"准则对合并财务报表的相关主体及处理方式都进行了明确的规定。地方政府在进行合并报表编制时，应该将本地的本级政府作为合并主体,以预算拨款关系作为合并范围的确定原则。合并报表编制过程应包括合并、抵销、列报等步骤程序。

政府会计改革发展历程具体如图 4-12 所示。

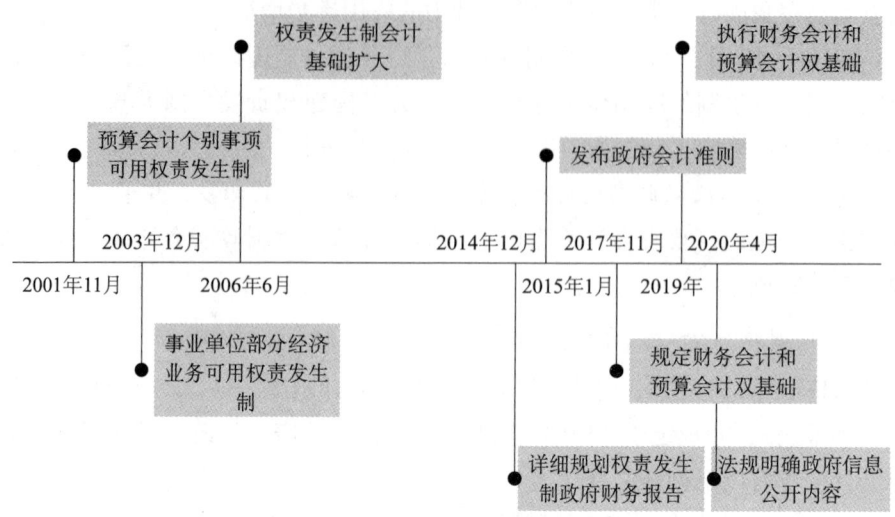

图 4-12 政府会计改革发展历程

3. 我国政府会计改革对地方政府债务的影响

此次政府会计改革对政府会计的目标进行了科学界定,使政府的资产负债情况及经济决策和受托责任履行程度可以得到较为全面的反映,对我国地方政府债务在增速、核算范围及信息披露等方面具有较大影响,使政府会计提供给地方政府债务管理的相关数据信息质量得以提升,体现政府会计受托责任和决策有用的会计目标,优化我国地方政府债务绩效管理体系。此外,提高地方政府债务治理水平也有助于增强我国对资产和财政风险的管理,提高国家治理水平。

(三) 政府会计促进地方政府债务绩效管理的机制

1. 政府会计对债务绩效管理的信息供给机制

(1) 引入权责发生制,完善核算基础。引入权责发生制,可以更好地匹配权力和责任。例如,某地方政府在 2009~2013 年进行道路修建,并向银行贷款,这为当地的经济发展带来了益处。理论上,该功绩和负债都应记在 2009~2013 年在任的官员身上。但是,银行与地方政府的合同规定是这笔贷款的利息从 2014 年开始支付。此时若采用收付实现制进行核算,功绩便会归在 2009～2013 年在任的官员身上，而负债则需要 2014 年以后在任的官员承担。

（2）使用合并报表，优化信息披露模式。政府会计改革后，此前由总预算会计、行政单位会计、事业单位会计三者组成的预算会计的相关准则和制度也就相应废止。地方政府债务的核算不再像以前由不同的会计制度和会计科目来核算，而是集中在相同的科目里进行。对政府债务的披露，也由之前的分散在三种不同报表里改为合并报表来进行披露。使用合并报表的集中处理的方法，可以使我们通过一张报表便可以掌握政府债务的全部情况。

（3）增加债务计量属性，提高信息披露准确性。之前我们在对地方政府债务进行计量时，使用的是历史成本法，这会导致计量结果产生偏差。这主要是因为，金融机构是地方政府债务的主要债权人，而该类机构在对这些债务进行计量时以金融企业会计制度为基础。在已经出台的《政府会计准则——基本准则》中，不再仅仅以历史成本法进行核算，而在此基础上增加了"现值"的计量属性。从此对于长期借款和长期应付款等科目的计量就有了新的计量方法，报表中披露的地方政府负债的利息等金额也会更加准确。

2. 政府会计促进债务预算机制——事前预算

（1）细化地方政府债务余额限额管理，提高债务结构合理性。地方政府债务限额管理有利于保证政府的偿债能力，解决地方政府债务因政府无力偿还产生的财政风险，并解决以下两个问题：一是改善地方政府之间搭便车的行为，当地方政府的自有资源无力偿还债务时，可以从中央政府获取帮助，这激励了地方政府免费搭便车的行为。当采取地方政府债务限额政策时，可以改善这一状况。二是改善地方政府和中央政府间的委托代理和道德风险问题。由于地方政府有中央政府作为后盾，可以为其债务风险提供帮助，当地方政府无力偿还其债务时，借新债还旧债是较多采取的办法，因此，道德风险加剧。地方政府限额管理能够防止地方政府对中央政府的过度依赖，做好债务合理预算管理。

（2）增加预算科目，全面反映债务收支情况。在核算范围上，为了体现新《预算法》的精神和部门综合预算的要求，制度将依法纳入部门预算管理的现金收支均纳入预算会计核算范围，如增设了债务预算收入、债务还本支出、投资支出等，更好地将新《预算法》施行中的各项有关法律规定予以落实运用到实处，更好地将各个部门、单位的年度预算现金收支管理情况予以进行如实记录和及时反映，更好地充分切实满足各个部门、单位的年度预算以及最终完成决算前的监督考核管理工作的实际需求。

3. 政府会计促进债务控制机制——事中控制

（1）加强债务信息披露，提高债务风险识别能力。在以往地方政府债务核算中，多是对显性债务进行记录披露，对隐性债务进行准确统计是十分困难的。这就造成在进行风险识别时，难以准确全面地对所有负债进行风险识别。引入债务权责确认发生制后，延伸了对现行地方政府处理债务的责任确认权责范围，严格地明确界定了现行政府处理债务的责任发生权责范围，设置了基于预计的或有负债的认定科目，能够有效保障债务风险信息识别的准确全面性。

（2）引入权责发生制，加强债务风险评价能力。实施负债风险控制的关键是准确评价政府的债务风险，一般情况下，更显性的政府债务能够提供的会计信息就越多，更能够对其做出更加接近现实情境的评估，为政府对负债风险的管理和控制工作提供了更加有价值的判断基础。在引入权责发生制后，政府之间可以使用统一的权责统计口径，提高了中国政府与政府之间的负债水平可比度，希望能够向政府提供包括政府资产、负债和企业净资产的储备、结构和偿债能力在内的政府整体财务现状信息，为政府对债务的风险评估指标进行计算分析提供准确的会计信息。

（3）使用合并报表，提高债务风险决策能力。政府会计制度改革引入了权责发生制政府综合财务报告制度改革方案，使政府实现了"双重报告"会计制度改革目标，即财务报告必须同时编制财务会计报表和预算会计报表。基于原始预算报表，新系统做出了改进，增加了一份净资产、收入和支出表，以及现金流量表和预算结转余额变化表，充分体现政府债务的全貌，不仅有助于重要利益相关方的决策，还有助于政府现有的债权人、政府潜在的债权人以及纳税人的决策，体现了决策有用论的要求。

（4）扩大债务核算基础，实现债务全过程动态管控。根据《政府会计准则》的要求，行政事业单位的各项债务都应当纳入会计核算体系，实现行政事业单位债务全覆盖。特别是，针对社会上热切关注的部分政府隐性债务，根据规定还可以通过"预计负债"科目进行反映。政府会计的明细核算可以针对每一类、每一笔债务进行，全方位反映债务的信息，这就能够提供完整全面的基础信息，并通过汇总、合并形成综合债务信息，兼顾宏观和微观债务管理的需要，有助于实现债务的及时性管理和监控，特别是为不同类型债务的专业化、精细化管理提供全面信息，以加强债务项目的监管，保证债务资金运用的合理性和效益性，达到对地方政府债务全过程、全方位地动态跟踪管控。

4. 政府会计促进绩效评价机制——事后评价

（1）提高会计核算完整性，完善绩效评价基础。对政府绩效进行评价主要是对其受托责任履行的效率和效果进行评价，主要围绕政府对财政资源使用的投入产出比情况来展开。政府受托责任履行的效率主要由投入产出比来体现，政府受托责任履行的效果主要关注政府使用财政资源的产出是否达到了应有的社会效应，因此，政府会计要增加合理的财务指标和非财务指标，对政府财政产出进行精确计量，同时对产出的社会效果进行有效评价。此次政府会计改革在核算科目及计量属性上均做了完善，为债务绩效评价提供了较好的基础。

（2）提供准确成本费用信息，提高债务绩效评价客观性。在收付实现制基础下产生的与成本相关的信息无法合理全面反映政府的工作情况，难以对政府财政行为的效率进行客观评价。成本信息的失真会导致公众对政府工作产生怀疑，使政府信用降低，政府内部难以构建合理有效的激励机制，阻碍政府绩效评价工作的开展。此次政府会计改革引入了权责发生制，更加客观地反映当期业务活动所付出的代价，有助于政府部门对其投入产出情况及经营绩效进行客观的评价。

5. 地方政府融资平台转型路径

（1）高度重视优质股权和资产，打造以新兴产业为主的持股平台。地方政府融资平台要提高对新兴产业和金融股权等的重视度，全面利用自身资源和资金优势，对新兴行业与旧产能的衔接进行有效探索；对国有资本管理模式进行创新，使自有资本与社会资本联动，采用股权投资等方式积极入股各项金融及新兴产业；构建以金融及战略性新兴产业为主的持股平台。

（2）立足城市基础设施，构建以现代基础设施为重点的投资平台。地方政府融资平台要积极拓宽城市运营相关的产业链，努力构建城市产业生态圈，将大数据和人工智能应用于城市运营，增强城市基础设施的智能化程度，同时注重节能减排等先进工艺的植入，使城市运营朝绿色低碳方向发展。

（3）完善公司治理结构，提高经营管理水平。全面吸取现代管理思想，构建"三会一层"基本治理结构理念，完善法人治理结构，构建出一套合理规范的议事规则；对各个岗位的职责权限进行明确，使平台内部职责分工合理并形成有效的制衡机制。平台要注重对风险预警系统的构建和完善，提高自身抵抗风险的能力，避免因债务规模超过平台偿还水平而导致的财务风险等问题的出现。

二、政府会计对债务绩效管理的信息供给机制

（一）政府会计信息披露机制

有关政府会计信息披露制度文件的梳理如表 4-1 所示，大致说明了政府会计改革的脉络。

表 4-1　　　　　　　政府会计信息披露相关文件脉络梳理

年份	文件名称	内容要点
2014	国发〔2014〕63号批转财政部《权责发生制政府综合财务报告制度改革方案》	详细说明了权责发生制政府财务报告的安排，提出2020年将基本建成具有中国特色的政府会计准则体系
2015	财政部发布《政府会计准则——基本准则》	政府会计准则的顶层设计，并且政府会计首次以准则形式出现
2017	财政部颁布《政府会计制度——行政事业单位会计科目和报表》	重构了政府会计核算模式，统一了现行各项单位会计制度、强化了财务会计功能、扩大了政府资产负债核算范围
2019	财政部修订印发《政府财务报告编制办法（试行）》	完善政府综合财务报告和政府部门财务报告的编制方法
2019	财政部会计司制定《事业单位成本核算基本指引》	规定事业单位成本核算内容

（二）预算会计对地方政府债务绩效管理的信息供给

1. 预算会计提供地方政府债务收支信息

全面的预算信息披露有助于对地方政府债务的收入、支出指标进行管理，并且可以综合反映债务规模与债务结构，以便加强对地方政府债务的宏观管理。

2. 地方政府债务预算指标体系

从预算方面对债务绩效的管理主要侧重于收入、支出的管理，具体如表 4-2 所示。

表 4-2　　　　　　　　地方政府债务预算管理指标体系

一级指标	二级指标	三级指标	指标描述
事前预算	债务限额指标	一般债务限额	反映一般债务限额的使用情况
		专项债务限额	反映专项债务限额的使用情况
	债务结构指标	债务资金投向	反映债务资金投资方向和分配额度是否合理
		借新还旧债务率	反映举借债务中借新还旧的比例
事中预算	资金管理指标	债务资金到位率	反映资金落实情况对项目实施的总体保障程度
		预算执行率	反映项目预算执行情况
		资金使用合规性	反映项目资金的规范运行情况
	项目管理指标	项目必要性和可行性	所有债务项目是否通过绩效前评估，关注项目的必要性和可行性，并根据资金比例加权计算得分
		绩效目标合理性	关注项目绩效目标是否明确、合理，细化量化，并根据资金比例加权计算得分

（三）财务会计对地方政府债务绩效管理的信息供给

1. 财务会计提供地方政府资产负债信息

政府会计信息系统可以对资产、负债等财务状况全面反映，使得构建的指标体系更加丰富，这将有利于对债务风险进行测算。

2. 地方政府债务的财务会计指标体系

财务会计指标体系，具体指标如表 4-3 所示。

表 4-3　　　　　　　　地方政府债务财务会计指标体系

一级指标	二级指标	三级指标	指标计算
资源配置能力指标	资产结构指标	流动资产占比	流动资产/资产总额
		固定资产占比	固定资产净额/资产总额
		公共资产占比	（公共基础设施净值 + 政府储备物资 + 文物文化资产 + 保障性住房净值）/总资产
	资产质量指标	固定资产成新率	固定资产净值/固定资产原值
		公共基础设施成新率	公共基础设施净值/公共基础设施原值
		保障性住房成新率	保障性住房净值/保障性住房原值
财政自给能力指标	收入结构指标	税收收入占比	税收收入/收入总额
		非税收入占比	非税收入/非税总额
		增量债收入占比	（应付政府长期债券年末数 − 应付政府长期债券年初数 + 应付政府短期债券年末数 − 应付政府短期债券年初数）/收入总额

续表

一级指标	二级指标	三级指标	指标计算
财政自给能力指标	费用保障指标	费用保障系数	收入总额/费用总额
		财政自给系数	(收入总额 − 政府间转移收入)/(费用总额 − 政府间转移支出)
运行能力指标	费用结构指标	刚性支出占比	(工资福利费用 + 对个人和企业的补助费用 + 商品服务费用)/费用总额
		收入费用率	费用总额/收入总额
	费用控制指标	费用降低率	(上期费用总额 − 本期费用总额)/上期费用总额
	投融资能力指标	投资收益增长率	(本期投资收益 − 上期投资收益)/上期投资收益
		财务费用增长率	(本期财务费用 − 上期财务费用)/上期财务费用
偿债能力指标	现实偿债能力指标	现金比率	货币资金/(应付短期政府债券 + 一年内到期的非流动负债)
		流动比率	流动资产/流动负债
	持续偿债能力指标	资产负债率	负债总额/资产总额
		应付长期政府债券占比	应付长期政府债券/负债总额
	债务风险预警指标	债务余额限额比	债务余额/债务限额
		总负债变动率	(负债总额年末数 − 负债总额年初数)/负债总额年初数
可持续发展能力指标	收入稳定性指标	收入增长率	(本期收入总额 − 上期收入总额)/上期收入总额
		收入盈余率	本年盈余/收入总额
	发展持续性指标	净资产增长率	(净资产年末数 − 净资产年初数)/净资产年初数
		净资产保障系数	净资产/本期费用总额

（四）成本会计对地方政府债务绩效管理的信息供给

1. 成本会计提供地方政府债务成本信息

政府成本会计包括成本的归集、计算、分摊与分析，反映政府在履职过程中产生的运行费用和履职成本。权责发生制下，用"费用"概念代替收付实现制下的"支出"概念，更合理地反映本期所发生的费用金额，并且在权责发生制核算基础下政府会计可以引入较为成熟的成本核算方法，如分批法、分步法以及作业成本法等，将收付实现制核算基础下无法反映的成本信息如固定资产折旧、无形资产摊销等，归集、分摊到特定的成本项目上。政府成本在政府绩效中的核心价值及政府成本信息与政府绩效评价的连接具体如图4-13和图4-14所示。

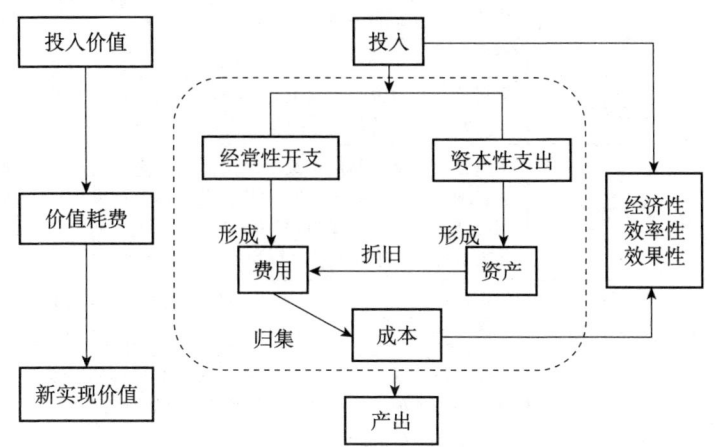

图 4-13　政府成本在政府绩效中的核心价值

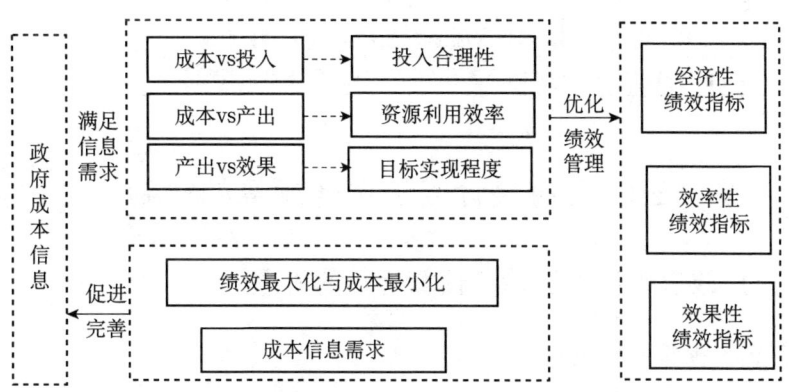

图 4-14　政府成本信息与政府绩效评价的连接

2. 地方政府债务的成本会计指标体系

地方政府债务成本会计指标体系涉及16个指标，详见表4-4。

表 4-4　　　　　　　地方政府债务成本会计指标体系

序号	指标名称	指标说明
1	总体成本节约率	（计划成本－实际成本）/计划成本
2	目标成本	为保证目标效益的实现而设定的一种预计成本
3	目标成本降低率	目标成本降低/目标责任成本

续表

序号	指标名称	指标说明
4	目标成本实现率	（目标成本－实际成本）/目标成本
5	标准成本	是对未来成本的理性预期，通过分析实际成本对标准成本的偏离构成成本控制的一项重要内容
6	标准成本实现率	（标准成本－实际成本）/标准成本
7	业务活动费用	本科目核算单位为实现其职能目标，依法履职或开展专业业务活动及其辅助活动所发生的各项费用
8	单位管理费用	本科目核算事业单位本级行政及后勤管理部门开展管理活动发生的各项费用，包括单位行政及后勤管理部门发生的人员经费、公用经费、资产折旧（摊销）等费用，以及由单位统一负担的离退休人员经费、工会经费、诉讼费、中介费等
9	运营成本	与项目直接相关的、已经确定了归属期和归属对象的各种直接费用
10	项目成本控制率	预期提供公共产品和服务所需成本的控制情况的项目数占比
11	项目产出成本	完成项目计划工作目标的实际节约成本与计划成本的比率，用以反映和考核项目的成本节约程度的项目数占比
12	成本资金率	项目资金总额/成本费用总额
13	直接材料成本差异	直接材料实际成本－直接材料标准成本
14	直接人工成本差异	直接人工实际成本－直接人工标准成本
15	变动制造费用差异	实际变动制造费用－标准变动制造费用
16	固定制造费用差异	实际固定制造费用－标准固定制造费用

三、政府会计促进债务预算的机制

（一）政府会计促进债务预算管理的机理

1. 战略预算管理理论

战略预算管理通过评估政府的环境和自身的战略资源和能力，利用财务和非财务信息，运用各种分析方法和技术方法，制定政府的长、中、短期发展规划和相应的资源配置计划，保持政府的偿付能力。为了在政府中有效实施战略预算，必须建立一套完整的战略预算管理体系。该体系应准确反映政府债务预算的执行情况，提高部门决算的质量。

2. 政府债务战略预算机制

建立政府债务战略预算机制，有利于对政府债务实现全面透明的管控。一是债务绩效目标管理。地方政府运营过程中管理工作的绩效目标主要包括举债规则、债券发行机制和资金使用安排、债务预算管理、债务风险监控、债务资产管理、债务偿还和债务信息公开等有关合规和风险防控的管理内容；二是预评估，对项目的可行性、经济性等进行判断，包括地方政府债务项目是否应该设立，使用债务资金的必要性和可行性，项目实施方案、投融资安排、实施绩效等是否经济、合规、合理、可行。

（二）地方政府债务预算体系

1. 预算目标

在预评估阶段，一级地方政府债务预算管理的主要目标包括：(1) 规范地方政府债务限额管理，使得地方政府债务限额与其偿债能力相匹配。(2) 优化地方债期限结构，合理控制筹资成本。(3) 促进地方政府项目库完善，优先发展区域重点项目，确保债券发行与公益建设项目相对应。

2. 编制原则

编制原则包括：(1) 客观公正原则。事前评估依照相关法律法规为依据，按公开公正的原则进行。(2) 科学规范原则。通过规范的程序和评估方法，进行科学合理的预评估工作。(3) 依据充分原则。收集足够的相关文件和数据、实地调查为预算提供充分的依据。(4) 成本效益原则。控制编制成本，成本收益相匹配。

3. 编制方法

编制方法包括：(1) 债务预算限额分配管理。地方财政部门应当在国务院批准的限额内发行地方政府债券。(2) 债务期限结构管理。优化地方债期限结构，控制筹资成本。(3) 项目库管理。尽快使地方政府债券管理与项目严格对应，地方政府债券的发行必须与公益性建设项目相适应。

4. 预算指标

本指标体系为财政部门对一级政府的预算指标体系，评价一级政府债务限额管理、期限结构管理及项目库管理的绩效，详见表4-5。

（三）项目债务预算体系

1. 预算目标

预算目标包括：(1) 明确项目目标与可行性。根据我国国民经济局势以及社会经济发展规划、当地建设需求、项目申请原因，确定项目预期总目标和阶段性目标。根据资金比例，对项目的必要性和可行性评分进行加权。(2) 识

表 4-5　地方政府的债务预算指标

一级指标	二级指标	三级指标	指标依据	评价方法
限额分配管理指标	财力水平	本地区生产总值	《地方政府债务信息公开办法（试行）》（财预[2018]209号）	国民经济各行业的增加值之和等于地区生产总值
		财政实力	《新增地方政府债务限额分配管理暂行办法》（财预[2017]35号）	某地区政府财力＝一般公共预算财力＋某地区政府性基金预算财力
		举债空间	《新增地方政府债务限额分配管理暂行办法》（财预[2017]35号）	某地区地方政府债务标准限额＝该地区可以用于偿债的财力状况÷全国地方政府债务平均年限
	防范债务风险	债务负担率	《关于对地方政府债务实行限额管理的实施意见》（财预[2015]225号）	债务负担＝当年债务余额/当年GDP×100%，警戒值60%
		偿债率	《关于对地方政府债务实行限额管理的实施意见》（财预[2015]225号）	偿债率＝当年偿还债务本息额/当年综合可用财力×100%，警戒值20%
		利息支出率	《关于对地方政府债务实行限额管理的实施意见》（财预[2015]225号）	利息支出率＝当年债务利息支出/当年财政收入×100%
	融资需求	融资成本	《关于做好2018年地方政府债务管理工作的通知》（财预[2018]34号）	财政自给率＝地方财政一般预算收入/当年财政一般预算支出×100%
		债务依存度	《关于做好2018年地方政府债务管理工作的通知》（财预[2018]34号）	债务依存度＝当年债务收入/当年财政支出
		资本充足率	《地方政府一般债券发行管理暂行办法》（财库[2015]64号）	资本充足率＝资本/风险资产
	资金效益	债券发行效率	《关于加快地方政府专项债券发行使用有关工作的通知》（财预[2020]94号）	通过合理搭配债券项目，提高债券集合发行力度，适当增大单期债券规模
		债券市场化程度	《关于加快地方政府专项债券发行使用有关工作的通知》（财预[2020]94号）	政府债券定价利率的市场化程度
		新增额利用率	《新增地方政府债务限额分配管理暂行办法》（财预[2017]35号）	某年新增债务限额中用于支持重大项目支出额度/各地重大项目支出额度

续表

一级指标	二级指标	三级指标	指标依据	评价方法
限额分配管理指标	资金效益	专款专用率	《关于印发〈地方政府债券发行管理办法〉的通知》（财库〔2020〕43号）	是否用于发行时披露的公益性项目建设，不得拆借、挪用或弥补经常性支出
		债券发行效率	《关于加快地方政府专项债券发行使用有关工作的通知》（财预〔2020〕94号）	通过合理搭配债券项目，提高债券集合发行力度，适当增大单期债券规模
		债券资金使用进度	《关于加快地方政府专项债券发行使用有关工作的通知》（财预〔2020〕94号）	当年度发行债券是否当年度使用完毕
		债券发行规模合理性	《关于加快地方政府专项债券发行使用有关工作的通知》（财预〔2020〕94号）	当年度债券发行安排是否均衡合理
	公平公开透明	债券发行合规性	《关于印发〈地方政府债券发行管理办法〉的通知》（财库〔2020〕43号）	债券发行程序是否依法合规
		债务额度合规性	《关于进一步做好地方政府债券发行工作的意见》（财库〔2020〕36号）	当年度发行新增债券规模不超过本地区新增债务限额
		信息披露及时性	《关于进一步做好地方政府债券发行工作的意见》（财库〔2020〕36号）	①发行安排公开及时性。每月20日前公开下一月度债券发行安排。②发行公示及时性。债券发行前5个以上工作日公开。③发行结果公开及时性。债券发行后2个工作日内公布发行债券编码、利率等信息。④存续期公开及时性。每年6月底公开截至上年末债券存续期情况信息
期限结构管理指标	资金需求	发债进度要求	《关于进一步做好地方政府债券发行工作的意见》（财库〔2020〕36号）	从债券有效转化角度考虑，债券发行越到后期，其转化效率也会合越低
		一般公共预算支出累计同比增幅	《关于进一步做好地方政府债券发行工作的意见》（财库〔2020〕36号）	一般公共预算支出累计同比增幅＝月末地方财政本年累计一般公共预算支出较上年同期的变动幅度
		库款保障水平	《关于进一步做好地方政府债券发行工作的意见》（财库〔2020〕36号）	库款保障水平＝月末库款国家金库中的财政存款本年度月均存款流出库款净额是指国库净额是指截至考核月末的年度内月均库款流出是指本年度月均库款流出规模

续表

一级指标	二级指标	三级指标	指标依据	评价方法
存量政府债务		公开发行置换债券资金置换完成率	《关于做好2018年地方政府债券发行工作的意见》（财库〔2018〕61号）	①公开发行置换债券是政府在为了解决财政危机的情况下，用旧债券快速、有效地换来一套新期债券的行为，这是一种能够延长国债到期时间的方法； ②置换债券发行规模上限原则上为各地区上报财政部的置换债券建议发债数； ③公开发行置换债券的公开发行入库金额=截至考核月末的年度内累计置换出国库的公开发行置换债券资金金额/截至考核月末的年度内累计公开发行入库金额与上年结转的置换债券资金金额之和
		存量债务置换	《关于做好2018年地方政府债券发行工作的意见》（财库〔2018〕61号）	把地方政府的短期、高息债务，如银行贷款、理财产品及城投债等，置换为中长期、低成本的地方政府债券
期限结构管理指标	地方政府债券到期情况	到期债务分布	《关于做好2018年地方政府债券发行工作的意见》（财库〔2018〕61号）	根据项目资金状况、市场需求等因素，合理安排债券期限结构。 ①公开发行的7年期以下（不含7年期）一般债券，每个期限品种发行规模不再设定发行比例上限； ②公开发行的7年期以上（含7年期）一般债券发行总规模不超过全年公开发行一般债券总规模的60%； ③公开发行的10年期以上（不含10年期）一般债券发行规模不得超过全年公开发行2年期（含2年期）以上一般债券发行规模
		项目期限	《关于做好2018年地方政府债券发行工作的意见》（财库〔2018〕61号）	按年度，项目实际统筹安排债券期限品种。 ①公开发行的7年公开发行普通专项债券发行总规模不得超过全年公开发行普通专项债券总规模的60%； ②公开发行的10年公开发行普通专项债券发行总规模不得超过全年公开发行2年发行公开发行普通专项债券发行规模

续表

一级指标	二级指标	三级指标	指标依据	评价方法
期限结构管理指标	地方政府债券到期情况	项目收益专项债券	《关于做好2018年地方政府债券发行工作的意见》（财库〔2018〕61号）	结合项目建设运营周期、资金需求、项目对应的政府性基金收入和专项收入情况、债券市场需求等因素，合理确定专项债券期限
		政府债券期限与项目期限匹配度	《关于做好2018年地方政府债券发行工作的意见》（财库〔2018〕61号）	政府债券期限与项目期限一致期限=两者期限一致发行的总债券量/发行的债券量越高匹配度越高
		利息支出率	《关于对地方政府债务实行限额管理的实施意见》（财预〔2015〕225号）	利息支出率=当年债务利息支出/当年财政收入×100%
	债券市场状况	利率资金供求	《关于做好2018年地方政府债券发行工作的意见》（财库〔2018〕61号）	各地区利率情况：利率变高，资金流动性会受影响；经济运营中资金获得成本相对较低，刺激投资和消费利率=一定时期内利息额/贷出货币金额的比率
		债券信用状况	《关于做好2018年地方政府债券发行工作的意见》（财库〔2018〕61号）	由某些权威机构通过对债务发行者的财务状况及经营状况全面调查后对其所发债券统一定标准所评定出的级别
		债券市场化程度	《关于加快地方政府专项债券发行使用有关工作的通知》（财预〔2020〕94号）	政府债券定价和利率的市场化程度
项目管理指标	基础指标	项目库建设	《地方政府一般债务预算管理办法》（财库〔2016〕154号）	考察项目库建设情况和项目滚动管理机制
		资产管理情况	《关于印发〈地方政府债券发行管理办法〉的通知》（财库〔2020〕43号）	考察资产管理的规范性、有效性，债券项目形成的对应资产是否纳入本级国有资产管理，是否建立资产统计报告制度
		服务对象满意度	《关于印发〈地方政府债券发行管理办法〉的通知》（财库〔2020〕43号）	考察公益性项目服务对象满意度
	可持续性指标	项目运营效益	《关于印发〈地方政府债券发行管理办法〉的通知》（财库〔2020〕43号）	考察项目运营维护机制和实际效益
		偿债保障机制	《关于印发〈地方政府债券发行管理办法〉的通知》（财库〔2020〕43号）	偿债计划是否科学合理，偿债能力保障机制是否有效

别资金的投入效用及风险。确定资金是否合理分配，是否与项目单位或地方的实际情况相适应。项目预算资金计算依据是否合适，与补贴单位或地方实际情况是否相适应。

2. 编制原则

编制原则包括：(1) 项目政策的相关性。着力解决当前最紧迫的问题，注重宏观政策的实现程度，注意延续政策和项目的必要性和有效性。(2) 预期绩效的可实现性。明确各方预算管理责任，明确权责界限，增强预算统筹能力。(3) 预期管理的可持续性。将绩效理念和方法融会贯通到预算编制、执行和监督的全过程，提高政府支持力度大、社会关注高且覆盖面广的重大政策和项目的实施效果。

3. 编制方法

编制方法包括：确定专项债务限额和余额；明确项目层级；项目排序和滚动管理；项目支出预算核定。

4. 预算指标

本指标体系为财政部门对重大项目的预算指标体系，详见表4-6。

(四) 专项债分项预算体系

1. 农田建设项目

本指标体系为财政部门对农田建设项目的预算指标体系，详见表4-7。

2. 民生服务项目

本指标体系为财政部门对民生服务项目的预算指标体系，详见表4-8。

3. 市政和产业园区基础设施项目

本指标体系为财政部门对市政和产业园区基础设施项目的预算指标体系，详见表4-9。

4. 收费公路项目

本指标体系为财政部门对收费公路项目的预算指标体系，详见表4-10。

5. 交通基础设施项目

本指标体系为财政部门对交通基础设施项目的预算指标体系，详见表4-11。

6. 城乡冷链物流设施项目

本指标体系为财政部门对城乡冷链物流设施项目的预算指标体系，详见表4-12。

表 4-6 重大项目债务预算通用指标

一级指标	二级指标	三级指标	指标依据	评价方法
项目决策	战略目标适应性	目标内容	《关于加快地方政府专项债券发行使用有关工作的通知》（财预〔2020〕94号）	依据我国国民经济和社会发展规划、部门职能及事业发展规划，项目申请理由，阶段性目标，对总体目标分解后的项目预期年度目标进行简要阐述；对项目目标分解后的项目预期年度目标进行详细阐述，明确具体目标内容（数量、质量、成本、时效、效果及满意度等）及目标值
		项目与战略目标的适应性	《关于加快地方政府专项债券发行使用有关工作的通知》（财预〔2020〕94号）	项目是否能够支持部门目标的实现、是否符合发展政策和优先发展重点
		目标可行性	《关于加快地方政府专项债券发行使用有关工作的通知》（财预〔2020〕94号）	所有债务项目是否通过执行前评估，关注项目的必要性和可行性；根据资金比例加权计算得分；绩效目标是否明确、合理，细化量化，并根据资金比例加权计算得分；预估项目的产出和经济效益、社会效益、生态效益，根据资金比例加权计算得分
	立项合理性	项目立项的规范性	《关于加快地方政府专项债券发行使用有关工作的通知》（财预〔2020〕94号）	项目的申请、设立过程是否符合相关要求，关注项目立项资料是否齐全，用以反映和考核项目立项的规范情况
		立项依据的充分性	《关于加快地方政府专项债券发行使用有关工作的通知》（财预〔2020〕94号）	项目立项是否有充分的依据
		绩效目标的合理性	《关于加快地方政府专项债券发行使用有关工作的通知》（财预〔2020〕94号）	项目所设定的绩效目标是否依据充分，是否符合客观实际，用以反映和考核项目绩效目标与项目实施的相符情况
		绩效指标明确性	《关于加快地方政府专项债券发行使用有关工作的通知》（财预〔2020〕94号）	依据项目申报绩效目标或考核中绩效执行与考核项目绩效目标实施的绩效指标是否清晰、细化、可衡量等，用以反映和考核项目社会发展规划和部门工作计划重点内容的相符情况
	决策过程	决策依据	《关于印发〈地方政府债券发行管理办法〉的通知》（财库〔2020〕43号）	对项目设立遵循的经济社会发展规划进行简要阐述；在此基础上总结归纳项目申请理由、计划解决的问题，围绕问题说明项目实施规划的设定或预计计划
		决策程序	《关于印发〈地方政府债券发行管理办法〉的通知》（财库〔2020〕43号）	明确阐述项目立项过程中已履行或预计履行的申请、报批程序，若在立项过程中存在调整，详细阐述项目已履行或预计履行的调整、报批手续

续表

一级指标	二级指标	三级指标	指标依据	评价方法
项目管理	项目库管理	项目库建设	《关于加快地方政府专项债券发行使用有关工作的通知》（财预〔2020〕94号）	项目库是否符合政府工作报告中的披露的重点发展项目
	项目资金	项目资金使用效率	《关于印发〈地方政府债券发行管理办法〉的通知》（财库〔2020〕43号）	①是否专款专用，是否用于发行时披露的公益性项目建设，不得拆借、挪用或弥补经常性支出。②资金投向合规性，是否用于发行时披露的公益性项目建设，不得挪用或弥补经常性支出。③资产管理有效性。④债券资金使用进度。⑤资金分配额度是否合理，与项目实际是否相符，项目预算资金分配是否有测算依据，与补助单位或地方实际是否相适应。反映项目预算资金分配的科学性、合理性情况
		预算资金到位	《关于印发〈地方政府债券发行管理办法〉的通知》（财库〔2020〕43号）	若项目资金存在多渠道来源，请简述市区财政经费及其他来源资金预计落实时间、条件等，以说明相关资金能够得到有效保障并能够支持项目顺利完成
		财务管理制度健全性	《关于印发〈地方政府债券发行管理办法〉的通知》（财库〔2020〕43号）	阐述项目预算执行可遵循的相关财务管理制度，执行财务管理过程中采用的方式方法或采用推行的相关机制，及计划拟定并遵照明确执行过程中采用的方式方法或项目会计核算，促进项目有效执行，使用的规范性
	项目实施	组织机构	《关于印发〈地方政府债券发行管理办法〉的通知》（财库〔2020〕43号）	阐述项目单位为保证项目顺利、有效实施已搭建的组织管理机构及内部成员分工情况
		制度建设	《关于印发〈地方政府债券发行管理办法〉的通知》（财库〔2020〕43号）	阐述项目实施项目管理制度，项目内容阐述项目实施情况或预计结合项目绩效目标，项目内容阐述项目相关的各种法律、法规、机制设定方案中的设定内容
		过程控制	《关于印发〈地方政府债券发行管理办法〉的通知》（财库〔2020〕43号）	阐述项目实施过程中计划采用的方法方法，推行的管控措施、机制等，以确保与项目相关的各种法律、法规，制度得以严格执行，项目实施程序科学合理

表4-7　农田建设项目预算指标

指标层次及名称			指标依据	评价方法
一级指标	二级指标	三级指标		
支出	费用	建筑安装工程费与设备及工具器具购置费	《地方政府专项债务预算管理办法》（财预[2016]155号）	计算公式：项目运营成本参考其他项目和结合本项目自身情况计列
		工程建设其他费用	《地方政府专项债务预算管理办法》（财预[2016]155号）	计算公式：项目运营成本参考其他项目和结合本项目自身情况计列
		预备费	《地方政府专项债务预算管理办法》（财预[2016]155号）	计算公式：项目运营成本参考其他项目和结合本项目自身情况计列
		环境影响咨询服务费	《地方政府专项债务预算管理办法》（财预[2016]155号）	按照《关于规范环境影响咨询收费有关问题的通知》[2002]125号，发改价格[2011]534号）的规定计列
		预期运营成本	《地方政府专项债务预算管理办法》（财预[2016]155号）	计算公式：项目运营成本，参考其他项目和结合本项目自身情况计列
	成本	土地费用	《地方政府专项债务预算管理办法》（财预[2016]155号）	（计价格）包含土地补偿费、青苗补偿费、附属物补偿费、基本农田异地代保和占补平衡费、耕地占用税、新增建设用地有偿使用费、社会保障费、征地工作经费等
		项目债务额度合规性	《国务院关于加强地方政府性债务管理的意见》（国发[2014]43号）	计算公式：当年度发行新增债券规模不超过本地区新增债务限额
	还本付息	债务偿还率	《国务院关于加强地方政府性债务管理的意见》（国发[2014]43号）	计算公式：本年度偿债券支出金额/本年度应偿债券总额
		逾期债务率	《国务院关于加强地方政府性债务管理的意见》（国发[2014]43号）	计算公式：逾期债务额/本年度应偿债务总额
		政府信用评级	《国务院关于加强地方政府性债务管理的意见》（国发[2014]43号）	依据本地区地方信用评级报告及评级情况打分

续表

指标层次及名称			指标依据	评价方法
一级指标	二级指标	三级指标		
效益	项目预期效果	预期经济收入增长率	《地方政府专项债务预算管理办法》（财预[2016] 155号）	计算公式：（项目实施后预期经济收入－项目实施前经济收入）/项目实施前经济收入
		预期生态人文建设提升度	《地方政府专项债务预算管理办法》（财预[2016] 155号）	计算公式：（预计项目实施后生态人文建设－项目实施前生态人文建设）/项目实施前生态人文建设
		预期农田综合生产能力提升度	《农田建设项目管理办法》（农业农村部令2019年第4号）	计算公式：（预计项目实施后农田综合生产能力－项目实施前农田综合生产能力）/项目实施前农田综合生产能力
		预期生态修复工作完善度	《地方政府专项债务预算管理办法》（财预[2016] 155号）	计算公式：[（项目实施前土地资源利用率－项目实施后土地资源利用率）/项目实施前土地资源利用率] /计划目标值
	满意度	公众满意度	《关于加强地方政府性债务管理的意见》（国发[2014] 43号）	依据调查排名
决策	项目立项	立项依据充分性	《地方政府一般债务预算管理办法》（财预[2016] 154号）《地方政府专项债务预算管理办法》（财预[2016] 155号）	评价方式：定性评价，依据评价要点得分。①项目是否属于债务资金支持范围；②项目是否有偿还计划和稳定的偿还资金来源；③借债额度测算依据是否充分；④项目期与借款期是否匹配
		立项程序规范性	《地方政府专项债务预算管理办法》（财预[2016] 155号）	评价方式：定性评价，依据评价要点得分。①项目是否按照规定的程序申请设立；②审批文件、材料是否符合相关要求；③事前是否已经过必要的可行性研究、专家论证、风险评估、集体决策
		项目必要性	《农田建设项目管理办法》（农业农村部令2019年第4号）	评价方式：根据资金比例加权计算得分

续表

指标层次及名称			指标依据	评价方法
一级指标	二级指标	三级指标		
决策	项目立项	区域水土资源条件	《农田建设项目管理办法》（农业农村部令2019年第4号）	主要依据我国水利可持续发展的战略新思路，以流域水量循环为基础的生态用水调整、区域水资源承载力增强等概念及其相关的计算分析方法
		区域布局	《农田建设项目管理办法》（农业农村部令2019年第4号）	明确农田建设区域布局，优先扶持粮食生产功能区和重要农产品生产保护
	预算目标	预算目标合理性	《地方政府专项债务预算管理办法》（财预〔2016〕155号）	评价方式：定性评价，依据评价要点得分。①项目预期产出效益和效果是否符合正常的业绩水平；②是否与项目投资额或资金量相匹配；③债务还本付息的测算是否合理
		预算编制科学性	《地方政府一般债务预算管理办法》（财预〔2016〕154号）《地方政府专项债务预算管理办法》（财预〔2016〕155号）	评价方式：定性评价，依据评价要点得分。①债务还本支出是否列入预算草案；②增加举借债务安排的支出是否列入预算调整方案；③预算内容与项目内容是否匹配；④预算确定的项目投资额或资金量是否与工作任务相匹配
	资金投入	资金分配合理性	《地方政府专项债务预算管理办法》（财预〔2016〕155号）	评价方式：定性评价，依据评价要点得分。①资金分配依据是否充分；②资金分配额度是否合理，与项目单位或地方实际是否相适应

表4-8 民生服务项目预算指标

指标层次及名称			指标依据	评价方法
一级指标	二级指标	三级指标		
支出	费用	建筑安装工程费与设备及工具器具购置费	《地方政府专项债务预算管理办法》（财预〔2016〕155号）	计算公式：项目运营成本参考其他项目和结合本项目自身情况计列
		工程建设其他费用	《地方政府专项债务预算管理办法》（财预〔2016〕155号）	计算公式：项目运营成本参考其他项目和结合本项目自身情况计列
		预备费	《地方政府专项债务预算管理办法》（财预〔2016〕155号）	计算公式：项目运营成本参考其他项目和结合本项目自身情况计列
		基本支出经费	《地方政府专项债务预算管理办法》（财预〔2016〕155号）	主要用在任职教职工人员工资、社保缴费，退休人员取暖费等未纳人养老保险统筹待遇人员经费开支；水、电、气、暖、办公用品、绿化、保安、保洁等保障学校基本运转开支
	成本	预期运营成本	《地方政府专项债务预算管理办法》（财预〔2016〕155号）	计算公式：项目运营成本、职工薪酬、参考其他项目和结合本项目自身情况计列
		土地费用	《地方政府专项债务预算管理办法》（财预〔2016〕155号）	包含土地补偿费、青苗补偿费、附属物补偿费、基本农田异地代保费和占补平衡费、耕地占用税、新增建设用地有偿使用费、社会保障费、征地工作经费等
	还本付息	项目债务额度合规性	《国务院关于加强地方政府性债务管理的意见》（国发〔2014〕43号）	当年度发行新增债券规模不超过本地区新增债务限额
		债务偿还率	《国务院关于加强地方政府性债务管理的意见》（国发〔2014〕43号）	计算公式：本年度债券还本支出金额/本年度应偿债券总额
		逾期债务率	《国务院关于加强地方政府性债务管理的意见》（国发〔2014〕43号）	计算公式：逾期债务额/本年度应偿债券金额
		政府信用评级	《国务院关于加强地方政府性债务管理的意见》（国发〔2014〕43号）	依据本地区地方信用评级报告及评情况打分

续表

指标层次及名称			指标依据	评价方法
一级指标	二级指标	三级指标		
效益	项目预期效果	预期经济收入增长率	《地方政府专项债务预算管理办法》（财预[2016]155号）	计算公式：(项目实施后预期经济收入 - 项目实施前经济收入) / 项目实施前经济收入
		预期民生体系建设完善度	《地方政府专项债务预算管理办法》（财预[2016]155号）	计算公式：(项目实施后预期民生体系建设完善度 - 项目实施前民生体系建设完善度) / 项目实施前民生体系建设完善度
		预期教育软实力提升度	《地方政府专项债务预算管理办法》（财预[2016]155号）	计算公式：(项目实施后预期教育软实力提升度 - 项目实施前教育软实力提升度) / 项目实施前教育软实力提升度
		预期缓解劳动力供求结构提高程度	《地方政府专项债务预算管理办法》（财预[2016]155号）	计算公式：(预计项目实施后劳动力供求结构 - 项目实施前劳动力供求结构) / 项目实施前劳动力供求结构
		土地资源利用率	《地方政府专项债务预算管理办法》（财预[2016]155号）	计算公式：[(项目实施前土地资源利用率 - 项目实施后土地资源利用率) / 项目实施前土地资源利用率] / 计划目标值
	满意度	公众满意度	《关于加强地方政府性债务管理的意见》国发[2014]43号	依据调查排名
决策	项目立项	立项依据充分性	《地方政府一般债务预算管理办法》（财预[2016]154号）《地方政府专项债务预算管理办法》（财预[2016]155号）	评价方式：定性评价，依据评价要点得分。 ①项目是否属于债务资金支持范围； ②项目是否有偿还计划和稳定的偿还资金来源； ③借债额度测算依据是否充分； ④项目期与借款期是否匹配

续表

指标层次及名称			指标依据	评价方法
一级指标	二级指标	三级指标		
决策	项目立项	立项程序规范性	《地方政府专项债务预算管理办法》（财预[2016]155号）	评价方式：定性评价，依据评价要点得分。 ①项目是否按照规定的程序申请设立； ②审批文件、材料是否符合相关要求； ③事前是否已经过必要的可行性研究、专家论证、风险评估、绩效评估、集体决策
		项目必要性	《国务院关于加强地方政府性债务管理的意见》（国发[2014]43号）	评价方式：根据资金比例加权计算得分
	预算目标	预算目标合理性	《地方政府专项债务预算管理办法》（财预[2016]155号）	评价方式：定性评价，依据评价要点得分。 ①项目预期产出效益和效果是否符合正常的业绩水平； ②是否与项目投资额或资金量相匹配； ③债务还本付息的测算是否合理
		预算编制科学性	《地方政府一般债务预算管理办法》（财预[2016]154号）《地方政府专项债务预算管理办法》（财预[2016]155号）	评价方式：定性评价，依据评价要点得分。 ①债务还本支出是否列入预算支出； ②增加举借债务安排的支出是否入预算调整方案； ③预算内容与项目内容是否匹配； ④预算确定的项目投资额或资金量是否与工作任务相匹配
	资金投入	资金分配合理性	《地方政府专项债务预算管理办法》（财预[2016]155号）	评价方式：定性评价，依据评价要点得分。 ①资金分配依据是否充分； ②资金分配额度是否合理，与项目单位或地方实际是否相适应

表4-9 市政和产业园区基础设施项目预算指标

指标层次及名称			指标依据	评价方法
一级指标	二级指标	三级指标		
支出	费用	建筑安装工程费与设备及工器具购置费	《地方政府专项债务预算管理办法》（财预[2016]155号）	计算公式：项目运营成本参考其他项目和结合本项目自身情况计列
		工程建设其他费用	《地方政府专项债务预算管理办法》（财预[2016]155号）	计算公式：项目运营成本参考其他项目和结合本项目自身情况计列
		预备费	《地方政府专项债务预算管理办法》（财预[2016]155号）	计算公式：项目运营成本参考其他项目和结合本项目自身情况计列
		基本支出经费	《地方政府专项债务预算管理办法》（财预[2016]155号）	主要用在任职教职工人员工资、社保缴费、退休人员取暖费等开支；水、电、气、暖、办公用品、绿化、保安、保洁等保障学校基本运转开支
	成本	预期运营成本	《地方政府专项债务预算管理办法》（财预[2016]155号）	计算公式：项目运营成本、职工薪酬，参考其他项目和结合本项目自身情况计列
		土地费用	《地方政府专项债务预算管理办法》（财预[2016]155号）	包含土地补偿费、青苗补偿费、附属物补偿费、基本农田异地代保和占补平衡费、耕地占用税、新增建设用地有偿使用费、社会保障费、征地工作经费等
还本付息		项目债务额度合规性	《国务院关于加强地方政府性债务管理的意见》（国发[2014]43号）	计算公式：当年发行新增债券规模不超过本地区新增债务限额
		债务偿还率	《国务院关于加强地方政府性债务管理的意见》（国发[2014]43号）	计算公式：本年度债券还本支出金额/本年度应偿债券总额
		逾期债务率	《国务院关于加强地方政府性债务管理的意见》（国发[2014]43号）	计算公式：逾期债务额/本年度应偿债券总额
		政府信用评级	《国务院关于加强地方政府性债务管理的意见》（国发[2014]43号）	依据本地方信用评级报告及评级情况打分

续表

指标层次及名称			指标依据	评价方法
一级指标	二级指标	三级指标		
效益	项目预期效果	预期经济收入增长率	《地方政府专项债务预算管理办法》（财预[2016]155号）	计算公式：（项目实施后预期经济收入－项目实施前经济收入）/项目实施前经济收入
		预期协同效应提升程度	《地方政府专项债务预算管理办法》（财预[2016]155号）	计算公式：预估产业园区集聚效应对协同效应的提升程度
		预期缓解劳动力供求结构提高程度	《地方政府专项债务预算管理办法》（财预[2016]155号）	计算公式：（预计项目实施后劳动力供求结构－项目实施前劳动力供求结构）/项目实施前劳动力供求结构
		土地资源利用率	《地方政府专项债务预算管理办法》（财预[2016]155号）	计算公式：[（项目实施后土地资源利用率－项目实施前土地资源利用率）/项目实施前土地资源利用率]/计划目标值
	满意度	公众满意度	《关于加强地方政府性债务管理的意见》（国发[2014]43号）	依据调查排名
决策	项目立项	立项依据充分性	《地方政府一般债务预算管理办法》（财预[2016]154号）《地方政府专项债务预算管理办法》（财预[2016]155号）	评价方式：定性评价，依据评价要点得分，依据评价支持范围。①项目是否属于债务资金支持范围；②项目是否有偿还计划和稳定的偿还资金来源；③借债额度测算依据是否充分；④项目期与借款期是否匹配

续表

指标层次及名称			指标依据	评价方法
一级指标	二级指标	三级指标		
决策	项目立项	立项程序规范性	《地方政府专项债务预算管理办法》（财预[2016]155号）	评价方式：定性评价，依据评价要点得分。①项目是否按照规定的程序申请设立；②审批文件、材料是否符合相关要求；③事前是否经过必要的可行性研究、专家论证、风险评估、绩效评估、集体决策
		项目必要性	《国务院关于加强地方政府性债务管理的意见》（国发[2014]43号）	评价方法：根据资金比例加权计算得分
	预算目标	预算目标合理性	《地方政府专项债务预算管理办法》（财预[2016]155号）	评价方式：定性评价，依据评价要点得分。①项目预期产出效益和效果是否符合正常的业绩水平；②是否与项目投资额或债务金额相匹配；③债务还本付息的测算是否合理
	预算编制科学性		《地方政府一般债务预算管理办法》（财预[2016]154号）《地方政府专项债务预算管理办法》（财预[2016]155号）	评价方式：定性评价，依据评价要点得分。①债务本支出是否列入预算草案；②增加举借债务安排的支出是否列入预算调整方案；③预算内容与项目内容是否匹配；④预算确定的项目投资额或债务资金量是否与工作任务相匹配
资金投入	资金分配合理性		《地方政府专项债务预算管理办法》（财预[2016]155号）	评价方式：定性评价，依据评价要点得分。①资金分配依据是否充分；②资金分配额度是否合理，与项目单位或地方实际是否相适应

表4–10　收费公路项目预算指标体系

指标层次及名称			指标依据	评价方法
一级指标	二级指标	三级指标		
支出	费用	建筑安装工程费与设备及工器具购置费	《地方政府专项债务预算管理办法》（财预[2016] 155号）	计算公式：项目运营成本参考其他项目和结合本项目自身情况计列
		工程建设其他费用	《地方政府专项债务预算管理办法》（财预[2016] 155号）	计算公式：项目运营成本参考其他项目和结合本项目自身情况计列
		预备费	《地方政府专项债务预算管理办法》（财预[2016] 155号）	计算公式：项目运营成本参考其他项目和结合本项目自身情况计列
	成本	环境影响咨询服务费	《地方政府专项债务预算管理办法》（财预[2016] 155号）	按照《关于规范环境影响咨询收费有关问题的通知》（计价格[2002] 125号、发改价格[2011] 534号）的规定计列
		预期运营成本	《地方政府收费公路专项债券管理办法（试行）》（财预[2017] 97号）	计算公式：项目运营成本参考其他项目和结合本项目自身情况计列
	还本付息	项目债务额度合规性	《国务院关于加强地方政府性债务管理的意见》（国发[2014] 43号）	当年度发行新增债券规模不超过本地区新增债务限额
		债务偿还率	《国务院关于加强地方政府性债务管理的意见》（国发[2014] 43号）	计算公式：本年度债券还本支出金额/本年度应偿债券总额
		逾期债务率	《国务院关于加强地方政府性债务管理的意见》（国发[2014] 43号）	计算公式：逾期债务额/本年度应偿债券总额
		政府信用评级	《国务院关于加强地方政府性债务管理的意见》（国发[2014] 43号）	依据本地区地方信用评级报告及评级情况打分

续表

指标层次及名称			指标依据	评价方法
一级指标	二级指标	三级指标		
效益	项目预期效果	预期经济收入增长率	《地方政府收费公路专项债券管理办法（试行）》（财预〔2017〕97号）	计算公式：（项目实施后预期经济收入−项目实施前经济收入）/项目实施前经济收入
		预计城市运行效率提升度	《地方政府收费公路专项债券管理办法（试行）》（财预〔2017〕97号）	计算公式：（预计项目实施后城市运行效率−项目实施前城市运行效率）/项目实施前城市运行效率
		区域竞争力提高程度	《地方政府收费公路专项债券管理办法（试行）》（财预〔2017〕97号）	计算公式：（预计项目实施后区域竞争力−项目实施前区域竞争力）/项目实施前区域竞争力
		周边环境预计提升程度	《地方政府收费公路专项债券管理办法（试行）》（财预〔2017〕97号）	计算公式：[（项目实施前环境容量−项目实施后环境容量）/项目实施前环境容量]/计划目标值
	满意度	公众满意度	《关于加强地方政府性债务管理的意见》（国发〔2014〕43号）	依据调查排名
		车辆通行费收入专项收入情况	《地方政府收费公路专项债券管理办法（试行）》（财预〔2017〕97号）	根据本地区政府收费公路发展规划、中央和地方财政资金投入、未来经营收支预测
决策	项目立项	立项依据充分性	《地方政府一般债务预算管理办法》（财预〔2016〕154号）《地方政府专项债务预算管理办法》（财预〔2016〕155号）	评价方式：定性评价，依据评价要点得分。 ①项目是否属于债务资金支持范围； ②项目是否有偿还计划和稳定的偿还资金来源； ③借债额度测算依据是否充分； ④项目期与借债期是否匹配
		立项程序规范性	《地方政府专项债务预算管理办法》（财预〔2016〕155号）	评价方式：定性评价，依据评价要点得分。 ①项目是否按规定的程序申请设立； ②审批文件、材料是否符合相关要求； ③事前是否已经过必要的可行性研究、风险评估、专家论证、集体决策

续表

指标层次及名称			指标依据	评价方法
一级指标	二级指标	三级指标		
决策	项目立项	项目必要性	《地方政府收费公路专项债券管理办法（试行）》（财预〔2017〕97号）	评价方法：根据资金比例加权计算得分
	预算目标	预算目标合理性	《地方政府专项债务预算管理办法》（财预〔2016〕155号）	评价方式：定性评价，依据评价要点得分。 ①项目预期产出效益和效果是否符合正常的业绩水平； ②是否与项目投资额或资金量相匹配； ③债务还本付息的测算是否合理
	预算编制科学性		《地方政府一般债务预算管理办法》〔2016〕154号） 《地方政府专项债务预算管理办法》（财预〔2016〕155号）	评价方式：定性评价，依据评价要点得分。 ①债务还本支出是否列入预算草案； ②增加举借债务安排的支出是否列入预算调整方案； ③预算内容与项目内容是否匹配； ④预算确定的项目投资额或资金量是否与工作任务相匹配
	资金投入	资金分配合理性	《地方政府专项债务预算管理办法》（财预〔2016〕155号）	评价方式：定性评价，依据评价要点得分。 ①资金分配依据是否充分； ②资金分配额度是否合理，与项目单位或地方实际是否相适应

表 4-11　交通基础设施项目预算指标

指标层次及名称			指标依据	评价方法
一级指标	二级指标	三级指标		
支出	费用	建筑安装工程费与设备及工具器具购置费	《地方政府专项债务预算管理办法》（财预[2016] 155 号）	计算公式：项目运营成本参考其他项目和结合本项目自身情况计列
		工程建设其他费用	《地方政府专项债务预算管理办法》（财预[2016] 155 号）	计算公式：项目运营成本参考其他项目和结合本项目自身情况计列
		预备费	《地方政府专项债务预算管理办法》（财预[2016] 155 号）	计算公式：项目运营成本参考其他项目和结合本项目自身情况计列
	成本	预期运营成本	《地方政府专项债务预算管理办法》（财预[2016] 155 号）	计算公式：项目运营成本参考其他项目和结合本项目自身情况计列
	还本付息	项目债务额度合规性	《国务院关于加强地方政府性债务管理的意见》（国发[2014] 43 号）	计算公式：当年度发行新增债券规模不超过本地区新增债务限额
		新增债务率	《国务院关于加强地方政府性债务管理的意见》（国发[2014] 43 号）	计算公式：本地区当年新增债务额/当年度综合财力
		债务偿还率	《国务院关于加强地方政府性债务管理的意见》（国发[2014] 43 号）	计算公式：本年度债务还本支出金额/本年度应偿债券总额
		逾期债务率	《国务院关于加强地方政府性债务管理的意见》（国发[2014] 43 号）	计算公式：逾期债务额/本年度应偿债券总额
		政府信用评级	《国务院关于加强地方政府性债务管理的意见》（国发[2014] 43 号）	依据本地区地方信用评级报告及评级情况打分

续表

指标层次及名称			指标依据	评价方法
一级指标	二级指标	三级指标		
效益	项目预期效果	预期经济收入增长率	《地方政府专项债务预算管理办法》（财预[2016]155号）	计算公式：（项目实施后预期经济收入－项目实施前经济收入）/项目实施前经济收入
		预期"三公"经费预算下降率	《地方政府专项债务预算管理办法》（财预[2016]155号）	计算公式：（项目实施前"三公"经费预算－项目实施后"三公"经费预算）/项目实施前"三公"经费预算
		城市综合承载能力预计提升度	《地方政府专项债务预算管理办法》（财预[2016]155号）	计算公式：（项目实施后城市综合承载能力－项目实施前城市综合承载能力）/项目实施前城市综合承载能力
		预期城市运行效率提升度	《地方政府专项债务预算管理办法》（财预[2016]155号）	计算公式：（预计项目实施后城市运行效率－项目实施前城市运行效率）/项目实施前城市运行效率
		预计区域竞争力提高程度	《地方政府专项债务预算管理办法》（财预[2016]155号）	计算公式：（预计项目实施后区域竞争力－项目实施前区域竞争力）/项目实施前区域竞争力
		周边环境预计提升程度	《地方政府专项债务预算管理办法》（财预[2016]155号）	计算公式：[（项目实施后环境容量－项目实施前环境容量）/计划目标值
	满意度	公众满意度	《关于加强地方政府性债务管理的意见》（国发[2014]43号）	依据调查排名
决策	项目立项	立项依据充分性	《地方政府一般债务预算管理办法》（财预[2016]154号）《地方政府专项债务预算管理办法》（财预[2016]155号）	评价方式：定性评价，依评价要点得分。①项目是否属于债务资金支持范围；②项目是否有偿还计划和稳定的偿还资金来源；③借债额度测算依据是否充分；④项目期与借款期是否匹配

续表

指标层次及名称			指标依据	评价方法
一级指标	二级指标	三级指标		
项目立项	立项程序规范性		《地方政府专项债务预算管理办法》（财预[2016] 155号）	评价方式：定性评价，依据评价要点得分。 ①项目是否按照程序规定的相关要求申请设立； ②审批文件、材料是否符合相关要求； ③事前是否经过必要的可行性研究、专家论证、风险评估、绩效评估、集体决策
	项目必要性		《地方政府专项债务预算管理办法》（财预[2016] 155号）	评价方式：根据资金比例加权计算得分
决策	预算目标	预算目标合理性	《地方政府专项债务预算管理办法》（财预[2016] 155号）	评价方式：定性评价，依据评价要点得分。 ①项目预期产出效益和效果是否符合正常的业绩水平； ②是否与项目投资额或资金量相匹配； ③债务还本付息的测算是否合理
	资金投入	预算编制科学性	《地方政府一般债务预算管理办法》（财预[2016] 154号） 《地方政府专项债务预算管理办法》（财预[2016] 155号）	评价方式：定性评价，依据评价要点得分。 ①债务还本支出是否列入预算草案； ②增加举借债务安排的支出是否列入预算调整方案； ③预算内容与项目内容是否匹配； ④预算确定的项目投资额或资金量是否与工作任务相匹配
		资金分配合理性	《地方政府专项债务预算管理办法》（财预[2016] 155号）	评价方式：定性评价，依据评价要点得分。 ①资金分配依据是否充分； ②资金分配额度是否合理，与项目单位或地方实际是否相适应

表 4－12　城乡冷链物流设施项目预算指标

指标层次及名称			指标依据	评价方法
一级指标	二级指标	三级指标		
支出	费用	建筑安装工程费与设备及工器具购置费	《地方政府专项债务预算管理办法》（财预 [2016] 155 号）	计算公式：项目运营成本参考其他项目和结合本项目自身情况计列
		工程建设其他费用	《地方政府专项债务预算管理办法》（财预 [2016] 155 号）	计算公式：项目运营成本参考其他项目和结合本项目自身情况计列
		预备费	《地方政府专项债务预算管理办法》（财预 [2016] 155 号）	计算公式：项目运营成本参考其他项目和结合本项目自身情况计列
		基本支出经费	《地方政府专项债务预算管理办法》（财预 [2016] 155 号）	主要用在任职教职工人员工资、社保缴费、退休人员养老保险统筹人员经费开支；水、电、气、暖、办公用品、绿化、保安、保洁等保障学校基本运转开支
	成本	预期运营成本	《地方政府专项债务预算管理办法》（财预 [2016] 155 号）	计算公式：项目运营成本、职工薪酬、参考其他项目和结合本项目自身情况计列
		土地费用	《地方政府专项债务预算管理办法》（财预 [2016] 155 号）	包含土地补偿费、青苗补偿费、附属物补偿费、基本农田异地代保和占补平衡费、耕地占用税、新增建设用地有偿使用费、社会保障费、征地工作经费等
	还本付息	项目债务额度合规性	《国务院关于加强地方政府性债务管理的意见》（国发 [2014] 43 号）	当年度发行新增债券规模不超过本地区新增债务限额
		债券偿还率	《国务院关于加强地方政府性债务管理的意见》（国发 [2014] 43 号）	计算公式：本年度债务还本支出金额/本年度应偿债券总额
		逾期债务率	《国务院关于加强地方政府性债务管理的意见》（国发 [2014] 43 号）	计算公式：逾期债务额/本年度应偿债券总额
		政府信用评级	《国务院关于加强地方政府性债务管理的意见》（国发 [2014] 43 号）	依据本地区地方信用评级报告及评级情况打分

续表

指标层次及名称			指标依据	评价方法
一级指标	二级指标	三级指标		
效益	项目预期效果	预期经济收入增长率	《地方政府专项债务预算管理办法》（财预[2016]155号）	计算公式：（项目实施后预期经济收入 − 项目实施前经济收入）/项目实施前经济收入
		预期每年可降低农产品腐损度	《地方政府专项债务预算管理办法》（财预[2016]155号）	计算公式：（预计项目实施后农产品腐损量 − 项目实施前农产品腐损量）/项目实施前农产品腐损量
		预期缓解劳动力供求结构提高程度	《地方政府专项债务预算管理办法》（财预[2016]155号）	计算公式：（预计项目实施后劳动力供求结构 − 项目实施前劳动力供求结构）/项目实施前劳动力供求结构
		生态效益	《地方政府专项债务预算管理办法》（财预[2016]155号）	计算公式：[（项目实施前土地资源利用率 − 项目实施后土地资源利用率）/项目实施前土地资源利用率]/计划目标值
	满意度	公众满意度	《关于加强地方政府性债务管理的意见》（国发[2014]43号）	依据调查排名
决策	项目立项	立项依据充分性	《地方政府一般债务预算管理办法》（财预[2016]154号） 《地方政府专项债务预算管理办法》（财预[2016]155号）	评价方式：定性评价，依据评价要点得分。①项目是否属于债务资金支持范围；②项目是否有偿还计划和稳定的偿还资金来源；③借债额度测算依据是否充分；④项目期与借款期是否匹配

续表

指标层次及名称			指标依据	评价方法
一级指标	二级指标	三级指标		
项目立项		立项程序规范性	《地方政府专项债务预算管理办法》（财预[2016] 155号）	评价方式：定性评价，依据评价要点得分。 ①项目是否按照规定的程序申请设立； ②审批文件、材料是否符合相关要求； ③事前是否已经过必要的可行性研究、专家论证、风险评估、绩效评估、集体决策
		项目必要性	《地方政府专项债务预算管理办法》（财预[2016] 155号）	评价方法：根据资金比例加权计算得分
决策	预算目标	预算目标合理性	《地方政府专项债务预算管理办法》（财预[2016] 155号）	评价方式：定性评价，依据评价要点得分。 ①项目预期产出效益和效果是否符合正常的业绩水平； ②是否与项目投资额或资金量相匹配； ③债务还本付息的测算是否合理
	预算编制科学性		《地方政府一般债务债务预算管理办法》（财预[2016] 154号） 《地方政府专项债务预算管理办法》（财预[2016] 155号）	评价方式：定性评价，依据评价要点得分。 ①债务本金支出是否列入预算草案； ②增加举借债务安排的支出是否列入预算调整方案； ③预算内容与项目内容是否匹配； ④预算确定的项目投资额或资金量是否与工作任务相匹配
	资金投入	资金分配合理性	《地方政府专项债务预算管理办法》（财预[2016] 155号）	评价方式：定性评价，依据评价要点得分。 ①资金分配依据是否充分； ②资金分配额度是否合理，与项目单位或地方实际是否相适应

四、政府会计促进债务控制的机制

(一) 政府会计促进债务控制的机理

1. 政府会计对信用评级的影响

质量较高的会计信息能够为信用评级机构提供更加可靠的参考数据，让信用评级机构能够给出更为合理的判断结果。财务信息是信用评级机构对发债政府做出信用评级判断的重要参考依据。高质量的财务信息减轻了发债政府与信用评级机构间的信息不对称程度，从而有助于信用评级机构对发债政府的实际价值进行准确评判。

2. 政府会计对债务风险控制的影响

政府债务风险控制的核心因素是信息，以权责发生制为基础的财务会计能够全面确认政府资产和负债，为债务风险控制提供决策有用信息。政府会计改革后，政府财务会计能够提供债务和相关资产对接的具体信息，可以通过对这些信息进行必要的财务指标分析，在此基础上建立资产负债率、偿债率、债务率等财务指标体系，有利于债务风险识别与控制。

3. 政府会计对组织制衡机制的影响

政府会计制度统一规范了政府会计主体进行会计核算的会计科目和会计报表，保证了债务管理的基础信息可比、可合并，进而可分析、可决策，为政府绩效考核提供依据。这些信息的披露也给审计部门提供了更全面的信息，这使得审计部门可以更好地对政府部门进行监督。由此，政府会计完善了组织制衡机制。

(二) 一级政府债务控制机制

1. 政府债务管理责任

一级政府债务绩效过程管理的主要职责是对制度建设与执行、债务使用，以及对本级各项目主管部门的管理、风险控制。对于制度建设与执行要有健全的举债融资管理制度、信用评级机制、信息披露制度、债务风险预警机制、风险应急处置机制。对于债务使用的过程管理主要包括项目资金投向、资金拨付进度、资金分配下达及实际支出情况、资金使用的合规性情况，以及财务管理、会计核算等情况。对于债务偿还的管理主要是通过控制还本付息率来实现的。对于本级各主管部门的管理主要是是否监督督促各项目部门按规定对项目进行管理，以及是否根据相关要求，运用科学、合理的绩效评价方法，对本部门的债务项目组织开展绩效评价。

2. 政府债务控制指标体系

本指标体系为财政部门对一级政府的债务绩效过程管理，详见表4-13。

（三）项目主管部门债务控制机制

1. 项目主管部门在债务绩效管理中的责任

为实现绩效目标，项目主管部门需要加强对债务绩效的监督和管理工作，通过对债务绩效的过程管理来实现债务绩效目标。项目主管部门在债务绩效过程管理的主要职责是对项目的管理，主要包括完善制度建设和对项目资金、风险控制、项目使用过程、项目建设单位的管理。对于完善制度建设主要是对项目管理的规章制度建设和对项目建设和使用情况及时进行披露，并及时向财政部门汇报。项目主管部门对于项目资金的管理，主要是针对项目资金和资金拨付进度、资金分配下达及实际支出情况，以及财务管理、会计核算、资产管理等情况。对于风险的控制主要是对项目进度、项目质量和项目收益的控制，以此来达到绩效目标。对于项目使用过程的控制主要是对项目后续经营的监管。对于项目实施单位的管理主要是要牵头负责组织部门本级开展绩效监控工作，对所属单位的绩效监控情况进行指导和监督，加强绩效监控结果应用等；并按照要求及时向财政局报送绩效监控结果；监督项目实施单位是否按规定对项目进行管理，以及是否根据相关要求，运用科学、合理的绩效评价方法，对债务项目组织开展绩效评价。

2. 项目主管部门债务控制指标体系

本指标体系为对项目主管部门的债务绩效过程管理，详见表4-14。

（四）项目实施单位债务控制机制

1. 项目实施单位债务管理责任

项目实施单位债务绩效过程管理的主要职责是对制度建设与执行、项目资金、业务、风险的管理和控制。对于完善制度建设主要是对项目管理的规章制度建设和对项目建设和使用情况及时进行披露，并及时向项目主管部门

表 4-13　财政部门对一级政府绩效过程管理指标

指标层次及名称			指标解释	指标依据	管理方法
一级指标	二级指标	三级指标			
组织结构	组织机构	债务管理办公室	反映债务管理办公室对债务的管理情况	《关于加强地方政府性债务管理的意见》（国发〔2014〕43号）	管理要点： 是否按规定组织拟订地方政府债务管理制度； 是否按规定开展债务风险分析、评估、预警工作； 是否按规定防范化解债务风险政策措施和方案，指导全省债务风险化解和债务管理工作； 是否按规定负责地方政府债务限额和债券资金日常管理，提出地方政府债务限额和债券资金分配建议，并参与地方政府债券发行兑付工作
		预算绩效管理处	反映预算绩效的开展和管理	《关于加强地方政府性债务管理的意见》（国发〔2014〕43号）	管理要点： 是否按规定负责全面实施预算绩效管理制度建设、组织建立预算绩效管理指标体系； 是否按规定组织协调市本级绩效目标管理、绩效运行监控、绩效评价管理等工作； 是否按规定提出预算绩效评价结果应用建议； 是否按规定负责对市本级部门和预算单位、指导县（市）区财政部门预算绩效管理工作进行考核，指导县（市）区预算绩效管理工作
		人员保障	反映管理人员对项目实施的保障情况	《关于加强地方政府性债务管理的意见》（国发〔2014〕43号）	管理要点： 参与管理的人员是否是专业人员； 是否定期对管理人员进行培训
	制度建设	举债融资管理制度	反映管理制度对项目实施的保障情况	《关于加强地方政府性债务管理的意见》（国发〔2014〕43号）	管理要点： 制度健全性； 执行有效性
		信用评级机制	反映管理制度对项目实施的保障情况	《关于加强地方政府性债务管理的意见》（国发〔2014〕43号）	管理要点： 制度健全性； 执行有效性

续表

指标层次及名称			指标解释	指标依据	管理方法
一级指标	二级指标	三级指标			
组织结构	制度建设	信息披露制度	反映管理制度对项目实施的保障情况	《关于加强地方政府性债务管理的意见》（国发〔2014〕43号）	管理要点：制度健全性；执行有效性
^	^	债务风险预警机制	反映管理制度对防范债务风险的保障情况	《关于加强地方政府性债务管理的意见》（国发〔2014〕43号）	管理要点：制度健全性；执行有效性
^	^	风险应急处置机制	反映管理制度对防范债务风险保障情况	《关于加强地方政府性债务管理的意见》（国发〔2014〕43号）	管理要点：制度健全性；执行有效性
^	^	各阶段资金到位率	反映各阶段资金落实情况对项目实施的总体保障程度	《项目支出绩效评价管理办法》（财预〔2020〕10号）	管理要点：用公式（该阶段实际到位资金①/该阶段预算债务资金②）×100%测算资金到位是否及时
债务使用	资金管理	各阶段预算执行率	反映项目建设过程中各阶段项目预算执行情况	《项目支出绩效评价管理办法》（财预〔2020〕10号）	管理要点：用公式（该阶段实际支出资金③/该阶段预算债务资金②）×100%测算各个阶段预算执行情况
^	^	资金使用合规性	反映项目建设期间项目资金的规范运行情况	《项目支出绩效评价管理办法》（财预〔2020〕10号）	管理要点：是否符合国家财经法规和财务管理制度以及有关专项资金管理办法；资金的拨付是否具有完整的审批程序和手续；是否符合合同预算或合同规定的用途；资金是否存在截留、挪用、挤占、虚列支出等情况。

① 一定时期（本年度或项目期）内落实到具体项目的资金。
② 一定时期（本年度或项目期）内预算安排到具体项目的资金。
③ 一定时期（本年度或项目期）内项目实际拨付的资金。

续表

指标层次及名称			指标解释	指标依据	管理方法
一级指标	二级指标	三级指标			
债务使用	资金管理	资金核算合规性	反映项目建设期间项目资金核算的合规性	《项目支出绩效评价管理办法》（财预〔2020〕10号）	管理要点：是否符合国家财经法规和财务管理制度以及有关专项资金核算办法的规定；资金报账时是否有附真、有效、合法的凭证；资金人账的金额、科目与实际规定是否相符；专项资金是否实行"专户储存、专账核算、专项使用"
部门管理	信息披露管理	信息披露及时性	反映一级政府是否按规定进行信息披露	《项目支出绩效评价管理办法》（财预〔2020〕10号）	管理要点：发行安排公开及时性，每月20日前公开下一月度债券发行安排；发行结果公开及时性，债券发行前5个以上工作日公开发行安排，债券发行后2个工作日内公布发行结果；债券编码、利率等信息；存续期公开及时性，每年6月底公开截至上年末债券存续期情况信息
		信息披露全面性	反映一级政府是否按规定全面进行信息披露	《项目支出绩效评价管理办法》（财预〔2020〕10号）	管理要点：预决算公开信息完整性，随同预决算公开的地方政府债务限额、余额等信息完整性；本息公开完整性，使用安排、还本付息等信息完整性；发行前信息储备、发行结果公开性；存续期信息完整性，债券资金使用情况，对应项目建设进度、运营收益及形成资产等信息完整性；专项债收益信息储备，考察土地储备、收费公路棚户区改造等专项领域信息公开情况

续表

指标层次及名称			指标解释	指标依据	管理方法
一级指标	二级指标	三级指标			
部门管理	信用管理	信用评级	反映一级政府是否按规定选取信用评级机构并进行监督	《地方政府债券信用评级管理暂行办法》（财库〔2021〕8号）	管理要点： 公开、公正、依法依规选择信用评级机构；通过全国统一的地方政府债券信息公开平台、中国债券信息网等财政部指定网站及时公开选定的信用评级机构；地方财政部门选择信用评级机构时，应当合理设置评级费用占全部选择指标的权重；债券存续期内应当每年开展一次跟踪评级，同时关注可能影响偿债能力和偿债意愿的重大事项（如调整债券资金用途等），进行不定期跟踪评级，并及时公布评级结果
	监督管理	对项目主管部门的监督	反映一级政府是否按规定对项目主管部门进行监督	《项目支出绩效评价管理办法》（财预〔2020〕10号）	管理要点： 是否监督下级项目的绩效执行；是否对项目主管部门债务使用情况进行监督
风险控制	风险预警	债务率	反映债务的还款能力	《地方政府存量债务纳入预算管理清理甄别办法》（财预〔2014〕351号） 《政府综合财务报告编制操作指南》（财库〔2019〕58号）	管理要点： 通过公式（年末债务余额/本年政府综合财力[①] × 100%计算地方政府的债务率，国际警戒值90%～150%，不得超过150%，越低越好，可按照地区排名考察地方债务率情况

[①] 政府综合财力用本级可支配财力表示。本级可支配财力＝本级地方政府收入＋上级的返还收入和补助收入－上解上级支出－对下级税收返还和补助下级支出。

续表

指标层次及名称			指标解释	指标依据	管理方法
一级指标	二级指标	三级指标			
风险控制	风险预警	新增债务率	考查地方政府财政收入支撑其新增债务水平	《财政部关于对地方政府债务实行限额管理的实施意见》（财预〔2015〕225号）	管理要点：通过公式（债务余额增长额/上年债务余额）×100%计算地方新增债务情况，越低越好，可按照地区排名考察地方债务率情况
		逾期债务率	反映到期不能偿还的债务所占比重的指标	《财政部关于对地方政府债务实行限额管理的实施意见》（财预〔2015〕225号）	管理要点：通过公式（年末逾期债务额/年末债务余额）×100%计算地方新增债务情况，越低越好，可按照地区排名考察地方债务率情况
		偿债率	反映地方政府的债务偿债能力	《财政部关于对地方政府债务实行限额管理的实施意见》（财预〔2015〕225号）	管理要点：通过公式（本年到期债务/本年政府综合财力）×100%计算地方政府的偿债率，国际警戒值20%，不得超过20%，越低越好，可按照地区排名考察地方债务率情况
		综合债务率	反映地方政府的综合债务水平	《财政部关于对地方政府债务实行限额管理的实施意见》（财预〔2015〕225号）	管理要点：通过公式（$\sum$ 分项风险指标值×权重）（权重：债务率65%、新增债务率5%、逾期债务率20%、偿债率10%）计算地方政府的综合债务率，警戒线为省级120%、市级110%、县级100%，越低越好，可按照地区排名考察地方债务率情况
		资产负债率	反映偿付债务的能力	《政府综合财务报告编制操作指南》	管理要点：通过公式（项目负债总额/项目资产总额）×100%的计算，考察项目的资产负债率，看是否在60%以内
	风险应对	风险应对及时性	反映一级政府是否按规定及时做出风险应对	《项目支出绩效评价管理办法》（财预〔2020〕10号）	管理要点：各部门是否按规定及时应对风险；是否按照规定对不同等级的风险进行不同的处置

表 4-14　对项目主管部门绩效过程管理指标

指标层次及名称			指标解释	指标依据	管理方法
一级指标	二级指标	三级指标			
组织结构	组织机构	财务审计处（财务处）	反映组织机构建设对项目实施的保障情况	《关于加强地方政府性债务管理的意见》（国发〔2014〕43号）	管理要点： 是否按规定负责拟定全地区预算编制和执行工作； 是否按规定承担本部门直属单位财务和资产监管以及机关、直属单位内部审计工作； 是否按规定负责协调项目实施的监督管理和绩效评价； 是否强化债务绩效管理理念
		人员保障	反映管理人员对项目实施的保障情况	《关于加强地方政府性债务管理的意见》（国发〔2014〕43号）	管理要点： 参与管理的人员是否是专业人员； 是否定期对管理人员进行培训
	制度建设	规章制度建设管理	反映项目主管部门对各项目建设单位的管理制度	《项目支出绩效评价管理办法》（财预〔2020〕10号）	管理要点： 管理制度是否健全； 是否按规定在本部门实施绩效评价； 是否按制度规定对项目建设单位进行管理
		项目信息披露	反映项目管理部门是否按规定进行信息披露	《项目支出绩效评价管理办法》（财预〔2020〕10号） 《中华人民共和国预算法实施条例》	管理要点： 对各项目建设情况是否及时进行披露并及时向上级部门报告； 披露的信息是否完整
债务使用	资金管理	各阶段资金到位率	反映各阶段资金落实情况对项目实施的总体保障程度	《项目支出绩效评价管理办法》财预〔2020〕10号	管理要点： 通过公式（该阶段实际到位资金①／该阶段预算债务资金②）测算资金到位是否及时

① 一定时期（本年度或项目期）内落实到具体项目的资金。
② 一定时期（本年度或项目期）内预算安排到具体项目的资金。

续表

指标层次及名称			指标解释	指标依据	管理方法
一级指标	二级指标	三级指标			
债务使用	资金管理	各阶段预算执行率	反映项目建设过程中各阶段项目预算执行情况	《项目支出绩效评价管理办法》（财预〔2020〕10号）	管理公式：（该阶段实际支出资金①/该阶段实际到位资金）×100%测算预算执行情况
		资金使用合规性	反映项目建设期间项目资金的规范运行情况	《项目支出绩效评价管理办法》（财预〔2020〕10号）	管理要点：是否符合国家财经法规和财务管理制度以及有关专项资金管理办法的规定；资金的拨付是否有完整的审批程序和手续；是否符合项目预算批复或合同规定的用途；是否存在截留、挤占、挪用、虚列支出等情况
		资金核算合规性	反映项目建设期间项目资金核算的合规性	《项目支出绩效评价管理办法》（财预〔2020〕10号）	管理要点：是否符合国家财经法规和财务管理制度以及有关专项资金管理办法的规定；金额核算及时有效、真实、合法的凭证，合法的凭证；资金人账时金额、科目与实际规定是否相符；专项资金是否实行"专人管理、专户储存、专账核算、专项使用"
	资产管理	资产管理的合规性	反映项目建设期间资产核算的合规性	《项目支出绩效评价管理办法》（财预〔2020〕10号）	管理要点：是否没有做好资产的账卡管理、清查登记、统计报告及日常管理工作；项目单位与运营单位不一致的，是否做好债务、资产等移交工作；是否符合专项债券项目对应资产有关管理办法，相关监管部门是否做好资产监督管理

① 一定时期（本年度或项目期）内项目实际拨付的资金。

续表

指标层次及名称			指标解释	指标依据	管理方法
一级指标	二级指标	三级指标			
	风险控制	项目收益率	反映项目收益目标的实现程度	《项目支出绩效评价管理办法》（财预〔2020〕10号）	管理要点：通过公式（实际收益/预期收益）×100%测算项目收益情况
		项目完成率	反映项目完成目标的实现程度	《项目支出绩效评价管理办法》（财预〔2020〕10号）	管理要点：通过公式（实际完成数/预期完成数）×100%测算项目完成情况
债务偿还	监督项目实施单位	监督运行管理	反映对项目实施单位的日常运行管理	《项目支出绩效评价管理办法》（财预〔2020〕10号）	管理要点：是否按规定对项目实施单位进行管理；是否向财政部门及时汇报项目情况
		监督绩效管理	反映对项目建设实施的绩效管理	《项目支出绩效评价管理办法》（财预〔2020〕10号）	管理要点：是否按规定指导、督促项目实施单位建立绩效评价体系；是否按规定对项目实施单位的绩效评价过程进行监督

汇报。对于项目资金的管理,主要报告项目资金的使用进度和资金使用的合规性、项目形成实物量的情况,以及财务管理、会计核算、资产管理和竣工财务决算管理等情况。对于业务管理,主要包括对项目质量的控制和对项目的监督。对于风险控制主要通过资产负债率和还本付息率这两个指标来进行控制。

2. 项目实施单位债务控制指标体系

(1) 对农田建设项目的过程管理指标体系。本指标体系为对农田建设项目的债务绩效过程管理,详见表4-15。

(2) 对民生服务项目的过程管理指标体系。本指标体系为对民生服务项目的债务绩效过程管理,详见表4-16。

(3) 对市政和产业园区基础设施项目的过程管理指标体系。本指标体系为对市政和产业园区基础设施项目的债务绩效过程管理,详见表4-17。

(4) 对收费公路项目的过程管理指标体系。本指标体系为对收费公路的债务绩效过程管理,共涉及3个一级指标,8个二级指标,17个三级指标,详见表4-18。

(5) 对交通基础设施项目的过程管理指标体系。本指标体系为对交通基础设施项目的债务绩效过程管理,共涉及3个一级指标,8个二级指标,17个三级指标,详见表4-19。

(6) 对冷链项目的过程管理指标体系。本指标体系为对冷链项目的债务绩效过程管理,共涉及3个一级指标,8个二级指标,17个三级指标,详见表4-20。

五、政府会计促进债务绩效评价的机制

(一) 债务绩效评价制度设计

1. 债务绩效评价指导思想

为加强债务资金管理,结合当前河南省债务绩效管理实践及债务项目历年实施现状,进行债务绩效评价。债务绩效评价分为单位自评、主管部门评价和财政评价三种方式。单位自评是指债务项目单位对债务项目绩效目标完成情况进行自我评价。主管部门评价是指项目主管部门根据相关要求,对本部门的债务项目组织开展的绩效评价。财政评价是财政部门对本级及所属的下

表 4-15　对农田建设项目绩效过程管理指标

指标层次及名称			指标解释	指标依据	管理方法
一级指标	二级指标	三级指标			
组织结构	组织机构	农业综合开发办公室	反映农业综合开发办公室对项目实施的保障情况	《关于加强地方政府性债务管理的意见》（国发〔2014〕43号）	管理要点：是否按规定负责农业综合开发资金的分配、使用和管理；是否按规定组织农业综合开发项目的勘测设计、评估论证；是否按规定监督、检查项目的执行情况，组织项目验收工作
		人员保障	反映管理人员对项目实施的保障情况	《关于加强地方政府性债务管理的意见》（国发〔2014〕43号）	管理要点：参与管理的人员是否是专业人员；是否定期对管理人员进行培训
	制度建设	项目规章制度建设	反映项目管理制度建设	《项目支出绩效评价管理办法》（财预〔2020〕10号）	管理要点：对项目是否有建全的管理和监督制度；是否按制度对项目进行管理和监督
		项目信息披露	反映项目是否按规定进行信息披露	《项目支出绩效评价管理办法》（财预〔2020〕10号）	管理要点：项目建设情况是否及时进行披露并及时向项目主管部门报告；披露的信息是否完整
债务使用	资金用途	农业措施费	反映是否按项目要求支出农业措施费	《项目支出绩效评价管理办法》（财预〔2020〕10号）	管理要点：是否按规定界定水利措施费包括的内容；是否按规定金额支出农业措施费
		水利措施费	反映是否按项目要求支出水利措施费	《项目支出绩效评价管理办法》（财预〔2020〕10号）	管理要点：是否按规定界定水利措施费包括的内容；是否按规定金额支出水利措施费

续表

指标层次及名称			指标解释	指标依据	管理方法
一级指标	二级指标	三级指标			
债务使用	资金用途	林业措施费	反映是否按项目要求支出林业措施费	《项目支出绩效评价管理办法》（财预〔2020〕10号）	管理要点：是否按规定界定林业措施费；是否按规定金额支出林业措施费
		各阶段预算执行率	反映项目建设过程中各阶段项目预算执行情况	《项目支出绩效评价管理办法》（财预〔2020〕10号）	管理要点：通过公式（该阶段实际支出资金①/该阶段实际到位资金）×100%计算各阶段的预算执行率
		农田建设项目资金使用合规性	反映项目建设期间项目资金的规范运行情况	《项目支出绩效评价管理办法》（财预〔2020〕10号）	管理要点：是否符合国家财经法规和财务管理制度以及有关专项资金管理办法的规定；资金的拨付是否有完整的审批程序和手续；是否符合项目预算批复或合同规定的用途；是否存在截留、挪用、虚列支出等情况
	资金管理	实物量	反映是否按项目进度形成相应的实物量	《财政部关于试点发展项目收益与融资自求平衡的地方政府专项债券品种的通知》（财预〔2017〕89号）	管理要点：通过公式（债务资金形成的项目资产金额/预算债务资金）×100%计算项目形成的实物量
		竣工财务决算管理	反映项目竣工财务决算管理情况	《项目支出绩效评价管理办法》（财预〔2020〕10号）	管理要点：在项目竣工后，是否及时进行项目竣工财务决算；在编制项目竣工财务决算前，项目实施单位是否认真做好各项清理工作；在编制项目竣工财务决算时，是否按规定编制

① 一定时期（本年度或项目期）内项目实际拨付的资金。

续表

指标层次及名称			指标解释	指标依据	管理方法
一级指标	二级指标	三级指标			
债务使用	资产管理	资产管理的合规性	反映项目建设期间项目资产核算的合规性	《项目支出绩效评价管理办法》（财预[2020]10号）	管理要点：是否做好资产的账卡管理、清查登记、统计报告及日常管理工作；项目单位与运营单位不一致的，是否做好债务、资产等的移交工作；是否符合专项债券项目对应资产做好资产管理相关管理办法部门是否做好资产监督管理
债务使用	业务管理	项目质量可控性	反映对项目质量的控制	《项目支出绩效评价管理办法》（财预[2020]10号）	管理要点：是否制定或具有相应的项目质量要求或标准；是否采取相应的项目质量检查、验收等必需的控制措施
债务使用	业务管理	监督有效性	反映在项目建设过程中对项目过程的监督	《项目支出绩效评价管理办法》（财预[2020]10号）	管理要点：是否有健全的监督办法；是否按相关规定对项目建设过程进行监督
债务偿还	风险控制	资产负债率	反映偿付债务的能力	《政府综合财务报告编制操作指南》	管理方式：通过公式（项目负债总额/项目资产总额）×100%的计算，考察项目的资产负债率，看是否在60%以内
债务偿还	风险控制	还本付息率	反映实际还本付息情况	《关于加强地方政府性债务管理的意见》（国发[2014]43号）	管理方式：通过公式（实际还本付息额/预算还本付息额）×100%计算项目的还本付息情况，看是否达到预期目标
债务偿还	项目收益	项目收益率	反映使项目收益目标的实现程度	《项目支出绩效评价管理办法》（财预[2020]10号）	管理要点：通过公式（实际收益/预期收益）×100%测算项目收益情况
债务偿还	项目收益	项目完成率	反映项目完成目标的实现程度	《项目支出绩效评价管理办法》（财预[2020]10号）	管理要点：通过公式（实际完成数/预期完成数）×100%测算项目完成情况

表4-16　对民生服务项目绩效过程管理指标

指标层次及名称			指标解释	指标依据	管理方法
一级指标	二级指标	三级指标			
组织机构	组织结构	市政工程建设处	反映市政工程建设项目实施处项目实施的保障情况	《关于加强地方政府性债务管理的意见》（国发〔2014〕43号）	管理要点： 是否指导、督促设计单位按时按质完成工程施工图设计； 是否按负责项目施工全过程跟踪、管理、进度管理，抓好施工安全、质量、进度管理，负责施工阶段工程变更管理和签证审查备案； 是否按规定组织检查施工过程的各项验收工作，做好工程竣工验收和备案工作； 是否按规定编制项目用款计划，定期落实工程款支付，并目完成施工阶段工程资料的收集、整理和移交工作
		人员保障	反映管理人员对项目实施的保障情况	《关于加强地方政府性债务管理的意见》（国发〔2014〕43号）	管理要点： 参与管理的人员是否是专业人员； 是否定期对管理人员进行培训
制度建设		项目规章制度建设	反映项目管理制度建设	《项目支出绩效评价管理办法》（财预〔2020〕10号）	管理要点： 对项目是否有健全的管理和监督制度； 是否按制度对管理进行管理和监督
		项目信息披露	反映项目是否按规定进行信息披露	《项目支出绩效评价管理办法》（财预〔2020〕10号）	管理要点： 项目建设情况是否及时进行披露并及时向项目主管部门报告； 披露的信息是否完整

续表

指标层次及名称			指标解释	指标依据	管理方法
一级指标	二级指标	三级指标			
债务使用	资金用途	基础设施建设费	反映是否按项目要求支出基础设施建设费	《项目支出绩效评价管理办法》(财预[2020]10号)	管理要点：是否按规定界定基础设施建设费；是否按规定金额支出基础设施建设费
		日常维护及修理费	反映是否按项目要求支出日常维护及修理费	《项目支出绩效评价管理办法》(财预[2020]10号)	管理要点：是否按规定界定日常维护及修理费；是否按规定金额支出日常维护及修理费
		各阶段预算执行率	反映项目建设过程中各阶段项目预算执行情况	《项目支出绩效评价管理办法》(财预[2020]10号)	管理要点：通过公式（该阶段实际支出资金①/该阶段实际到位资金）×100%计算各阶段的预算执行率
	资金管理	民生服务资金使用合规性	反映项目建设期间项目资金的规范运行情况	《项目支出绩效评价管理办法》(财预[2020]10号)	管理要点：是否符合国家财经法规和财务管理制度以及有关专项资金管理办法的规定；资金的拨付是否有完整的审批程序和手续；是否符合项目预算批复或合同规定的用途；是否存在截留、挤占、挪用、虚列支出等情况
		实物量	反映项目是否按项目进度形成相应的实物量	《财政部关于试点发展项目收益与融资自求平衡的地方政府专项债券品种的通知》(财预[2017]89号)	管理要点：通过公式（债务资金形成的项目资产金额/预算债务资金）×100%计算项目形成的实物量
		竣工财务决算管理	反映项目竣工财务决算管理情况	《项目支出绩效评价管理办法》(财预[2020]10号)	管理要点：在项目竣工后，是否及时进行项目竣工财务决算；在编制项目竣工财务决算前，项目实施单位是否认真做好各项清理工作；在编制项目竣工财务决算时，是否按规定编制

① 一定时期（本年度或项目期）内项目实际拨付的资金。

续表

指标层次及名称			指标解释	指标依据	管理方法
一级指标	二级指标	三级指标			
债务使用	资产管理	资产管理的合规性	反映项目建设期间项目资产核算的合规性	《项目支出绩效评价管理办法》(财预〔2020〕10号)	管理要点：是否做好资产的账卡管理、清查登记、统计报告及日常管理工作；项目单位与运营单位不一致的，是否做好债务、资产等的移交工作；是否符合专项债券项目对应资产做好资产监督管理相关监督部门是否做好资产监督管理
	业务管理	项目质量可控性	反映对项目质量的控制	《项目支出绩效评价管理办法》(财预〔2020〕10号)	管理要点：是否制定或具有相应的项目质量要求或标准；是否采取相应的项目质量检查、验收等必需的控制措施或手段
		监督有效性	反映在项目建设过程中对项目过程的监督	《项目支出绩效评价管理办法》(财预〔2020〕10号)	管理要点：是否有健全的监督办法；是否按相关规定对项目建设过程进行监督
债务偿还	风险控制	资产负债率	反映偿付债务的能力	《政府综合财务报告编制操作指南》	管理要点：通过公式（项目负债总额/项目资产总额）×100%计算，考察项目的资产负债率，看是否在60%以内
		还本付息率	反映实际还本付息情况	《关于加强地方政府性债务管理的意见》(国发〔2014〕43号)	管理要点：通过公式（实际还本付息额/预算还本付息额）×100%计算项目的还本付息情况，看是否达到预期目标
	项目收益	项目收益率	反映项目收益目标的实现程度	《项目支出绩效评价管理办法》(财预〔2020〕10号)	管理要点：通过公式（实际收益/预期收益）×100%测算项目收益情况
		项目完成率	反映项目完成目标的实现程度	《项目支出绩效评价管理办法》(财预〔2020〕10号)	管理要点：通过公式（实际完成数/预期完成数）×100%测算项目完成情况

表 4-17　对市政和产业园区基础设施项目绩效过程管理指标

指标层次及名称			指标解释	指标依据	管理方法
一级指标	二级指标	三级指标			
组织结构	组织机构	市政工程建设处	反映市政工程建设项目实施处实施的保障情况	《关于加强地方政府性债务管理的意见》（国发〔2014〕43号）	管理要点：是否按负责项目管理、督促设计单位按时按质完成工程施工图设计；是否按负责项目施工全过程跟踪、管理，抓好施工安全、质量、进度管理，负责施工阶段工程变更管理和签证审查管理；是否按规定组织检查施工过程中的各项验收工作，做好工程竣工验收和备案工作；是否按规定编制项目用款计划，定期落实工程款支付，并且完成施工阶段工程资料的收集、整理和移交工作
		人员保障	反映管理人员对项目实施的保障情况	《关于加强地方政府性债务管理的意见》（国发〔2014〕43号）	管理要点：参与管理的人员是否是专业人员；是否定期对管理人员进行培训
	制度建设	项目规章制度建设	反映项目管理制度建设	《项目支出绩效评价管理办法》（财预〔2020〕10号）	管理要点：对项目是否有健全的管理和监督制度；是否按制度要求对项目进行管理和监督
		项目信息披露	反映项目是否按规定进行信息披露	《项目支出绩效评价管理办法》财预〔2020〕10号	管理要点：项目建设情况是否及时进行披露并向项目主管部门报告；披露的信息是否完整
债务使用	资金用途	基础设施建设费	反映是否按项目要求支出基础设施建设费	《项目支出绩效评价管理办法》（财预〔2020〕10号）	管理要点：是否按规定界定基础设施建设费；是否按规定金额支出基础设施建设费

续表

指标层次及名称			指标解释	指标依据	管理方法
一级指标	二级指标	三级指标			
债务使用	资金用途	日常维护及修理费	反映是否按项目要求支出日常维护及修理费	《项目支出绩效评价管理办法》（财预〔2020〕10号）	管理要点： 是否按规定界定日常维护及修理费； 是否按规定金额支出日常维护及修理费
		各阶段预算执行率	反映项目建设过程中各阶段项目预算的预算执行情况	《项目支出绩效评价管理办法》（财预〔2020〕10号）	管理要点： 通过公式（该阶段实际支出资金①/该阶段实际到位资金）×100%计算各阶段的预算执行率
		市政和产业园区基础设施项目资金使用合规性	反映项目建设期间项目资金的规范运行情况	《项目支出绩效评价管理办法》（财预〔2020〕10号）	管理要点： 是否符合国家财经法规和财务管理制度以及有关专项资金管理办法的规定； 资金的拨付是否有完整的审批程序和手续； 是否符合项目预算批复或合同规定的用途； 是否存在截留、挤占、挪用、虚列支出等情况
	资金管理	实物量	反映是否按项目进度形成相应的实物量	《财政部关于试点发展项目收益与融资自求平衡的地方政府专项债券品种的通知》（财预〔2017〕89号）	管理要点： 通过公式（债务资金形成的项目资产金额/预算债务资金）×100%计算项目形成的实物量
		竣工财务决算管理	反映项目竣工财务决算管理情况	《项目支出绩效评价管理办法》（财预〔2020〕10号）	管理要点： 在项目竣工后，是否及时进行项目竣工财务决算； 在编制项目竣工财务决算前，项目实施单位是否认真做好各项清理工作； 在编制项目竣工财务决算时，是否按规定编制

① 一定时期（本年度或项目期）内项目实际拨付的资金。

续表

指标层次及名称			指标解释	指标依据	管理方法
一级指标	二级指标	三级指标			
债务使用	资产管理	资产管理的合规性	反映项目建设期间项目资产核算的合规性	《项目支出绩效评价管理办法》（财预〔2020〕10号）	管理要点：是否做好资产的账卡管理、清查登记、统计报告及日常管理工作；项目单位与运营单位不一致的，是否做好对应资产移交工作；是否符合专项债券项目对应资产有关管理办法相关监督部门是否做好资产监督管理
	业务管理	项目质量可控性	反映对项目质量的控制	《项目支出绩效评价管理办法》（财预〔2020〕10号）	管理要点：是否制定或具有相应的项目质量要求或标准；是否采取相应的项目质量检查、验收等必需的控制措施或手段
		监督有效性	反映在项目建设过程中对项目过程监督	《项目支出绩效评价管理办法》（财预〔2020〕10号）	管理要点：是否有健全的监督办法；是否按相关规定对项目建设过程进行监督
风险控制		资产负债率	反映偿付债务的能力	《政府综合财务报告编制操作指南》《关于加强地方政府性债务管理的意见》（国发〔2014〕43号）	管理方式：通过公式（项目负债总额/项目资产总额）×100%的负债率
		还本付息率	反映实际还本付息情况	《项目支出绩效评价管理办法》（财预〔2020〕10号）	管理方式：通过公式（实际还本付息额/预算还本付息额）×100%计算项目的还本付息情况
债务偿还	项目收益	项目收益率	反映项目收益目标的实现程度	《项目支出绩效评价管理办法》（财预〔2020〕10号）	管理要点：通过公式（实际收益/预期收益）×100%测算项目收益情况
		项目完成率	反映项目完成目标的实现程度	《项目支出绩效评价管理办法》（财预〔2020〕10号）	管理要点：通过公式（实际完成数/预期完成数）×100%测算项目完成情况

第四章 政府会计促进债务绩效管理研究

表 4-18 对收费公路项目绩效过程管理指标

指标层次及名称			指标解释	指标依据	管理方法
一级指标	二级指标	三级指标			
组织机构	组织结构	河南高速公路发展有限责任公司	反映组织机构建设对项目实施的保障情况	《关于加强地方政府性债务管理的意见》（国发〔2014〕43号）	管理要点：督促设计单位按时按质完成工程施工图设计；是否按负责项目施工全过程跟踪、管理，抓好施工安全、质量、进度管理，负责施工阶段工程变更管理和签证审查管理；是否按规定组织检查施工过程中的各项验收工作，做好工程竣工验收和备案工作；是否按规定编制项目用款计划，定期落实工程款支付，并且完成施工阶段工程资料的收集、整理和移交工作
		人员保障	反映管理人员对项目实施的保障情况	《关于加强地方政府性债务管理的意见》（国发〔2014〕43号）	管理要点：参与管理的人员是否是专业人员；是否定期对管理人员进行培训
	制度建设	项目规章制度建设	反映项目管理制度建设	《项目支出绩效评价管理办法》（财预〔2020〕10号）	管理要点：对项目有健全的管理和监督制度；是否按制度对项目进行管理和监督
		项目信息披露	反映项目是否按规定进行信息披露	《项目支出绩效评价管理办法》（财预〔2020〕10号）	管理要点：项目建设情况是否及时进行披露并及时向项目主管部门报告；披露的信息是否完整
债务使用	资金用途	运营管理费	反映是否按项目要求支出运营管理费	《项目支出绩效评价管理办法》（财预〔2020〕10号）	管理要点：是否按规定界定运营管理费；是否按规定金额支出运营管理费
		公路日常养护及大修费用	反映是否按项目要求支出公路日常养护及大修费用	《项目支出绩效评价管理办法》（财预〔2020〕10号）	管理要点：是否按规定界定公路日常养护及大修费用；是否按规定金额支出公路日常养护及大修费用

续表

指标层次及名称			指标解释	指标依据	管理方法
一级指标	二级指标	三级指标			
资金管理		各阶段预算执行率	反映项目建设过程中各阶段项目预算执行情况	《项目支出绩效评价管理办法》（财预〔2020〕10号）	管理要点：通过公式（该阶段实际支出资金①/该阶段实际到位资金）×100%计算各阶段的预算执行率
		收费公路项目资金使用合规性	反映项目建设期间项目资金的规范运行情况	《项目支出绩效评价管理办法》（财预〔2020〕10号）	管理要点：是否符合国家财经法规和财务管理制度以及有关专项资金管理办法的规定；资金的拨付是否有完整的审批程序和手续，是否符合项目预算批复或合同规定的用途；是否存在截留、挤占、挪用、虚列支出等情况
债务使用		实物量	反映是否按项目进度形成相应的实物量	《财政部关于试点发展项目收益与融资自求平衡的地方政府专项债券品种的通知》（财预〔2017〕89号）	管理要点：通过公式（债务资金形成的项目资产金额/预算债务资金）×100%计算债务资金形成的实物量
		竣工财务决算管理	反映项目竣工财务决算管理情况	《项目支出绩效评价管理办法》（财预〔2020〕10号）	管理要点：在项目竣工后，是否及时进行项目竣工财务决算；在编制项目竣工财务决算前，项目实施单位是否认真做好各项清理工作；在编制项目竣工财务决算时，是否按规定编制

① 一定时期（本年度或项目期）内项目实际拨付的资金。

续表

指标层次及名称			指标解释	指标依据	管理方法
一级指标	二级指标	三级指标			
债务使用	资产管理	资产管理的合规性	反映项目建设期间项目资产核算的合规性	《项目支出绩效评价管理办法》（财预〔2020〕10号）	管理要点： 是否做好资产的账卡管理、清查登记、统计报告及日常管理工作； 项目单位与运营单位不一致的，是否做好债务、资产等的移交工作； 是否符合专项债券项目对应资产有关管理办法； 相关监管部门是否做好资产监督管理
	业务管理	项目质量可控性	反映对项目质量的控制	《项目支出绩效评价管理办法》（财预〔2020〕10号）	管理要点： 是否制定或具有相应的项目质量要求或标准； 是否采取相应的项目质量检查、验收等必需的控制措施或手段
		监督有效性	反映在项目建设过程中对项目过程的监督	《项目支出绩效评价管理办法》（财预〔2020〕10号）	管理要点： 是否健全相关规定； 是否按相关规定对项目建设过程进行监督
	风险控制	资产负债率	反映偿付债务的能力	《政府综合财务报告编制操作指南》	管理方式： 通过公式（项目负债总额/项目资产总额）×100%的计算，考察项目的资产负债率
债务偿还		还本付息率	反映实际还本付息情况	《关于加强地方政府性债务管理的意见》（国发〔2014〕43号）	管理方式： 通过公式（实际还本付息额/预算还本付息额）×100%计算项目的还本付息情况
	项目收益	项目收益率	反映项目收益目标的实现程度	《项目支出绩效评价管理办法》（财预〔2020〕10号）	管理要点： 通过公式（实际收益/预期收益）×100%测算项目收益情况
		项目完成率	反映项目完成目标的实现程度	《项目支出绩效评价管理办法》（财预〔2020〕10号）	管理要点： 通过公式（实际完成数/预期完成数）×100%测算项目完成情况

表4-19 对交通基础设施项目绩效过程管理指标

指标层次及名称			指标解释	指标依据	管理方法
一级指标	二级指标	三级指标			
组织结构	组织机构	市政工程建设处	反映市政工程建设项目处实施的保障情况	《关于加强地方政府性债务管理的意见》（国发〔2014〕43号）	管理要点： 是否按规定指导、督促设计单位按质完成工程施工图设计； 是否按照负责项目施工全过程跟踪、管理，抓好施工安全、质量、进度管理，负责施工阶段工程变更管理和签证审查管理； 是否按规定组织检查施工过程中的各项验收工作，做好工程竣工验收和备案工作； 是否按规定编制项目用款计划，定期落实工程款支付，并且完成施工阶段工程资料的收集、整理和移交工作
		人员保障	反映管理人员对项目实施的保障情况	《关于加强地方政府性债务管理的意见》（国发〔2014〕43号）	管理要点： 参与管理的人员是否是专业人员； 是否定期对管理人员进行培训
	制度建设	项目规章制度建设	反映项目管理制度建设	《项目支出绩效评价管理办法》（财预〔2020〕10号）	管理要点： 对项目是否有健全的管理和监督制度； 是否按制度规定对项目进行管理和监督
		项目信息披露	反映项目是否按规定进行信息披露	《项目支出绩效评价管理办法》（财预〔2020〕10号）	管理要点： 项目建设情况是否及时进行披露并及时向项目主管部门报告； 披露的信息是否完整
债务使用	资金用途	燃料动力费	反映项目是否按项目要求支出燃料动力费	《项目支出绩效评价管理办法》（财预〔2020〕10号）	管理要点： 是否按规定界定燃料动力费； 是否按规定金额支出燃料动力费
		广告运营成本	反映项目是否按项目要求支出广告运营成本	《项目支出绩效评价管理办法》（财预〔2020〕10号）	管理要点： 是否按规定界定广告运营成本； 是否按规定金额支出广告运营成本

续表

指标层次及名称			指标解释	指标依据	管理方法
一级指标	二级指标	三级指标			
债务使用	资金管理	各阶段预算执行率	反映项目建设过程中各阶段项目预算执行情况	《项目支出绩效评价管理办法》(财预〔2020〕10号)	管理要点： 通过公式（该阶段实际支出资金①/该阶段实际到位资金）×100%计算各阶段的预算执行率
		交通基础设施项目资金使用合规性	反映项目建设期间项目资金的规范运行情况	《项目支出绩效评价管理办法》(财预〔2020〕10号)	管理要点： 是否符合国家财经法规和财务管理制度以及有关专项资金管理办法的规定； 资金的拨付是否有完整的审批程序和手续； 是否符合项目预算批复或合同规定的用途； 是否存在截留、挤占、挪用、虚列支出等情况
		实物量	反映是否按项目进度形成相应的实物量	《财政部关于试点发展项目收益与融资自求平衡的地方政府专项债券品种的通知》(财预〔2017〕89号)	管理要点： 通过公式（债务资金形成的项目资产金额/预算债务资金）×100%计算项目形成的实物量
		竣工财务决算管理	反映项目竣工财务决算管理情况	《项目支出绩效评价管理办法》(财预〔2020〕10号)	管理要点： 在项目竣工后，是否及时进行项目竣工财务决算； 在编制项目竣工财务决算前，项目实施单位是否认真做好各项清理工作； 在编制项目竣工财务决算时，是否按规定编制

① 一定时期（本年度或项目期）内项目实际拨付的资金。

续表

指标层次及名称			指标解释	指标依据	管理方法
一级指标	二级指标	三级指标			
债务使用	资产管理	资产管理的合规性	反映项目建设期间项目资产核算的合规性	《项目支出绩效评价管理办法》（财预〔2020〕10号）	管理要点：是否做好资产的账卡管理、清查登记、统计报告及日常管理工作；项目单位与运营单位不一致的，是否做好债务、资产等的移交工作；是否符合专项债券项目对应资产有关管理办法；相关监督部门是否做好资产监督管理
	业务管理	项目质量可控性	反映对项目质量的控制	《项目支出绩效评价管理办法》（财预〔2020〕10号）	管理要点：是否制定或具有相应的项目质量要求或标准；是否采取相应的项目质量检查、验收等必需的控制措施或手段
		监督有效性	反映在项目建设过程中对项目过程的监督	《项目支出绩效评价管理办法》（财预〔2020〕10号）	管理要点：是否有健全的监督办法；是否按相关规定对项目建设过程进行监督
债务偿还	风险控制	资产负债率	反映偿付债务的能力	《政府综合财务报告编制操作指南》	管理方式：通过公式（项目负债总额/项目资产总额）×100%的计算，考察项目的资产负债率
		还本付息率	反映实际还本付息情况	《关于加强地方政府性债务管理的意见》（国发〔2014〕43号）	管理方式：通过公式（实际还本付息额/预算还本付息额）×100%计算项目的还本付息情况
	项目收益	项目收益率	反映项目收益目标的实现程度	《项目支出绩效评价管理办法》（财预〔2020〕10号）	管理要点：通过公式（实际收益/预期收益）×100%测算项目收益情况
		项目完成率	反映项目完成目标的实现程度	《项目支出绩效评价管理办法》（财预〔2020〕10号）	管理要点：通过公式（实际完成数/预期完成数）×100%测算项目完成情况

表4-20 对冷链项目绩效过程管理指标

指标层次及名称			指标解释	指标依据	管理方法
一级指标	二级指标	三级指标			
组织结构	组织机构	市政工程建设处	反映市政工程建设项目实施的保障情况	《关于加强地方政府性债务管理的意见》（国发〔2014〕43号）	管理要点： 是否指导、督促设计单位按时按质完成工程施工图设计； 是否按项目施工全过程跟踪、管理，抓好施工安全、质量、进度管理，负责施工阶段工程变更管理和签证审查管理； 是否按规定组织检查施工过程的各项验收工作，做好施工验收和备案工作； 是否按规定编制项目用款计划，定期落实工程款支付，并且完成施工阶段工程资料的收集、整理和移交工作
	人员保障		反映管理人员对项目实施的保障情况	《关于加强地方政府性债务管理的意见》（国发〔2014〕43号）	管理要点： 参与管理的人员是否是专业人员； 是否定期对管理人员进行培训
	制度建设	项目规章制度建设	反映项目管理制度建设	《项目支出绩效评价管理办法》（财预〔2020〕10号）	管理要点： 对项目是否有健全的管理和监督制度； 是否按规定对项目进行管理和监督
		项目信息披露	反映项目是否按规定进行信息披露	《项目支出绩效评价管理办法》（财预〔2020〕10号）	管理要点： 项目建设情况是否及时进行披露并及时向项目主管部门报告； 披露的信息是否完整
债务使用	资金用途	冷库建设费用	反映项目是否按项目要求支出冷库建设费用	《项目支出绩效评价管理办法》（财预〔2020〕10号）	管理要点： 是否按规定界定冷库建设费用； 是否按规定额支出冷库建设费用
		新增冷藏车费用	反映项目是否按项目要求支出新增冷藏车费用	《项目支出绩效评价管理办法》（财预〔2020〕10号）	管理要点： 是否按规定界定新增冷藏车费用； 是否按规定额支出新增冷藏车费用

续表

指标层次及名称			指标解释	指标依据	管理方法
一级指标	二级指标	三级指标			
债务使用	资金管理	各阶段预算执行率	反映项目建设过程中各阶段项目预算执行情况	《项目支出绩效评价管理办法》(财预[2020]10号)	管理要点： 通过公式（该阶段实际支出资金①/该阶段实际到位资金）×100%计算各阶段的预算执行率
		冷链资金使用合规性	反映项目建设期间冷链项目资金的规范运行情况	《项目支出绩效评价管理办法》(财预[2020]10号)	管理要点： 是否符合国家财经法规和财务管理制度以及有关专项资金管理办法的规定； 资金的拨付是否有完整的审批程序和手续； 是否符合项目预算批复或合同规定的用途； 是否存在截留、挪用、挤占、虚列支出等情况
		实物量	反映是否按项目进度形成相应的实物量	《财政部关于试点发展项目收益与融资自求平衡的地方政府专项债券品种的通知》(财预[2017]89号)	管理要点： 通过公式（债务资金形成的项目资产金额/预算债务资金）×100%计算项目形成的实物量
		竣工财务决算管理	反映项目竣工财务决算管理情况	《项目支出绩效评价管理办法》(财预[2020]10号)	管理要点： 在项目竣工后，是否及时进行项目竣工财务决算； 在编制项目竣工财务决算前，项目实施单位是否认真做好各项清理工作； 在编制项目竣工财务决算时，是否按规定编制
	资产管理	资产管理的合规性	反映项目建设期间项目资产核算的合规性	《项目支出绩效评价管理办法》(财预[2020]10号)	管理要点： 是否做好资产的账卡管理、清查登记，统计报告及日常管理工作； 项目单位与运营单位不一致的，是否做好债务、资产等的移交工作；

① 一定时期（本年度或项目期）内项目实际拨付的资金。

续表

指标层次及名称			指标解释	指标依据	管理方法
一级指标	二级指标	三级指标			
债务使用	资产管理	资产管理的合规性	反映项目建设期间项目资产核算的合规性	《项目支出绩效评价管理办法》（财预[2020]10号）	是否符合专项债券项目对应资产有关管理办法；相关监管部门是否做好资产监督管理
	业务管理	项目质量可控性	反映对项目质量的控制	《项目支出绩效评价管理办法》（财预[2020]10号）	管理要点：是否制定或具有相应的项目质量要求或标准；是否采取相应的项目质量检查、验收等必需的控制措施或手段
		监督有效性	反映在项目建设过程中对项目过程的监督	《项目支出绩效评价管理办法》（财预[2020]10号）	管理要点：是否有健全的监督办法；是否按相关规定对项目建设过程进行监督
债务偿还	风险控制	资产负债率	反映偿付债务的能力	《政府综合财务报告编制操作指南》	管理方式：通过公式（项目负债总额/项目资产总额）×100%的计算，考察项目的资产负债率
		还本付息率	反映实际还本付息情况	《关于加强地方政府性债务管理的意见》（国发[2014]43号）	管理方式：通过公式（实际还本付息额/预算还本付息额）×100%计算项目的还本付息情况
	项目收益	项目收益率	反映项目收益目标的实现程度	《项目支出绩效评价管理办法》（财预[2020]10号）	管理要点：通过公式（实际收益/预期收益）×100%测算项目收益情况
		项目完成率	反映项目完成目标的实现程度	《项目支出绩效评价管理办法》（财预[2020]10号）	管理要点：通过公式（实际完成数/预期完成数）×100%测算项目完成情况

级地方政府债务绩效评价，以及对重大项目进行债务绩效评价。

2. 债务绩效评价原则

科学规范，绩效评价应当运用科学合理的方法，依据债务"借、用、管、还"的流程，健全共性的债务绩效指标框架和分行业领域的债务绩效指标体系；全面系统，绩效评价应当综合反映债务项目的效率和效果，力求能够全面反映债务项目的经济、社会和生态绩效；导向明晰，绩效评价应当以控制债务风险和合理配置资源为导向，明确各方债务绩效管理职责，清晰界定权责边界。

3. 债务绩效评价主要依据

债务绩效评价依据包括：国家相关法律、法规和规章制度；债务管理和预算管理制度及办法；项目及资金管理办法；部门职责相关规定；行业政策、标准及专业技术规范；财务和会计资料；项目设立的政策依据和目标，项目执行情况，项目决算或验收报告等相关材料；本级人大审查结果报告、审计报告，财政监督稽核报告等；其他相关资料。

4. 债务绩效评价对象和内容

项目单位自评的对象包括本单位所有使用地方政府债务资金的项目。主管部门评价对象为本部门主管的地方政府债务资金的项目。财政评价对象为本级和所属下级地方政府综合债务绩效，以及覆盖面广、影响力大、社会关注度高、实施期长的项目。

项目单位自评的内容主要包括项目债务项目总体绩效目标、各项绩效指标完成情况、债务风险情况，以及债务资金使用情况。主管部门评价的内容主要包括：债务决策情况；债券对应项目资金支出进度；形成实物工作量情况；债券本息偿付情况；取得的效益情况；其他相关内容。财政部门评价的内容主要包括：债务资金投入情况、执行情况、风险情况、取得效益情况、其他相关内容。

5. 债务绩效评价指标体系

（1）债务绩效评价指标分类和原则。债务绩效评价指标包括项目单位自评指标、主管部门绩效评价指标和财政部门绩效评价指标。项目单位自评指标依据债务项目批复时确定的绩效指标，包括债券对应项目资金支出进度、资金支付合规性、还本付息情况，以及经济效益、社会效益、生态效益等。财政部门和主管部门绩效评价指标的确定遵循以下原则：综合性，指标体系全面反映举债决策、项目和债务资金管理、产出和效益，定性评价和定量评价相结合，日常监督和实绩测评相结合；实用性，选取最具代表性的核心指标，指标内涵具体并可衡量；可比性，同类项目绩效评价指标和标准设定一致，便于比较。

（2）债务绩效评价指标设计思路。按照债务资金运行的流程，遵循效率、效果和公平的绩效理念，构建覆盖"举借—执行—结果"的债务全过程绩效评价指标框架。依据债务运行环节设置一级指标，包括举债环节（借）、执行环节（用、管、还）、结果环节。围绕影响每个环节效率性、效果性和公平性的因素设计二级指标。效率性强调投入与产出之间的比率关系；效果性反映结果相对于目标的实现程度；公平性是指通过合理地配置资源达到对社会公众的影响相对公平。依据二级指标细化到三级指标。

（3）债务绩效评价标准和方法。绩效评价标准包括计划标准、行业标准、标杆标准和历史标准。单位自评采用定量与定性评价相结合的比较法，总分由各项指标得分汇总形成。财政和部门评价的方法主要包括成本效益分析法、比较法、因素分析法、最低成本法、公众评判法、标杆管理法等。

（二）财政部门对地方政府债务绩效评价体系

本指标体系为财政部门对一级政府的债务绩效评价，评价一级政府债务"借、用、管、还"的绩效，强调对债务风险的控制和债务资金的配置效率，详见表4-21。

（三）财政部门对重大项目债务绩效通用评价体系

本指标体系为财政部门对重大项目的债务绩效评价，评价债务资金项目的决策、过程、产出和效益，详见表4-22。

（四）财政部门对重大项目债务绩效分项评价体系

分项评价体系中，决策和过程运用通用指标，书中仅列示产出和效益部分。

1. 农田建设项目

本指标体系为财政部门对农田建设项目的债务绩效评价，评价债务资金项目的决策、过程、产出和效益，详见表4-23。

表 4-21 地方政府债务绩效评价体系（对一级政府债务绩效评价）

指标层次及名称			指标解释	指标依据	评价方法	权重	得分
一级指标	二级指标	三级指标					
投入 (30%)	债务限额 (10%)	一般债务限额	反映一般债务限额的使用情况	《地方政府债券发行管理办法》（财库[2020]43号）	计算公式:（一般债务余额/一般债务限额）×100% 评价方式：该指标不得大于1，以地区平均值为标准，距离平均值越近，排名越高①	5%	
		专项债务限额	反映专项债务限额的使用情况	《地方政府债券发行管理办法》（财库[2020]43号）	计算公式:（专项债务余额/专项债务限额）×100% 评价方式：该指标不得大于1，以地区平均值为标准，距离平均值越近，排名越高	5%	
	债务结构 (10%)	债务资金投向	反映债务资金投向②和分配额度是否合理	《地方政府债券发行管理办法》（财库[2020]43号）	计算公式:（各类项目新增债务额/政府新增债务总额）×100% 评价方式：与地方政府的年度发展规划和导向对比③，依据与规划的相符程度排名	5%	
		借新还旧债务率	反映举借债务中借新还旧的比例	《财政部关于对地方政府债务实行限额管理的实施意见》（财预[2015]225号）	计算公式:（举借新债偿还债务本息总额）×100% 评价方法：定性评价，该比例越低越好，按地区排名评分	5%	
	预算管理 (10%)	一般债务预算管理	反映一般债务预算管理情况	《地方政府一般债务预算管理办法》（财预[2016]154号）	评价方法：定性评价，依据评价要点得分 评价要点: 一般债务是否有偿还计划稳定的偿还资金来源； 一般债务还本支出是否根据当年到期一般债务规模、一般公共预算财力等因素合理预计，妥善安排，并列入年度预算草案;	3%	

① 得分方法：总分100分，按照17个地级市计算，每个等级5.88分，第1名100分，第2名94.12分，第3名88.24分，依次类推。
② 指投向市政建设项目、交通运输项目、农林项目、教育项目、医疗项目、环保项目等。
③ 例如，交通运输项目新增债务额/当地政府新增债务总额，是否与政府当年对交通运输项目投入的规划相符。

续表

指标层次及名称			指标解释	指标依据	评价方法	权重	得分
一级指标	二级指标	三级指标					
投入（30%）	预算管理（10%）	一般债务预算管理	反映一般债务预算管理情况	《地方政府一般债务预算管理办法》（财预〔2016〕154号）	增加举借债务安排的收入和支出是否明确到具体项目，纳入财政支出预算项目库管理调整方案；一般债务支出是否明确到具体项目，纳入财政支出预算项目库管理	3%	
		专项债务预算管理	反映专项债务预算管理情况	《地方政府专项债务预算管理办法》（财预〔2016〕155号）	评价方法：定性评价，依据评价要点得分评价要点：专项债务是否有偿还计划和偿还资金来源；专项债收支是否按照对应的政府性基金收入、政府性基金财力、专项债收入实现项目收支平衡；专项债务还本支出是否根据当年到期专项债务规模、政府性基金财力，调入专项收入等因素合理预计，妥善安排，并列入年度预算草案；增加专项债务安排的收入和支出是否列入预算调整方案；专项债务支出是否明确到具体项目，纳入财政支出预算项目库管理	3%	
		项目库管理	反映项目库管理情况	《地方政府债券发行管理办法》（财库〔2020〕43号）	评价方法：定性评价，依据评价要点得分评价要点：项目库中项目数量；项目库中项目的类型；项目库中项目与地区规划的相符程度	4%	

续表

指标层次及名称			指标解释	指标依据	评价方法	权重	得分
一级指标	二级指标	三级指标					
过程(30%)	资金管理(10%)	债务资金到位率	反映资金落实情况对项目实施的总体保障程度	《项目支出绩效评价管理办法》（财预〔2020〕10号）	计算公式：实际到位资金①/预算债务资金② 评价方法：该指标应等于1，依据距离1的程度对地区政府排名	3%	
		预算执行率	反映项目预算执行情况	《项目支出绩效评价管理办法》（财预〔2020〕10号）	计算公式：(实际支出资金③/实际到位资金）× 100% 评价方法：该指标应等于1，依据距离1的程度对地区政府排名	3%	
		资金使用合规性	反映项目资金的规范运行情况	《项目支出绩效评价管理办法》（财预〔2020〕10号）	评价方法：定性评价，依据评价要点得分 评价要点： 是否符合国家财经法规和财务管理办法的规定； 关专项资金管理制度以及有关项目资金的拨付是否有完整的审批程序和手续； 资金的拨付是否符合项目预算批复或合同规定的用途； 是否存在截留、挪用、挤占、虚列支出情况；	4%	
	债务风险(10%)	债务率	衡量债务规模大小的指标	《财政部关于对地方政府债务实行限额管理的实施意见》（财预〔2015〕225号）	计算公式：(年末债务余额/本年政府综合财力④)×100% 评价方法：国际警戒值90%~150%，不得超过150%，越低越好，按照地区排名评分	1%	

① 一定时期（本年度或项目期）内落实到具体项目的资金。
② 一定时期（本年度或项目期）内预算安排到具体项目的资金。
③ 一定时期（本年度或项目期）内项目实际拨付的资金。
④ 政府综合财力用本级可支配财力表示。本年可支配财力=本级地方政府收入+上级的返还收入和补助收入+上解上级支出-对下级税收返还和补助下级支出。

续表

指标层次及名称			指标解释	指标依据	评价方法	权重	得分
一级指标	二级指标	三级指标					
过程(30%)	债务风险(10%)	负债率(债务负担率)	衡量经济增长对政府举债依赖程度的指标	《政府综合财务报告编制操作指南》(财库〔2019〕58号)	计算公式：(年末债务余额/当年GDP)×100% 评价方法：国际警戒值60%，不得超过60%，按照地区排名评分 越低越好	1%	
		债务增长率	反映新增债务所占比重的指标	《财政部关于对地方政府债务实行限额管理的实施意见》(财预〔2015〕225号)	计算公式：(本年新增债务/年末债务余额)×100% 评价方法：越低越好，按照地区排名评分	1%	
		逾期债务率	反映到期不能偿还债务所占比重的指标	《财政部关于对地方政府债务实行限额管理的实施意见》(财预〔2015〕225号)	计算公式：(年末逾期债务额/年末债务余额)×100% 评价方法：越低越好，按照地区排名评分	1%	
		偿债率	反映地方政府的偿债能力	《财政部关于对地方政府债务实行限额管理的实施意见》(财预〔2015〕225号)	计算公式：(本年到期债务/本年政府综合财力)×100% 评价方法：国际警戒值20%，不得超过20%，按照地区排名评分 越低越好	1%	
		或有债务代偿率	反映地方政府承担保责任的债务	《政府综合财务报告编制操作指南》(财库〔2019〕58号)	计算公式：(本年或有债务/本年政府综合财力①)×100% 评价方法：越低越好，按照地区排名评分	1%	
		债务依存度	反映政府支出对债务的依赖程度	《政府综合财务报告编制操作指南》(财库〔2019〕58号)	计算公式：(当年债务收入/当年财政支出)×100% 评价方法：越低越好，按照地区排名评分	1%	
		资产负债率	反映政府偿付债务的能力	《政府综合财务报告编制操作指南》(财库〔2019〕58号)	计算公式：(负债总额/资产总额)×100% 评价方法：越低越好，按照地区排名评分	1%	

① 或有负债指政府负有担保责任的债务。

续表

指标层次及名称			指标解释	指标依据	评价方法	权重	得分
一级指标	二级指标	三级指标					
过程 (30%)	债务风险 (10%)	一般债务率	反映一般债的还款能力	《政府综合财务报告编制操作指南》(财库〔2019〕58号)	计算公式：[（一般债务余额/债务年限）/一般公共预算可偿债财力[①]]×100% 评价方法：越低越好，按照地区排名评分	1%	
		专项债务率	反映专项债的还款能力	《政府综合财务报告编制操作指南》(财库〔2019〕58号)	计算公式：[（专项债务余额/债务年限）/政府性基金预算可偿债能力]×100% 评价方法：越低越好，按照地区排名评分	1%	
	制度建设 (10%)	举债融资管理制度	反映管理制度对项目实施的保障情况	《关于加强地方政府性债务管理的意见》(国发〔2014〕43号)	评价方法：定性评价，依据评价要点得分 评价要点： 制度健全性； 执行有效性	2%	
		信用评级机制	反映管理制度对项目实施的保障情况	《关于加强地方政府性债务管理的意见》(国发〔2014〕43号)	评价方法：定性评价，依据评价要点得分 评价要点： 制度健全性； 执行有效性	2%	
		信息披露制度	反映管理制度对项目实施的保障情况	《关于加强地方政府性债务管理的意见》(国发〔2014〕43号)	评价方法：定性评价，依据评价要点得分 评价要点： 制度健全性； 执行有效性	2%	
		债务风险预警机制	反映管理制度对防范债务风险的保障情况	《关于加强地方政府性债务管理的意见》(国发〔2014〕43号)	评价方法：定性评价，依据评价要点得分 评价要点： 制度健全性； 执行有效性	2%	

[①] 可偿债财力等于综合财力扣除用于保障人员工资、机关运转、民生支出等刚性支出后的财力。

续表

指标层次及名称			指标解释	指标依据	评价方法	权重	得分
一级指标	二级指标	三级指标					
过程(30%)	制度建设(10%)	风险应急处置机制	反映管理制度对防范债务风险的保障情况	《关于加强地方政府性债务管理的意见》(国发〔2014〕43号)	评价方法：定性评价，依据评价要点得分；评价要点：制度健全性，执行有效性	2%	
结果(40%)	经济效益(10%)	专项债券收益率	反映专项债券支平衡情况	《财政部关于试点发展项目收益与融资自求平衡的地方政府专项债券品种的通知》(财预〔2017〕89号)	计算公式：[专项债券项目投资额/(专项债券期限)]×100%；评价方法：越高越好，按照地区排名评分	2%	
		人均可支配收入	反映政府债务对人均可支配收入的影响	《关于加强地方政府性债务管理的意见》(国发〔2014〕43号)	评价方法：运用总额和增长率两个指标各地市排名加权	4%	
		人均GDP	反映政府债务对人均GDP的影响	《关于加强地方政府性债务管理的意见》(国发〔2014〕43号)	评价方法：运用总额和增长率两个指标各地市排名加权	4%	
		就业率	反映政府债务对就业率的影响	《关于加强地方政府性债务管理的意见》(国发〔2014〕43号)	评价方法：运用总额和增长率两个指标各地市排名加权	2%	
	社会效益(10%)	在校生人数占总人口比例	反映用于教育的债务社会效益	《关于加强地方政府性债务管理的意见》(国发〔2014〕43号)	评价方法：运用总额和增长率两个指标各地市排名加权	2%	
		每千人拥有卫生机构床位	反映用于医疗的债务社会效益	《关于加强地方政府性债务管理的意见》(国发〔2014〕43号)	评价方法：运用总额和增长率两个指标各地市排名加权	2%	

续表

指标层次及名称			指标解释	指标依据	评价方法	权重	得分
一级指标	二级指标	三级指标					
结果（40%）	社会效益（10%）	每万人拥有公共交通车辆数	反映用于交通的债务社会效益	《关于加强地方政府性债务管理的意见》（国发[2014]43号）	评价方法：运用总额和增长率两个指标各地市排名加权	2%	
		人均绿地面积	反映用于市政建设的债务社会效益	《关于加强地方政府性债务管理的意见》（国发[2014]43号）	评价方法：运用总额和增长率两个指标各地市排名加权	2%	
	生态效益（10%）	单位GDP能耗	反映用于生态环保债务的效益	《关于加强地方政府性债务管理的意见》（国发[2014]43号）	评价方法：运用总额和增长率两个指标各地市排名加权	5%	
		全年空气质量优良天数	反映用于生态环保债务的效益	《关于加强地方政府性债务管理的意见》（国发[2014]43号）	评价方法：运用总额和增长率两个指标各地市排名加权	5%	
	满意度（10%）	公众满意度	公平性指标	《关于加强地方政府性债务管理的意见》（国发[2014]43号）	依据调查排名	10%	

表 4-22　项目债务绩效评价体系（财政部门对重大项目债务绩效评价）

指标层次及名称			指标解释	指标依据	评价方法	权重	得分
一级指标	二级指标	三级指标					
决策（20%）	项目立项（8%）	立项依据充分性	反映项目立项依据情况	《项目支出绩效评价管理办法》（财预〔2020〕10号）	评价方式：定性评价，依据评价要点得分 评价要点： 项目是否属于债务资金支持范围； 项目是否有偿还计划和稳定的偿还资金来源； 借债额度测算依据是否充分； 项目期与借款期是否匹配	4%	
		立项程序规范性	反映项目立项的规范情况	《项目支出绩效评价管理办法》（财预〔2020〕10号）	评价方式：定性评价，依据评价要点得分 评价要点： 项目是否按照规定的程序申请设立，审批文件、材料是否符合相关要求，事前是否已经过必要的可行性研究、专家论证、风险评估、绩效评估、集体决策	4%	
	绩效目标（8%）	绩效目标合理性	反映项目绩效目标与项目实施的相符情况	《项目支出绩效评价管理办法》（财预〔2020〕10号）	评价方式：定性评价，依据评价要点得分 评价要点： 项目是否有绩效目标； 项目绩效目标与实际工作内容是否具有相关性； 项目预期产出效益和效果是否符合正常业绩水平； 是否与项目投资额或资金量相匹配； 债务还本付息的测算是否合理	4%	
		绩效指标明确性	反映项目绩效目标的明细化情况	《项目支出绩效评价管理办法》（财预〔2020〕10号）	评价方式：定性评价，依据评价要点得分 评价要点： 是否将项目绩效目标细化分解为具体绩效指标； 是否通过清晰、可衡量的指标值予以体现； 是否与项目任务数或计划数相对应	4%	

续表

指标层次及名称			指标解释	指标依据	评价方法	权重	得分
一级指标	二级指标	三级指标					
决策（20%）	资金投入（4%）	预算编制科学性	反映项目预算编制的科学性、合理性	《项目支出绩效评价管理办法》（财预〔2020〕10号）	评价方式：定性评价，依据评价要点得分；评价要点：债务还本支出是否列入预算草案；增加举借债务安排的支出是否列入预算调整方案；预算内容与项目内容是否匹配；预算确定的项目投资额或资金量是否与工作任务相匹配	2%	
		资金分配合理性	反映项目资金分配的科学性、合理性	《项目支出绩效评价管理办法》（财预〔2020〕10号）	评价方式：定性评价，依据评价要点得分；评价要点：资金分配依据是否充分；资金分配额度是否合理，与项目单位或地方实际是否相适应	2%	
过程（20%）		债务资金到位率	反映资金落实情况对项目实施的总体保障程度	《项目支出绩效评价管理办法》（财预〔2020〕10号）	计算公式：(实际到位资金/预算债务资金)×100%；评价方法：以1为标准，1为100分，每低1%减1分	2%	
		预算执行率	反映项目预算执行情况	《项目支出绩效评价管理办法》（财预〔2020〕10号）	计算公式：(实际支出资金/实际到位资金)×100%；评价方法：以1为标准，1为100分，每低1%减1分	2%	
	资金管理（8%）	资金使用合规性	反映项目资金的规范运行情况	《项目支出绩效评价管理办法》（财预〔2020〕10号）	评价方式：定性评价，依据评价要点得分；评价要点：是否符合国家财经法规和财务管理制度以及有关专项资金管理办法的规定；资金的拨付是否有完整的审批程序和手续；是否符合项目预算批复或合同规定的用途；是否存在截留、挤占、挪用、虚列支出等情况	2%	

续表

指标层次及名称		二级指标	指标解释	指标依据	评价方法	权重	得分
一级指标	二级指标						
过程(20%)	资金管理(8%)	实物量	反映是否按项目进度形成相应的实物量	《财政部关于融资自求平衡的地方政府专项债券品种的通知》（财预[2017]89号）	计算公式：（债务资金/项目算债务资金）×100% 评价方法：以1为标准，1为100分，每低1%减1分	2%	
		资产负债率	反映偿付债务的能力	《政府综合财务报告编制操作指南》	计算公式：(项目负债总额/项目资产总额)×100% 评价方法：以同类项目的平均资产负债率为标准，按高于平均值的比例减分①	4%	
	债务风险(8%)	还本付息率	反映实际还本付息情况	《关于加强地方政府性债务管理的意见》（国发[2014]43号）	计算公式：(实际还本付息额/预算还本付息额)×100% 评价方法：以1为标准，1为100分，每低1%减1分	4%	
	组织实施(4%)	信息披露制度	反映管理制度对项目实施的保障情况	《关于加强地方政府性债务管理的意见》（国发[2014]43号）	评价方式：定性评价，依据评价要点得分 评价要点： 制度健全性； 执行有效性	2%	
		债务风险预警机制	反映管理制度对防范债务风险的保障情况	《关于加强地方政府性债务管理的意见》（国发[2014]43号）	评价方式：定性评价，依据评价要点得分 评价要点： 制度健全性； 执行有效性	1%	
		风险应急处置机制	反映管理制度对防范债务风险的保障情况	《关于加强地方政府性债务管理的意见》（国发[2014]43号）	评价方式：定性评价，依据评价要点得分 评价要点： 制度健全性； 执行有效性	1%	

① 例如，行业平均资产负债率为40%，每高1%减1.67分（100/60）。

续表

指标层次及名称			指标解释	指标依据	评价方法	权重	得分
一级指标	二级指标	三级指标					
产出 (30%)	产出数量 (10%)	实际完成率	反映项目产出数量目标的实现程度	《项目支出绩效评价管理办法》（财预〔2020〕10号）	计算公式：(实际产出数①/计划产出数②)×100% 评价方法：以1为标准，1为100分，每低1%减1分，每高1%加1分	5%	
		实际还本付息率（一般债适用）	反映一般债券到期后的实际偿还情况	《关于加强地方政府性债务管理的意见》（国发〔2014〕43号）	计算公式：(已还本付息金额/应还本付息金额)×100% 评价方法：以1为标准，1为100分，每低1%减1分	5%	
		专项债项目自求平衡率（专项债适用）	反映专项债券到期后的实际偿还情况	《财政部关于试点发展项目收益与融资自求平衡的地方政府专项债券品种的通知》（财预〔2017〕89号）	计算公式：(专项债项目自身还本付息金额/应还本付息金额)×100% 评价方法：以1为标准，1为100分，每低1%减1分	5%	
	产出质量 (5%)	质量达标率	反映项目产出质量目标的实现程度	《项目支出绩效评价管理办法》（财预〔2020〕10号）	计算公式：(质量达标产出数③/实际产出数)×100% 评价方法：以1为标准，1为100分，每低1%减1分	5%	
	产出时效 (10%)	完成及时性	反映项目产出时效目标的实现程度	《项目支出绩效评价管理办法》（财预〔2020〕10号）	计算公式：(质量达标产出时间④－计划完成时间⑤) 评价方法：实际完成时间每超过1个月减10分	5%	

① 一定时期（本年度或项目期）内项目实际产出的产品或提供的服务数量。
② 项目绩效目标确定的在一定时期（本年度或项目期）内计划产出的产品或提供的服务数量。
③ 质量达标产出数：一定时期内实际达到既定质量标准的产品或服务数量。既定质量标准是指项目实施单位设立绩效目标时所依据的计划标准、行业标准、历史标准或其他标准而设定的绩效指标值。
④ 实际完成时间：项目实施单位完成该项目实际所耗用的时间。
⑤ 计划完成时间：按照项目实施计划或相关规定完成该项目所需的时间。

续表

指标层次及名称			指标解释	指标依据	评价方法	权重	得分
一级指标	二级指标	三级指标					
产出 (30%)	产出时效 (10%)	还本付息及时性	反映还本付息的时间效率	《项目支出绩效评价管理办法》（财预〔2020〕10号）	计算公式：实际还本付息时间－应还本付息时间评价方法：每超过1个月减10分	5%	
	产出成本 (5%)	成本节约率	反映项目的成本节约程度	《项目支出绩效评价管理办法》（财预〔2020〕10号）	计算公式：[（计划成本①－实际成本②）/计划成本]×100%评价方法：以1为标准，1为100分，每节约1%加1分，浪费1%减1分	5%	
效益 (30%)	项目效益 (24%)	经济效益	项目实施所产生的经济效益	《项目支出绩效评价管理办法》（财预〔2020〕10号）	与项目申报时设定的多项指标值比较，如果经济效益为多项指标则加权平均，以1为100分，低1%减1分，高1%加1分	8%	
		社会效益	项目实施所产生的社会效益	《项目支出绩效评价管理办法》（财预〔2020〕10号）	与项目申报时设定的多项指标值比较，如果社会效益为多项指标则加权平均，以1为100分，低1%减1分，高1%加1分	8%	
		生态效益	项目实施所产生的生态效益	《项目支出绩效评价管理办法》（财预〔2020〕10号）	与项目申报时设定的多项指标值比较，如果生态效益为多项指标则加权平均，以1为100分，低1%减1分，高1%加1分	8%	
	满意度 (6%)	服务对象满意度	服务对象对项目实施效果满意程度	《项目支出绩效评价管理办法》（财预〔2020〕10号）	采取社会调查的方式，以100%为100分，每低1%减1分	6%	

① 计划成本：项目实施单位为完成工作目标计划安排的支出，一般以项目预算为参考。
② 实际成本：项目实施单位如期、保质、保量完成既定工作目标实际所耗费的支出。

表 4-23　农田建设项目债务绩效评价体系

指标层次及名称			指标解释	指标依据	评价方法	权重	得分
一级指标	二级指标	三级指标					
产出(30%)	产出数量(10%)	新建高标准农田建设面积完成率	反映农田建设数量完成情况	《项目支出绩效评价管理办法》(财预[2020]10号)	计算公式：实际产出数/计划产出数 评价方法：以1为100分，低1%减1分，高1%加1分	3%	
		高效节水灌溉面积完成率	反映高效节水灌溉面积完成情况	《项目支出绩效评价管理办法》(财预[2020]10号)	计算公式：实际产出数/计划产出数 评价方法：以1为100分，低1%减1分，高1%加1分	3%	
		实际还本付息率	反映债券到期后的实际偿还情况	《关于加强地方政府性债务管理的意见》(国发[2014]43号)	计算公式：已还本付息金额/应还本付息金额 评价方法：以1为100分，低1%减1分	4%	
	产出质量(5%)	项目验收合格率	反映达标情况	《项目支出绩效评价管理办法》(财预[2020]10号)	计算公式：通过竣工验收合格项目个数/纳入竣工验收的项目个数 评价方法：以1为100分，低1%减1分	5%	
	产出时效(10%)	完成及时性	反映项目产出时效指标的实现程度	《项目支出绩效评价管理办法》(财预[2020]10号)	计算公式：实际完成时间－计划完成时间 评价方法：每超过1个月减10分	5%	
		还本付息及时性	反映还本付息的时间效率	《项目支出绩效评价管理办法》(财预[2020]10号)	计算公式：实际还本付息时间－应还本付息时间 评价方法：每超过1个月减10分	5%	
	产出成本(5%)	成本节约率	反映项目的成本节约程度	《项目支出绩效评价管理办法》(财预[2020]10号)	计算公式：[(计划成本－实际成本)/计划成本]×100% 评价方法：以1为标准，1为100分，每节约1%加1分，浪费1%减1分	5%	

续表

指标层次及名称			指标解释	指标依据	评价方法	权重	得分
一级指标	二级指标	三级指标					
效益 (30%)	经济效益 (8%)	粮食产能增长率	反映粮食产能增加情况	《项目支出绩效评价管理办法》（财预〔2020〕10号）	计算公式：[（项目实施后平均亩产量－项目实施前平均亩产量）/项目实施前平均亩产量]/计划目标值 评价方法：以1为100分，低1%减1分，高1%加1分	4%	
		单位成本下降率	反映成本节约情况	《项目支出绩效评价管理办法》（财预〔2020〕10号）	计算公式：[（项目实施前单位成本－项目实施后单位成本）/项目实施前单位成本]/计划目标值 评价方法：以1为100分，低1%减1分，高1%加1分	4%	
	社会效益 (8%)	农民年均收入增长率	反映农民增收情况	《项目支出绩效评价管理办法》（财预〔2020〕10号）	计算公式：[（项目实施后农民年均收入－项目实施前农民年均收入）/项目实施前农民年均收入]/计划目标值 评价方法：以1为100分，低1%减1分，高1%加1分	8%	
	生态效益 (8%)	亩均节水率	反映节水情况	《项目支出绩效评价管理办法》（财预〔2020〕10号）	计算公式：[（项目实施前用水量－项目实施后用水量）/项目实施前用水量]/计划目标值 评价方法：以1为100分，低1%减1分，高1%加1分	8%	
	满意度 (6%)	服务对象满意度	服务对象对项目实施效果的满意程度	《项目支出绩效评价管理办法》（财预〔2020〕10号）	计算公式：项目区调查满意人数/项目区调查总人数 评价方法：以1为100分，低1%减1分，高1%加1分	6%	

2. 民生服务项目

本指标体系为财政部门对民生服务项目的债务绩效评价，评价债务资金项目的决策、过程、产出和效益，详见表4-24。

3. 市政和产业园区基础设施项目

本指标体系为财政部门对民生服务项目的债务绩效评价，评价债务资金项目的决策、过程、产出和效益，详见表4-25。

4. 收费公路项目

本指标体系为财政部门对收费公路项目的债务绩效评价，评价债务资金项目的决策、过程、产出和效益，详见表4-26。

5. 交通基础设施项目

本指标体系为财政部门对交通基础设施项目的债务绩效评价，评价债务资金项目的决策、过程、产出和效益，详见表4-27。

6. 城乡冷链物流设施项目

本指标体系为财政部门对冷链项目的债务绩效评价，评价债务资金项目的决策、过程、产出和效益，详见表4-28。

（五）单位自评评价体系

表4-29为单位债务绩效自评表。

六、地方政府投融资平台转型

（一）地方政府融资平台概述

1. 地方政府融资平台的产生及发展

我国第一家政府性融资平台成立于1987年，国务院批准上海采取自借自还的方式，成立了上海久事公司，以扩大利用外资，加强城市基础设施建设。1994年分税制改革后，为解决融资问题，弥补资金缺口，地方政府注入资本，创立投融资平台。地方政府融资平台的发展历程见表4-30。

2. 地方政府融资平台相关制度梳理

地方政府融资平台制度梳理具体见表4-31。

表 4-24　民生服务项目债务绩效评价体系

指标层次及名称			指标解释	指标依据	评价方法	权重	得分
一级指标	二级指标	三级指标					
产出(30%)				教育（高校）			
	产出数量(10%)	生均校舍建筑面积	反映学校建设面积完成情况	《项目支出绩效评价管理办法》（财预〔2020〕10号）	计算公式：某一级教育校舍建筑总面积/该级教育在校生总数　评价方法：以1为100分，低1%减1分，高1%加1分	3%	
		教学用房面积增长率	反映教学用房增长情况	《项目支出绩效评价管理办法》（财预〔2020〕10号）	计算公式：(本年教学用房面积－上年教学用房面积)/上年教学用房面积　评价方法：以1为100分，低1%减1分，高1%加1分	3%	
		实际还本付息率	反映债券到期后的实际偿还情况	《关于加强地方政府性债务管理的意见》（国发〔2014〕43号）	计算公式：已还本付息金额/应还本付息金额　评价方法：以1为100分，低1%减1分	4%	
	产出质量(5%)	项目验收合格率	反映达标情况	《项目支出绩效评价管理办法》（财预〔2020〕10号）	计算公式：通过竣工验收合格项目个数/纳入竣工验收的项目个数　评价方法：以1为100分，低1%减1分	5%	
	产出时效(10%)	完成及时性	反映项目产出时效目标的实现程度	《项目支出绩效评价管理办法》（财预〔2020〕10号）	计算公式：实际完成时间－计划完成时间　评价方法：每超过1个月减10分	5%	
		还本付息及时率	反映还本付息的时效	《项目支出绩效评价管理办法》（财预〔2020〕10号）	计算公式：实际还本付息时间－应还本付息时间　评价方法：每超过1个月减10分	5%	
	产出成本(5%)	成本节约率	反映项目的成本节约程度	《项目支出绩效评价管理办法》（财预〔2020〕10号）	计算公式：[（计划成本－实际成本）/计划成本]×100%　评价方法：以1为标准，1为100分，每节约1%加1分，浪费1%减1分	5%	

续表

指标层次及名称			指标解释	指标依据	评价方法	权重	得分
一级指标	二级指标	三级指标					
效益 (30%)	经济效益 (8%)	创新成果增长率	反映粮食产能增加情况	《项目支出绩效评价管理办法》（财预〔2020〕10号）	计算公式：（项目实施后发明专利申请及授权数－项目实施前发明专利申请及授权数）/项目实施前发明专利申请及授权数 评价方法：以1为100分，低1%减1分，高1%加1分	4%	
		单位成本下降率	反映成本节约情况	《项目支出绩效评价管理办法》（财预〔2020〕10号）	计算公式：[（项目实施前单位成本－项目实施后单位成本）/项目实施前单位成本] 评价方法：以1为100分，低1%减1分，高1%加1分	4%	
	社会效益 (8%)	决策咨询率	反映承担企事业单位委托课题情况	《项目支出绩效评价管理办法》（财预〔2020〕10号）	计算公式：承担委托课题数量／课题总量 评价方法：以1为100分，低1%减1分，高1%加1分	8%	
		科研成果增长率	反映科研成果情况	《项目支出绩效评价管理办法》（财预〔2020〕10号）	计算公式：（项目实施后科研成果数量－项目实施前科研成果数量）/项目实施前科研成果数量 评价方法：以1为100分，低1%减1分，高1%加1分	4%	
	生态效益 (8%)	绿化面积增长率	反映学校绿化面积情况	《项目支出绩效评价管理办法》（财预〔2020〕10号）	计算公式：（项目实施后绿化建设面积－项目实施前绿化建设面积）/项目实施前绿化建设面积 评价方法：以1为100分，低1%减1分，高1%加1分	4%	
	满意度 (6%)	服务对象满意度	服务对象对项目实施效果的满意程度	《项目支出绩效评价管理办法》（财预〔2020〕10号）	计算公式：项目区调查满意人数／项目区调查总人数 评价方法：以1为100分，低1%减1分	6%	

续表

指标层次及名称			指标解释	指标依据	评价方法	权重	得分
一级指标	二级指标	三级指标					
				医疗			
产出 (30%)	产出数量 (10%)	医疗用房面积增长率	反映医院建设面积完成情况	《项目支出绩效评价管理办法》（财预 [2020] 10号）	计算公式：（本年医疗用房面积－上年医疗用房面积）/上年教学用房面积 评价方法：以1为100分，低1%减1分，高1%加1分	3%	
		医生占卫计人员比	反映医生数在医院的情况	《项目支出绩效评价管理办法》（财预 [2020] 10号）	计算公式：医院医生人数/医院卫计人员数 评价方法：以1为100分，低1%减1分，高1%加1分	3%	
		实际还本付息率	反映债券到期后的实际偿还情况	《关于加强地方政府性债务管理的意见》（国发 [2014] 43号）	计算公式：已还本付息金额/应还本付息金额 评价方法：以1为100分，低1%减1分	4%	
	产出质量 (5%)	项目验收合格率	反映达标情况	《项目支出绩效评价管理办法》（财预 [2020] 10号）	计算公式：通过竣工验收项目个数/纳入竣工验收项目个数 评价方法：以1为100分，低1%减1分	5%	
	产出时效 (10%)	完成及时性	反映项目产出时效目标的实现程度	《项目支出绩效评价管理办法》（财预 [2020] 10号）	计算公式：实际完成时间－计划完成时间 评价方法：每超过1个月减10分	5%	
		还本付息及时性	反映还本付息的时间效率	《项目支出绩效评价管理办法》（财预 [2020] 10号）	计算公式：实际还本付息时间－应还本付息时间 评价方法：每超过1个月减10分	5%	
效益 (30%)	经济效益 (8%)	医院收入增长率	反映医院的收入情况	《项目支出绩效评价管理办法》（财预 [2020] 10号）	计算公式：（项目实施后医院收入－项目实施前医院收入）/项目实施前医院收入 评价方法：以1为100分，低1%减1分，高1%加1分	4%	

续表

指标层次及名称			指标解释	指标依据	评价方法	权重	得分
一级指标	二级指标	三级指标					
效益(30%)	经济效益(8%)	医院总资产增长率	反映医院的总资产情况	《项目支出绩效评价管理办法》(财预〔2020〕10号)	计算公式：(本期医院总资产－前一统计周期医院总资产)／前一统计周期医院总资产。评价方法：以1为100分，低1%减1分，高1%加1分	4%	
	社会效益(8%)	治愈率	反映医院的治愈病人情况	《项目支出绩效评价管理办法》(财预〔2020〕10号)	计算公式：治愈人数／病人总数。评价方法：以1为100分，低1%减1分，高1%加1分	8%	
	生态效益(8%)	绿化面积增长率	反映医院的绿化面积情况	《项目支出绩效评价管理办法》(财预〔2020〕10号)	计算公式：(项目实施后绿化建设面积－项目实施前绿化建设面积)／项目实施前绿化建设面积。评价方法：以1为100分，低1%减1分，高1%加1分	8%	
	满意度(6%)	服务对象满意度	服务对象对项目实施效果的满意程度	《项目支出绩效评价管理办法》(财预〔2020〕10号)	计算公式：项目区调查满意人数／项目区调查总人数。评价方法：以1为100分，低1%减1分，高1%加1分	6%	
养老							
产出(30%)	产出数量(10%)	养老机构用房面积增长率	反映养老机构用房面积增长情况	《项目支出绩效评价管理办法》(财预〔2020〕10号)	计算公式：(项目实施后养老机构面积－项目实施前养老机构面积)／项目实施前养老机构面积。评价方法：以1为100分，低1%减1分，高1%加1分	3%	
		养老机构收助老人数增长率	反映养老机构助老人增长情况	《项目支出绩效评价管理办法》(财预〔2020〕10号)	计算公式：(项目实施后养老机构收助老人人数－项目实施前养老机构收助老人人数)／项目实施前养老机构收助老人人数。评价方法：以1为100分，低1%减1分，高1%加1分	3%	

第四章 政府会计促进债务绩效管理研究 243

续表

指标层次及名称			指标解释	指标依据	评价方法	权重	得分
一级指标	二级指标	三级指标					
产出(30%)	产出数量(10%)	实际还本付息率	反映债券到期后实际偿还情况	《关于加强地方政府性债务管理的意见》(国发〔2014〕43号)	计算公式：已还本付息金额/应还本付息金额 评价方法：以1为100分，低1%减1分	4%	
	产出质量(5%)	项目验收合格率	反映达标情况	《项目支出绩效评价管理办法》(财预〔2020〕10号)	计算公式：通过竣工验收合格项目个数/纳入验收的项目个数 评价方法：以1为100分，低1%减1分	5%	
	产出时效(10%)	完成及时性	反映项目产出时效目标的实现程度	《项目支出绩效评价管理办法》(财预〔2020〕10号)	计算公式：实际完成时间－计划完成时间 评价方法：每超过1个月减10分	5%	
		还本付息及时性	反映还本付息的时间效率	《项目支出绩效评价管理办法》(财预〔2020〕10号)	计算公式：实际还本付息时间－应还本付息时间 评价方法：每超过1个月减10分	5%	
效益(30%)	经济效益(8%)	养老机构收入增长率	反映养老机构的收入情况	《项目支出绩效评价管理办法》(财预〔2020〕10号)	计算公式：(项目实施后养老机构收入－项目实施前养老机构收入)/项目实施前养老机构收入 评价方法：以1为100分，低1%减1分，高1%加1分	8%	
	社会效益(8%)	养老服务业就业增长率	反映养老就业情况	《项目支出绩效评价管理办法》(财预〔2020〕10号)	计算公式：(项目实施后就业人数－项目实施前就业人数)/项目实施前就业人数 评价方法：以1为100分，低1%减1分，高1%加1分	8%	
	生态效益(8%)	绿化面积增长率	反映养老机构绿化面积情况	《项目支出绩效评价管理办法》(财预〔2020〕10号)	计算公式：(项目实施后绿化建设面积－项目实施前绿化建设面积)/项目实施前绿化建设面积 评价方法：以1为100分，低1%减1分，高1%加1分	8%	
	满意度(6%)	服务对象满意度	对项目实施效果满意程度	《项目支出绩效评价管理办法》(财预〔2020〕10号)	计算公式：项目区调查满意人数/项目区调查总人数 评价方法：以1为100分，低1%减1分	6%	

表 4-25　市政和产业园区基础设施项目债务绩效评价体系

指标层次及名称			指标解释	指标依据	评价方法	权重	得分
一级指标	二级指标	三级指标					
产出(30%)	产出数量(10%)	产业园区地均产出	反映项目建设数量完成情况	《项目支出绩效评价管理办法》(财预〔2020〕10号)	计算公式：工业总产值/已供应工业用地 评价方法：以1为100分，高1%加1分，低1%减1分	3%	
		协同效应提升度	反映集聚效应对协同效应的提升度	《项目支出绩效评价管理办法》(财预〔2020〕10号)	计算公式：实际协同效应程度/计划协同效应程度 评价方法：以1为100分，高1%加1分，低1%减1分	3%	
		实际还本付息率	反映债券到期后的实际偿还情况	《关于加强地方政府性债务管理的意见》(国发〔2014〕43号)	计算公式：已还本付息金额/应还本付息金额 评价方法：以1为100分，低1%减1分	4%	
	产出质量(5%)	项目验收合格率	反映达标情况	《项目支出绩效评价管理办法》(财预〔2020〕10号)	计算公式：通过竣工验收合格项目个数/纳入竣工验收的项目个数 评价方法：以1为100分，低1%减1分	5%	
	产出时效(10%)	完成及时性	反映项目产出时效标的实现程度	《项目支出绩效评价管理办法》(财预〔2020〕10号)	计算公式：实际完成时间-计划完成时间 评价方法：每超过1个月减10分	5%	
		还本付息及时性	反映还本付息的时效	《项目支出绩效评价管理办法》(财预〔2020〕10号)	计算公式：实际还本付息时间-应还本付息时间 评价方法：每超过1个月减10分	5%	
	产出成本(5%)	成本节约率	反映项目的成本节约程度	《项目支出绩效评价管理办法》(财预〔2020〕10号)	计算公式：(计划成本-实际成本)/计划成本×100% 评价方法：以1为标准，1为100分，每节约1%加1分，浪费1%减1分	5%	

第四章 政府会计促进债务绩效管理研究 245

续表

指标层次及名称			指标解释	指标依据	评价方法	权重	得分
一级指标	二级指标	三级指标					
效益(30%)	经济效益(8%)	收入增长率	反映工程项目建成后收入增长情况	《项目支出绩效评价管理办法》(财预〔2020〕10号)	计算公式：[（项目实施后运营收入－项目实施前平运营收入）/项目实施前运营收入]/计划目标值 评价方法：以1为100分，低1%减1分，高1%加1分	3%	
		单位成本下降率	反映项目建成后成本下降情况	《项目支出绩效评价管理办法》(财预〔2020〕10号)	计算公式：[（项目实施前单位成本－项目实施后单位成本）/项目实施前单位成本]/计划目标值 评价方法：以1为100分，低1%减1分，高1%加1分	4%	
		土地增值率	反映项目建成后土地增值情况	《项目支出绩效评价管理办法》(财预〔2020〕10号)	计算公式：[（项目实施后土地价值－项目实施前土地价值）/项目实施前土地价值]/计划目标值 评价方法：以1为100分，低1%减1分，高1%加1分	1%	
	社会效益(8%)	就业岗位增长率	反映项目提供就业岗位情况	《项目支出绩效评价管理办法》(财预〔2020〕10号)	计算公式：[（项目实施后就业岗位量－项目实施前就业岗位量）/项目实施前就业岗位量]/计划目标值 评价方法：以1为100分，低1%减1分，高1%加1分	3%	
		城乡产业融合提升度	反映项目对城乡产业融合的影响	《项目支出绩效评价管理办法》(财预〔2020〕10号)	计算公式：[（项目实施后城乡产业融合量－项目实施前城乡产业融合量）/项目实施前城乡产业融合量]/计划目标值 评价方法：以1为100分，低1%减1分，高1%加1分	3%	

续表

指标层次及名称			指标解释	指标依据	评价方法	权重	得分
一级指标	二级指标	三级指标					
效益（30%）	生态效益（8%）	生态环境容量	反映项目对生态的影响	《项目支出绩效评价管理办法》（财预〔2020〕10号）	计算公式：[（项目实施后环境容量）/项目实施前环境容量]/计划目标值 评价方法：以1为100分，低1%减1分，高1%加1分	8%	
	满意度（6%）	服务对象满意程度	服务对象对项目实施效果的满意程度	《项目支出绩效评价管理办法》（财预〔2020〕10号）	计算公式：项目区调查满意人数/项目区调查总人数 评价方法：以1为100分，低1%减1分，高1%加1分	6%	

表 4-26　收费公路项目债务绩效评价体系

指标层次及名称			指标解释	指标依据	评价方法	权重	得分
一级指标	二级指标	三级指标					
产出(30%)	产出数量(10%)	扩建高速公路面积完成率	反映高速公路建设路段数量完成情况	《项目支出绩效评价管理办法》（财预[2020]10号）	计算公式：实际产出数/计划产出数 评价方法：以1为100分，低1%减1分，高1%加1分	3%	
		改建高速公路面积完成率	反映高速公路改建路段数量完成情况	《项目支出绩效评价管理办法》（财预[2020]10号）	计算公式：实际产出数/计划产出数 评价方法：以1为100分，低1%减1分，高1%加1分	3%	
		实际还本付息率	反映债券到期后的实际偿还情况	《关于加强地方政府性债务管理的意见》（国发[2014]43号）	计算公式：已还本付息金额/应还本付息金额 评价方法：以1为100分，低1%减1分	4%	
	产出质量(5%)	项目验收合格率	反映达标情况	《项目支出绩效评价管理办法》（财预[2020]10号）	计算公式：通过竣工验收合格项目个数/纳入竣工验收的项目个数 评价方法：以1为100分，低1%减1分	5%	
	产出时效(10%)	完成及时性	反映项目产出时效目标的实现程度	《项目支出绩效评价管理办法》（财预[2020]10号）	计算公式：实际完成时间－计划完成时间 评价方法：每超过1个月减10分	5%	
		还本付息及时性	反映还本付息的时效	《项目支出绩效评价管理办法》（财预[2020]10号）	计算公式：实际还本付息时间－应还本付息时间 评价方法：每超过1个月减10分	5%	
	产出成本(5%)	成本节约率	反映项目的成本节约程度	《项目支出绩效评价管理办法》（财预[2020]10号）	计算公式：[（计划成本－实际成本）/计划成本]×100% 评价方法：以1为标准，1为100分，每节约1%加1分，浪费1%减1分	3%	
		完成投资比例	反映项目的投资程度	《项目支出绩效评价管理办法》（财预[2020]10号）	计算公式：（实际投资/计划投资）×100% 评价方法：以1为标准，1为100分，每节约1%加1分，浪费1%减1分	2%	

续表

指标层次及名称			指标解释	指标依据	评价方法	权重	得分
一级指标	二级指标	三级指标					
效益(30%)	经济效益(8%)	物资运输行车时长下降率	反映速度提升情况	《项目支出绩效评价管理办法》（财预〔2020〕10号）	计算公式：[（项目实施前区域平均行车时长－项目实施后区域平均行车时长）/项目实施前区域平均行车时长]/计划目标值 评价方法：以1为100分，低1%减1分，高1%加1分	2%	
		运输成本下降率	反映成本下降情况	《项目支出绩效评价管理办法》（财预〔2020〕10号）	计算公式：（项目实施前运输成本－项目实施后运输成本）/项目实施前运输成本]/计划目标值 评价方法：以1为100分，低1%减1分，高1%加1分	2%	
		旅游行业收入增长率	反映收入增加情况	《项目支出绩效评价管理办法》（财预〔2020〕10号）	计算公式：[（项目实施后旅游行业收入－项目实施前旅游行业收入）/项目实施前旅游行业收入]/计划目标值 评价方法：以1为100分，低1%减1分，高1%加1分	2%	
		区域经济增长率	反映对区域经济的影响	《项目支出绩效评价管理办法》（财预〔2020〕10号）	计算公式：[（项目实施后区域GDP－项目实施前区域GDP）/项目实施前区域GDP]/计划目标值 评价方法：以1为100分，低1%减1分，高1%加1分	2%	
	社会效益(8%)	地区堵车平均时长下降率	反映交通缓解情况	《项目支出绩效评价管理办法》（财预〔2020〕10号）	计算公式：[（项目实施前堵车平均时长－项目实施后平均堵车时长）/项目实施前堵车平均时长]/计划目标值 评价方法：以1为100分，低1%减1分，高1%加1分	3%	

续表

指标层次及名称			指标解释	指标依据	评价方法	权重	得分
一级指标	二级指标	三级指标					
效益(30%)	社会效益(8%)	群众出行条件改善率	反映交通缓解情况	《项目支出绩效评价管理办法》（财预〔2020〕10号）	计算公式：项目区调查认为改善人数/项目区调查总人数 评价方法：以1为100分，低1%减1分	3%	
		基本公共服务与应急保障服务水平提升率	反映公共服务提升情况	《项目支出绩效评价管理办法》（财预〔2020〕10号）	计算公式：项目区调查认为服务提升人数/项目区调查总人数 评价方法：以1为100分，低1%减1分	2%	
	生态效益(8%)	地区PM2.5平均数值下降率	反映生态效益	《项目支出绩效评价管理办法》（财预〔2020〕10号）	计算公式：[（实施前PM2.5平均数－实施后PM2.5平均数值）/实施前PM2.5平均数值]/计划目标值 评价方法：以1为100分，低1%减1分，高1%加1分	8%	
	满意度(6%)	服务对象满意度	反映服务对象对项目实施效果的满意程度	《项目支出绩效评价管理办法》（财预〔2020〕10号）	计算公式：项目区调查满意人数/项目区调查总人数 评价方法：以1为100分，低1%减1分，高1%加1分	6%	

表 4-27　交通基础设施项目债务绩效评价体系

指标层次及名称			指标解释	指标依据	评价方法	权重	得分
一级指标	二级指标	三级指标					
产出 (30%)	产出数量 (10%)	新建交通基础设施完成率	反映交通基础设施数量完成情况	《项目支出绩效评价管理办法》(财预[2020]10号)	计算公式:(实际产出数/计划产出数)×100% 评价方法:以1为100分,低1%减1分,高1%加1分	5%	
	产出质量 (5%)	实际还本付息率	反映债券到期后的实际偿还情况	《关于加强地方政府性债务管理的意见》(国发[2014]43号)	计算公式:(已还本付息金额/应还本付息金额)×100% 评价方法:以1为100分,低1%减1分	5%	
		交通基础设施项目质量达标率	反映和考核项目产出质量目标的实现程度	《项目支出绩效评价管理办法》(财预[2020]10号)	计算公式:(质量达标产出数/实际产出数)×100% 评价方法:以1为100分,低1%减1分	5%	
	产出时效 (10%)	项目完成及时性	反映和考核项目产出时效目标的实现程度	《项目支出绩效评价管理办法》(财预[2020]10号)	计算公式:实际完成时间-计划完成时间 评价方法:每超过1个月减10分	5%	
		还本付息及时性	反映还本付息的时间效率	《项目支出绩效评价管理办法》(财预[2020]10号)	计算公式:实际还本付息时间-应还本付息时间 评价方法:每超过1个月减10分	5%	
	产出成本 (5%)	项目成本节约率	反映和考核项目的成本节约程度	《项目支出绩效评价管理办法》(财预[2020]10号)	计算公式:[(计划成本-实际成本)/计划成本]×100% 评价方法:以1为标准,1为100分,每节约1%加1分,浪费1%减1分	5%	
效益 (30%)	经济效益 (8%)	交通运输业生产总值增加率	反映对交通运输业的影响	《项目支出绩效评价管理办法》(财预[2020]10号)	计算公式:[(项目实施后生产总值-项目实施前生产总值)/项目实施前生产总值]×100% 评价方法:以1为100分,低1%减1分,高1%加1分	8%	

第四章 政府会计促进债务绩效管理研究 251

续表

指标层次及名称			指标解释	指标依据	评价方法	权重	得分
一级指标	二级指标	三级指标					
效益(30%)	社会效益(8%)	交通运输业新增就业率	反映对就业的影响	《项目支出绩效评价管理办法》(财预〔2020〕10号)	计算公式：[（项目实施后就业人数－项目实施前就业人数）/项目实施前就业人数]×100%；评价方法：以1为100分，低1%减1分，高1%加1分	4%	
		每万人拥有公共交通车辆增加率	反映对居民出行的影响	《项目支出绩效评价管理办法》(财预〔2020〕10号)	计算公式：[（项目实施后每万人拥有公共交通车辆数－项目实施前每万人拥有公共交通车辆数）/项目实施前每万人拥有公共交通车辆数]×100%；评价方法：以1为100分，低1%减1分，高1%加1分	4%	
	生态效益(8%)	交通干线噪声平均值降低率	反映对噪声的影响	《项目支出绩效评价管理办法》(财预〔2020〕10号)	计算公式：[（项目实施后交通干线噪声平均值－项目实施前交通干线噪声平均值）/项目实施前交通干线噪声平均值]×100%；评价方法：以1为100分，低1%减1分，高1%加1分	4%	
		二氧化氮日均值降低率	反映对空气质量的影响	《项目支出绩效评价管理办法》(财预〔2020〕10号)	计算公式：[（项目实施后二氧化氮日均值－项目实施前二氧化氮日均值）/项目实施前二氧化氮日均值]×100%；评价方法：以1为100分，低1%减1分，高1%加1分	4%	
	满意度(6%)	公共交通乘客满意度	反映公共交通乘客对项目实施效果的满意程度	《项目支出绩效评价管理办法》(财预〔2020〕10号)	计算公式：调查满意人数/调查总人数；评价方法：以1为100分，低1%减1分，高1%加1分	6%	

表 4–28　城乡冷链物流设施项目债务绩效评价体系

指标层次及名称			指标解释	指标依据	评价方法	权重	得分
一级指标	二级指标	三级指标					
产出	产出数量（10%）	项目建设完成率	反映建设完成情况	《项目支出绩效评价管理办法》（财预〔2020〕10号）	计算公式：实际产出数/计划产出数 评价方法：以1为100分，低1%减1分，高1%加1分	5%	
	产出质量（5%）	实际还本付息率	反映债券到期后的实际偿还情况	《关于加强地方政府性债务管理的意见》（国发〔2014〕43号）	计算公式：已还本付息金额/应还本付息金额 评价方法：以1为100分，低1%减1分	5%	
		项目验收合格率	反映达标情况	《项目支出绩效评价管理办法》（财预〔2020〕10号）	计算公式：通过竣工验收合格项目个数/纳入竣工验收的项目个数 评价方法：以1为100分，低1%减1分	5%	
	产出时效（10%）	完成及时性	反映项目产出时效标实现程度	《项目支出绩效评价管理办法》（财预〔2020〕10号）	计算公式：实际完成时间－计划完成时间 评价方法：每超过1个月减10分	5%	
		还本付息及时性	反映还本付息时效	《项目支出绩效评价管理办法》（财预〔2020〕10号）	计算公式：实际还本付息时间－应还本付息时间 评价方法：每超过1个月减10分	5%	
	产出成本（5%）	成本节约率	反映项目成本节约程度	《项目支出绩效评价管理办法》（财预〔2020〕10号）	计算公式：〔（计划成本－实际成本）/计划成本〕×100% 评价方法：以1为标准，1为100分，每节约1%加1分，浪费1%减1分	5%	
效益	经济效益（8%）	运输储藏产品的损耗降低率	反映项目投入使用后运输储藏产品损耗降低情况	《项目支出绩效评价管理办法》（财预〔2020〕10号）	计算公式：〔（项目实施前损耗率－项目实施后损耗率）/项目实施前损耗率〕×100% 评价方法：以1为100分，低1%减1分，高1%加1分	2%	

续表

指标层次及名称			指标解释	指标依据	评价方法	权重	得分
一级指标	二级指标	三级指标					
效益	经济效益（8%）	区域空置率提升程度	反映项目投入使用后的空置冷库面积耗用降低情况	《项目支出绩效评价管理办法》（财预〔2020〕10号）	计算公式：[（项目实施前区域空置率－项目实施后区域空置率）/项目实施前区域空置率]×100% 空置率＝某一时刻空置冷库面积占冷库总面积的比率 评价方法：以1为100分，低1%减1分，高1%加1分	2%	
		节能率	反映能源消耗水平节省程度	《项目支出绩效评价管理办法》（财预〔2020〕10号）	计算公式：[1－（能源消费总量增长指数产值增长指数）]×100% 评价方法：以1为100分，低1%减1分，高1%加1分	2%	
		配送中心营业收入增加度	反映城乡冷链物流设施对营业收入的影响	《项目支出绩效评价管理办法》（财预〔2020〕10号）	计算公式：[（项目实施后营业收入－项目实施前营业收入）/项目实施前营业收入]×100% 评价方法：以1为100分，低1%减1分，高1%加1分	2%	
	社会效益（8%）	行业新增就业率	反映对就业的影响	《项目支出绩效评价管理办法》（财预〔2020〕10号）	计算公式：[（项目实施后就业人数－项目实施前就业人数）/项目实施前就业人数]×100% 评价方法：以1为100分，低1%减1分，高1%加1分	2%	
		人均冷库拥有量	反映当地人均冷库拥有量	《冷链物流分类与基本要求》	计算公式：（项目实施后人均冷库拥有量÷当地总人口）×100% 评价方法：以1为100分，低1%减1分，高1%加1分	2%	

续表

指标层次及名称			指标解释	指标依据	评价方法	权重	得分
一级指标	二级指标	三级指标					
效益	社会效益 (8%)	冷链物流配送体系建设完善度	反映构建冷链物流配送体系情况	《项目支出绩效评价管理办法》(财预〔2020〕10号)	计算公式：[（项目实施后冷链物流配送体系建设完善度－项目实施前冷链物流配送体系建设完善度）/项目实施前冷链物流配送体系建设完善度]×100% 评价方法：以1为100分，高1%加1分，低1%减1分	2%	
		产品质量安全提高程度	反映项目对产品质量的提升程度	《项目支出绩效评价管理办法》(财预〔2020〕10号)	计算公式：[（项目实施后产品质量安全－项目实施前产品质量安全）/项目实施前产品质量安全]×100% 评价方法：以1为100分，高1%加1分，低1%减1分	2%	
		材料可回收利用率	反映使用可循环利用或可回收材料占比	《冷链物流分类与基本要求》	计算公式：（项目中可循环利用或可回收材料总耗量/项目材料总耗量）×100% 评价方法：以1为100分，高1%加1分，低1%减1分	8%	
	满意度 (6%)	服务对象满意度	对项目实施效果的满意程度	《项目支出绩效评价管理办法》(财预〔2020〕10号)	计算公式：调查满意人数/调查总人数 评价方法：以1为100分，高1%加1分，低1%减1分	6%	

表 4-29　　　　　　　　　债务绩效自评　　　　　　　　　（　　年度）

项目名称									
主管部门					实施单位				
项目资金（万元）			债务资金预算数		全年执行数	分值		执行率	得分
	年度资金总额								
年度总体目标		预期目标			实际完成情况				
绩效指标	一级指标	二级指标	三级指标	年度指标值	实际完成值		分值	得分	偏差原因分析及改进措施
	产出指标	数量指标	指标1：						
			指标2：						
			……						
		质量指标	指标1：						
			指标2：						
			……						
		时效指标	指标1：						
			指标2：						
			……						
		成本指标	指标1：						
			指标2：						
			……						
	效益指标	经济效益指标	指标1：						
			指标2：						
			……						
		社会效益指标	指标1：						
			指标2：						
			……						
		生态效益指标	指标1：						
			指标2：						
			……						
		可持续影响指标	指标1：						
			指标2：						
			……						
	满意度指标	服务对象满意度指标	指标1：						
			指标2：						
			……						
总分						100			

表 4 – 30　　　　　　　　　地方政府融资平台的发展历程

发展历程	年份	发展情况
1994~2007年初步发展阶段	1994	中央在融资体制上给予地方政府较大的操作空间,并适度放松了对地方政府的融资管控,地方政府融资平台初步成立,功能不断完善
	1997	为缓解东南亚危机对我国经济的冲击,中央加大了对国内基础设施的投资力度,中央政府转向对国内基础设施建设进行投资
	2004	国务院出台《国务院关于投资体制改革的决定》,地方投融资平台公司经过改进和重组形成新型城投类企业,组织架构和法人治理结构有所完善,通过吸引社会资本参与形成了多元化的股权结构,且经营的项目也开始向房地产等经营性投资项目扩展
2008~2013年迅速扩张阶段	2008	应对金融危机和自然灾害对我国经济的冲击,中央出台"4万亿"经济发展计划,主要投向基础设施领域
	2010	国内部分省份开始对投融资平台的融资模式进行改革,国务院发布《关于加强地方政府融资平台公司管理有关问题的通知》,重点规范地方政府融资平台贷款风险的监管
2014年至今市场化转型发展阶段	2014	《国务院关于加强地方政府性债务管理的意见》标志着地方政府融资平台公司进入转型深化期。融资平台剥离政府债务,向市场化转型发展

表 4 – 31　　　　　　　　　融资平台制度梳理

出台时间	政策名称	内容要点
2014年8月	《中华人民共和国预算法》	严禁地方政府及其部门以任何方式提供担保,逐步通过各类方式有效化解隐形债务风险
2016年2月	《财政部、国土资源部、中国人民银行、银监会关于规范土地储备和资金管理等相关问题的通知》(财综〔2016〕4号)	剥离了融资平台公司土地储备职能
2017年4月	《财政部、发展改革委、司法部、人民银行、银监会、证监会关于进一步规范地方政府举债融资行为的通知》(财预〔2017〕50号)	明确自2015年1月1日起其新增债务依法不属于地方政府债务;对违规担保行为做了详细约束;明确禁止"变形""异化"的担保行为;加强对平台公司融资管理工作;对于违法违规举债或者担保的,依法追究责任
2017年5月	《财政部关于坚决制止地方以政府购买服务名义违法违规融资的通知》(财预〔2017〕87号)	地方政府及其所属部门不得要求或决定企业为政府举债或变相为政府举债;严禁将铁路、公路等领域的基础设施建设,储备土地前期开发,农田水利等建设工程作为政府购买服务项目;严禁将建设工程与服务打包作为政府购买服务项目;等等

续表

出台时间	政策名称	内容要点
2017 年 12 月	《财政部关于坚决制止地方政府违法违规举债遏制隐性债务增量情况的报告》	坚决遏制隐性债务增量，坚持中央不救助原则
2018 年 2 月	《国家发展改革委办公厅、财政部办公厅关于进一步增强企业债券服务实体经济能力严格防范地方债务风险的通知》（发改办财金〔2018〕194 号）	对公益资产注入平台公司做了详细规定；对资本合作模式做了详细规范；对相关违法违规机构及主要负责人加大惩处问责力度；再次强调坚决遏制地方政府隐性债务增量
2018 年 10 月	《中共中央办公厅 国务院办公厅关于印发〈地方政府隐形债务问责办法〉的通知》（中办发〔2018〕46 号）	从适用范围、问责情形、责任认定、问责方式等方面进行了系统性问责规定
2018 年 10 月	《中共中央 国务院关于防范化解地方政府隐形债务风险的意见》（中发〔2018〕27 号）	提出坚决遏制隐性债务增量，严格管控新增政府债务；对隐性债务的认定实行穿透式，实质重于形式

3. 地方政府融资平台转型的紧迫性

（1）政企不分导致融资平台债务产权关系不清。地方政府融资平台大多是政府注入资本创立的国有独资公司，背负着城市化建设的重任，在项目建设过程中，由于项目审批过程不规范，债务产权不明晰，融资平台大多进行公益性项目建设，经营性收入较少，对于大规模的债务偿还难度高，按期兑付难度大，加之政府对平台公司经营的兜底，平台公司与地方政府债务难以厘清，债务风险加大。

（2）融资平台治理结构不完善。融资平台的特殊性质决定了其在经营管理中存在较大的机制缺陷。地方政府融资平台公司管理由政府官员负责或委任，不具有董事、监事等现代企业基本的管理框架，因此，其内部缺乏有效的经营管理体系，导致平台公司在日常经营活动中效率低下，管理混乱。平台的管理层行为往往以政绩和升迁为导向，业绩考核也更注重于融资规模和融资数量，而不是自身的运营效率和企业利润，因而融资平台公司的投融资行为缺乏收益和效率。

（二）河南省地方政府融资平台转型现状

1. 河南省地方政府融资平台的总体情况

2020 年底，河南省政府首批公布的政府性融资担保（再担保）机构共计

55家，城投公司56家。其中，河南省省级有8个平台，可以分为交通类、国有资本运营类、棚改类、水利类。交通类平台有5个，分别为河南交通投资集团有限公司、河南中原高速公路股份有限公司、河南城际铁路有限公司、河南铁路投资有限责任公司和河南省收费还贷高速公路管理有限公司。国有资本运营类平台是河南投资集团有限公司，业务板块涵盖电力、水泥、造纸、金融等。棚改类城投公司是河南省豫资城乡一体化建设发展有限公司，主要负责河南省内棚户区的改造规划建设。水利类平台是河南水利投资集团有限公司，主要负责河南省水利基础设施的投融资建设和供水。

2. 河南省地方政府融资平台转型中存在的问题

(1) 债务难以剥离。转型后的地方政府融资平台公司形式上从地方政府财政部门独立出来，且通过公开市场招聘的方式聘用专业人员，逐步形成规范化的公司内部治理结构。在调研中发现，部分地方政府融资平台公司成立时间较短，或成立期间并未实际承担为地方政府融资的职能，其债务划分并不复杂。但对于大多数融资平台公司而言，因其成立时间较长或承担了较多的地方基础设施建设职能，其债务划分相对复杂，短时间内难以厘清。尤其是对于大部分县级平台公司而言，由于其自身缺乏高质量的经营性资产，加上所处地域资源禀赋匮乏，债务剥离较为困难，需要政府扶持，债务偿还仍由当地政府兜底，转型较为困难。

(2) 转型中平台公司"去行政化"困难，经营运作效率低下。准平台本身开展的多为公共基础设施建设、公益性服务工作等公共产品类业务，在本区域内具有相对垄断性，缺乏市场竞争。在实际考核中，由于管理缺乏绩效考核和目标管理，多数平台公司名义上完成了转型，形成公司制体系，建立起市场化运作机制，但本质上运作体制仍过于官僚化，还达不到完全的市场化运作，在管理决策时容易形成"一言堂"，难以在本质上"去行政化"。并且，从城投公司的发展来看，承担的公益建设项目没有形成完全的市场，不存在市场竞争。也正因如此，融资平台在缺乏来自外部的市场竞争压力时，不利于自身经营运作效率的提升。

(3) 平台公司转型后"造血能力"差。对于一些地方政府融资平台而言，市级或部分县级地方政府融资平台由于拥有自有资产，或所处地域资源禀赋相对丰厚，在转型后仍能够正常经营运作，自负盈亏。但大多数城投公司仍需要通过政府补助、财政补贴来维持经营，即使是剥离了政府债务，完成市场化转型，但其承接的仍主要是流动性差、投资规模大、建设周期长的基础设施项目，难以形成自身经营性资产，转型后"造血能力"普遍较差。

（三）河南省地方政府融资平台的转型路径

1. 地方政府融资平台转型的转型方向

地方政府投融资平台在设立之时承接业务的重点方向有所不同，应根据自身条件情况，确定不同的转型方向和转型目标，在公司治理、经营管理和财务管理等方面进行改革和建设，处理好政府、社会资本、金融证券机构等与平台公司之间的关系，完成市场化转型任务。地方政府融资平台的转型方向具体见表4-32。

表4-32　　　　　　　　　　融资平台转型方向

转型方向	转型条件	转型后的主要业务	与政府业务的关系
城市运营商	擅长进行基础设施建设业务	作为城市运营商来进行城市基础设施建设	发行城投债，健全相关的法规及债务规范
融资服务商	融资服务体系完善，有较为成熟的组织架构和营运能力，但难以吸引社会资本合作承接建设项目	主要为政府举债的公益性项目提供融资中介服务	成为政府发行债券和融资的市场化中介
与社会资本成立合作	市场化程度高，有经营性业务和稳定的现金流	采取"特许经营权""政府购买""使用者付费"等方式承担一定收益的公益性项目	承接政府公益性项目建设，政府赋予平台开展PPP模式所需的自主权
与社会资本合并重组，成立混合所有制企业	市场化程度较高，公司治理结构较完善	承担商业营利性业务	完全推向市场，债务转化为一般企业债务

2. 地方政府融资平台的融资方式转型渠道

随着融资平台转型，地方政府须拓宽原本单一的融资渠道，创新融资方式，更新企业融资渠道运作模式，进一步促进融资平台的转型发展。地方政府融资平台融资方式的转型渠道具体见表4-33。

表4-33　　　　　　　　　融资平台融资方式的转型渠道

融资方式	运作形式	发展态势
债券市场	采用项目收益债券、公司债券、中期票据等方式通过债券市场筹措资金	项目资金封闭运作，通过自身产生的现金流进行还本付息
创新贷款	以相关收益作为还款来源的预期收益质押贷款、特许经营权质押贷款等创新类贷款	针对不同的财政状况和负债情况实施差别授信

续表

融资方式	运作形式	发展态势
中长期资本市场	发展债券投资计划、股权投资计划、资产支持投资计划等融资工具	用于收益稳定、回收期长的基础设施和公共服务项目
资产证券化	公用事业等产生稳定现金流的资产可以进行资产证券化	资产证券化产品的发行规模有望进一步扩大

（四）地方政府融资平台转型的保障措施

1. 设立投融资管理中心

政府应设立投融资管理中心，对融资平台进行统一管理，对平台发展做统一规划和指导，对项目的投融资和建设进行持续监测，针对不同发展程度的平台进行相应的转型发展策略。例如，对经营性商业房地产这类有较强盈利性项目的融资平台，就可以通过所有制改革或者股权转让的方式转型为一般公司企业，推出融资平台监管范围。而对于进行公益类项目或准公益类项目的融资平台，则可以一方面利用政府补助和财政补贴，另一方面吸引社会资本的参与，通过入股等形式合作经营建设，例如，PPP 模式能够提高经营效率。

2. 完善融资风险控制机制

政府应支持融资平台多渠道融资贷款，如政策性银行贷款、长期优惠信贷、债务转换、套期保值、产业投资基金、充分利用收益权融资等；积极促进平台公司发行企业债券以及金融机构发行金融信贷产品，促进和社会资本合作，还应推动平台灵活使用多种金融工具，例如，对 TOT、BOT、基金投资、资产证券化等方式进行组合应用。

为控制拓宽融资渠道产生的债务偿还风险，政府应推动融资平台强化自身债务风险机制，完善信用风险评级。例如，推动企业建立健全自身投融资决策程序；设置企业财务风险动态监督指标体系，确保负债规模处于合理水平；引导企业进行结构治理，提升企业资产质量和资产管理等，以此来保障企业持续稳定发展。

七、政府会计促进债务绩效管理的政策建议

（一）优化改革顶层设计，加强法治力度

1. 立法保障政府预算绩效管理与政府会计改革的协同

政府会计改革不是孤立进行的，政府会计改革应当服务于政府预算绩效

管理，进而服务于国际治理和政府治理的现代化目标。从英、法等国的预算管理改革经验来看，政府预算绩效管理的改革必然伴随政府会计技术的革新，政府预算绩效管理与政府会计改革首先要在国家治理与政府治理的现代化目标下协同，其次要在政府绩效管理框架下协同。政府预算绩效管理改革的目的是实现财政资金的使用绩效，政府资金的使用绩效主要依靠公共部门管理绩效来实现，政府会计是公共部门绩效管理的重要技术工具。当前我国政府预算绩效管理制度改革与政府会计制度改革呈现弱协同性，政府会计改革滞后于政府预算绩效管理改革，当前搭建的权责发生制政府会计框架与政府预算绩效管理需求的政府会计还有一定差距。公共部门管理目标的非逐利性与多元化导致改革缺乏内在动力，因而必须通过立法保障政府预算绩效管理与政府会计改革的协同。

2. 培育和强化领导的绩效意识，转变会计认知

我国政府会计改革和债务绩效管理都是自上而下推进而不是自下而上发起的。改革措施能否实施到位，能否取得实际成效，各单位和主管部门领导的意识观念起到关键性作用，直接影响到本单位对政府会计工作和债务绩效管理工作的重视程度，继而关系到各单位是否以绩效为导向创新其债务预算编制、预算执行监控及绩效评价方法。

单位领导应当转变对会计工作的认识，不能将会计视为简单的会计核算工作，应当充分重视并发挥政府会计的管理职能。例如，权责发生制政府会计反映政府未以现金方式支付的政府债务，增加了对社会保险基金等会计信息的核算，即能够反映出隐性债务，更加完整地反映有关政府债务的信息。再如，政府会计制度通过改革对"固定资产"和"无形资产"等资产的折旧与摊销的方法和标准，有利于加强政府对固定资产和无形资产的长期计量，促进政府加强对固定资产和无形资产的管理。对应报废的资产进行报废，对特殊资产进行计量，有利于查清政府资产底数。政府部门财务报告有利于提升公共部门财务绩效，而在政府部门财务报告基础上合并生成的政府综合财务报告则有利于改善一级政府的财政治理绩效水平。

（二）完善会计核算体系，健全信息质量保障机制

1. 进一步完善政府会计标准体系

我国政府会计改革历经四十余年的发展，已基本形成"准则+制度"的政府会计标准体系。2015 年，财政部成立政府会计准则委员会。2016 年以

来，财政部陆续发布政府会计基本准则、具体准则、《财政总预算会计制度》和《政府会计制度——行政事业单位会计科目和报表》等，现在已经形成1项基本准则，10项具体准则，1项指引，1项会计制度，7个行业指南，12项衔接文件和3个制度解释。成熟的政府会计标准体系为政府会计实务工作的开展提供有效指导，是提供高质量政府会计信息的重要保障。目前，完善政府会计标准体系的工作还在持续。以财政部为主导的准则制定部门应当继续聚集政府会计理论和实务领域的专家力量，加快推进我国政府会计标准体系的建设进程。

2. 加快推进政府成本会计和政府管理会计

政府成本会计体系的建设有利于为反映政府总体运营成本和服务成本提供信息支持，是我国推行政府全面绩效管理的前提保障。《权责发生制政府综合财务报告制度改革方案》明确提出要在"条件成熟时，推行政府成本会计，规定政府运行成本归集和分摊方法等，反映政府向社会提供公共服务支出和机关运行成本等财务信息"。有效的政府成本会计可以在预算编制与执行、成本控制、价格制定、绩效计量及公共决策等方面发挥重要作用。管理会计技术与方法在政府预算管理中具有十分重要的地位和作用，能够加强对公共财政的监督管理和绩效反映。政府管理会计能够整合利用政府预算信息、财务信息以及成本信息，在政府部门经济管理活动的全过程中发挥预测、规划、控制、决策、责任考核的作用，提升政府部门效率效能。我们应以《管理会计应用指引第803号——行政事业单位》和《事业单位成本核算基本指引》的颁布和实施为契机，进一步加快推进政府成本会计和政府管理会计。

3. 提升财政业务信息化水平

借助高校、职业团体和社会培训机构加大政府会计专业人才的输出、提升现有政府会计人员的业务能力和素质是必要的。但不可否认的是，人才的培养和能力的提升需要较为漫长的过程和持续的资金投入，同时还要考虑到基层政府会计人员的调整更换带来的沉没成本。在信息技术飞速发展的当下，借助信息化系统，让机器替代人工完成基础性、重复性工作已是建立高效政府的大势所趋。而如何借助信息化和智能化，提高政府会计信息的生成效率和信息质量，往往并不是技术能否实现的问题，而是政府管理者的意识问题，即主管领导对业务信息化工作的重视程度，可以将财政业务的信息化水平纳入对单位管理者的政绩考核，但同时应当谨防为了信息化而信息化。此外，在提升财政业务信息化程度的基础上，应实现各业务系统的高效兼容和互通，实现会计基础数据的核对和相关信息的实时抓取,在提升政府会计信息的可靠性的同时,有效保证政府会计信息的相关性和及时性。这就要求各级政府,至少是省级财政部门统筹设计财政业务软件系统,并在省内推广运行。需要注意的是,各基层部门或预算单位的业务往往存在较大差异,省级财政部门在进行业务系统设计时应予以各基层单位一定的调整空间或权限,以防业务系统"不接地气"。

4. 完善政府会计信息监督机制

政府综合财务报告在提供给上级主管部门、上级政府及社会公众前,应当经过审计部门的鉴证。从信息不对称的角度,上下级政府之间与社会公众和政府之间均存在着委托代理关系,前者为政府内部的委托代理,后者为政府外部的委托代理。无论是内部委托代理还是外部委托代理,政府综合财务报告主体均存在因信息不对称导致的隐藏信息的道德风险和隐藏行为的道德风险。因此,政府综合财务报告审计既是对政府会计信息质量的监督,又是政府会计信息质量的保障,经过审计的政府综合财务报告也更能为社会公众信服。诚然,政府综合财务报告的审计也对政府审计人员乃至第三方服务机构提出了更高的挑战。

(三) 完善债务绩效管理制度

1. 建立滚动管理制项目库

地方政府债务绩效水平特别是债务资金使用效益的提高离不开高质量的发债项目,对专项债券项目更是如此。债券发行项目应当是已进入项目库管理的在库项目。项目库的建设及管理应当由省级政府财政部门连同发展改革委员会、城市建设部门、交通部门等多部门进行。省级主管部门应当强化项目入库评估和发行审批,在考虑地方政府财力状况、地区社会经济发展规划等因素的基础上,对发债项目的必要性和可行性等进行论证和审查。严格项目入库标准,建立在库项目的动态评价与调整机制。对于项目资金使用低效、连续多期无法达到预期绩效目标或因各种原因无法继续推进的项目,应当及时调整其债务资金额度或将其退出项目库。严格的项目入库和出库制度有利于从源头上遏制低质量项目债券的发行,有效把握政府债务资金的投向和规模。

2. 完善地方政府债务资源分配机制

除将债务绩效纳入地方政府官员政绩考核外,债务绩效评价结果应当直接影响到下期地方债务限额的分配及有限债务资金的投放方向。实施中央限额管理有利于从整体上把控地方政府债务风险水平，财政部负责年度地方政府债务发行限额的确定和各省份债务限额的分配。同时，在限额内对外应注意债务限额的分配应当有效，如限额分配的区域结构的优化、区域经济协调可持续发展等。财预〔2017〕35号文已将债务管理绩效纳入地方政府债务限额分配考虑因素，根据评价结果调整债务资金安排或进行问责，奖励并优先保障评价结果好的项目，减少债务资金低效或无效使用的概率。此外，地方政府债务绩效评价结果应当公开，接受地方人大及社会公众的监督。

3. 完善地方政府债务管理流程

当前，国内部分省份财政部门已出台省级预算项目政策事前绩效评估、省级预算绩效监控和省级预算绩效评价结果应用管理等相关管理办法，建立起涵盖财政预算项目事前、事中、事后全过程的绩效管理流程。就发债项目管理而言，事前管理主要包括发债项目的论证与审核审批、项目绩效目标的设置。事中管理包含"借、用、管、还"四大环节，主要包括债券的发行、债务资金的拨付与转贷、项目进度与资金使用的跟踪管理，将项目实际完成情况与项目年度绩效目标比较并及时纠偏调整以及对债务本息按时偿付。事后管理主要包括全过程绩效考核结果的分析与比较，以此为依据进行奖惩，形成债务绩效管理的闭环和良性循环，进而促进地方政府债务绩效的提高。科学严密的债券项目管理流程不仅是债务绩效管理制度的重要内容，更是提高债务绩效水平的基础保障。

4. 完善地方政府债务绩效评价体系

科学完善的债务绩效评价体系是实施债务绩效管理的关键要素和核心保障。债务绩效评价体系的构建应当至少包括评价主体与客体、评价内容、评价指标与标准及评价报告六大方面。评价主体解决由谁来评价，涉及省级财政部门、基层政府、项目实施方等多个主体；评价对象解决评价谁，应当明确评价范围是全部项目还是重点项目，应当结合评价主体的实际人力、财力状况；评价客体解决评价什么，包括细化各环节绩效要素；评价指标设计围绕评价内容进行，同时注重指标的科学性、系统性、客观性与适用性等要求，还要考虑指标的统一性与灵活性；评价标准的选择是决定评价结果的关键，关系到评价结果的参考与决策价值，应当兼顾区域性差异，保证相对公平；评价报告作为评价活动最终结果的呈现，其内容与格式应当具有规范性，同时评价结果的上报、公开与反馈渠道必须通畅，且与项目绩效目标及奖惩机制紧密结合,形成绩效评价闭环。必须强调的是,地方政府债务绩效评价活动本身应符合成本效益原则,如果绩效评价活动本身的开展耗费过高成本,则违背了债务绩效管理的根本目标。

本章课题组负责人:马恒运
　　　　成　　员:陈素云、郑方方、曹青子、时心怡、曹沥方、蒋格格、宋保胜、何泽军

主要参考文献

[1] 陈进,熊莉. 地方政府债务管理模式、风险评估与路径选择 [J]. 学习与实践,2020 (8):56-63.

[2] 陈守东,李卓,林思涵. 地方政府债务风险对区域性金融风险的空间溢出效应 [J]. 西安交通大学学报(社会科学版),2020 (6):33-44.

[3] 陈小亮,谭涵予,刘哲希. 转移支付对地方政府债务影响的再检验 [J]. 财经问题研究,2020 (10):64-73.

[4] 陈业华,邓君. 地方政府融资债务绩效的评价 [J]. 统计与决策,2015 (10):54-57.

[5] 淳伟德,文章,陈粘. 供给侧结构性改革背景下我国地方政府债务风险预警研究 [J]. 预测,2020 (6):69-75.

[6] 崔兵,邱少春. 地方政府债务置换:模式选择与制度绩效 [J]. 理论月刊,2016 (7):130-133.

[7] 崔兵. 地方政府债务治理机制——基于债务控制权的行政发包制的演化与绩效 [J]. 社会科学家,2019 (2):46-51,56.

[8] 段艳平. 市场化与地方政府债务风险——来自中国省际面板数据的证据 [J]. 学术交流,2020 (7):136-145.

[9] 郭玉清,薛琪琪,姜磊. 地方政府债务治理的演进逻辑与转型路径——兼论中国地方政府债务融资之谜 [J]. 经济社会体制比较,2020 (1):34-43.

[10] 何芳,滕秀秀,王斯伟. 地方政府债券复杂网络结构及系统性风险特征 [J]. 统计与决策,2020 (4):136-140.

[11] 洪源,陈丽,曹越. 地方竞争是否阻碍了地方政府债务绩效的提

升？——理论框架及空间计量研究［J］．金融研究，2020（4）：70-90．

［12］洪源，胡争荣．偿债能力与地方政府债务违约风险——基于 KMV 修正模型的实证研究［J］．财贸经济，2018（5）：21-37．

［13］洪源，吕鑫，张彩云．地方政府融资平台债务绩效评价指标体系的构建［J］．湖南大学学报（社会科学版），2015（1）：56-63．

［14］洪源，张玉灶，王群群．财政压力、转移支付与地方政府债务风险——基于央地财政关系的视角［J］．中国软科学，2018（9）：173-184．

［15］侯伟凤，田新民．地方政府债务的引资效应：理论分析与实证检验［J］．云南财经大学学报，2021（1）：1-18．

［16］贾晓俊，顾莹博．我国各省份地方债风险及预警实证研究［J］．中央财经大学学报，2017（3）：16-24．

［17］金荣学，董浩然．地方政府债务绩效评价主流方法科学总结及对比［J］．财会月刊，2021（2）：124-129．

［18］金荣学，胡智煜．基于 DEA 方法的地方政府性债务支出效率研究［J］．华中师范大学学报（人文社会科学版），2015（4）：40-46．

［19］金荣学，毛琼枝．基于主成分与数据包络组合法的地方政府债务绩效评价［J］．华中师范大学学报（人文社会科学版），2017（3）：55-61．

［20］金荣学，徐文芸．中国地方政府债务支出效率研究——基于 CRITIC 赋权和产出滞后效应分析［J］．华中师范大学学报（人文社会科学版），2020（1）：54-61．

［21］靳伟凤，张海星，孙艺，底萌妍．地方政府债务风险的评价与预警机制研究——基于辽宁省的样本分析［J］．统计与决策，2020（19）：155-158．

［22］考燕鸣，王淑梅，马静婷．地方政府债务绩效考核指标体系构建及评价模型研究［J］．当代财经，2009（7）：34-38．

［23］孔丹凤，谢国梁．地方政府债券、债务置换与商业银行理财收益率［J］．当代财经，2020（9）：66-75．

［24］李会平，郑旭．政府间债务竞争如何影响民生服务供给？——基于 222 个地级市的跟踪研究［J］．公共行政评论，2020（6）：170-187，214．

［25］李升，陆琛怡．地方政府债务风险的形成机理研究：基于显性债务和隐性债务的异质性分析［J］．中央财经大学学报，2020（7）：3-16，47．

［26］李一花，张芳洁．机会成本视野的地方政府举债逻辑及其风险防控

研究［J］．中央财经大学学报，2020（11）：3-12．

［27］林赛燕．地方政府举债规模研究［J］．财经论丛，2020（12）：33-39．

［28］刘骅，卢亚娟．地方政府融资平台债务风险预警模型与实证研究［J］．经济学动态，2014（8）：63-69．

［29］刘穷志，刘夏波．日本地方政府债务治理及启示［J］．现代日本经济，2020（5）：24-39．

［30］刘蓉，黄洪．我国地方政府债务风险的度量、评估与释放［J］．经济理论与经济管理，2012（1）：82-88．

［31］吕冰洋，刘晓路，马光荣．财政制度、国家治理与经济发展——第五届中国财政学论坛综述［J］．经济研究，2020（4）：201-204．

［32］马文扬．归因视角下的地方政府债务风险化解对策［J］．湖湘论坛，2020（4）：110-120．

［33］宓燕．地方政府债务绩效评价指标体系研究［J］．经济与管理，2006（12）：64-67．

［34］缪小林，伏润民．我国地方政府性债务风险生成与测度研究——基于西部某省的经验数据［J］．财贸经济，2012（1）：17-24．

［35］缪小林，伏润民．我国地方政府债务可持续性测度研究——基于单一主体模型分析［J］．当代财经，2014（8）：30-40．

［36］潜力，冯雯静．地方政府专项债券违约风险——基于KMV模型的分析［J］．统计与信息论坛，2020（7）：35-44．

［37］宋美喆，缪世岭．地方政府绩效评估指标体系的构建及应用方法［J］．统计与决策，2012（14）：22-26．

［38］孙睿，葛扬．我国地方政府债务风险评估与应对［J］．江苏社会科学，2020（6）：90-97．

［39］唐云锋，毛军．房地产与地方政府债务风险叠加机制及其金融空间溢出效应［J］．社会科学战线，2020（11）：65-73．

［40］汪峰，熊伟，张牧扬，钟宁桦．严控地方政府债务背景下的PPP融资异化——基于官员晋升压力的分析［J］．经济学（季刊），2020（3）：1103-1122．

［41］王国平，李永刚．复杂情境下我国地方政府债务风险的影响因素与内在逻辑——基于平台违约案例的fsQCA分析［J］．南京社会科学，2020

(10): 80-86.

[42] 韦小泉. 政府审计对地方政府专项债券风险的影响研究 [J]. 审计研究, 2020 (4): 51-57.

[43] 夏诗园, 郑联盛. 地方政府债务治理——基于国家治理体系现代化的视角 [J]. 经济体制改革, 2020 (5): 37-43.

[44] 谢征, 陈光焱. 我国地方债务风险指数预警模型之构建 [J]. 现代财经 (天津财经大学学报), 2012 (7): 96-104.

[45] 伊淑彪. 地方政府债务评价指标体系构建及实证分析 [J]. 地方财政研究, 2011 (4): 30-35.

[46] 游宇, 耿曙, 李妍, 黄一凡. 财政重整与地方政府债务管控制度化——基于一个市辖区的案例研究 [J]. 公共管理学报, 2020 (2): 40-52, 167.

[47] 余峰燕, 李温玉, 梁琪. 中国城投债市场制度环境与地方关系承销研究 [J]. 管理科学学报, 2020 (8): 78-100.

[48] 张惠强. 制度环境、资源特征与化债选择——地方政府债务化解的社会学分析 [J]. 学术论坛, 2020 (2): 68-77.

[49] 张吉军, 金荣学, 张冰妍. 高质量发展背景下地方政府债务绩效评价体系构建与实证——以湖北省为例 [J]. 宏观质量研究, 2018 (4): 32-44.

[50] 张金清, 聂雨晴. 中国地方政府债务违约风险评估——基于债务可持续性分析框架 [J]. 南方经济, 2020 (11): 13-27.

[51] 张朋, 马文涛. 财政透明度视角的地方政府债务管理 [J]. 经济学家, 2020 (8): 80-89.

[52] 张平, 王楠. 地方政府棚改专项债券可持续性研究——基于全国首个棚改专项债的实证分析 [J]. 经济体制改革, 2020 (5): 113-119.

[53] 赵桂芝, 冯海欣. 新预算法下我国地方政府债务使用绩效的区域差异与对策启示 [J]. 辽宁大学学报 (哲学社会科学版), 2019 (2): 38-46.

[54] 邹瑾, 崔传涛, 顾辛迪. 救助预期与地方政府隐性债务风险——基于城投债利差的证据 [J]. 财经科学, 2020 (9): 93-107.

第五章

政府会计促进预算绩效管理研究
——以河南省 A 高校为例

2018年9月,《中共中央 国务院关于全面实施预算绩效管理的意见》(以下简称《意见》)印发,全面实施预算绩效管理的顶层设计已经形成,我国进入了预算绩效管理的新时代。高校全面实施预算绩效管理,不仅是为了顺应国家政策的要求,更是为了满足自身发展的需要。完善预算绩效管理工作,是现阶段高校寻求发展的必然之路。然而,预算绩效管理在我国高校处于起步和探索阶段,存在着诸多问题,这就更加需要建立健全预算绩效管理制度,运用预算绩效管理助力高校稳健发展,增强高校综合实力。

根据教育部发展规划司统计数据,河南作为我国的人口大省,近年来本专科招生人数以及在校生人数位列全国第一,但河南高校数量并不是最多的。在2020年中国在校生人数统计中,排名前20的高校中河南省占了三个,尤其是郑州大学,是我国高校在校生人数唯一超过7万人的学校。根据2019年全国教育经费执行情况统计,河南省普通高等学校生均一般公共预算教育经费为15 475.95元。这一数据虽然比2018年增长了1.41%,但其生均经费仍然为全国统计在列的31个省份的倒数第一位。在校生人数多、经费以及各项教育资源不足,这对河南高校的管理水平提出了更高的要求。本章选取河南省高校为研究对象,通过对河南高校的走访调研,发现各高校预算绩效管理参差不齐,还存在很多漏洞,且没有统一的标准、没有形成切实可行的评价指标,所以急需一套有效的评价体系来进行完善。

一、政府会计促进预算绩效管理的机制分析

(一) 政府会计与预算绩效管理的融合机制

权责发生制政府会计从一产生就打上预算绩效管理的烙印。它的产生，就是为预算绩效管理提供更为科学的管理理念与信息保证（徐经长、何乐伟，2018）。预算绩效管理真正的发展期是 20 世纪末期。新公共管理理论兴起，西方资本主义国家纷纷提出以私人企业理念对政府管理进行改革，改革的焦点在于政府预算绩效。20 世纪 80 年代，许多国家陆续出现严重的财政危机，人们开始对以"收付实现制"为基础的政府会计的可信度产生怀疑，这种会计基础最大的问题在于预算绩效被忽视，不利于政府的绩效管理。豪（Howe，2005）提出，必须依托相应的信息系统，通过信息系统来获取准确、合理的数据资源并进行成本核算、数据分析，进而生成报告；同时通过信息系统建立绩效考核制度，采集信息，为预算绩效的编制、执行和反馈提供技术性支持。在这种背景下，西方各国开始历经为期几十年的政府会计改革，在不同程度上引入"权责发生制"，将会计核算基础从"收付实现制"向"权责发生制"进行转变。我国 2015 年颁布了《政府会计准则——基本准则》，随后一系列政府会计准则相继发布，标志着我国政府会计进入政府预算会计和政府财务会计并行的新阶段。

从会计记账基础看，预算会计采用收付实现制，而财务会计采用权责发生制，不同的会计记账基础对应不同的会计对象，也就对应不同的会计要素。众所周知，我国政府会计在很长时期是以预算会计为唯一形式出现的，预算会计的基本等式是，预算收入 – 预算支出 = 预算结余，依据这一等式编制的预算会计报表可以记录和反映政府部门执行预算的整个过程，便于预算资源的提供者掌握政府部门对预算资源责任的履行情况，但是，它却不能全面反映政府获取资源的能力以及使用这些资源的效率和效果。厘清权责关系是全面实施绩效管理的基础条件，而以权责发生制为基础的政府财务会计则提供了能够明确权责关系的资产、负债、收入和费用等绩效管理所需的信息。

"双基础，双报告"的政府会计模式构成了我国综合政府会计报告的信息系统。这一政府会计信息系统满足了预算绩效管理理念和信息的需求。

根据《意见》，财政部明确提出预算绩效管理的目标和时间表：到 2020（2022）年底，中央部门和省级层面（市县层面）要基本建成全方位、全过

程、全覆盖的预算绩效管理体系，做到"花钱必问效、无效必问责"，大幅提升预算管理水平，增强政策实施效果。

《意见》要求从全方位、全过程、全覆盖（以下简称三全）三个维度对预算资金使用效果进行管理，从而要求提供三个维度的绩效评价信息。

第一，全方位是指将各级政府、各部门和单位以及政策、项目预算全部纳入预算绩效管理，不同层级责任主体分别对应各自绩效责任，预算绩效管理的侧重点也会有所差异。因此，全方位要求所提供的绩效信息，既要反映一级政府整体的预算绩效以及组成整体的各部门预算绩效，还要反映各部门承担项目或落实政策的预算绩效；为落实绩效问责机制，甚至要具体到使用预算资金的个体单元层面。综上所述，全方位要求明确预算绩效责任主体信息。

第二，全过程是指将预算绩效管理方法和理念融入预算资金运营的全过程，实现预算绩效管理流程一体化，构建事前评估、事中监控以及事后评价"三位一体"的绩效管理闭环系统，要求全方位的预算责任主体提供从预算决策、预算配置、预算执行、结果直至绩效评价的全过程信息，为实现财政资金来龙去脉全过程、可追溯的监控提供信息支持。

第三，全覆盖是指预算绩效评价对象的范围全覆盖，对《中华人民共和国预算法》（以下简称《预算法》）中规定的一般公共预算、政府性基金预算、国有资本经营预算、社会保险基金预算四个方面实施全面绩效管理，意味着全方位的责任主体、全流程的资金运营全部纳入四方面预算覆盖范畴，绩效信息也应完整纳入四方面预算。简言之，全面预算绩效管理要求对上述四方面预算甚至更广范围内政府财政资金的使用情况，按照资金流动的全部过程对各个层级的预算责任主体进行全面反映。具体预算绩效评价基本信息需求见表5-1。

表5-1 预算绩效评价基本信息需求

评价维度	绩效指标设计与信息需求（包括但不限于）
投入	预算投入总额及构成（包括人、财、物投入）、预算配置情况
过程	资源耗费及管理情况、运行耗费情况、预算到位及支出情况
产出	资源总量及构成、服务总量及结构、预算增减变动情况
效果	资源及资源配置与使用效率、投入产出情况、预算完成情况

由表5-1可以看出，预算绩效评价对信息的需求既包括反映预算资金流量的绩效信息，又包括反映预算资金存量及耗费的绩效信息；既包括预算资

金结果层面的总括信息，又包括预算资金使用过程层面的结构性信息；既包括通过直接搜集、记录得到的基础层面信息，又包括依托于基础层面信息进一步加工计算、综合分析所得到的分析层面信息。

政府会计信息系统能够提供哪些信息呢？

首先，随着权责发生制的引入，政府会计信息系统通过生成政府行为信息与结果信息，既能反映政府预算收入、支出等流量信息，又能反映政府资产、负债等存量信息以及与之相关的资源耗费信息。在"双基础"政府会计的协调配合下，政府会计信息系统通过对资产、负债等财务状况的全面反映以及对预算执行过程的有效监控，在强化对政府资产、债务以及资金管理的同时，追踪政府预算配置和使用产生的资金流动的来龙去脉，将资金流量形成的资源存量与政府公共行为联系起来，进而将资源耗费与资金收支联系起来，形成更加丰富的信息供给。

例如，政府财务会计核算的要素有五个：资产、负债、净资产、收入和费用。根据资产、负债、净资产要素编制的政府资产负债表，全面反映了某届政府可以用于履职的资源存量信息，这是一个地区在特定时点上资产和负债的总量水平和具体结构，有助于摸清一届政府的家底，这是政府执政的基础，也是提供公共产品和服务的保障；根据收入和费用要素编制的收入费用表反映了本届政府在一定期间的运行情况，以及履约后的余额，而该余额进一步反映了该届政府履行职能的可持续性。

随着新《预算法》的颁布，我国允许地方政府在一定限额内发行地方债券，地方债券筹集的资金在纳入政府预算的同时，也要通过权责发生制进行反映和披露，以便政府外部的利益相关者及时了解政府的债务负担和风险。因此，有了这些信息，我们在评价政府绩效时，便能够关注对地区经济存量的创造和债务结构的平衡，进而可以避免政府行为的投机性和短期性。

其次，政府会计信息系统能够提供可靠和可对比的信息，有利于科学的预算绩效管理。与其他信息生成渠道相比，会计信息系统在信息采集、处理和输出方面有一套系统而规范的标准，这种"天然优势"使得政府会计在记录政府所有项目时能够保持连贯、清晰的记录（常丽，2009），在满足政府各方对资金运动信息的利用时，既能保证同一区域内不同部门绩效评价标准的统一性，保证不同区域内同一项目绩效信息的可比性，实现区域性绩效评价与项目性绩效评价的相互协调，又能保证同一主体不同时期绩效信息的连贯性，最大限度保证绩效信息的可靠性与一贯性，并有效解决临时性、不可持续性与各地不一的问题。

最后,政府会计报告信息的公开,为预算绩效管理提供了客观的监督机制。自上而下的政府体制内部的各种绩效考评具有普遍性,这种评价体系容易导致被评价对象"只对上负责,不对下负责""不怕群众不满意,就怕领导不注意"的现象,出现了大量"形象工程""示范工程"。政府会计信息的目标就是要对外提供与绩效管理有关的信息,而政务公开又给公民接触这些信息提供了条件。公民和其他第三方机构参与政府评价,将改变以往内部互评的局面,能够真正让群众满意度作为检验干部合格与否的标准,也使得评估结果更为客观,有利于促进政府部门更新观念、转变职能、提升服务意识和公仆意识。全面实施绩效管理的过程中正确处理好内部评价和外部评价等不同考评主体的关系,有利于让官员摆正"官与民"的位置、履职施政,也有利于激励与问责。

(二) 成本管理与预算绩效管理的耦合机制

所谓预算绩效管理,是公众期待政府以合理成本交付其偏好的规划、公共政策与服务,并以客观结果而非主观努力加以计量与评估。按照公共受托责任理论,纳税人委托政府提供公共产品和服务,政府接受委托,并通过有效的制度安排和组织设计来规范政府行为。政府行为需要资源的保障,同时也产生资源的耗费,那么,委托人如何评价政府行为的合理性与有效性呢?当然,政府行为过程的合理性和有效性是难以观察的,但可以通过耗费,即成本的有效性来评价政府行为的有效性。因为成本有效融合了3E,即成本有效性 = 经济性 × 运营效率 × 有效性 = (投入/成本) × (产出/投入) × (成果/产出) = 成果/成本(王雍君,2018)。成本有效性说明了政府绩效实现过程实质是价值转移与价值创造的过程,其中,价值转移是将投入价值通过耗费的形式向新价值转移的过程(臧乃康,2001)。这种价值转移主要依靠两种途径实现:一是通过经常性支出的形式满足政府提供公共产品与服务以及维持政府正常运转的日常需要,即费用性成本;二是以资本性支出的形式形成政府资产,通过折旧、耗用履行公共职能,即资产耗费性成本,这与美国会计学会的成本定义"基于一定目的而付出的、用货币测定的价值牺牲"(Bourdon & Pajot,1952)相吻合。政府成本在预算绩效管理中的核心价值及成本信息与预算绩效评价的耦合关系如图 5 - 1 和图 5 - 2 所示。

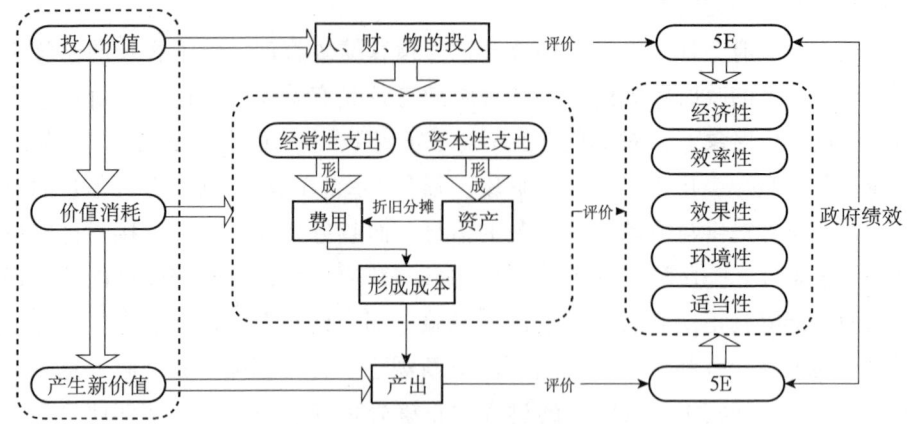

图 5-1 政府成本在预算绩效管理中的核心价值

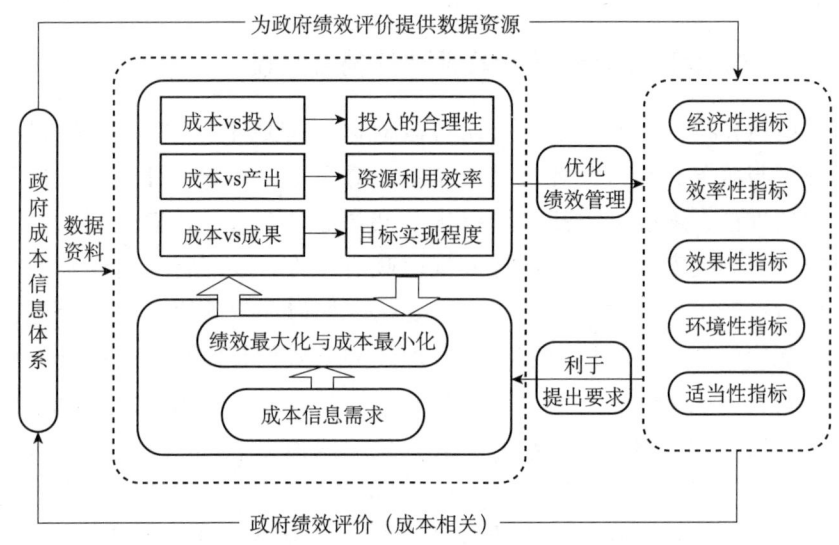

图 5-2 成本信息与预算绩效评价的耦合关系

图 5-2 清晰地表述了成本与绩效评价的耦合关系。将投入、成本与产出的经济性、效率性与效果性进行对比分析，就可以形成政府绩效评价报告。

首先，将成本核算结果与预算投入进行比较分析，考察在既定产出条件下资源投入或所耗费资源的合理性，以及对单个资源要素的耗费和资源要素组合的总耗费是否最低，以满足经济性评价的信息需求。

其次，将成本与产出进行比较分析，能够反映为实现既定产出的政府活动资源耗费情况，得出单个资源要素耗费的产出效率以及各个资源要素之间的配置效率，评价资源是否得到最有效利用，为效率性评价提供信息支持。

最后，成本信息能够反映政府实施的各项活动是否促进政府预期目标的实现，对评价效果性具有支持作用。

因此，成本信息通过对经济性、效率性与效果性的反映，可以为挖掘绩效管理的新举措提供信息资源，推动绩效管理体系的建立和完善。在绩效管理优化过程中，有效的绩效评价系统有利于优化政府履职功能，提升政府行为有效性，实现政府成本最小化与绩效最大化目标（Mercer，2004）。这个过程中产生的各种绩效关系也会对成本信息提出更高要求，引导和推动更加相关、有效的成本信息体系的构建，在政府会计信息供给侧过程中形成更为丰富的信息源，从而实现政府绩效与成本信息的耦合。

从以上分析中可以明确：绩效与成本之间是天然地联系在一起的。那么，绩效与成本之间的关系到底是什么呢？对营利组织而言，绩效表现为利润，获取利润必然产生耗费，这就是成本。组织为持续获利，必然要求扩大收入、控制成本，提高市场竞争力。因此，对于营利组织而言，绩效与成本是直接对应的关系，基于市场竞争环境以一定的利润空间为限建立成本控制标准。

政府绩效与成本之间的关系与营利组织稍有不同，但也是为实现一定的绩效目标需要产生一定的耗费，因此，绩效与成本之间的天然联系依然存在。但政府绩效不像营利组织绩效是一个明确的数值，而是由一系列产出形成的更多系列的效益和效果，绩效与成本之间形成多条或交叉的对应关系。另外，政府绩效和成本之间没有"利润空间"这一明确的标准定量，容易导致没有成本底线的投入、缺乏与绩效目标相匹配的资源耗费（投入的适当性）、各政府部门对同样产品或服务的投入水平不一致（投入的标准性）等情况。

基于政府绩效与成本之间关系的特殊性，政府成本信息的核算不能基于政府会计照搬营利组织成本信息的核算。需要明确两点：（1）政府成本计算是否需要按照成本计算对象来归集和分配？一直以来这个问题被认为是政府成本核算的难点，因为政府成本计算对象难以明确，成本与绩效之间的关系非直接对应关系，它们之间既天然的有联系，但又关系不明。一项耗费可能导致多个产出，一项产出也可能由不同耗费生成；有的耗费是有形的，有的耗费是无形的；有的耗费是可以用货币计量的，有的耗费不能用货币计量；等等。因此，进行成本的归集与分配不具备现实性，不如直接核算相关成本。

政府绩效评价的多元化要求不同口径生成的成本信息。因此，为满足绩效评价对成本信息的需求，最有效的办法是将绩效评价对象设置为成本计算对象，细化成成本计算单元，以事项为单元计算成本，所有事项本身的耗费就是一个事项成本。评价政府绩效所需要的成本不需要在某一成本计算对象上全面归集政府会计主体所发生的全部耗费，只需要按照因果关系在这些成本单元中选择与绩效评价相关的耗费即可。（2）如何判定政府成本的适当性和有效性？要实现"花钱必问效，无效必问责"的目标，就需要在政府成本和绩效评价之间建立因果关系，在政府行为和结果之间建立关系的同时，在绩效目标达成和实现目标所需要的耗费之间建立标准。

高校承担着教学科研、培养人才、服务社会和传承与创新民族文化的责任与使命，承载着国家与民族的未来。探索一套适合国情的预算绩效管理制度和模式，不仅是为了顺应国家政策的要求，更是为了促进高校自身发展的需求。完善预算绩效管理工作，是现阶段高校寻求发展的必然之路。基于以上机制分析，本章将以绩效目标为分析逻辑起点，以高校综合会计报告为主要数据来源，以高校主要业务作为项目分类，以成本核算为抓手，建立高校预算绩效评价指标体系，助力高校预算绩效管理的更快发展。

二、政府会计在高校预算绩效管理中的应用现状

（一）高校预算绩效管理中的业务活动分类与成本构成

本部分的研究内容从绩效导向与业务活动动因的角度出发，梳理出各类业务活动之间的关系，进而明确相关业务活动的费用支出、成本标准和成本构成，为绩效指标的设计奠定基础，从而构建出业务活动贯穿预算申报、预算监控、预算绩效评价三个环节的整个链条体系，有助于教学院部和行政管理部门对业务活动进行绩效评价，从而提升教学和管理成效。

1. 高校业务活动分类

教学、科研、社会服务是高校的三大核心职能。按照职能大类，可以将高校的职能活动分为：教学院部活动，主要是各个教学院部所开展的业务活动；行政管理活动，主要是党办、校办、组织部、宣传部、工会、人事处等部门所开展的业务活动；教学科研服务活动，主要是教务处、科研处、发展

规划处、学生处、招生就业处等部门所开展的业务活动；后勤保障及教辅活动，主要是后勤保障服务中心、图书馆、学报、信息中心、工训中心等部门所开展的业务活动。

（1）教学院部活动分类。为了体现费用支出与业务活动之间的关系，体现以业务活动为出发点的预算管理理念，我们根据费用支出的去向和功能分类，将高校各项经费支出按照业务活动进行划分。结合财务处提供的政府会计核算数据和信息资料，院部的教学活动可以分为日常管理、教学业务活动、实习实验活动、党团及学生管理活动、科研活动五大类，具体的业务活动分类如图5-3和图5-4所示。

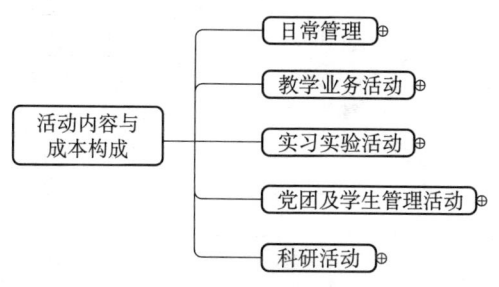

图5-3 教学院部活动的五大分类

（2）行政管理活动分类。结合所调研高校提供的政府会计核算数据和信息资料，行政管理活动主要包括培训学习、思想政治教育活动、基层党组织建设、精神文化建设、校园文化建设、政治理论学习、校内外宣传、工会活动、业务招待、对外联络、人才招聘、校友活动等业务活动，具体的业务活动分类如图5-5所示。

（3）教学科研服务活动。教学科研服务活动主要包括学生考试、教师教学技能培训、开放实验、教学改革、课程建设、教学督导、新申专业、申硕、招生宣传、入学教育、奖助困补发放、创新创业培训、第二课堂、学生实践活动、心理辅导、就业指导、课题申报、立项结项办理、开展科研讲座、教学审核评估、双万计划的推进等业务活动，具体的业务活动分类如图5-6所示。

（4）后勤保障及教辅活动。后勤保障及教辅活动活动主要包括水电气暖供应、宿舍管理、食堂管理、医疗卫生、保洁绿化、安全培训与演练、图书购置与管理、电子平台构建、教学设施维护、网络设施维护、数字校园建设、工程实训等业务活动，具体的业务活动分类如图5-7所示。

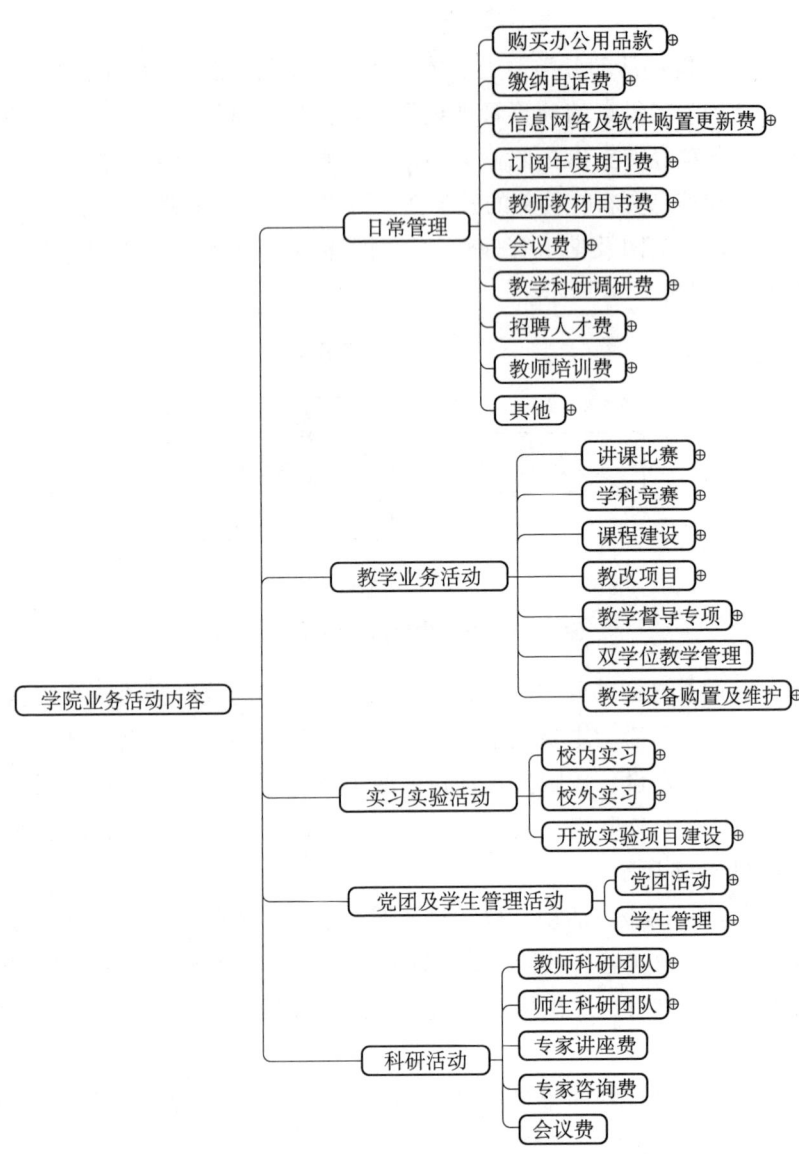

图 5-4 教学院部活动的具体业务活动分类

第五章 政府会计促进预算绩效管理研究

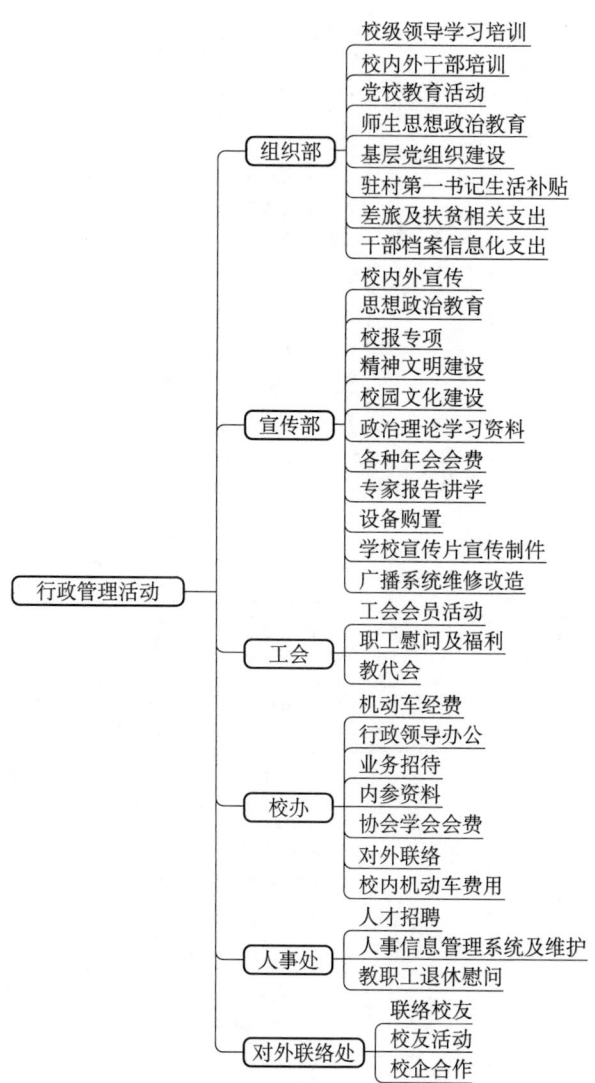

图 5-5 行政管理活动的具体业务活动分类

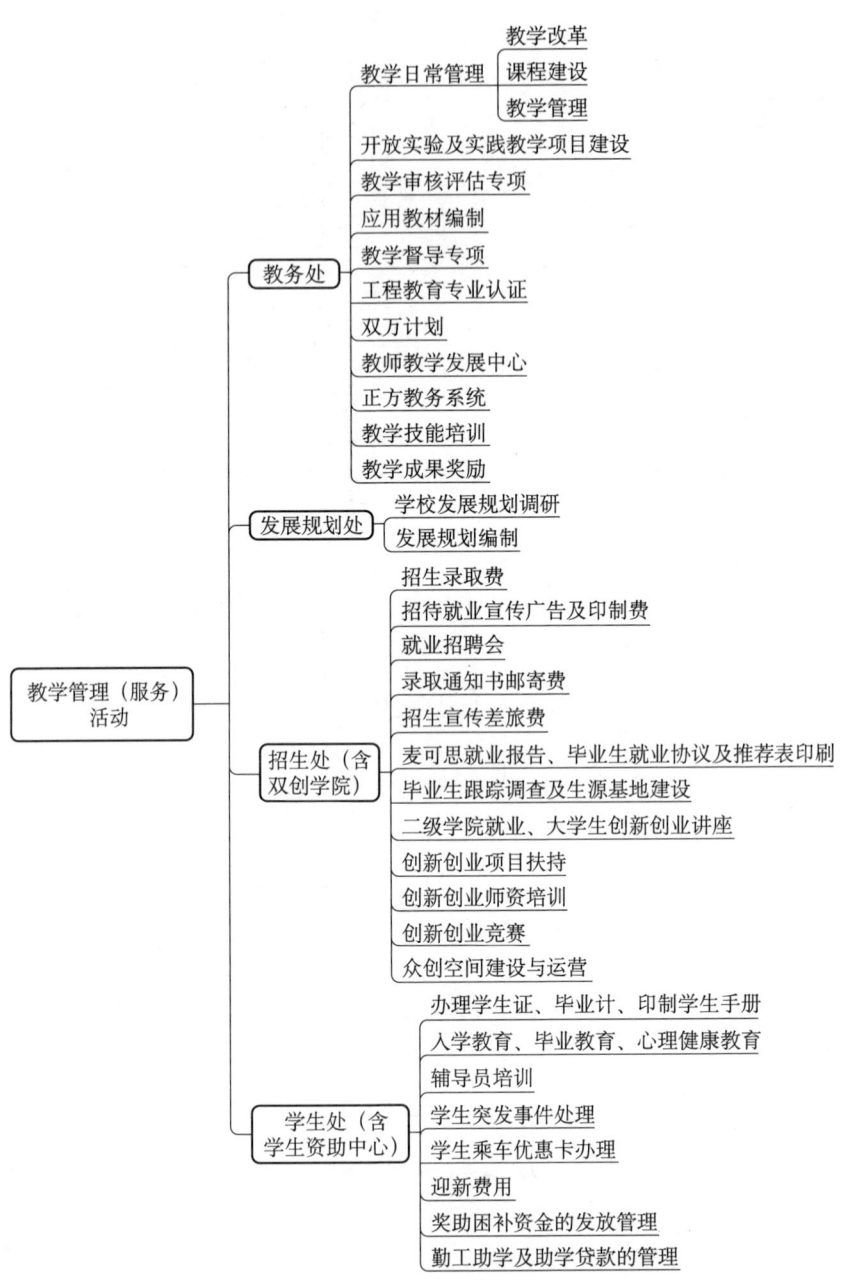

图5-6 教学管理（服务）活动的具体业务活动分类

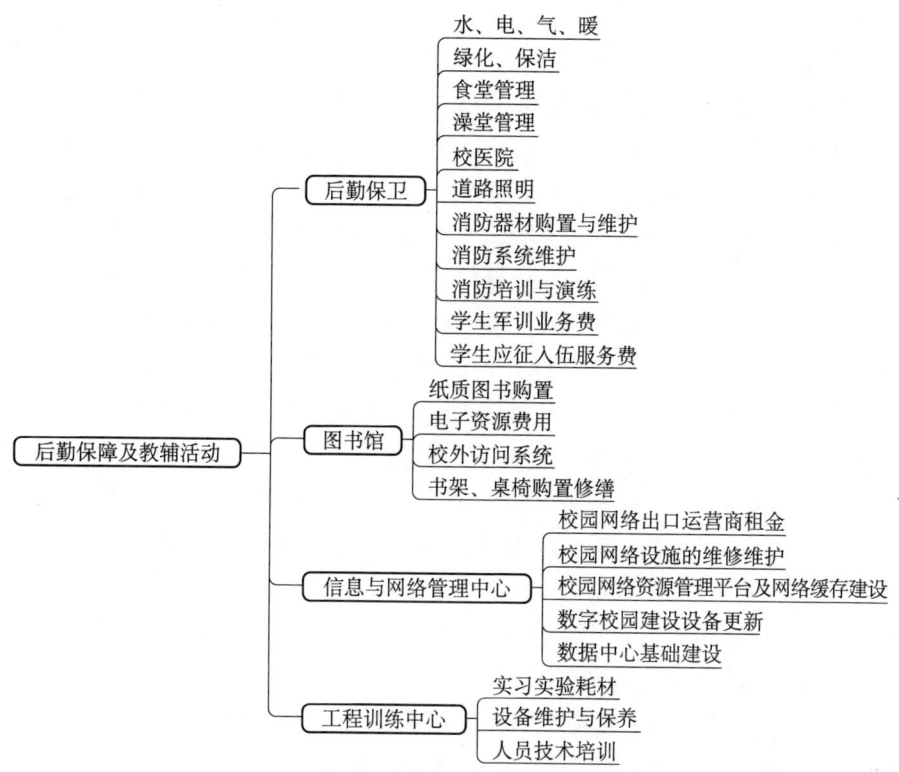

图 5-7 后勤保障及教辅活动的具体业务活动分类

2. 业务活动与成本构成

高校业务活动分为教学院部活动、行政管理活动、教学科研服务活动和后勤保障活动共四大类。我们以第一大类业务活动即教学院部活动为例，来详细剖析院部教学科研活动及其成本构成。教学科研活动主要是指各个教学院部所开展的业务活动。通过调研和访谈，梳理教学院部的业务活动内容及工作重点，整理出教学活动主要涉及的业务分为日常管理活动、教学业务活动、实习实验活动、党团及学生管理活动和科研管理活动五个部分。因此，下述的业务活动与成本构成分析主要围绕以上五个核心业务活动展开分析。

第一，日常管理活动的业务活动及其成本构成。教学活动中的日常管理活动主要分为购买办公用品、制作展板条幅、文件整理、订阅、调研培训等业务活动，这些业务活动引起的费用支出记入"业务活动费用"（5001）科目下面的"教育费用"（500101）。进一步来讲，这些业务活动的成本构成主要是办公费、邮电费、会议费、差旅费、培训费等直接计入成本的费用支出，以及办公资产折旧费、无形资产摊销费等分摊计入成本的资本性支出。

第二，教学业务活动的具体业务活动及其成本构成。教学活动中的教学业务活动主要分为组织讲课比赛、学科竞赛、课程建设、教研教改、教学督导、教学设备购置及维护等业务活动，这些业务活动引起的费用支出记入"业务活动费用"（5001）科目下面的"教育费用"（500101）。进一步来讲，这些业务活动的成本构成主要是办公费、劳务费、会议费、差旅费、培训费、督导费、维修（护）费、邮电费、专用材料费、专项业务费等直接计入成本的费用支出，以及固定资产折旧费、无形资产摊销费等分摊计入成本的资本性支出。

第三，实习实验活动的具体业务活动及其成本构成。教学活动中的实习实验活动主要分为校内实习、校外实习、开放实验等，主要有购置实训设备、购买电子类耗材、纸质耗材、讲座、实习指导等业务活动，这些业务活动引起的费用支出记入"业务活动费用"（5001）科目下面的"教育费用"（500101）。进一步来讲，这些业务活动的成本构成主要是专项业务费中的实习实验费（校内实训）、实习实验费（校外实训）、劳务费、材料费、专用工器具等直接计入成本的费用支出，以及固定资产折旧费、无形资产摊销费等分摊计入成本的资本性支出。

第四，党团及学生管理活动的具体业务活动及其成本构成。教学活动中的党团及学生管理活动主要分为购买学习资料、外出考察学习、学科竞赛、专家讲座、外出比赛、校内赛事、毕业典礼、迎新活动、学生文体活动等业务活动，这些业务活动引起的费用支出记入"业务活动费用"（5001）科目下面的"教育费用"（500101）。进一步来讲，这些业务活动的成本构成主要是专项业务费中的学生活动费、差旅费、劳务费、资料费、宣传费等直接计入成本的费用支出，以及固定资产折旧费、无形资产摊销费等分摊计入成本的资本性支出。

第五，院部科研管理活动的具体业务活动及其成本构成。教学活动中的科研管理活动主要分为专家讲座、专家咨询、参加会议、培训、调研等业务活动，这些业务活动引起的费用支出记入"业务活动费用"（5001）科目下面的"教育费用"（500101）。进一步来讲，这些业务活动的成本构成主要是专家劳务费、会议费、差旅费等直接计入成本的费用支出，以及固定资产折旧费、无形资产摊销费等分摊计入成本的资本性支出。

（二）政府会计科目设置情况

通过对河南省高校的调研和访谈，我们发现学校财务处对校内各职能部门、院系采取统一核算管理，即由职能部门和院系收集、审核票据后，报送至财务处复核、记账,账务核算及年终决算报表统一由财务处负责,预算申报及决算分析由各单位负责。在政府会计的科目设置方面,费用类科目主要包括业务活动费用及单位管理费用等。业务活动费用主要核算教学单位为实现教学目标,开展教学活动发生的各项费用;单位管理费用主要核算行政及后勤管理部门开展管理活动发生的各项费用。本书主要对业务活动费用和单位管理费用进行分析研究,目前业务活动费用和单位管理费用核算明细科目设置,包括工资福利支出、商品和服务支出、对个人和家庭的补助、固定资产折旧费及无形资产摊销费等,具体内容如图5-8和图5-9所示。

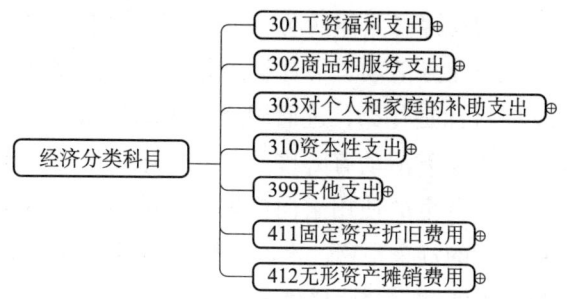

图5-8 高校业务活动费用和单位管理费用明细科目结构

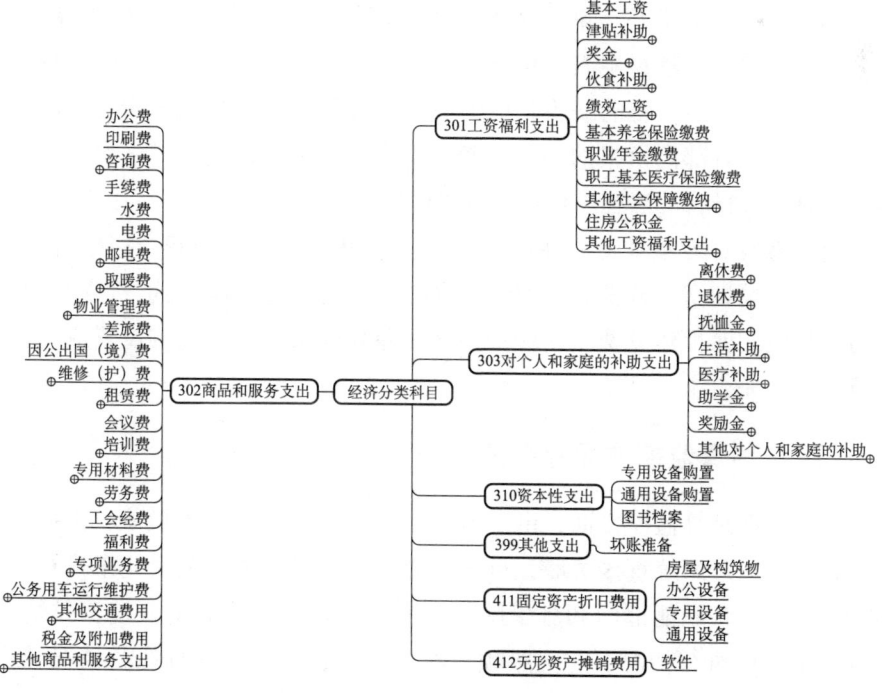

图5-9 明细科目结构

(三) 预算申报方面存在的问题

通过对河南省高校的调研和访谈，我们对河南省高校预算绩效管理存在的问题进行了梳理和归纳总结，发现存在的一般性问题如下：

第一，在预算申报方面，目前学校使用的财务系统和软件，只是用于事后的财务核算、财务报销，缺少预算申报模块的设置。各个职能部门和教学院部申报预算，基本上是参照以往年度的历史痕迹，而不是以学校的发展目标、以要开展的业务活动为导向，因此，预算申报环节具有"盲目性"，不能反映其申报预算资金的动因（具体活动、人员数量、成本标准等）。

第二，预算申报与业务活动、会计科目相脱离。预算申报前应先考虑学校的战略目标、发展目标是什么，进而围绕学校的战略发展目标、本部门的发展目标以及要开展的业务活动有哪些，要开展相关的业务活动相应的资金使用应该是多少，这些资金的使用去向应填报到哪些具体的会计科目中，汇总核算出每项业务活动的资金预算，再进而核算出本部门的预算。遗憾的是，目前的预算申报与业务活动、会计科目这一逻辑链条关系基本不存在。并且，目前的政府会计科目设置应再具体和细化，至少细化至五级明细科目。

第三，预算申报环节缺少成本标准。例如，要做学科竞赛的预算申报，其中的差旅费、专项材料费、劳务费、补助支出等，应按照多大的金额核算标准进行预算填报，目前缺少相应的成本标准和填报依据，因而也不能反映出业务活动或者部门填报的预算金额是否合理。再如，专用材料费和专项业务费，种类多样，无法统一核定。专用材料费主要指资料费、专用工器具费、实验材料费等；专项业务费主要指实习实验费、学生活动费、招生就业费、培训班费、军训费、检测试验费、版面费、查新费、出版编审费、专利费、校方责任险、课程建设费。这些费用之间差异较大，需要各自设置成本核定标准，不能完全统一口径。

(四) 预算监控方面存在的问题

第一，在预算监控方面，由于财务系统中没有预算申报模块，因此，预算监控无法通过系统直接关联，也无法通过会计科目的金额变化来进行有效的预算监控。各职能部门和教学院部目前主要观测的是收支预算安排情况、收入支出预算执行情况、与上级预算对比情况、本年度预算执行情况分析、与上年度预算执行数对比分析等，少有从功能分类的角度进行收入支出结构分析，即从业务活动角度进行分析。

第二，预算监控是事中监控而非事后监控，也就是预算监控是在年末之前定期进行若干次，以及时纠偏。但学校目前基本不存在预算监控体系，从政府会计科目金额的变化、在会计科目间设计勾稽指标进行预算监控更是无从谈起。上文我们已提及，预算申报围绕战略发展目标和业务活动进行填报，随着业务活动的有序开展，预算资金也在不断地支出，预算监控不仅监控的是资金的支出情况，也要监控业务活动，例如，资金的支出进度与业务活动的进度是否相匹配；业务活动的执行是否合法、合规、合理；预算资金的支出使用是否合法、合规、合理。因此，设计一套既包含会计指标又包含业务指标的指标监控体系，才有助于及时发现问题、及时纠偏，使预算资金的花费更有质量、更有效益，有利于最终绩效目标的实现。

第三，预算监控应具有一定的周期性，如一季度是一个周期，或半年是一周期，预算监控结果有路径反馈，用于改进下一周期的绩效管理工作。目前缺少相关的运行分析与监控机制，未从行政管理和院系部门的维度进行收支情况分析，无法分析各单位的成本管理水平，未从"成本绩效"角度分析资金支出进度，无法分析各部门成本支出的效益水平，未从业务活动动因角度分析支出的合理性，进而无法为成本管控提供数据支持。对行政管理和院系部门尚无系统的监控机制，预算执行情况无法为以后的预算绩效评价和预算批复提供有效参考依据。

（五）预算绩效评价存在的问题

第一，在预算绩效的评价方面，目前存在的严重问题是为了实现绩效目标不顾成本支出，不考虑成本支出与产出之间的匹配关系，造成了成本投入与产出的严重失衡，进而无法提供绩效导向的"战略目标—业务活动—成本支出"管理信息，也无法准确评估业务活动的"投入—产出"的绩效水平。

第二，高校绩效管理面临成本分类不合理、成本数据相关性不强、成本核算与成本分析不匹配等问题。这些情况既制约了高校成本核算的真实性、成本分析的科学性，又制约了对高校投入产出的客观评价，更阻碍了高校的持续健康发展。参考"作业成本法"方法论，业务消耗活动（作业），活动（作业）消耗资源，活动（作业）是核心。成本管理是以活动为核心，通过"为什么开展活动（动因分析）"及"活动的绩效如何（绩效分析）"的具体分析，建立高校成本管理模式，提高成本管控的有效性；结合上文预算申报和预算监控的问题分析,以业务活动为核心打通和建立"事前(预算申报)、事中(预算监控)、事后(预算绩效评价)"全链条、全闭环的成本管控模式。

第三,目前的预算绩效评价体系基本是业务指标居多,少有财务类指标的运用,运用预算会计指标较多,对财务会计数据应用较少。随着政府会计准则制度的全面实施,政府综合财务报告和政府会计有了大量反映财务状况、运营情况的信息。如何挖掘、分析、使用这些数据信息,使得财政工作决策更加科学准确,是目前面临的问题。绩效目标要能清晰反映资金的预期产出和效果,成本预算绩效评价是全面实施预算绩效管理的重中之重,评价结果应当清晰反映成本和效益之间的紧密对应关系,从投入成本、产出质量、效益效果等维度建立成本预算绩效评价指标体系,在业务指标的基础上融入财务类指标,突出导向性、可测量性、相关性、合理性,以实现预算安排核成本、资金使用有规范、综合考评讲绩效的预算管理模式,将决算情况及绩效评价情况作为下一年度预算编制和申报的参考依据。因此,从绩效导向与业务活动动因的角度,提高高校成本管控水平和绩效管理水平,具有非常重要的现实意义和前瞻性意义。

三、基于政府会计的高校预算绩效指标设计

(一) 高校预算绩效指标设计思路

按照中发〔2018〕34 号文,预算绩效管理涉及五个环节,即绩效目标、绩效跟踪、绩效评价、绩效反馈和应用。其中,绩效目标是预算绩效管理的基础和前提,是绩效评价的对象在一定期限内达到的产出和结果,包括产出、效果和满意度等内容。而绩效评价需要根据绩效目标对财政支出的经济性、效率性和效益性进行客观、公正的评价。所以,绩效评价指标必然需要依据绩效目标进行设置。因此,本小节围绕"绩效目标—教学活动—预算绩效评价"的设计思路,即以绩效目标为指导,以业务活动为基础,将政府会计数据应用到绩效评级指标的设计中,政府会计与预算绩效管理逻辑如图 5 - 10 所示。

从图 5 - 10 可以看出,一方面,从政府会计核算的角度来看,政府会计由预算会计和财务会计构成,收付实现制下的预算会计是记录和反映政府部门预算执行的过程和对预算资源责任的履行情况,而权责发生制下的财务会

计反映政府获取资源的能力以及使用这些资源的效率和效果,能够有效提供政府的运行成本信息,无论是预算会计还是财务会计均是对经济业务发生的反应和记录。另一方面,从预算绩效管理来看,预算绩效管理涉及绩效评估、绩效目标、绩效运行监控以及绩效评价过程,而绩效目标是预算绩效管理的基础和前提,绩效指标是预算目标实现程度的量化,是预算绩效管理的核心。同时,绩效指标又是基于各种业务活动所引发的政府财政投入而形成的指标。绩效是对预算支出发生的经济业务的成绩和成效的管理,经济业务是绩效管理的载体。因此,业务活动是联系政府会计与预算绩效指标的纽带。基于以上逻辑,本小节对绩效目标导向下的绩效指标设计,同时采用作业成本法以高校四大业务活动为成本核算动因,进行成本归集,呈现出"政府会计—业务活动—绩效目标—绩效指标"这一逻辑链条,具体呈现过程如图5-11所示。

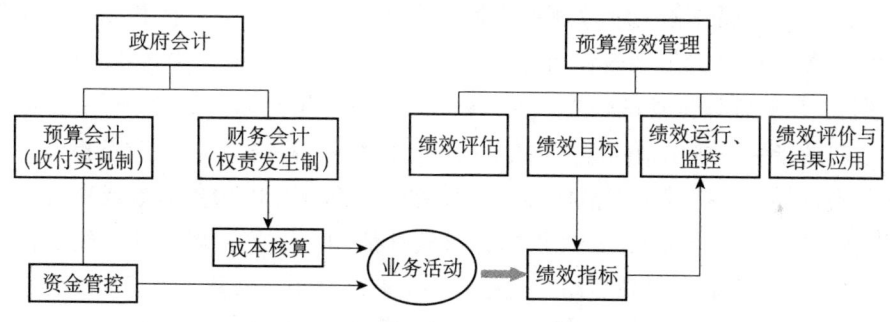

图 5-10　政府会计与预算绩效管理逻辑

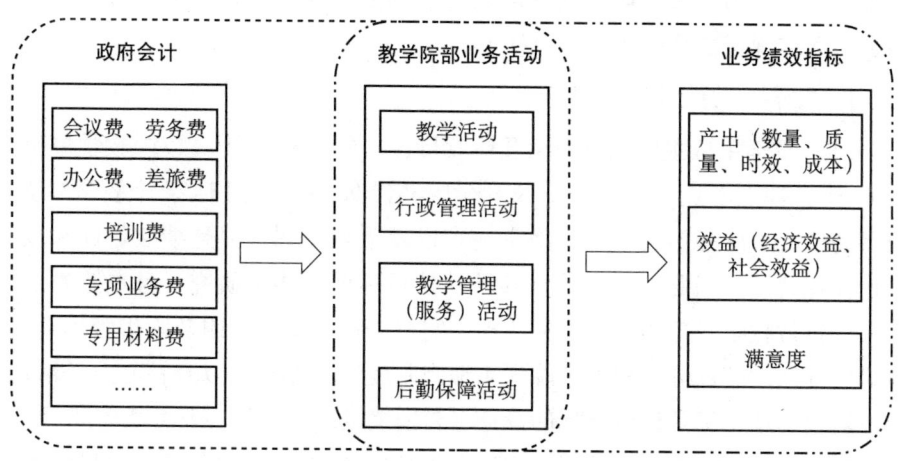

图 5-11　基于政府会计的预算绩效指标设计流程

（二）预算绩效指标设计——以河南 A 高校为例

为了突出预算绩效管理分行业、分层次实施的要求，本章立足于应用型本科高校，并以河南省 A 高校为研究对象展开相关研究。本小节遵循"政府会计—业务活动—绩效目标—绩效评价"这一逻辑链条，首先围绕 A 高校《教育事业"十三五"专项规划》以及《应用型本科高校教育教学评估实施办法》确定其绩效目标，然后在此基础上对教学活动、行政管理活动、教学管理（服务）活动和后勤保障活动四个核心业务活动设计绩效指标。

依据 A 高校《"十三五"专项规划》确定总体绩效目标：（1）提升优势特色学科；（2）积极培育交叉学科；（3）加强硕士专业学位点建设；（4）优化专业结构；（4）推进专业认证与评估；（6）深化教育教学改革；（7）建设产学研一体的实践教学体系；（8）完善创新创业教育体系。在此总体绩效目标的指引下，展开相关绩效评价指标的设计。其中，一级指标和二级指标依据财政部《项目支出绩效评价管理办法》（财预〔2020〕10 号）和河南省《项目支出绩效评价管理办法》进行设计，包括产出指标（数量指标、质量指标、时效指标、成本指标等）、效益指标（经济效益指标、社会效益指标、生态效益指标、可持续影响指标等）和满意度指标（反映服务对象或项目受益人的认可程度的指标），三级指标针对教学活动、行政管理活动、教学管理（服务）活动和后勤保障活动四大业务活动进行设计，以呈现政府会计促进预算绩效管理的完整链条。本小节为了突出以政府会计为基础的预算绩效指标设计，重点以第一大类业务活动即教学院部活动为例，来详细剖析政府会计数据如何体现在预算绩效指标设计中。

1. 教学活动绩效指标设计

（1）教学单位主要业务介绍及绩效目标。研究样本 A 高校中教学单位共计 24 个，理工学院共计 12 个，文科学院共计 12 个。通过对 24 个教学单位调研和访谈，虽然各个教学单位教学内容以及重点不同，但是绩效目标和核心工作存在共性，因此，本小节以共性绩效目标展开相关研究，且主要教学活动涉及日常教学管理、教学业务活动、实习实验活动、党团及学生管理活动、科研管理活动五部分。根据学院预算编制制度、职能部门以及核心业务活动，本书对教学单位绩效评价指标的设计主要围绕以上五个核心业务活动进行。

依据 A 高校办学定位和"十三五"规划，各教学单位共性绩效目标设定为：突出学院特色，提升优势学科；实施重点专业建设工程；加强教学团队建设；强化课程与教学资源建设；深化教学方式方法改革；深化产学研一体的实践教学管理。

（2）日常管理预算绩效指标设置。依据教学单位的共性绩效目标，对在绩效目标下开展的各项业务活动进行成本费用分类、归集，设置绩效评价指标。教学单位作为基层教学单位，日常管理业务主要涉及教学、科研、党团以及学生活动等业务。通过查阅政府会计费用科目明细，日常管理业务活动主要涉及的业务活动如图5-12所示。

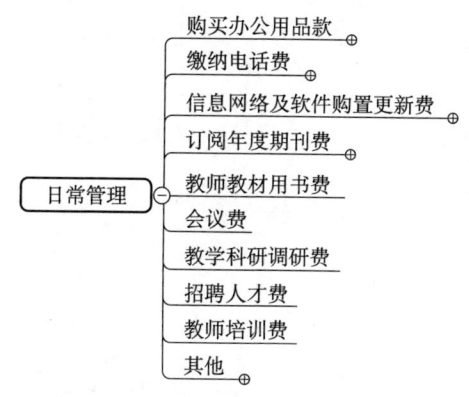

图 5-12 学院日常管理业务活动

依据政府会计核算口径，教学活动日常管理业务多记入"办公费"科目，因此，依据图5-12业务活动内容设计绩效指标，即将政府会计财务报告中的办公费用支出，转化为数量、质量以及成本等绩效指标，如表5-2所示。值得说明的是，由于部门业务不能完全体现出所有产出指标、效益指标和满意度等信息，因此，表5-2在设计时未将其列示，仅列示出可指标化的指标。

表 5-2　　　　　基于政府会计的日常管理业务绩效指标

一级指标	二级指标	三级指标	指标值	指标说明
产出指标	数量指标	期刊数量	册	购置期刊数量
		参加会议次数	次	实际会议次数
		培训次数	次	实际参加培训次数
		资产增加量	万元	预算年度新增资产价值
	质量指标	期刊借阅率	%	借出期刊数量/期刊总数量
		参加会议规格	等级	反映参加会议等级（省级、厅级以及校级培训）
		教师实践培训规格	等级	反映参加培训等级（省级、厅级以及校级培训）

续表

一级指标	二级指标	三级指标	指标值	指标说明
产出指标	成本指标	人均办公经费	人/元	办公经费总额/教师人数
		办公经费占比	%	办公经费/总预算支出
		成本合理节约率	%	本期实际人均办公经费/上期人均实际办公经费
满意度	服务对象满意度	教师满意度分值	级别	满意、基本满意、不满意
		学生满意度分值	级别	满意、基本满意、不满意

（3）教学管理活动绩效指标设置。调研教学管理主要涉及的业务活动如图 5-13 所示。

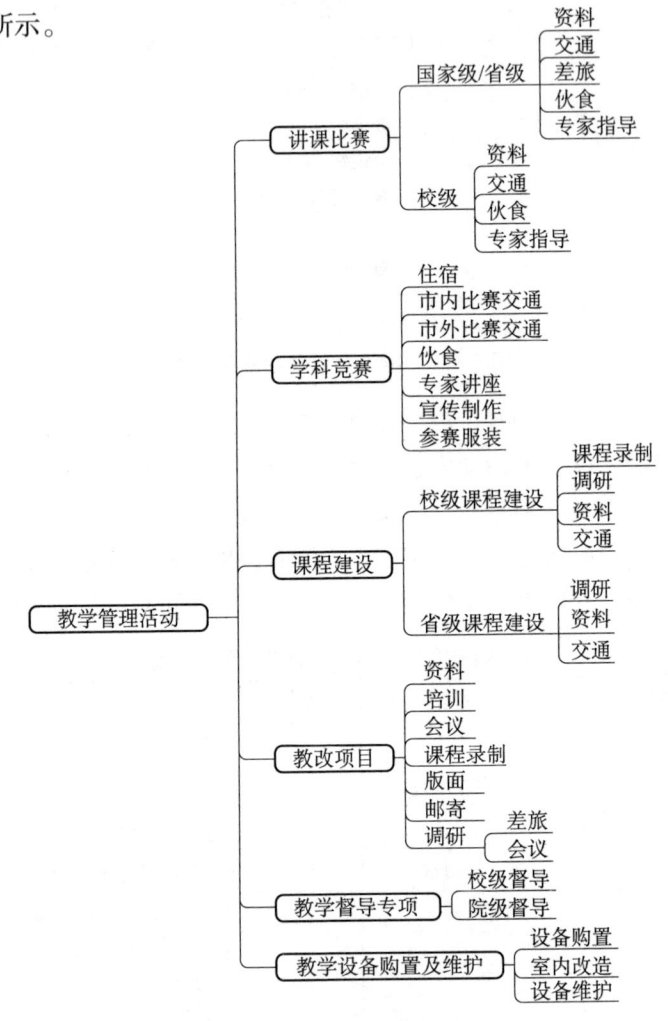

图 5-13　教学管理活动内容

依据政府会计核算口径，教学管理业务活动多记入"办公费""差旅费""会议费""劳务费""其他交通费""专项业务费""专用材料费""资本性支出"等科目，且依据教学单位绩效目标所涉及的学科发展、专业建设、教学团队建设、教学资源建设、教学方法改革等方面进行绩效指标的设置。同时，依据图 5-13 业务活动内容设计绩效指标，即将政府会计财务报告中的各项会计科目对应转化为数量、质量以及成本等绩效指标，如表 5-3 所示。

表 5-3 基于政府会计的教学管理活动绩效指标

一级指标	二级指标	三级指标	指标值	指标说明
产出指标	数量指标	讲课比赛人数	人	参加讲课比赛教师人数
		讲课比赛次数	次	讲课比赛总次数
		申报一流课程数量	门	申报一流专业课程数量
		校企开发课程数量	门	校企开发课程数量
		教改项目申报数量	项	申报教改项目数量（包括省级、厅级和校级）
		学生竞赛人数	人	参加科学竞赛学生人数
		学生竞赛次数	次	参加科学竞赛次数
		教研论文数量	篇	发表教研论文篇数
		编写教材数量	册	编写教材总数量
	质量指标	国家/省级讲课比赛获奖实现程度	%	国家级（省级）讲课比赛获奖数量/申报讲课比赛数量
		校级讲课比赛获奖实现程度	%	校级讲课比赛获奖数量/申报讲课比赛数量
		国家级/省级一流课程获批数量占比	%	国家级（省级）一流课程获批数量/国家级（省级）一流课程申报数量
		校企开发课程开课率	%	校企开发课程开课门数/校企开发课程数量
		国家级教改项目立项率	%	国家级教改项目立项数/国家级教改项目申报数
		省级教改项目立项率	%	省级教改项目立项数/省级教改项目申报数
		校级教改项目立项率	%	校级教改项目立项数/校级教改项目申报数
		国家/省级学科竞赛获奖实现率	%	国家（省级）学科竞赛获奖数/国家（省级）学科竞赛申报数
		校级学科竞赛获奖实现率	%	校级学科竞赛获奖数/校级学科竞赛申报数

续表

一级指标	二级指标	三级指标	指标值	指标说明
产出指标	质量指标	规划教材立项率	%	规划教材立项数/规划教材申报数
		核心教研论文发表率	%	核心教研论文发表数/教研论文总发表数
		教师参加企业实训培训的人数占比	%	教师参加企业实训培训的人数/学院教师总人数
	社会效益	教改课程应用数	门	教改课程在开课
		教学成果奖数量	项	教学成果获奖数量
		课程思政建设数	门	课程思政课程数量
		学生课外实践竞赛获奖	项	学生课外实践竞赛获奖数量
		大学生创业数量	人	大学生创业数量
满意度	服务对象满意度	教师满意度分值	级别	满意、基本满意、不满意
		学生满意度分值	级别	满意、基本满意、不满意
		上级主管部门满意度	级别	满意、基本满意、不满意

（4）实训活动绩效指标设置。根据访谈和调研，院部实习实验活动涉及内容如图 5-14 所示。

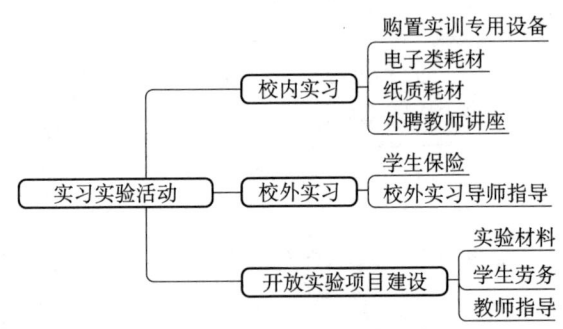

图 5-14 实习实训活动内容

依据政府会计核算要求，学院实习实验业务活动多记入"专项业务费——实习试验费（校内实训）"和"专用材料费（资料费）"科目。另外，根据教学单位绩效目标所涉及实践教学目标：增加实践教学比重，改革实践教学内容，改善实践教学条件以及加快校企共建实践创新平台建设等内容进行绩效指标的设置。同时，结合图 5-14 业务活动内容设计绩效指标，即将政府会计财务报告中的各项会计科目对应转化为数量、质量、成本、时效以及满意度等绩效指标，如表 5-4 所示。

表 5-4　　基于政府会计的实习实验活动绩效指标

一级指标	二级指标	三级指标	标准值	指标解释
产出指标	数量指标	校内实训课程数	门	开设的校内实训课程数
		校内实训学生人数	人	参加校内实训学生的人数
		校外实训学生人数	人	参加校外实训学生的人数
		校内教学仪器增加量	台/人	校内实训实验教学仪器增加数/校内实训实验学生人数
		开放实验课程次数	次	开放实验课程的次数
		实验教学平台数量	个	实验教学平台应用的数量
		智慧实验室	个	智慧实验室应用的数量
		开展社会调查次数	次	开展社会调查的次数
	质量指标	校外实训基地学生接待人次	人/次	校外实训基地学生接待人数/接待次数
		外聘教师讲座数	次	外聘教师讲座总次数
		毕业设计选题来自社会实践占比	%	毕业设计选题来自社会实践数量/总毕业设计数量
		学生专利数	个	学生申报专利数量
		学生参与教师横向科研项目的占比	%	参与教师横向科研项目学生人数/学生总人数
		毕业生在本专业相关领域就业的人数比例	%	毕业生在本专业相关领域就业的人数/毕业生总人数
		校外实习实训人数完成率	%	实际校外实习实训人数/计划校外实习实训人数
		行业优秀专家占比	%	实习实验指导教师中行业优秀专家人数/实习实验指导教师总人数
	时效指标	校外实习实训及时率	%	实际校外实习实训总时长/计划校外实习实训总时长
	成本指标	生均材料耗费	元/生	实习（实验）材料耗费/实习（实验）学生人数
		生均实习设备消耗	元/生	实习（实验）设备耗费/实习（实验）学生人数
		生均实习（实验）仪器设备值	元/生	实习（实验）仪器设备价值/实习（实验）学生人数
满意度	服务对象满意度	学生对实习实训满意度	等级	满意、基本满意、不满意
		教师对实习实训满意度	等级	满意、基本满意、不满意
		实习单位对实习实训满意度	等级	满意、基本满意、不满意
		就业单位对毕业生的满意度	等级	满意、基本满意、不满意

(5) 学生党团活动业务绩效指标设置。根据访谈和调研，并充分结合相关部门职能文件，学生党团活动涉及内容如图 5-15 所示。

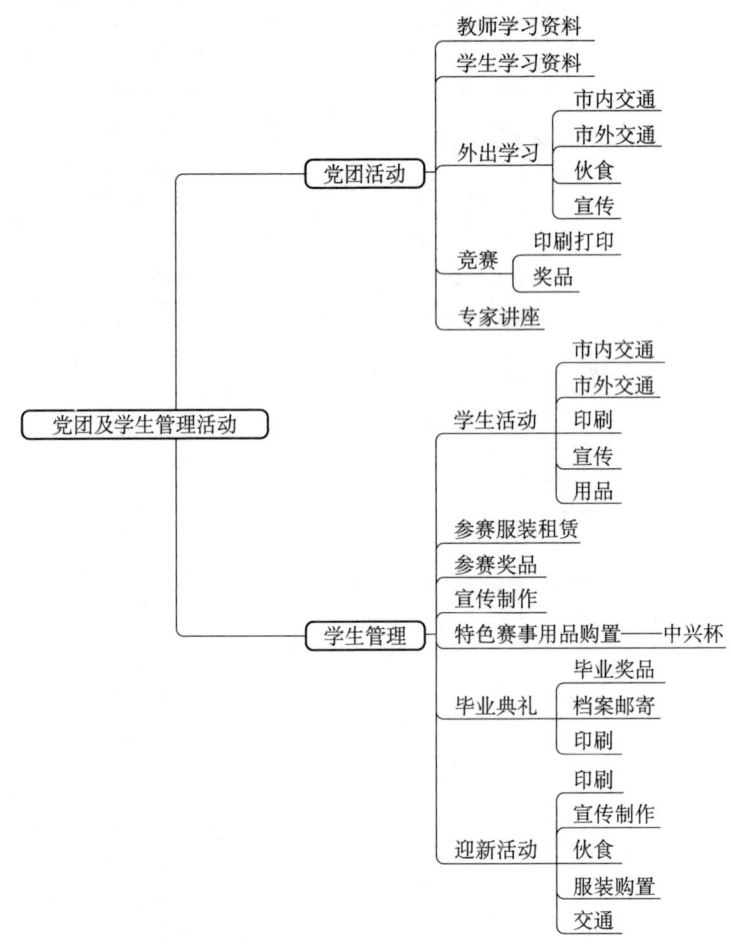

图 5-15　学生党团活动业务

依据政府会计核算要求，学生党团活动多记入"差旅费""专用材料费""其他交通费""其他商品和服务支出""专项业务费（学生活动费）"等科目。绩效目标中涉及建设优秀基层组织内容。同时，依据图 5-15 业务活动内容设计绩效指标，即将政府会计财务报告中的各项会计科目对应转化为数量、质量、成本以及满意度等绩效指标，如表 5-5 所示。

表 5-5　　　　　　　　基于政府会计的学生党团活动绩效指标

一级指标	二级指标	三级指标	指标值	指标说明
产出指标	数量指标	党团书籍数	册	采购党团书籍数量
		专家讲座次数	次	专家党团讲座次数
		竞赛次数	次	学生参加党团竞赛次数
		学生参赛人数	人	学生参加党团竞赛人数
		党团微课数	个	党团微课建设数量
		心理辅导次数	次	学生心理辅导次数
		师生党性教育实地考察数	次	师生党性教育实地考察（参观）次数
	质量指标	学生获奖数	人	学生参加党团竞赛获奖人数
		优秀团干部人数	人	获得优秀团干部称号的学生人数
		优秀学生部人数	人	获得优秀学生部称号的学生人数
		优秀学生党员人数	人	获得优秀学生党员称号的学生人数
		优秀基础党组织数	个	获得优秀基础党组织称号的个数
		厅级及其以上荣誉称号数	个	获得厅级及其以上荣誉称号的个数
		心理健康康复率	%	心理健康康复学生人数/被列入心理健康有问题学生总数
	成本指标	生均党团经费	元/人	党员经费总量/学生总人数
满意度	服务对象满意度	学生对党团活动满意度	等级	满意、基本满意、不满意
		教师对党团活动满意度	等级	满意、基本满意、不满意
		上级主管部门对党团活动满意度	等级	满意、基本满意、不满意

（6）科研活动业务绩效指标设置。根据访谈和调研，并充分结合相关部门职能文件，学院科研活动内容如图 5-16 所示。

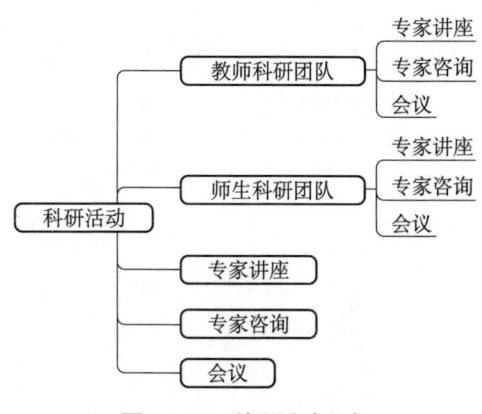

图 5-16　科研活动业务

依据政府会计核算要求，院部科研活动多记入"会议费""劳务费"科目。依据绩效目标加强省级科研平台建设、建设高水平科研团队等。同时，依据图 5-16 内容设计绩效指标，即将政府会计财务报告中的各项会计科目对应转化为数量、质量、成本、效益以及满意度等绩效指标，如表 5-6 所示。

表 5-6　　　　基于政府会计的院部科研活动绩效指标

一级指标	二级指标	三级指标	指标值	指标说明
产出指标	数量指标	专家讲座次数	次	外请专家科研讲座次数
		科研团队数量	个	组建校内科研团队数量
		论文发表数量	篇	学院教师论文发表数量
		举办会议次数	次	学院举办会议次数
	质量指标	申报省部级课题数	项	教师申报省部级课题数量
		申报厅级课题数	项	教师申报厅级课题数
		专利数	数	学院申报专利数
		产学研项目数	数	学院产学研项目申报数量
		学生参与教师科研团队数量	人	参与教师科研团队的学生人数
		学生发表论文数	篇	学生发表论文篇数
		核心论文发表数	篇	教师核心论文发表篇数
		厅级以上科研团队数	个	学院厅级以上科研团队数量
		省部级课题立项率	%	省部级课题立项数量/省级课题申报数量
	时效指标	厅级课题立项率	%	厅级课题立项数量/厅级课题申报数量
		专利引用次数	个	发明专利被引用次数
		学生发表核心论文数	篇	学生发表核心论文篇数
		专家讲座及时率	%	实际专家讲座次数/计划专家讲座次数
		会议完成时限	%	实际会议进度/计划会议进度
	成本指标	师均科研经费		科研经费总量/学院教师人数
		厅级科研获奖数	数	获得厅级科研奖励的数量
	社会效益	省部级科研获奖数	数	获得省部级科研奖励的数量
		实现成果转化的课题数	数	科研成果转化数
		研究成果中的对策、建议被采纳数	%	被采纳的课题研究数/课题研究总数
满意度	服务对象满意度	学生对科研活动满意度	等级	满意、基本满意、不满意
		教师对科研活动满意度	等级	满意、基本满意、不满意
		上级主管部门对科研活动满意度	等级	满意、基本满意、不满意

2. 行政管理活动绩效指标设计

（1）行政管理活动内容。根据调研和访谈，本校的行政管理活动主要涉及组织管理业务、宣传管理业务、职工管理业务、人事管理业务以及对外联络业务等，主要涉及的部门如图 5-17 所示。本小节主要针对以上业务涉及绩效指标。

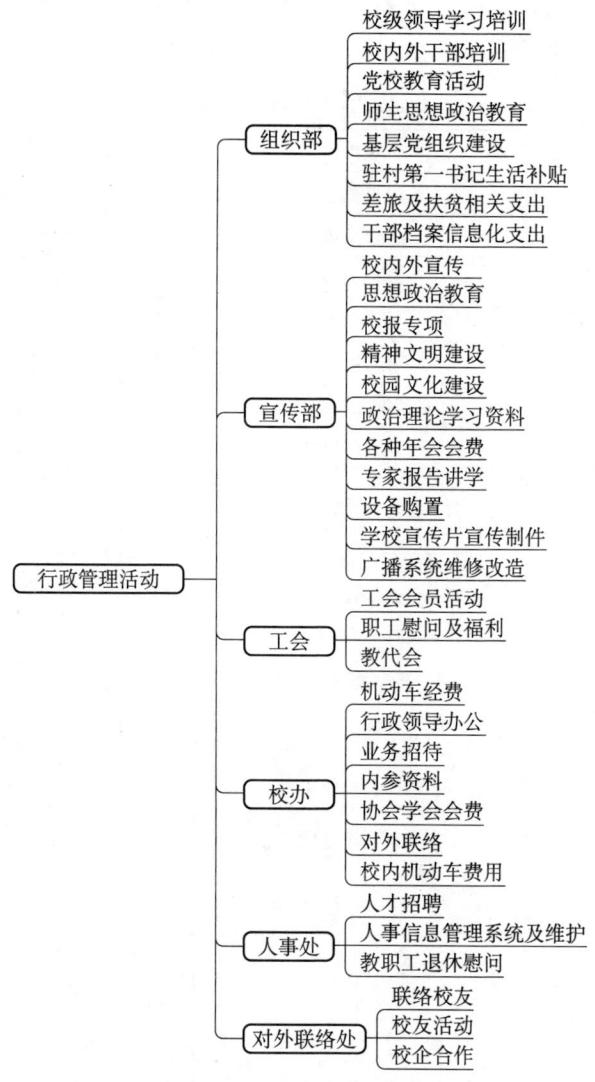

图 5-17　行政管理活动结构

（2）行政管理活动绩效指标设计。依据政府会计核算要求，行政管理活动多记入"办公费""印刷费""会议费""劳务费""邮电费""差旅费""培训费""维修费""宣传费"等科目。而绩效目标设定为提升管理服务水平，降低管理成本，加大高层次人才引进。同时，依据图 5-17 业务活动内容设计不同业务部门的绩效评价指标，如表 5-7、表 5-8、表 5-9 所示，即将政府会计财务报告中的各项会计科目对应转化为数量、质量、成本、效益以及满意度等绩效指标。

表 5-7 校长办公室预算绩效指标

一级指标	二级指标	三级指标	指标值	指标说明
产出指标	数量指标	会议数量	次	举办会议的数量
		会议天数	天	举办会议的天数
		参会人数	位	参加会议人数
		外出考察	次	包括国内外的考察次数
		制定的文件	个	讨论（发布）的文件数
		接待的考察数量	次	接待的考察数量
		班车发车次数	次	班车发车次数
	质量指标	召开校级会议实现程度	%	实际召开的会议次数/计划召开的会议次数
		举办省级会议实现程度	%	实际举办的会议次数/计划举办的会议次数
		班车准点率	%	班车准时到达次数/班车发车次数
		举办会议的实际参与会议的比率	%	实际参会人员/计划参会人员
	成本指标	机动车经费使用率	%	实际班车经费/计划下拨费用
		校内机动车使用率	%	校级领导用车费/计划下拨费用
		"三公"经费节约率	%	节约的"三公"经费/计划下拨的"三公"经费
		业务招待费	元	业务招待费
		宣传费	元	宣传费
满意度指标	服务对象满意度指标	教师对校长办公会决议的满意度	等级	满意、基本满意、不满意
		教师对班车满意度	等级	满意、基本满意、不满意
		"三公"经费节约率	等级	满意、基本满意、不满意

表 5-8　　　　　　　　　　　　人事处预算绩效指标

一级指标	二级指标	三级指标	指标值	说明
产出指标	数量指标	引进人才人数	人	引进人才人数
		在职培养博士人数	人	在职培养博士人数
		人事代理人数	人	人事代理人数
		人才选拔考核次数	次	人才选拔考核次数
		职称申报人数	人	职称申报人数
		年度教工体检人数	人	年度教工体检人数
		教师到业界实践、挂职人次	人	教师到业界实践、挂职人次
		办理新入职教师人数	人	办理新入职教师人数
		对新入职教师培训次数	次	对新入职教师培训次数
	质量指标	引入应用技术型人才占比	%	引入应用技术型人才数/引入人才数
		专业骨干教师到应用型高校和企业访学人次	次	专业骨干教师到应用型高校和企业访学人次
		在职博士培养毕业率	%	在职博士培养毕业人数/在职博士培养总人数
		双师双能型教师比例	%	双师双能型教师人数/教师总人数
		校级优秀教师、模范教师人数	人	获得校级优秀教师、模范教师人数
		省级优秀教师、模范教师人数	人	获得省级优秀教师、模范教师人数
	时效指标	在职博士人均培养年限	%	在职博士培养总年限/在职博士毕业人数
		年职称晋级人数	人	当年职称晋升人数
	成本指标	在职博士培养人均成本	%	在职博士培养总支出/在职博士毕业人数
		教工体检年度人均成本	%	教工体检总成本/教师人数
		年均人事信息管理系统及维护成本	%	人事信息管理系统及维护成本/教师人数
		人均招聘成本	%	招聘成本/招聘人数
		新入职教师人均培训成本	%	新入职教师培训成本/新入职教师人数
		年度考核优秀的教师奖励支出	元	年度考核优秀的教师奖励总成本
满意度指标	服务对象满意度指标	教师对职称评审管理的满意度	等级	满意、基本满意、不满意
		对办理入职效率的满意度	等级	满意、基本满意、不满意
		用人部门对引进人才的满意度	等级	满意、基本满意、不满意
		用人部门对在职培养博士的满意度	等级	满意、基本满意、不满意

表 5-9　　　　组织部、宣传部、工会、对外合作交流预算绩效指标

一级指标	二级指标	三级指标	指标值	指标说明
产出指标	数量指标	领导干部培训次数	次	领导干部培训次数
		党代会决议数量	个	党代会决议数量
		教代会决议数量	个	教代会决议数量
		党团活动比赛次数	次	党团活动比赛次数
		工会会员活动比赛次数	次	工会会员活动比赛次数
		新购置文娱活动设备和设施数量	个	新购置文娱活动设备和设施数量
		参加暑期调研人数	人	参加暑期调研人数
		工会福利发放次数	次	工会福利发放次数
		校友会外联次数	次	校友会外联次数
		宣传片制作数量	次	宣传片制作数量
		信访接待人次	人次	信访接待人次
		思政教学活动次数	次	思政教学活动次数
	质量指标	文娱活动设备和设施使用率	%	实际使用时间/整个学期周时
		机关党员之家使用率	%	实际使用时间/整个学期周时
		优秀基层党组织占比	%	优秀基层党组织数/基层党组织数
		优秀党员占比	%	优秀党员数/党员数
		党代会决议落实率	%	党代会后落实的决议数/党代会决议数
		教代会决议落实率	%	教代会后落实的决议数/教代会决议数
		比赛获奖比率	%	比赛获奖人次/参赛人次
	时效指标	党代会决议落实及时性	%	实际落实时间/计划落实时间
		教代会决议落实及时性	%	实际落实时间/计划落实时间
	成本指标	机关党员之家建设成本	元	机关党员之家建设成本
		新增文娱活动设备和设施成本	元	新增文娱活动设备和设施成本
		比赛支出成本	元	比赛支出成本
		人均福利费用支出	%	福利费用支出/教工人数
		人均政治理论学习资料支出	元/人	政治理论学习资料支出/教工人数
		人均思政工作经费	元/人	思政工作经费/教工人数
		年均广播系统维护费用	元	每年广播系统维护费用
		人均工会活动经费	元/人	工会活动经费/教工人数
		年均校友会费用	元	每年平均校友会费用支出

续表

一级指标	二级指标	三级指标	指标值	指标说明
效益指标	社会效益指标	年均扶贫经费支出	元	每年平均扶贫经费支出
		驻村第一书记人次	人	驻村第一书记人次
满意度指标	服务对象满意度指标	教师对思政工作满意度	等级	满意、基本满意、不满意
		教师对党代会决议执行情况的满意度	等级	满意、基本满意、不满意
		教师对教代会决议执行情况的满意度	等级	满意、基本满意、不满意
		服务对象对扶贫工作的满意度	等级	满意、基本满意、不满意
		服务对象对驻村第一书记的满意度	等级	满意、基本满意、不满意
		教师对工会活动的满意度	等级	满意、基本满意、不满意
		教师对工会福利的满意度	等级	满意、基本满意、不满意

3. 教学管理（服务）活动绩效指标设计

（1）教学管理（服务）活动内容。教学管理（服务）活动是指除去院部主要教学活动外的，其他所涉及的教学管理活动、学院发展规划活动、招生活动、学生管理活动以及科研管理活动等内容，如图 5-18 所示。

（2）教学管理（服务）活动绩效指标设计。针对图 5-18 四个核心部门发生的业务，根据政府会计核算规定，同时查阅会计报表和凭证，行政管理活动多记入"专项业务费""办公费""印刷费""会议费""劳务费""邮电费""差旅费""培训费""维修费""专用材料费"等科目。另外，根据 A 高校教学管理（服务）活动绩效目标：提升管理服务水平，降低管理成本，优化专业结构设置，推进专业认证与评估，深化教育教学改革，推动联合培养研究生工作，强化学生心理健康工作，积极开展双创工作，进一步推进大学生创业基地建设，培育一批具有创新能力的科技创新团队。同时，按照绩效指标设计原则，分别设计绩效评价指标，如表 5-10~表 5-14 所示。

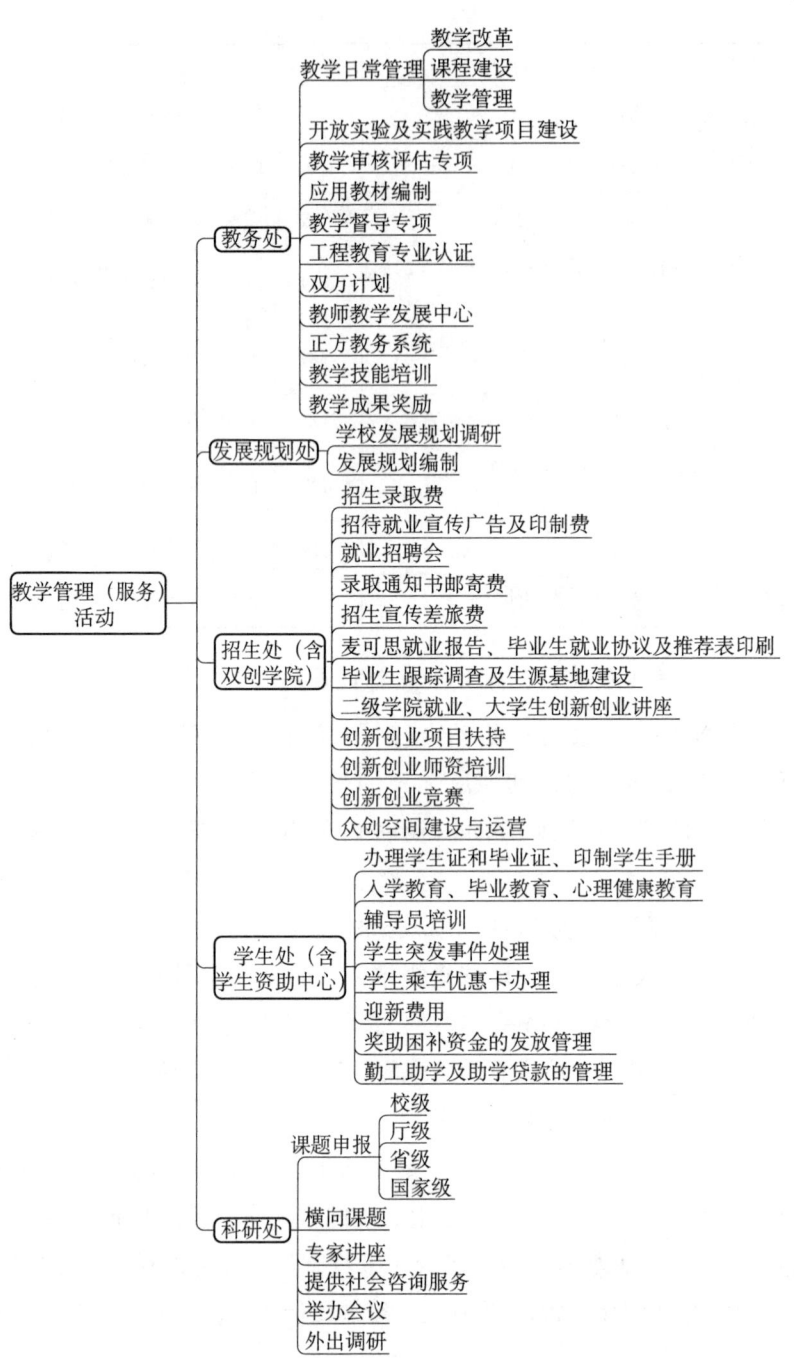

图 5-18 教学管理（服务）活动结构

表 5-10 教务处预算绩效指标

一级指标	二级指标	三级指标	指标值	说明
产出指标	数量指标	本科生生均课程门次	门/人	开设课程门次/本科生在校生人数
		四六级考试学生人数	人	四六级考试学生人数
		开放实验数量	项	开放实验数量
		开放实验学生参加数量	人	开放实验学生参加数量
		开放实验经费	元	开放实验经费
		开放实验服务于竞赛数量	项	开放实验服务于竞赛数量
		教学督导率	%	听课门次/开课门次
		近五年公开出版教材数	本	近五年公开出版教材数
		工程教育专业认证数量	项	工程教育专业认证数量
		一流专业申报数量	次	一流专业申报数量
		一流课程申报数量	次	一流课程申报数量
		教师教学技能培训次数	次	教师教学技能培训次数
		教研教改项目申报数量	项	教研教改项目申报数量
	质量指标	教授主讲本科课程人均学时数	时/人	教授主讲本科课程课时数/开课总课时数
		主讲本科课程教授占教授总数比例	%	主讲本科课程教授/教授总数
		开放实验项目结项率	%	结项数量/开放数量
		社会实践、学科竞赛类开放实验占比	%	社会实践、学科竞赛类数/开放实验数
		以实验、实习、工程实践和社会调查等实践性工作为基础的毕业论文（设计）比例	%	以实验、实习、工程实践和社会调查等实践性工作为基础的毕业论文（设计）数/毕业论文（设计）数
		规划教材立项率	%	立项数/申报数
		应用型教材占比数	%	应用型教材/近五年公开出版教材数
		通过认证（评估）的专业占比	%	通过认证（评估）的专业/专业总数
		一般教改立项率	%	立项数/申报数
		一流专业立项率	%	立项数/申报数
		一流课程立项率	%	立项数/申报数
		国家级教改项目立项率	%	立项数/申报数
		省级教改项目立项率	%	立项数/申报数
		校级教改项目立项率	%	立项数/申报数
		具有行业背景的专家培训占比	%	具有行业背景的专家培训次数/教师教学技能培训次数

续表

一级指标	二级指标	三级指标	指标值	说明
产出指标	质量指标	日常教学事故数量	次	教学事故发生次数
		组织考试事故率	%	事故次数/组织考试次数
		教务系统运行无故障率	%	故障次数/运行天数
		四六级考试通过率	%	通过人数/参加考试人数
	成本指标	生均期末考试成本	元	期末考试成本支出/在校生人数
		生均本科实验经费	元	实验成本支出/在校生人数
		生均本科实习经费	元	实习成本支出/在校生人数
		生均教学仪器设备值	元	教学仪器设备值/在校生人数
		年均教学仪器设备维修保养费	元	教学仪器设备维修保养费/在校生人数
		生均教务系统运行服务学生费	元	正方教务系统运行成本/在校生人数
效益指标	社会效益指标	校级教学成果奖数量	项	校级教学成果奖数量
		省级及以上教学成果奖数量	项	省级及以上教学成果奖数量
		课程思政示范课程数量	门	课程思政示范课程数量
		课程思政教学示范研究中心数量	个	课程思政教学示范研究中心数量
		课程思政教学名师数量	人	课程思政教学名师数量
		课程思政教学团队数量	个	课程思政教学团队数量
满意度	服务对象满意度指标	新进教师培训教师满意度	等级	满意、基本满意、不满意
		学生选用教材满意度	等级	满意、基本满意、不满意
		上级部门对教学改革的满意度	等级	满意、基本满意、不满意

表 5-11　　　　　发展规划处预算绩效指标

一级指标	二级指标	三级指标	指标值	说明
产出指标	数量指标	申报新本科专业	个	申报新专业的数量
		硕士点申报专业	个	申报硕士点的专业
		硕士导师受聘数量	位	硕士导师受聘数量
		联合培养硕士数量	位	联合培养硕士数量
		宣传视频制作数量时长	个/分钟	宣传视频制作数量时长
		外出调研数量	次	外出调研数量
		发展规划编制数量	个	发展规划编制数量
		举办会议次数	次	举办会议次数
	质量指标	优秀硕士毕业生率	%	优秀硕士毕业生/硕士毕业生
		新增本科专业个数	个	新增本科专业个数

续表

一级指标	二级指标	三级指标	指标值	说明
产出指标	质量指标	当年执行的规划率	%	执行的规划数/计划的规划数
		获批硕士点个数	个	获批硕士点个数
	时效指标	研究生按时毕业率	%	研究生毕业数量/应毕业研究生数量
		硕士点获批时间完成率	%	实际完成进度/计划完成进度
		本科专业获批时间完成率	%	实际完成进度/计划完成进度
	成本指标	联合培养研究生资助费用	元	生均培养费用
		会议费	元	召开会议费
		宣传费	元	宣传费
		日常办公费	元	日常办公费
		人力资源费用	元	人力资源费用
效益指标	社会效益指标	毕业论文源自企业管理占比	%	60%以上的选题来自行业企业的实际需要
	可持续影响指标	毕业生就业情况	%	就业率
满意度指标	服务对象满意度指标	教师对发展履职效能的满意度	等级	满意、基本满意、不满意
		上级主管部门的满意度	等级	满意、基本满意、不满意

表 5-12　　　　　　　　招生处预算绩效指标

一级指标	二级指标	三级指标	指标值	说明
产出指标	数量指标	参与招生宣传人数	人	参与招生宣传人数
		宣传册印刷数	册	宣传册印刷数
		录取通知书印刷数	册	录取通知书印刷数
		录取通知书邮寄数	次	录取通知书邮寄数
		毕业生就业协议印刷数	次	毕业生就业协议印刷数
		毕业生推荐表印刷数	份	毕业生推荐表印刷数
		毕业生跟踪调查次数	次	毕业生跟踪调查次数
		创新创业讲座次数	次	创新创业讲座次数
		就业讲座次数	次	就业讲座次数
		创新创业培训次数	次	创新创业培训次数
		创新创业竞赛次数	次	创新创业竞赛次数
	质量指标	新生报到率	%	新生报到人数/录取人数
		本科生相关专业领域就业率	%	本科生相关专业领域就业人数/本科毕业生人数
		应届本科生初次就业率	%	应届本科生初次就业/本科毕业生人数

续表

一级指标	二级指标	三级指标	指标值	说明
产出指标	质量指标	参加创新创业实践活动人数占比	%	参加创新创业实践活动人数/在校生人数
		创新创业竞赛获奖人次	人	参加创新创业竞赛获奖人数
		"互联网+"创新创业大赛获奖数	项	"互联网+"创新创业大赛获奖数量
	时效指标	众创空间服务学生比率	%	实际服务学生人次/计划服务学生人次
	成本指标	生均招生成本	元/人	招生成本/录取人数
		众创空间年均运营成本	元	众创空间每年经营运营成本
效益指标	社会效益指标	本科生以第一作者获批专利数	项	本科生以第一作者获批专利数量
		本科生以第一作者或通讯作者公开发表期刊论文数	篇	本科生以第一作者或通讯作者公开发表期刊论文数
满意度指标	服务对象满意度	学生对就业培训指导的满意度	等级	满意、基本满意、不满意
		学生对创新创业培训指导的满意度	等级	满意、基本满意、不满意
		用人单位满意度	等级	满意、基本满意、不满意

表5-13　　　　　　　　学生处预算绩效指标

一级指标	二级指标	三级指标	指标值	说明
产出指标	数量指标	办理学生证次数	次	办理学生证次数
		学生手册印刷数	本	学生手册印刷数
		毕业证印刷数	套	毕业证、证书皮
		入学教育次数	次	入学教育次数
		毕业教育次数	次	毕业教育次数
		心理健康教育次数	次	心理健康教育次数
		心理健康辅导次数	次	心理健康辅导次数
		辅导员培训次数	次	辅导员培训次数
		学生突发事件处理次数	次	学生突发事件处理次数
		学生乘车优惠卡办理次数	次	学生乘车优惠卡办理次数
		奖助困补发放人数	人	奖助困补发放人数
		获得助学贷款学生人数	人	获得助学贷款学生人数
		勤工助学岗位数量	个	勤工助学岗位数量
		参加社会实践人数	人	参加社会实践人数
		科技创新活动举办次数	次	科技创新活动举办次数
		第二课堂开展次数	次	开设第二课堂门次

续表

一级指标	二级指标	三级指标	指标值	说明
产出指标	质量指标	心理辅导成效	%	心理辅导受益人数/心理辅导人数
		助学贷款率	%	获得助学贷款人数/申请助学贷款人数
		勤工助学获批率	%	获得勤工助学人数/申请人数
		勤工助学岗位实现率	%	勤工助学学生人数/学生人数
	时效指标	处理突发事件及时性	天	每次处理时间
	成本指标	迎新活动费用使用率	%	实际活动发生费用/计划发生费用
		心理健康平均辅导时长		总时长/辅导次数
		人均社会实践成本支出	%	社会实践成本/参加学生人数
满意度指标	服务对象满意度	学生对辅导员的满意度	等级	满意、基本满意、不满意
		学生对心理辅导的满意度	等级	满意、基本满意、不满意
		学生对处理突发事件的满意度	等级	满意、基本满意、不满意
		学生对办理助学贷款的满意度	等级	满意、基本满意、不满意
		学生对第二课堂的满意度	等级	满意、基本满意、不满意

表5-14　　　　　　　科研处预算绩效指标

一级指标	二级指标	三级指标	指标值	指标说明
产出指标	数量指标	专家讲座次数	次	邀请专家讲座的次数
		博士基金申报数量	项	博士基金申报数量
		厅级课题申报数量	项	厅级课题申报数量
		省级课题申报数量	项	省级课题申报数量
		国家级课题申报数量	项	国家级课题申报数量
		签署横向课题数量	项	签署横向课题数量
		提供社会咨询服务次数	次	提供社会咨询服务次数
		举办会议次数	次	举办会议次数
		宣传次数	次	宣传次数
		调研次数	次	调研次数
	质量指标	博士基金申报立项率	%	立项数量/申报数量
		厅级课题申报立项率	%	立项数量/申报数量
		省级课题申报立项率	%	立项数量/申报数量
		国家级课题申报立项率	%	立项数量/申报数量
		横向课题成果转化率	%	横向课题成果/横向课题
		教师申请专利数量	项	教师申请专利数量
	成本指标	全年科研奖励金额	元	全年科研奖励金额

续表

一级指标	二级指标	三级指标	指标值	指标说明
满意度指标	服务对象满意度	教师对科研讲座的满意度	等级	满意、基本满意、不满意
		教师对课题申报辅导的满意度	等级	满意、基本满意、不满意
		社会服务对象的满意度	等级	满意、基本满意、不满意

4. 后勤保障及教辅活动绩效指标设计

(1) 后勤保障及教辅活动内容。学校后勤保障及教辅活动虽然不是学校的核心业务，但是对学校的正常运行起到了重要的保障作用，也是学校业务活动的重要构成之一。该业务活动涉及的主要部门以及具体业务活动如图 5-19 所示。

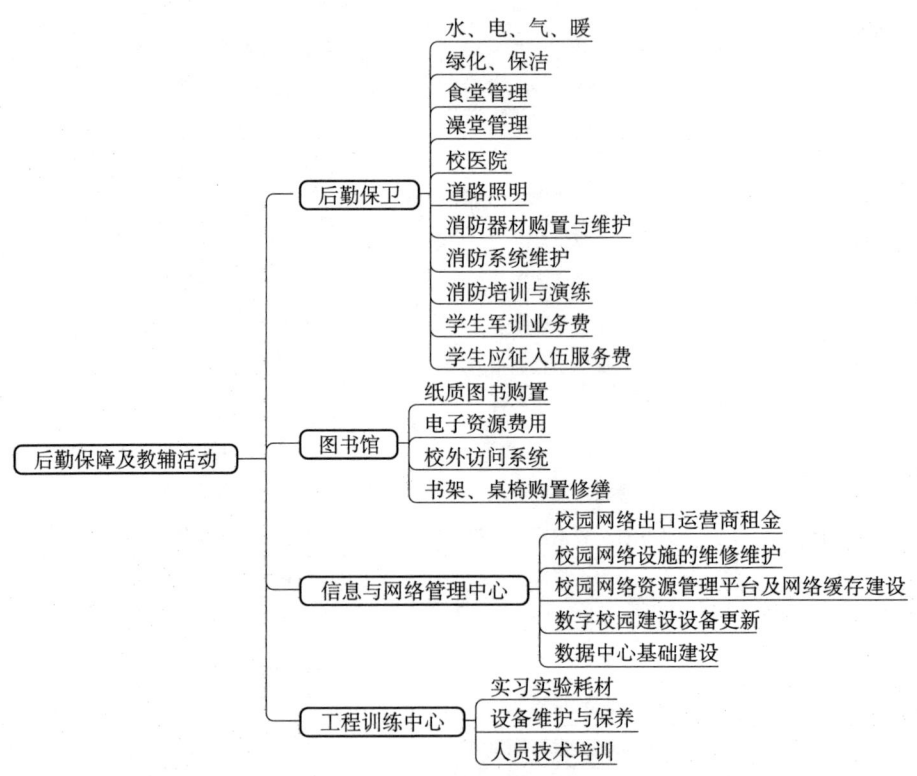

图 5-19　后勤保障及教辅活动结构

(2) 后勤保障及教辅活动绩效指标设计。针对上述业务内容，并在后勤保障服务中心、保卫处、图书馆、信息中心、工训中心、测试中心等部门的总体绩效目标，即加强校园建设，推进校园文化、数字化校园，完善文献资源保障体系，加强校舍与基础设施、实验室和后勤保障体系等方面的建设，完善和改进馆藏资源建设，新增或更新教学科研仪器设备下，进行绩效评价指标设计，如表 5-15 所示。

表 5-15　　　　　　　后勤保障及教辅活动绩效评价指标

一级指标	二级指标	三级指标	指标值	指标说明
产出指标	数量指标	宿舍管理人员数量	人	负责宿舍管理的人员数量
		医护人员数量	人	校医院医护人员数量
		纸质图书购置数量	册	纸质图书购置数量
		电子资源平台数量	个	图书馆电子资源平台数量
		消防设施配置数量	个	消防设施配置数量
		消防培训与演练次数	次	消防培训与演练次数
		安全教育培训人次	人	安全教育培训人次
		年应征入伍学生数量	人	年应征入伍学生数量
		教室多媒体软、硬件维修（护）次数	次	教室多媒体软、硬件维修（护）次数
		学生工训实习人次	人	学生工训实习人次
	质量指标	水、电、暖、照明供应故障率	%	已发生故障次数/可能发生的故障数
		校园绿化覆盖率	%	校园绿化覆盖面积/校园总面积
		生均图书册数	册/人	图书册数/学生人数
		生均阅览座位数量	位/册	图书馆座位数/学生人数
		应征入伍指标完成情况	%	实际应征入伍学生数/计划应征入伍学生数
	时效指标	故障维修及时性	%	抢修实际时间/计划时间
		食堂供餐的及时性	%	实际时间/计划时间
		多媒体软、硬件维修（护）及时性	%	维修时长/报修时长
	成本指标	年均水、电、暖、照明维修（护）费用	元	平均每年水、电、暖、照明维修（护）费用
		年均绿化、保洁成本支出	元	平均每年绿化、保洁成本支出
		人均医疗费用支出	元/人	医疗费用支出/医护人员总数
		年均图书馆设备维修（护）支出	元	平均每年图书馆设备维修（护）支出
		年均教室多媒体软、硬件维护支出	元	平均每年教室多媒体软、硬件维护支出
		生均军训成本支出	元/人	军训成本/军训人数

续表

一级指标	二级指标	三级指标	指标值	指标说明
产出指标	成本指标	生均工训实习成本	元/人	工训实习成本/实习人数
		平均公共机房计算机维护费用	元	公共机房计算机维护费用/公共机房计算机台数
满意度指标	服务对象满意度指标	对水、电、暖、照明满意度	等级	满意、基本满意、不满意
		对绿化、保洁满意度	等级	满意、基本满意、不满意
		学生对宿舍管理的满意度	等级	满意、基本满意、不满意
		学生对食堂就餐的满意度	等级	满意、基本满意、不满意
		学生对安全培训的满意度	等级	满意、基本满意、不满意
		学生对图书资源的满意度	等级	满意、基本满意、不满意
		学生对入伍政策宣传的满意度	等级	满意、基本满意、不满意
		教师对多媒体软、硬件维修（护）的满意度	等级	满意、基本满意、不满意
		学生对工训实习的满意度	等级	满意、基本满意、不满意

四、绩效指标在预算绩效管理中的应用设计

本部分将上节所设计的绩效指标在预算申报、预算监控、预算绩效评价中进行应用设计，以呈现政府会计促进预算绩效管理的完整链条，并体现以业务活动为基础的绩效指标体系。

（一）绩效指标在预算申报中的应用设计

1. 绩效目标的设定要求

按照"谁申请资金，谁设定目标"的原则，绩效目标是预算安排的重要依据，按要求设定绩效目标才能申请预算资金。设定的绩效目标应符合以下要求：（1）指向明确。符合国民经济和社会发展规划、部门职能及事业发展规划等要求，并与相应的预算支出内容、范围、方向、效果等紧密相关。（2）细化量化。绩效目标应当从数量、质量、成本、时效以及经济效益、社会效益、生态效益、可持续影响、满意度等方面进行细化，尽量进行定量表述。不能以量化形式表述的，可采用定性表述，但应具有可衡量性。（3）合理可行。设定绩效目标时要经过调查研究和科学论证，符合客观实际，能够在一定期限内如期实现。（4）相应匹配。绩效目标要与计划期内的任务数或计划

数相对应,与预算确定的投资额或资金量相匹配。

因此,绩效目标要能清晰反映预算资金的预期产出和效果,并以相应的绩效指标予以细化和量化,细化和量化后的绩效指标主要包括产出指标(数量指标、质量指标、时效指标、成本指标等)、效益指标(经济效益指标、社会效益指标、生态效益指标、可持续影响指标等)和满意度指标(反映服务对象或项目受益人的认可程度的指标)等。

2. 政府会计和绩效指标在预算申报中的体现

本小节以第一大类业务活动即教学活动为例,将政府会计科目与绩效指标设计和应用到预算申报中。借鉴作业成本法,业务消耗活动(作业),活动(作业)消耗资源,活动(作业)是核心。教学活动主要是指各个教学院部所开展的业务活动,包括日常教学管理、教学业务活动、实习实验活动、党团及学生管理活动、科研管理活动五个方面。

在政府会计的科目设置方面,费用类科目主要包括业务活动费用及单位管理费用等。本书主要对业务活动费用和单位管理费用进行分析研究,目前业务活动费用和单位管理费用核算明细科目设置,包括"工资福利支出"(301)、"商品和服务支出"(302)、"对个人和家庭的补助"(303)、"资本性支出"(310)、"其他支出"(399)、"固定资产折旧费"(411)及"无形资产摊销费"(412)等。与业务活动有关的费用支出基本都记入了"商品和服务支出"(302)下面的明细科目,如办公费、差旅费、会议费、培训费、劳务费、咨询费、专项材料费等。

在预算申报环节,绩效目标的设定是第一步,继而考虑围绕绩效目标需要开展哪些业务活动。对高校而言,预算申报时:(1)应先考虑学校的战略发展目标是什么;(2)围绕学校的战略发展目标、本部门的发展目标确定要开展的业务活动和重点业务活动是什么;(3)根据成本标准和申报依据,核算出每一项业务活动的资金需要量 M;(4)每一项业务活动的资金需要量 M 由资料费(M1)、劳务费(M2)、培训费(M3)等具体的成本会计科目构成,这代表了业务活动资金的使用方向;(5)正是通过这些具体的成本会计科目的填报,才汇总核算出每一项业务活动的资金预算;(6)围绕绩效目标,对每一项业务活动设计具体的、可量化、合理可行的绩效指标。

因此,预算申报环节的关键点有五个:业务活动、成本构成、成本标准、申报依据、绩效指标,从而可以从"成本绩效"角度分析成本支出的效益水平,从业务活动动因角度分析支出的合理性,进而为成本管控和绩效管理提供数据支持。以日常教学管理活动为例，具体见表 5-16，列示了预算申报环节的五个关键点。教学业务活动、实习实验活动、党团及学生管理活动、科研管理活动与此类同。

表 5-16　　绩效指标在预算申报中的应用设计（日常管理活动）

业务活动		成本会计科目		绩效指标	申报依据	成本标准依据
日常管理	购买办公用品	办公费		人均办公经费、办公经费占比、成本节约率	人数、天数	根据《中华人民共和国政府采购法》及其实施条例、《中华人民共和国招标投标法》及其实施条例、《政府采购货物和服务招标投标管理办法》、《政府采购非招标采购方式管理办法》、《招投标与采购管理办法（试行)》
	制作办公室橱窗	办公费		资产增加量	面积	省物价局、财政厅核定的政府公开信息收费标准
	制作教学展板条幅	办公费			活动规模、活动次数	省物价局、财政厅核定的政府公开信息收费标准
	教学资料的打印复印	办公费			人数	省物价局、财政厅核定的政府公开信息收费标准
	缴纳电话费	邮电费	电话通信费		人数、通话时长	河南省邮电局、财政厅、物价局核定的通信收费管理办法
	邮寄文件	邮电费	邮寄费		次数	省邮政管理局发布的《邮政普遍服务标准》
	购置信息网络及软件购置更新	办公费			硬软件数	根据《中华人民共和国政府采购法》
	订阅年度期刊	办公费		期刊数量、期刊借阅率	期刊量	参考各期刊杂志社收费标准
	订购教材用书	办公费			人数	教材定价
	参加会议	会议费		参会次数、参会规格、培训次数、培训规格	人数、天数	参照会议举办方会议要求
	教学科研调研	差旅费				参照 A 高校财〔2019〕169 号
	招聘人才	差旅费				参照 A 高校财〔2019〕169 号
	教师培训	培训费	短期培训与进修			参照培训方收费要求
	其他，如防疫物资等	其他商品服务支出			人数	参照物价局防疫物资标准

3. 业务活动预算申报与教学部门预算申报体系设计

根据应用型本科院校的发展要求和高等学校的五大职能，并充分结合政府会计制度的"双基础"核算特点，从教学建设、科研建设、人才培养、社会服务以及就业创新五个职能维度，分别构建以业务活动为主体、以教学院部为主体的预算申报体系。以业务活动为主体的预算申报体系见表5-17，以教学院部为主体的预算申报体系见表5-18。

（二）绩效指标在预算监控中的应用设计

1. 设计的依据和原则

为加强预算绩效运行监控，提高预算执行效率和资金使用效益，根据《中共中央 国务院关于全面实施预算绩效管理的意见》的有关规定，按照"全面覆盖、突出重点，权责对等、约束有力，结果运用、及时纠偏"的原则，在预算执行过程中，对预算执行情况和绩效目标实现程度开展监督和控制。按照"谁支出，谁负责"的原则，预算执行单位负责开展预算绩效日常监控，定期对绩效监控信息进行收集、审核、分析、汇总、填报，分析偏差原因，及时采取纠偏措施。

2. 预算监控的内容和方式

预算绩效监控的内容主要包括：一是预算资金执行情况，包括预算资金拨付情况、预算执行单位实际支出情况以及预计结转结余情况等。二是预计产出的完成进度及趋势，包括数量、质量、时效、成本等。三是预计效果的实现进度及趋势，包括经济效益、社会效益、生态效益和可持续影响等。四是跟踪服务对象满意度及趋势。预算绩效监控方式主要是用定量分析和定性分析相结合的方式，将绩效实现情况与预期绩效目标进行比较，对目标完成、预算执行、组织实施、资金管理等情况进行分析评判。

3. 政府会计和绩效指标在预算监控中的体现

上文已提及，在政府会计的科目设置方面，费用类科目主要包括业务活动费用及单位管理费用等。按经济分类，业务活动费用又分为"工资福利支出"（301）、"商品和服务支出"（302）、"对个人和家庭的补助"（303）、"资本性支出"（310）、"其他支出"（399）、"固定资产折旧费"（411）及

表 5-17　基于目标导向的业务活动预算资金申报表

院部名称及代码								
业务活动资金 （万元）	基于目标导向的业务活动预算资金申报表							
	资金总额预算		年度					
		其中：财政拨款	年度资金预算					
		其他资金		其中：财政拨款				
				其他资金				
绩效 目标	（长期）战略目标	目标 1：提升优势特色学科，加强硕士专业学位点建设 目标 2：推进专业认证与评估，建设产学研一体的实践教学体系 ……						
	年度目标	目标 1：实施重点专业建设工程 目标 2：强化课程与教学资源建设						
绩效 指标	一级 指标	二级 指标	三级指标	四级指标	业务活动 目标	业务活动 预算资金	成本科目 构成	申报依据	成本标准依据
	产出 指标	教学 建设	数量指标	编写教材数量	3 门				根据《中华人民共和国政府采购法》及其实施条例、《中华人民共和国招标投标法》及其实施条例、《政府采购货物和服务招标投标采购管理办法》、《政府采购非招标采购方式管理办法》、《招投标与招标采购管理办法（试行）》
				校企开发课程数量	2 门				
				……	……				
			质量指标	规划教材立项数量	1 门				
				校企开发课程开课率	2 门				
				……	……				
		教学 活动	成本指标	编写教材成本预算		****万元	资料费、劳务费、出版费……	本数、人数、天数、个数……	

续表

一级指标	二级指标	三级指标	四级指标	业务活动目标	业务活动预算资金	成本科目构成	申报依据	成本标准依据
绩效指标	产出指标	教学建设	教学活动	成本指标	校企开发课程成本预算		****万元	差旅费、调研费、培训费、劳务费、专用材料费、专用业务费……	门数、人数、天数、次数、个数……	省物价局、财政厅核定的政府公开信息收费标准、A高校财〔2019〕151号、A高校社科〔2019〕169号、培训方收费要求、政府采购及双方合同等
					……					
				时效指标	教材编写预计时间	6月、7月、9月				
					校企开发课程预计时间	6月、10月				
					……					
			实习实训	数量指标	指标1：……					
					指标2：……					
				质量指标	指标1：……					
					指标2：……					
				成本指标	指标1：……					
					指标2：……					
				时效指标	指标1：……					
					指标2：……					

续表

一级指标	二级指标	三级指标	四级指标	业务活动目标	业务活动预算资金	成本科目构成	申报依据	成本标准依据
绩效指标	产出指标	人才培养	教学活动	数量指标	指标1: 指标2: ……					
				质量指标	指标1: 指标2: ……					
				成本指标	指标1: 指标2: ……					
				时效指标	指标1: 指标2: ……					
			实习实训	数量指标	指标1: 指标2: ……					
				质量指标	……					
				成本指标	……					
				时效指标	……					
			党团活动	数量指标	……					
				质量指标	……					
				成本指标	……					
				时效指标	……					

续表

绩效指标	一级指标	二级指标	三级指标	四级指标	业务活动目标	业务活动预算资金	成本科目构成	申报依据	成本标准依据
	产出指标	人才培养	科研活动	数量指标	……					
				质量指标	……					
				成本指标	……					
				时效指标	……					
			教学活动	数量指标	……					
				质量指标	……					
				成本指标	……					
				时效指标	……					
			实习实训	数量指标	……					
				质量指标	……					
				成本指标	……					
				时效指标	……					
		就业创业	党团活动	数量指标	……					
				质量指标	……					
				成本指标	……					
				时效指标	……					
			科研活动	数量指标	……					
				质量指标	……					
				成本指标	……					
				时效指标	……					

续表

一级指标	二级指标	三级指标		四级指标	业务活动目标	业务活动预算资金	成本科目构成	申报依据	成本标准依据
绩效指标	产出指标	科研建设	教学活动	数量指标	……				
				质量指标	……				
				成本指标	……				
				时效指标	……				
			实习实训	数量指标	……				
				质量指标	……				
				成本指标	……				
				时效指标	……				
			党团活动	数量指标	……				
				质量指标	……				
				成本指标	……				
				时效指标	……				
			科研活动	数量指标	……				
				质量指标	……				
				成本指标	……				
				时效指标	……				
		社会服务	教学活动	数量指标	……				
				质量指标	……				
				成本指标	……				
				时效指标	……				

续表

绩效指标				业务活动目标	业务活动预算资金	成本科目构成	申报依据	成本标准依据
一级指标	二级指标	三级指标	四级指标					
产出指标	社会服务	实习实训	数量指标	……				
			质量指标	……				
			成本指标	……				
			时效指标	……				
		党团活动	数量指标	……				
			质量指标	……				
			成本指标	……				
			时效指标	……				
		科研活动	数量指标	……				
			质量指标	……				
			成本指标	……				
			时效指标	……				
效益指标	教学建设	教学活动	经济效益指标	……				
			社会效益指标	……				
			生态效益指标	……				
			可持续影响指标	……				
		实习实训	经济效益指标	……				
			社会效益指标	……				
			生态效益指标	……				
			可持续影响指标	……				

续表

绩效指标				业务活动目标	业务活动预算资金	成本科目构成	申报依据	成本标准依据
一级指标	二级指标	三级指标	四级指标					
效益指标	教学建设	党团活动	经济效益指标	……				
			社会效益指标	……				
			生态效益指标	……				
			可持续影响指标	……				
		科研活动	经济效益指标	……				
			社会效益指标	……				
			生态效益指标	……				
			可持续影响指标	……				
		教学活动	经济效益指标	……				
			社会效益指标	……				
			生态效益指标	……				
			可持续影响指标	……				
	人才培养	实习实训	经济效益指标	……				
			社会效益指标					
			生态效益指标					
			可持续影响指标					
		党团活动	经济效益指标	……				
			社会效益指标	……				
			生态效益指标	……				
			可持续影响指标	……				

续表

绩效指标	一级指标	二级指标	三级指标	四级指标	业务活动目标	业务活动预算资金	成本科目构成	申报依据	成本标准依据
		人才培养	科研活动						
			经济效益指标	……					
			社会效益指标	……					
			生态效益指标	……					
			可持续影响指标	……					
		就业创业	教学活动 实习实训 党团活动 科研活动						
			经济效益指标	……					
			社会效益指标	……					
			生态效益指标	……					
			可持续影响指标	……					
		科研建设	教学活动 实习实训 党团活动 科研活动						
			经济效益指标	……					
			社会效益指标	……					
			生态效益指标	……					
			可持续影响指标	……					

续表

一级指标	二级指标	三级指标	四级指标	业务活动目标	业务活动预算资金	成本科目构成	申报依据	成本标准依据
绩效指标	效益指标	经济效益指标	……					
		社会效益指标	……					
	社会服务	生态效益指标	……					
		可持续影响指标	……					
		教学活动						
		实习实训						
		党团活动	……					
		科研活动						
	教学建设							
	人才培养							
	就业创业	服务对象满意度指标……	教学活动					
			实习实训					
满意度指标	科研		党团活动					
	建设		科研活动					
	社会		……					
	服务							

注：业务活动的一级、二级、三级、四级指标是一个基本框架，在具体申报和执行过程中，各资金使用单位可依据业务具体情况自行选取使用和调整指标

第五章 政府会计促进预算绩效管理研究 323

表 5-18 基于目标导向的教学院部整体预算申报表

院部名称及代码	教学院部（部门）整体预算申报表		
	年度		
年度总体目标	目标1：加强教学团队建设，强化课程与教学资源建设		
	目标2：改善实践教学条件，加快校企共建实践创新平台建设		
	目标3：加强省级科研平台建设，建设高水平科研团队		
年度主要业务活动	业务活动名称	主要内容	预算资金
			合计	其中：财政资金	备注
	业务活动1	……			
	业务活动2	……			
	业务活动3	……			
	……				
一级指标	二级指标	三级指标	指标值	指标解释	指标说明
履职效能	工作目标管理情况	目标依据充分性		部门设立的工作目标的依据是否充分；内容是否合法、合规	
		工作目标合理性		部门设立的工作目标是否明确、具体、清晰和可衡量	
		目标管理有效性		部门是否有完整的目标管理机制以保障工作目标有效落地	
	整体工作完成	总体工作完成率		反映部门年度总体工作完成情况	总体工作完成率＝部门年度工作要点已完成的数量/部门年度工作要点工作总数量。得分＝指标实际完成数量×指标分值

续表

一级指标	二级指标	三级指标	指标值	指标解释	指标说明
履职效能	整体工作完成	日常管理工作完成率		反映日常管理活动年度总体工作完成情况	日常管理活动完成率＝日常管理活动工作要点已完成的数量／日常管理活动工作要点总数量。得分＝指标实际完成值×指标分值
		教学业务工作完成率		反映教学业务活动年度总体工作完成情况	教学业务活动完成率＝教学业务活动工作要点已完成的数量／教学业务活动工作要点总数量。得分＝指标实际完成值×指标分值
		实习实训完成率		反映实习实训活动年度总体工作完成情况	实习实训活动完成率＝实习实训活动工作要点已完成的数量／实习实训活动工作要点总数量。得分＝指标实际完成值×指标分值
		党团及学生工作完成率		反映党团及学生管理活动年度总体工作完成情况	党团及学生活动完成率＝党团及学生管理活动工作要点已完成的数量／党团及学生管理活动工作要点总数量。得分＝指标实际完成值×指标分值
		科研管理工作完成率		反映科研管理活动年度总体工作完成情况	科研管理活动完成率＝科研管理活动工作要点已完成的数量／科研管理活动工作要点总数量。得分＝指标实际完成值×指标分值
	重点业务履行	重点业务1计划完成率		反映本部门的重点业务活动进展情况	分项具体列示本部门重点业务活动推进情况，相关情况应予以细化、量化表述
		重点业务2计划完成率			
		……			
	部门目标实现	年度工作目标1实现率		反映本部门制定的年度工作目标达成情况	分项具体列示本部门年度工作目标达成情况，相关情况应予以细化、量化表述
		年度工作目标2实现率			
		……			
管理效率	预算管理	预算编制完整性		反映部门年度预算编制完整性和是否细化情况	收入预算编制是否足额，是否将所有部门预算收入全部编入预算；支出预算编制是否科学，是否按人员经费按标准、日常公用经费按定额、专项经费按项目分别编制

续表

一级指标	二级指标	三级指标	指标值	指标解释	指标说明
管理效率	预算管理	专项资金细化率		反映部门年度预算编制完整性和提前细化的情况	预算细化率＝(部门参与分配待分配专项资金/部门参与分配资金合计)×100%
		预算执行率		反映部门年度预算执行情况、调整程度和控制结转结余资金的努力程度	预算执行率＝(执行预算执行数/预算数)×100% 其中，预算执行数指部门本年度实际执行的预算数；预算数指财政部门批复的本年度部门的预算数
		预算调整率			预算调整率＝(预算调整数/预算数)×100% 其中，预算调整数指部门在本年度内涉及预算收入、预算支出的追加、追减或结构调整的资金总和(因落实国家政策、发生不可抗力、上级部门或本级党委政府临时交办而产生的调整除外)
		结转结余变动率			结转结余变动率＝[(本年度累计结转结余资金总额－上年度累计结转结余资金总额)/上年度累计结转结余资金总额]×100%
		部门决算编报质量		反映本部门决算工作情况	是否按照相关编审要求报送；部门决算编报的单位范围和资金范围是否符合相关要求
		项目库管理完整性		反映本部门项目库建设情况	项目库管理完整性＝(年度预算安排项目资金总额－未纳入项目库预算项目资金额)/年度预算安排项目资金总额×100%
		国库集中支付合规性		反映部门预算国库集中支付的合规性	国库集中支付合规性＝(年度部门预算资金集中支付总额－国库集中支付系统拦截截款资金额)/年度部门预算资金国库集中支付总额×100%
	收支管理	收入管理规范性		反映部门收入管理和收入结构的情况	财政拨款收入、事业收入、上级补助收入、附属单位上缴收入、经营收入及其他收入管理是否符合事业单位财务规则及相关制度办法的有关规定
		支出管理规范性		反映部门支出管理和支出结构的情况	基本支出和项目支出是否符合事业单位财务规则及相关制度办法的有关规定

续表

一级指标	二级指标	三级指标	指标值	指标解释	指标说明
管理效率	财务管理	财务管理制度的完备性		反映部门相关财务管理规范性和执行有效性的情况	资金的拨付和使用是否有比较完整的审批程序和手续，财务核算是否符合国家财经法规和财务管理制度及专项资金管理有关规定；部门基础数据信息和会计信息资料的真实性、完整性、准确性，能否对预算管理工作起到很好的支撑作用
		银行账户管理规范性			财政专户的资金是否按照国库集中收缴的有关规定及时足额上缴、是否存在隐瞒、滞留、截留、挪用和坐支等情况
		政府采购执行率			资金使用是否符合政府相关制度和流程；公务卡结算相关制度和规定。政府采购率=（实际政府采购金额/政府采购预算数）×100%；其中，政府采购预算数指采购机关根据事业发展计划和行政任务编制的、经过规定程序批准的年度政府采购计划
		内控制度有效性			预算业务控制：单位是否建立健全预算编制、审批、执行、决算与评价业务内部管理制度；收支业务控制：单位是否建立健全收入、支出内部管理制度；政府采购业务控制：单位是否建立健全政府采购预算与计划管理、政府采购活动管理、验收政府采购内部管理制度；资产控制：单位是否建立健全资产内部管理制度；建设项目控制：单位是否建立健全项目议事决策机制、审核机制，包括与建设项目相关的内部管理制度；合同控制：单位是否建立健全合同内部管理制度。上述内部控制管理制度是否执行到位有效

续表

一级指标	二级指标	三级指标	指标值	指标解释	指标说明
管理效率	资产管理	资产管理规范性		反映部门对资产管理和利用方面的情况	资产保存是否完整，是否定期对固定资产进行清查，是否有因管理不当发生严重资产损失和丢失的情况；是否存在超标准配置资产；资产使用是否规范，是否存在未经批准擅自出租、出借资产行为；资产处置是否规范，是否存在不按要求进行报批或资产不公开处置行为
		部门固定资产利用率			计算公式： 部门固定资产利用率 =（部门实际在用固定资产总额/部门所有固定资产总额）×100% 或资产闲置率 =（闲置资产总额/部门所有固定资产总额）×100%
	基础管理	信息化建设成效		反映为保障整体重点工作实施的基础管理情况	分项具体展示为保障整体工作和重点工作所采取的基础管理工作，相关情况应予以细化，量化表述
		管理制度建设成效			
		……			
运行成本	成本控制成效	在职人员经费变动率		反映部门对在职及离退休人员成本的控制程度	计算公式： 在职人员经费变动率 =［（本年度在职人员经费 − 上年度在职人员经费）/上年度在职人员经费］×100% 离退休人员经费变动率 =［（本年度离退休人员经费 − 上年度离退休人员经费）/上年度离退休人员经费］×100%
		离退休人员经费变动率			
		人均公用经费变动率		反映部门对行政成本控制和压缩的努力程度	计算公式： 人均公用经费变动率 =［（本年度人均公用经费 − 上年度人均公用经费）/上年度人均公用经费］×100% 人均公用经费 = 一年度公用经费实际支出数/年度实际在职人数 "三公"经费变动率 =［（本年度"三公"经费总额 − 上年度"三公"经费总额）/上年度"三公"经费总额］×100% 厉行节约变动率 =［（本年度厉行节约总额 − 上年度厉行节约总额）/上年度厉行节约总额］×100%
		"三公"经费变动率			
		厉行节约支出变动率			
		总体成本节约率			成本节约率 =（成本节约额/总预算支出额）×100% 成本节约额 = 总预算支出额 − 实际支出额

续表

一级指标	二级指标	三级指标	指标值	指标解释	指标说明
服务满意	服务对象满意	教师满意度		反映教师和学生对学院管理服务的满意度	数据一般通过问卷调查的方式获得，用百分比衡量；得分＝实际完成值/目标值×指标分值
		学生满意度			
	利益相关方满意	校企合作企业满意度		反映合作企业、社会组织和行业协会、上级主管部门对学院管理服务的满意度	数据一般通过问卷调查的方式获得，用百分比衡量；若无目标值，则可参考公众满意度目标值设定参考值
		业务主管部门满意度			
	财政部门满意	财政部门满意度		反映财务部门、审计部门对学院管理情况的满意度	数据一般通过问卷调查的方式获得，用百分比衡量；若无目标值，则可参考公众满意度目标值设定参考值
可持续性	体制机制改革情况	重要改革事项1		反映本部门体制机制改革对部门可持续发展的支撑情况	分项具体列示本部门体制机制改革情况
		重要改革事项2			
	创新能力	重点创新事项1		反映本部门创新事项对部门可持续发展的支撑情况	分项具体列示本部门创新事项情况
		重点创新事项2			
	人才支撑	高层次领军人才		反映人才培养、教育培训和人才比重情况	比重＝实际完成值/目标值×指标分值
		培训计划执行率			
		高级职称人才比重			
		博士人才数量			

"无形资产摊销费"（412）等会计科目。与业务活动有关的费用支出多数记入了"商品和服务支出"（302）下面的明细科目，如办公费、差旅费、会议费、培训费、劳务费、咨询费、专项材料费等。

因此，在预算监控环节，我们根据政府会计科目以及基于业务活动形成的绩效指标，在此设计了资产增加量、资产增长率、固定资产利用率、及时还款率、资产负债率、流动比率、"三公"经费变动率、人均办公经费、行政管理成本占比、成本节约率、生均实习材料耗费、生均教学科研仪器设备值、生均党团经费、师均教学经费、师均科研经费、师均教职工培训费、科研经费收入增长率、年培训（鉴定）收入增长率等指标，将政府会计科目的数据信息尽可能地融入预算绩效监控指标的设计中。

另外，根据政府会计制度及预算管理制度文件，我们也设计了预算编制完整性、专项资金细化率、预算执行率、预算调整率、国库集中支付合规性、收入管理规范性、支出管理规范性、资金使用合规性、大额支出论证与审批率、财务管理制度的完备性、银行账户管理规范性、政府采购执行率、内控制度有效性、资产管理规范性等指标应用于预算监控。

4. 业务活动预算监控与教学部门预算监控体系设计

本小节仍以第一大类业务活动即教学活动为例，将政府会计科目和绩效指标设计和应用到预算监控中。预算监控是预算绩效管理的第二个环节，随着业务活动的有序开展，预算资金也在不断支出，设计预算监控指标体系有助于及时发现问题、及时纠偏，使预算资金的花费更有质量、更有效益，有利于最终绩效目标的实现。本节内容以业务活动执行情况为监控对象设计了表5-19，以教学院部预算绩效为监控对象设计了表5-20。

（三）绩效指标在预算绩效评价中的应用设计

预算绩效评价指标是衡量预算绩效目标实现程度、预算执行总体效果的考核工具。根据财政部《项目支出绩效评价管理办法》（财预〔2020〕10号）和河南省《项目支出绩效评价管理办法》等有关规定，在创建应用型本科院校的战略目标指引下，从教学建设、科研建设、人才培养、社会服务及就业创业五个维度，构建以业务活动为基础的绩效评价指标体系。

表 5-19　业务活动（教学院部业务活动）预算资金执行监控表

院部名称及代码						
部门资金（万元）	业务活动（教学院部业务活动）		年度			
	年度资金总额		年初预算数	1~7月执行数	1~7月执行率	全年预计执行数
	其中：本年一般公共预算拨款					
	其他资金					
年度总体目标	目标名称	主要内容			目标完成情况	
	目标1：	实施重点专业建设工程				
	目标2：	强化课程与教学资源建设				
	……					
年度主要业务活动	业务活动名称	主要内容	预算资金（万元）		活动完成情况	
			年度指标值	1~7月执行情况	全年预计完成情况	
	业务活动1：					
	业务活动2：		其中：财政资金			
	……					
产出指标	一级指标	二级指标	三级指标（三级）绩效指标	执行数（万元）	偏差原因分析	完成目标可能性
					经费保障制度保障硬件条件保障人员保障其他原因说明	确定能有可能完全不可能
	数量指标	日常管理活动	期刊数量	其中：财政资金（万元）		
			参加会议次数			
			培训次数			
			资产增加量			

备注

续表

一级指标	二级指标	三级指标	（三级）绩效指标	年度指标值	1~7月执行情况	全年预计完成情况	偏差原因分析					完成目标可能性			备注
							经费保障	制度保障	人员保障	硬件条件保障	其他	原因说明	确定能	有可能	完全不可能	
产出指标	数量指标	教学业务活动	讲课比赛人数													
			讲课比赛次数													
			申报一流课程数量													
			校企开发课程数量													
			教改项目申报数量													
			学生竞赛人数													
			学生竞赛次数													
			教研论文数量													
			编写教材数量													
		实习实验活动	校内实训课程数													
			校内实训学生人数													
			校外实训学生人数													
			校内教学仪器增加量													
			开放实验课程次数													
			实验教学平台数量													
			智慧实验室													
			开展社会调查次数													
			校外实训基地学生接待人次													

续表

一级指标	二级指标	三级指标	(三级)绩效指标	年度指标值	1~7月执行情况	全年预计完成情况	偏差原因分析					完成目标可能性			备注
							经费保障	制度保障	人员保障	硬件条件保障	其他	原因说明	确定能	有可能	完全不可能	
产出指标	数量指标	实习实验活动	外聘教师讲座数													
			党团书籍数													
			专家讲座次数													
			竞赛次数													
		党团及学生管理活动	学生参赛人数													
			党团微课数													
			心理辅导次数													
			师生党性教育实地考察次数													
			专家讲座次数													
		科研管理活动	科研团队数量													
			论文发表数量													
			举办会议次数													
			申报省部级课题数													
			申报厅级课题数													
			专利数													
			产学研项目数													
			学生参与教师科研团队数量													
			学生发表论文数													

续表

一级指标	二级指标	三级指标	（三级）绩效指标	年度指标值	1~7月执行情况	全年预计完成情况	偏差原因分析					完成目标可能性			备注
							经费保障	制度保障	人员硬件条件保障	其他	原因说明	确定能	有可能	完全不可能	
产出指标	质量指标	日常管理活动	期刊借阅率												
			参加会议培训规格												
			教师实践培训规格												
			国家级、省级讲课比赛获奖实现程度												
			校级讲课比赛获奖实现程度												
			国家级、省级一流课程获批数量占比												
			校企开发课程开课率												
		教学业务活动	国家级教改项目立项率												
			省级教改项目立项率												
			校级教改项目立项率												
			国家级、省级学科竞赛获奖实现率												
			校级学科竞赛获奖实现率												
			规划教材立项率												
			核心教研论文发表率												
			教师参加企业实训培训的人数占比												

续表

一级指标	二级指标	三级指标	（三级）绩效指标	年度指标值	1~7月执行情况	全年预计完成情况	偏差原因分析						完成目标可能性			备注
							经费保障	制度保障	人员保障	硬件条件保障	其他	原因说明	确定能	有可能	完全不可能	
产出指标	质量指标	实习实验活动	毕业设计选题来自社会实践占比													
			学生专利数													
			学生参与教师横向科研项目的占比													
			毕业生在本专业相关领域就业的人数比例													
			校外实习实训人数完成率													
			行业优秀专家占比													
			学生获奖数													
		党团及学生管理活动	优秀团干部人数													
			优秀学生干部人数													
			优秀学生党员人数													
			优秀基础党组织数													
			厅级及其以上荣誉称号数													
			心理健康复率													
		科研管理活动	核心论文发表数													
			厅级以上科研团队数													
			省部级课题立项率													

续表

一级指标	二级指标	三级指标	绩效指标（三级）	年度指标值	1~7月执行情况	全年预计完成情况	偏差原因分析					完成目标可能性		备注
							经费保障	制度保障	人员保障	硬件条件保障	其他	原因说明	确定能	有可能	完全不可能	
产出指标	质量指标	科研管理活动	厅级课题立项率													
			专利引用次数													
			学生发表核心论文数													
	时效指标	实习实验活动	校外实习实训及时率													
		科研管理活动	专家讲座及时率													
			会议完成时限													
		日常管理指标	人均办公经费													
			办公经费占比													
			成本合理节约率													
	成本指标	实习实验指标	生均材料耗费													
			生均实习实验仪器设备值													
		党团活动指标	生均党团经费													
		科研活动指标	师均科研经费													
	社会效益	教学管理指标	教改项目应用情况													
			教学成果奖数量													
			课程思政建设													

续表

一级指标	二级指标	三级指标	(三级)绩效指标	年度指标值	1~7月执行情况	全年预计完成情况	偏差原因分析						完成目标可能性			备注
							经费保障	制度保障	人员保障	硬件条件保障	其他	原因说明	确定能	有可能	完全不可能	
产出指标	社会效益	教学管理活动	学生课外实践竞赛获奖													
			大学生创新创业情况													
		科研活动指标	厅级科研获奖数													
			省部级科研获奖数													
			实现成果转化的课题数													
			研究成果中的对策、建议被采纳数													
满意度指标	服务对象满意度指标	日常管理指标	教师满意度分值													
			学生满意度分值													
		教学管理指标	教师满意度分值													
			学生满意度分值													
			上级主管部门满意度													
		实习实验指标	学生对实习实训满意度													
			教师对实习实训满意度													
			实习单位满意度													
			实习实训单位满意度													
			毕业生对就业单位的满意度													

续表

一级指标	二级指标	三级指标	（三级）绩效指标	年度指标值	1~7月执行情况	全年预计完成情况	偏差原因分析					完成目标可能性		备注
							经费保障	制度保障	人员保障	硬件条件保障	其他	原因说明	确定能	有可能	完全不可能	
满意度指标	服务对象满意度指标	党团活动指标	学生对党团活动满意度													
			教师对党团活动满意度													
			上级主管部门对党团活动满意度													
		科研活动指标	学生对科研活动满意度													
			教师对科研活动满意度													
			上级主管部门对科研活动满意度													

注：1. 偏差原因分析：针对与预期目标产生偏差的指标，分别从经费保障、制度保障、人员保障、硬件条件保障等方面进行判断和分析，并说明原因。
2. 完成目标可能性：对应所设定的实现绩效目标的路径，分别从确定能、有可能、完全不可能三级综合判断完成的可能性。3. 备注：说明预计到年底不能完成目标的原因及拟采取的措施

表 5-20　教学院部整体预算绩效监控表

院部名称及代码	教学院部整体预算绩效监控表								
部门资金（万元）		年度							
		年初预算数	1～7月执行数	1～7月执行率	分值	得分			
	年度资金总额				10				
	其中：本年一般公共预算拨款								
	其他资金								
年度总体目标	目标名称	主要内容				目标完成情况			
	目标 1：	加强教学团队建设、强化课程与教学资源建设							
	目标 2：	改善实践教学条件，加快校企共建实践创新平台建设							
	……								
年度主要业务活动	业务活动名称	预算资金（万元）	其中：财政资金（万元）			活动完成情况	执行数（万元）	其中：财政资金（万元）	执行率
	业务活动 1：								
	业务活动 2：								
	……								
一级指标	二级指标	（三级）绩效指标	年度指标值	1～7月完成情况	全年预计完成情况	偏差原因分析		分值	得分	备注
						原因说明1	原因说明2			
履职效能	目标管理情况	目标依据充分性								
		工作目标合理性								
		目标管理有效性								

续表

| 一级指标 | 二级指标 | （三级）绩效指标 | 年度指标值 | 1~7月完成情况 | 全年预计完成情况 | 偏差原因分析 ||| 分值 | 得分 | 备注 |
						原因说明1	原因说明2	……			
履职效能	整体工作完成	总体工作完成率									
		日常管理工作完成率									
		教学业务工作完成率									
		实习实验完成率									
		党团及学生工作完成率									
		科研管理工作完成率									
	重点业务履行	重点业务1完成率									
		重点业务2完成率									
		……									
	部门目标实现	年度工作目标1实现率									
		年度工作目标2实现率									
		……									
管理效率	预算管理	预算编制完整性									
		专项资金细化率									
		预算执行率									
		预算调整率									
		国库集中支付合规性									
	收支管理	收入管理规范性									
		支出管理规范性									

续表

一级指标	二级指标	（三级）绩效指标	年度指标值	1~7月完成情况	全年预计完成情况	偏差原因分析			分值	得分	备注
						原因说明1	原因说明2	……			
管理效率	收支管理	资金使用合规性									
		大额支出论证与审批率									
	财务管理	财务管理制度的完备性									
		银行账户管理规范性									
		政府采购执行率									
		内控制度有效性									
	资产管理	资产管理规范性									
		资产增长率									
		资产空闲率									
		固定资产增长率									
		固定资产利用率									
		及时还款率									
		资产负债率									
		流动比率									
	基础管理	信息化建设成效									
		管理制度建设成效									
运行成本	成本控制成效	在职人员经费变动率									
		离退休人员经费变动率									
		人均公用经费变动率									

续表

一级指标	二级指标	（三级）绩效指标	年度指标值	1～7月完成情况	全年预计完成情况	偏差原因分析 原因说明1	偏差原因分析 原因说明2	……	分值	得分	备注
运行成本	成本控制成效	"三公"经费变动率									
		厉行节约支出变动率									
		总体成本节约率									
		行政管理成本占比									
		师均教学经费									
		师均科研经费									
		师均教职工培训费									
服务满意	服务对象满意	教师满意度									
		学生满意度									
	利益相关方满意	校企合作企业满意度									
		业务主管部门满意度									
	财政部门满意	财政部门满意度									
可持续性	体制机制改革情况	重要改革事项1									
		重要改革事项2									
	创新能力	科研经费收入增长率									
		非税收入增长率									
		专项资金收入增长率									
		年培训（鉴定）收入增长率									

续表

一级指标	二级指标	（三级）绩效指标	年度指标值	1~7月完成情况	全年预计完成情况	偏差原因分析			分值	得分	备注
						原因说明1	原因说明2	……			
可持续性	人才支撑	高层次领军人才									
		培训计划执行率									
		高级职称人才占比									
		博士人才数量									

注：1. 原则上一级指标分值统一设置为：履职效能指标35分，管理效率指标25分，运行成本指标15分，服务满意5分，可持续性10分，预算执行率10分。如有特殊情况，除预算资金执行率外，其他指标权重可作适当调整，但总分应为100分。各项三级指标得分最高不能超过该指标分值上限。2. 偏差原因分析：针对与预期目标产生偏差的指标值，通常分别从经费保障、制度保障、人员保障、硬件条件保障等方面进行判断和分析，并说明原因。3. 备注：说明预计到期年底不能完成目标的原因及拟采取的措施

1. 绩效评价指标设计的原则

（1）全面整体原则：结合应用型本科高校的战略发展目标，选取的评价指标能重点反映高校事业发展重心，并将财务指标与业务指标相结合。

（2）科学合理原则：指标之间应相互独立且相互补充，各有侧重但彼此关联，保证评价数据的准确性和严谨性。

（3）重要相关原则：突出指标的重要性，对于次要指标适当粗略化。绩效评价指标与绩效总目标直接相关，能够充分、恰当反映目标的实现程度。

（4）可行可比原则：选取评价指标时要考虑现实条件和可操作性，所用到的数据应可获得。指标必须保持统一的采集口径和采集方法，使数据不仅能纵向比较，也能横向比较。

（5）与时俱进原则：评价指标应具有时效性，根据实际情况进行调整和完善，以满足不同时期的评价需求。

（6）经济效益原则：考虑"经济效益"原则，选取的指标应精简，同时承载较多的信息量。为降低收集难度，应尽可能选取易获取的指标数据。

2. 绩效评价指标确定

由于在选取评价指标时存在一定的主观性，为保证评价指标的科学性，需要对初步构建的指标进行筛选。该环节邀请43位应用型本科高校的专家学者、职能部门负责人以及财务人员，以问卷调查的方式，对初步构建的四大类指标进行筛选。将基于教学活动、行政管理活动、教学管理（服务）活动和后勤保障及教辅活动四大类业务活动构建的原始绩效指标，形成问卷调查表并采用李克特五级量表（李克特五级量分为非常重要、重要、一般重要、不重要、非常不重要，相应地赋值为1、2、3、4、5），让专家们对原始指标的重要性程度进行打分，剔除对评价结果相对不重要的指标，保留对评价结果相对重要的指标。

3. 政府会计和绩效指标在预算绩效评价中的体现

预算绩效评价环节和预算申报、预算监控环节相一致，我们根据政府会计科目以及基于业务活动形成的绩效指标，如资产增长率、固定资产利用率、及时还款率、资产负债率、流动比率、"三公"经费变动率、人均办公经费、行政管理成本占比、成本节约率、生均实习材料耗费、生均教学科研仪器设备值、生均党团经费、师均教学经费、师均科研经费、师均教职工培训费、科研经费收入增长率、年培训（鉴定）收入增长率等指标，对这些指标的实现程度进行评分。

同样地，根据政府会计制度及预算管理制度文件，将预算编制完整性、专项资金细化率、预算执行率、预算调整率、国库集中支付合规性、收入管理规范性、支出管理规范性、资金使用合规性、大额支出论证与审批率、财务管理制度的完备性、银行账户管理规范性、政府采购执行率、内控制度有效性、资产管理规范性等指标应用于部门预算绩效评价，以体现成本绩效导向与业务活动动因导向的绩效评价，提高高校成本管控水平和绩效管理水平。

4. 绩效评价指标权重设置方法

指标权重是指各评价指标对整个评价体系的相对重要性程度，反映各评价指标对高校预算绩效的贡献程度。指标权重确认方法有主观赋权法和客观赋权法。主观赋权法主要根据评估者的知识经验主观判断得到，包括层次分析法、专家咨询法、功效系数法等。客观赋权法主要根据指标间的相关关系或各指标的变异系数得到，包括主成分分析法、因子分析法、熵值法等。目前主观赋权法相对于客观赋权法发展更为成熟，应用更为广泛，因此，本文选择使用主观赋权法中的专家咨询法和层次分析法。

5. 业务活动绩效评价与教学部门绩效评价体系设计

本部分主要采用了专家咨询法，对五个维度（教学建设、科研建设、人才培养、社会服务、就业创业）的指标进行权重打分。仍以第一大类业务活动即教学活动为例，进行预算绩效评价的体系设计。预算绩效评价是预算绩效管理的第三个环节，考核绩效目标的最终实现情况。基于业务活动的预算绩效评价我们设计了表 5-21，教学院部整体预算绩效评价我们设计了表 5-22。

20××年度 A 高校整体预算绩效评价体系见表 5-23。

表 5-21　业务活动（教学院部业务活动）预算绩效评价指标体系

学院教学活动预算绩效评价表

院部名称及代码				年度				
预算情况	部门预算总额		年初数	全年数				
	资金来源	财政性资金						
		其他资金						
年度主要业务活动	业务活动1：							
	业务活动2：							
	……							
一级指标	二级指标	三级指标		全年执行数	权重	分值	评分方式	评分规则	得分

一级指标	二级指标	三级指标		全年执行数	权重	分值	评分方式	评分规则	得分
产出(50)	教学活动	数量	（四级）绩效指标			10			
			讲课比赛人次		0.5		目标法	100%计满分值，低于目标值1%扣减2%的绩效分值计算得分	
			申报一流课程数量		0.5		目标法	同上	
			校企开发课程数量		0.5		目标法	同上	
			教改项目申报数量		0.5		目标法	同上	
			教研论文数量						
	教学建设	质量	编写教材数量						
			教师实践培训规格		1		定项计分法	（国家级培训规格×0.5＋省级培训规格×0.2＋厅级及以下培训规格×0.1）	
			讲课比赛奖实现程度		1		定项计分法	（国家级奖项数×1＋省级奖项数×0.5＋厅级及以下奖项数×0.2）	
			一流课程获批数量		1		定项计分法	（国家级一流课程获批数量×1＋省级一流课程数量×0.5＋校级一流课程数量×0.2）	

续表

一级指标	二级指标	三级指标	（四级）绩效指标	权重	评分方式	评分规则
产出（50）	教学建设	教学活动	教研教改项目立项	1	定项计分法	（国家级教研项目立项数×1＋省级教研教改立项数×0.5＋校级教研项目立项数×0.2）
		质量	规划教材立项	1	定项计分法	（国家级教材立项数×1＋省级规划教材立项数×0.5＋校级规划教材立项数×0.2）
			核心教研论文发表率	1	定项计分法	（CSSCI论文数×1＋中文核心数×0.5＋普通刊物发表数量×0.2）
	实习实训	数量	教学设备增加数量	1	目标法	100%计满分值，低于100%，以每低于目标值1%扣减2%的绩效分值计算得分
		数量	学生竞赛人次	0.5	目标法	100%计满分值，低于100%，以每低于目标值1%扣减2%的绩效分值计算得分
	教学业务	质量	学科竞赛获奖实现率	0.5	定项计分法	（国家级奖项数×0.5＋省级奖项数×0.2＋厅级及以下奖项数×0.1）
			教师参加企业培训的人数占比	0.5	目标法	100%计满分值，低于100%，以每低于目标值1%扣减2%的绩效分值计算得分
			实训课程数量	0.5	目标法	100%计满分值，低于100%，以每低于目标值1%扣减2%的绩效分值计算得分
人才培养			校内实训学生人数	0.5	目标法	同上
	实习实训	数量	校外实训学生人数	0.5	目标法	同上
			开放实验课程数	0.5	目标法	同上
			实验教学平台数	0.5	定项计分法	（国家级实验教学平台数×0.5＋省级实验平台数×0.2＋厅级及校级实验平台数×0.1）
			行业教师讲座数	0.5	目标法	100%计满分值，低于100%，以每低于目标值1%扣减2%的绩效分值计算得分
		质量	学生专利数	0.5	目标法	100%计满分值，低于100%，以每低于目标值1%扣减2%的绩效分值计算得分

续表

一级指标	二级指标	三级指标	（四级）绩效指标	权重	评分方式	评分规则
产出(50)	人才培养	实习实训	参与横向科研项目的学生人数	质量	0.5	目标法	100%计满分值，低于目标值1%扣减2%的绩效分值计算得分
			生均材料耗费	成本	0.5	目标法	以低于目标100%为目标，高于目标值1%扣减2%的绩效分值计算得分
			生均教学科研仪器设备值		0.5	目标法	100%计满分值，低于目标值1%扣减2%的绩效分值计算得分
			专家讲座次数		0.5	目标法	100%计满分值，低于目标值1%扣减2%的绩效分值计算得分
		党团活动	竞赛数量	数量	0.5	定项计分法	（国家级竞赛数×0.5＋省级竞赛数×0.2＋厅级及以下竞赛数×0.1）
			学生参赛人数		0.5	目标法	100%计满分值，低于目标值1%扣减2%的绩效分值计算得分
			优秀学生干部人数（团干、学生干部、党员）	质量	0.5	定项计分法	（国家级评优人数×0.5＋省级评优人数×0.2＋厅级及以下评优人数×0.1）
			厅级及以上荣誉称号数		0.5	定项计分法	（国家荣誉称号×0.5＋省级荣誉称号×0.2＋厅级及以下荣誉称号×0.1）
	科研活动		参与教师科研项目的学生人数	数量	0.5	目标法	100%计满分值，低于目标值1%扣减2%的绩效分值计算得分
			学生发表论文数	数量	0.5	定项计分法	（CSSCI论文数×0.5＋中文核心数×0.2＋普通刊物发表数量×0.1）
	就业创业	实习实训	开展社会调查次数	数量	2	目标法	100%计满分值，低于目标值1%扣减2%的绩效分值计算得分
			校外实习实训基地学生接待人次		2	目标法	100%计满分值，低于目标值1%扣减2%的绩效分值计算得分
			毕业生在本专业相关领域就业的人数比例	质量	2	历史法	比上年业绩值增长3%，可得满分

续表

一级指标	二级指标	三级指标	（四级）绩效指标	权重	评分方式	评分规则
产出（50）	就业创业	实习实训	校外实习实训人数完成率	2	目标法	100%计满分值，低于100%，以每低于目标值1%扣减2%的绩效分值计算得分
			校外实习实训及时率	2	定项计分法	及时性1分，完整性1分
	科研建设	科研活动	专家讲座次数	1	目标法	100%计满分值，低于100%，以每低于目标值1%扣减2%的绩效分值计算得分
			科研团队数量（省、厅、校）	1	定项计分法	（省级及以上科研团队数×1＋厅级科研团队数×0.5＋校级科研团队数×0.2）
			论文发表数量	1	定项计分法	（CSSCI论文数×1＋中文核心数×0.5＋普通刊物发表数量×0.2）
			举办会议次数	1	定项计分法	（国家级会议数量×1＋省会议数量×0.5＋厅级及校级会议数量×0.1）
			申报科研项目数	1	定项计分法	（国家级项目申报数×1＋省项目申报数×0.5＋厅级及以下申报数×0.2）
			专利数	1	目标法	100%计满分值，低于100%，以每低于目标值1%扣减2%的绩效分值计算得分
			课题立项数	2	定项计分法	（国家级项目立项数×2＋省级项目立项数×0.5＋厅级及以下立项数×0.2）
			专利引用次数	1	历史法	比上年业绩值增长3%，可得满分
	教学活动	数量	师均科研经费	1	目标法	100%计满分值，低于100%，以每低于目标值1%扣减2%的绩效分值计算得分
			校企开发课程数	2	目标法	100%计满分值，低于100%，以每低于目标值1%扣减2%的绩效分值计算得分
	社会服务	质量	校企开发课程开课率	2	目标法	同上
		实习实训 质量	毕业设计选题来自社会实践占比	2	目标法	同上

续表

一级指标	二级指标	三级指标	（四级）绩效指标	权重	评分方式	评分规则
产出(50)	社会服务	科研活动	产学研项目数	2	目标法	同上
			为社会提供咨询服务或培训数量	2	目标法	同上
	教学建设	教学活动	教改项目应用率	3	历史法	比上年业绩值增长3%，可得满分
			教学成果奖数量	3	目标法	100%计满分值，低于100%，以每低于目标值1%扣减2%的绩效分值计算得分
			课程思政建设	3	目标法	100%计满分值，低于100%，以每低于目标值1%扣减2%的绩效分值计算得分
	人才培养	教学活动	学生课外实践竞赛获奖	3	定项计分法	（国家级获奖数×3+省级获奖数×1+厅级以下获奖数×0.5）
	就业创业	科研活动	学生取得发明专利数量	3	历史法	比上年业绩值增长3%，可得满分
		教学活动	大学生创新创业情况	3	历史法	同上
	科研建设	科研活动	高水平论文数量	3	历史法	同上
效益(30)			科研获奖数量	3	定项计分法	（省部级及以上科研获奖数×3+厅级以下奖项数×0.5）
	社会服务	科研活动	实现成果转化的课题数	3	历史法	比上年业绩值增长3%，可得满分
			研究成果中的对策、建议被采纳数	3	历史法	同上
	教学建设	教学活动	教师满意度	0.5	历史法	同上
满意度(10)			学生满意度	1	历史法	同上
			上级主管部门满意度	0.5	历史法	同上
	人才培养	实习实训	学生满意度	1	历史法	同上
			教师满意度	1	历史法	同上

续表

一级指标	二级指标	三级指标	（四级）绩效指标	权重	评分方式	评分规则
满意度（10）	就业创业	实习实训	实习单位满意度	1	历史法	同上
			就业单位满意度	1	历史法	同上
	科研建设	科研活动	学生对科研活动满意度	0.5	历史法	同上
			教师对科研活动满意度	1	历史法	同上
			上级主管部门对科研活动满意度	0.5	历史法	同上
	社会服务	科研活动	成果转化的满意度	0.5	历史法	同上
			科技服务满意度	1	历史法	同上
			人才服务满意度	0.5	历史法	同上

注：原则上一级指标分值统一设置为：产出指标50分、效益指标30分、满意度指标10分，预算执行率10分。除预算资金执行率外，其他指标以及权重均可作适当调整

表 5-22　教学院部整体预算绩效评价指标体系

教学院部整体预算绩效评价表

院部名称及代码							
预算情况	部门预算总额		年初数	全年数	年度	全年执行数	执行率	得分
	资金来源	财政性资金						
		其他资金						
	资金结构	基本支出						
		主要业务活动支出						
年度总体目标	预期目标			实际完成情况			
	目标名称	主要内容		目标完成情况		分值	10
	目标1：	加强教学团队建设、强化课程与教学资源建设					
	目标2：	改善实践教学条件、加快校企共建实践创新平台建设					
	……						
年度主要业务活动	业务活动名称	主要内容	预算资金（万元）	其中：财政资金（万元）	活动完成情况	执行数（万元）	其中：财政资金（万元）	执行率
	业务活动1：							
	业务活动2：							
	……							
一级指标	二级指标	（三级）绩效指标	指标说明	指标值	实际完成值	分值	得分	未完成原因分析
履职效能	目标管理情况	目标依据充分性						
		工作目标合理性						
		目标管理有效性						

续表

一级指标	二级指标	（三级）绩效指标	指标说明	指标值	实际完成值	分值	得分	未完成原因分析
履职效能	整体工作完成	总体工作完成率						
		日常管理工作完成率						
		教学业务工作完成率						
		实习实验完成率						
		党团及学生工作完成率						
		科研管理工作完成率						
	重点业务履行	重点业务1完成率						
		重点业务2完成率						
		……						
	部门目标实现	年度工作目标1实现率						
		年度工作目标2实现率						
		……						
管理效率	预算管理	预算编制完整性						
		专项资金细化率						
		预算执行率						
		预算调整率						
	收支管理	国库集中支付合规性						
		收入管理规范性						
		支出管理规范性						
		资金使用合规性						
		大额支出论证与审批率						

续表

一级指标	二级指标	（三级）绩效指标	指标值	指标说明	实际完成值	分值	得分	未完成原因分析
管理效率	财务管理	财务管理制度的完备性						
		银行账户管理规范性						
		政府采购执行率						
		内控制度有效性						
	资产管理	资产管理规范性						
		资产增长率						
		资产空闲率						
		固定资产增长率						
		固定资产利用率						
		及时还款率						
		资产负债率						
		流动比率						
	基础管理	信息化建设成效						
		管理制度建设成效						
		……						
运行成本	成本控制成效	在职人员经费变动率						
		离退休人员经费变动率						
		人均公用经费变动率						
		"三公"经费变动率						
		厉行节约支出变动率						
		总体成本节约率						
		行政管理成本占比						

续表

一级指标	二级指标	(三级)绩效指标	指标值	指标说明	实际完成值	分值	得分	未完成原因分析
运行成本	成本控制成效	师均教学经费						
		师均科研经费						
		师均教职工培训费						
服务满意	服务对象满意	教师满意度						
		学生满意度						
	利益相关方满意	校企合作企业满意度						
		业务主管部门满意度						
	财政部门满意	财政部门满意度						
可持续性	体制机制改革情况	重要改革事项1						
		重要改革事项2						
	创新能力	科研经费收入增长率						
		非税收入增长率						
		专项资金收入增长率						
		年培训（鉴定）收入增长率						
	人才支撑	高层次领军人才增长率						
		培训计划执行率						
		高级职称人才比重						
		博士人才数量						

注：1. 采取打分评价的形式，满分为100分。原则上一级指标分值统一设置为：履职效能指标25分，运行成本指标15分，服务满意5分，可持续性10分，预算执行率10分。除预算资金执行率外，其他指标及权重均可根据实需要和现实情况作适当调整，但总分应为100分。各项三级指标得分最高不能超过该指标分值上限。2. 未完成原因分析：说明偏离目标、不能完成目标的原因及拟采取的措施。3. 定性指标根据指标完成情况分为达成预期指标，部分达成预期指标并具有一定效果，未达成预期指标目效果较差三档，分别按照该指标对应分值区间100%～80%（含），80%～60%（含），60%～0合理确定分值。定量指标完成指标值的，记该指标所赋全部分值；未完成的，按照完成值与指标值的比例计分

表 5-23　20×年度 A 高校整体预算绩效评价体系

具体指标			评价内容（标准）	指标说明	得分
一级指标	二级指标	三级指标			
经济性（10分）	工作目标（4分）	合理性（2分）	(1分) 1. 目标是否符合国家法律法规、国民经济和社会发展需要 (1分)　A. 符合 (0分)　B. 不符合 (1分) 2. 目标是否符合部门"三定"方案确定的职责，符合部门确定的中长期实施规划 (1分)　A. 符合 (0分)　B. 不符合	根据部门履职、年度工作任务评定	
		明确性（2分）	(1分) 1. 目标是否清晰明确 (1分)　A. 明确 (0.8分)　B. 较明确 (0.6分)　C. 基本明确 (0分)　D. 不明确 (1分) 2. 目标能否落实到位，具有可操作性 (1分)　A. 落实到位，具有可操作性 (0.5分)　B. 基本落实到位，具有可操作性 (0分)　C. 没有落实到位，不具有可操作性	职责细化分解为具体的工作任务，与部门预算资金相匹配，细化指标清晰、可衡量	
	预算配置（3分）	收支预算（1分）	(1分)　收支预算是否准确合理 (1分)　A. 准确合理 (0.8分)　B. 较准确合理 (0.6分)　C. 基本准确合理 (0分)　D. 不准确合理	根据收支预算的准确性评分	
		人员编制（1分）	(1分)　部门岗位设置是否规范合理 (1分)　A. 规范合理 (0.8分)　B. 较规范合理 (0.6分)　C. 基本规范合理 (0分)　D. 不规范合理	根据部门岗位人员设置的规范与否评分	

续表

具体指标			评价内容（标准）	指标说明	得分
一级指标	二级指标	三级指标			
经济性（10分）	预算配置（3分）	公开性（1分）	（1分）部门预算报告能否及时公开 （1分）A. 及时全面公开 （0分）B. 没有及时全面公开	根据部门预算报告是否及时公开评分	
	职责相关性（3分）	重点工作相关性（1分）	（1分）重点工作与教学、科研、社会服务是否相关 （1分）A. 完全相关 （0.8分）B. 比较相关 （0.6分）C. 基本相关 （0分）D. 不相关	根据重点工作与教育厅、教育部要求的职责相关性评价	
		专项活动相关性（1分）	（1分）专项活动与教学、科研、社会服务是否相关 （1分）A. 完全相关 （0.8分）B. 比较相关 （0.6分）C. 基本相关 （0分）D. 不相关	根据学校专项活动与教育厅、教育部要求的职责相关性评价	
		细化程度（1分）	（1分）专项活动和重点工作计划是否明确细化 （1分）A. 明确细化 （0.8分）B. 比较明确细化 （0.6分）C. 基本明确细化 （0分）D. 无明确细化	根据专项活动和重点工作计划的明确细化程度评价	
效率性（10分）	职责履行（1.5分）	教学管理（0.4分）	（0.4分）完成教学管理教学服务情况 （0.4分）A. 精心组织并圆满完成各项教学管理工作 （0.32分）B. 基本完成预定的各项教学管理工作 （0.24分）C. 一般 （0分）D. 未完成	根据相关绩效目标评价	

续表

具体指标			评价内容（标准）	指标说明	得分
一级指标	二级指标	三级指标			
效率性（10分）	职责履行（1.5分）	科研管理（0.4分）	(0.4分) A. 组织、指导、管理和服务科研活动 (0.32分) B. 活动的基础工作扎实到位 (0.24分) C. 基本到位 (0分) D. 不到位	根据相关绩效目标评价	
		社会服务（0.3分）	(0.3分) A. 积极推进社会服务建设 (0.24分) B. 维护其正常运转 (0.18分) C. 维持社会服务的基本正常运转 (0分) D. 未提供社会服务	根据相关绩效目标评价	
		行政办事效率（0.4分）	(0.4) A. 行政办事效率高，速度快 (0.32分) B. 办事效率较高，速度较快 (0.24分) C. 一般 (0分) D. 效率低	根据办事效率和速度评价	
	预算执行（1.5分）	预算执行率（0.5分）	(0.5分) A. 预算执行率95%（含）~100% (0.4分) B. 85%（含）~95% (0.3分) C. 70%（含）~85% (0分) D. 70%以下	根据部门预算执行率评价	
		专项资金使用率（0.5分）	(0.5分) A. 专项资金使用率95%（含）~100% (0.4分) B. 85%（含）~95% (0.3分) C. 60%（含）~85% (0分) D. 60%以下	根据部门专项资金使用率评价	

续表

一级指标	具体指标 二级指标	具体指标 三级指标	评价内容（标准）	指标说明	得分
效率性（10分）	预算执行（1.5分）	结转资金使用率（0.5分）	结转资金使用率 A. 执行率95%（含）~100% （0.5分） B. 85%（含）~95% （0.4分） C. 60%（含）~85% （0.3分） D. 60%以下 （0分）	根据年结转资金使用率计算评价	
	预算调整（0.5分）	项目预算调整合理性（0.3分）	项目预算调整理由充分合理 A. 充分合理 （0.3分） B. 基本充分 （0.24分） C. 一般 （0.18分） D. 不合理 （0分）	根据部门项目预算调整的合理性评价（如无调整本项得0.5分）	
		项目预算调整率（0.2分）	项目预算调整率 A. 调整率为0 （0.2分） B. 在10%（含）~0之间 （0.16分） C. 20%（含）~10% （0.12分） D. 20%以上 （0分）	根据部门项目预算调整评价	
	执行控制（2分）	机构运转经费控制率（1分）	机构运转经费控制情况 A. 控制在±5%预算范围内 （1分） B. 控制在±10%内 （0.8分） C. 控制在±20%内 （0.6分） D. 超过±20% （0分）	根据机构运转经费控制率计算评价	
		在职人员控制率（0.5分）	在职人员控制率 A. 控制在编制核定人数5%内 （0.5分） B. 控制在±15%内 （0.4分） C. 控制在±25%内 （0.3分） D. 超过±25% （0分）	根据在职人员控制率计算评价	

续表

具体指标			评价内容（标准）	指标说明	得分
一级指标	二级指标	三级指标			
效率性（10分）	执行控制（2分）	"三公"经费控制率（0.5分）	三公经费完全控制率 (0.5分) A. 控制在预算范围内 (0.4分) B. 控制在预算范围10%内 (0.3分) C. 控制在预算范围20%内 (0分) D. 超过20%	根据部门"三公"经费控制率计算评价	
		财务管理制度建设（0.4分）	全面建立规范财务管理制度和项目配套的经费管理制度 (0.4分) A. 全面建立这两套制度 (0.32分) B. 全面建立一般财务管理制度 (0.24分) C. 仅套用一般财务管理制度 (0分) D. 财务管理制度不健全	根据部门财务管理制度和项目配套的经费管理制度建设情况评价	
	财务管理状况（1分）	会计信息质量（0.6分）	1. 财务会计信息是否真实规范 (0.3分) A. 财务真实规范 (0.24分) B. 比较真实规范 (0.18分) C. 基本真实规范 (0分) D. 没有 2. 财务会计信息是否完整 (0.3分) A. 非常完整 (0.24分) B. 比较完整 (0.18分) C. 基本完整 (0分) D. 不完整	根据所提供的财务会计信息的真实、完整，及时情况评价	
	政府采购（0.5分）	政府采购执行率（0.5分）	政府采购执行率 (0.5分) A. 执行率为100% (0.4分) B. 在90%（含）～100%之间 (0.3分) C. 80%（含）～90% (0分) D. 80%以下	根据政府采购政策的执行情况评价	

续表

一级指标	具体指标		评价内容（标准）	指标说明	得分
	二级指标	三级指标			
效率性（10分）	制度建设（1分）	制度完善性（0.4分）	相关制度建设情况（0.4分） A. 制度完善（0.4分） B. 比较完善（0.32分） C. 一般（0.24分） D. 不完善（0分）	根据除财务管理制度以外的其他相关管理制度完善程度评价	
		管理机制创新（0.3分）	管理机制创新（0.3分） A. 有重大创新（0.3分） B. 有管理机制创新（0.24分） C. 一般（0.18分） D. 无创新（0分）	根据部门相关管理机制是否有创新评价	
		制度执行（0.3分）	相关制度执行情况（0.3分） A. 完全能够执行（0.3分） B. 基本能够执行（0.24分） C. 一般（0.18分） D. 没有执行（0分）	根据部门相关制度执行情况评价	
	支出管理（1分）	合法合规性（0.5分）	有预算经费使用的相关制度规定、专款专用，不挤占项目资金，不超标准开支（0.5分） A. 执行情况好（0.5分） B. 执行情况比较好（0.4分） C. 一般（0.3分） D. 执行的不好（0分）	根据部门经费使用的相关制度的执行情况，专款专用，不挤占项目资金，不超标准开支	
		相符性（0.5分）	资金支出的相符性（0.5分） A. 完全符合部门职责和业务需要（0.5分） B. 每发现不相符的支出1项扣0.1分，扣完为止（扣分标准）	根据资金支出与部门职责和业务需要情况评价	

续表

具体指标			评价内容（标准）	指标说明	得分
一级指标	二级指标	三级指标			
效率性（10分）	资产管理（1分）	资产管理完整性（0.5分）	（0.5分）资产管理完整性 A. 资产管理完整（0.5分） B. 比较完整（0.4分） C. 一般（0.3分） D. 管理混乱（0分）	根据部门资产特别是固定资产管理的完整性评价	
		固定资产利用率（0.5分）	（0.5分）部门固定资产利用率 A. 能充分利用现有固定资产（0.5分） B. 比较充分利用（0.4分） C. 一般（0.3分） D. 没有有效利用（0分）	根据部门固定资产与业务需要情况评价，评价人员与基层管理人员问卷调查综合评分	
效益性（10分）	履职效益（3.5分）	完善教学设施建设（0.5分）	（0.5分）教学设施建设 A. 有完善的教学设施（0.5分） B. 有较完善的教学设施（0.4分） C. 一般（0.3分） D. 生态环保设施建设落后（0分）	根据教学设施建设能否满足教学工作需求方面评价	
		学生学习获得感（0.5分）	根据问卷调查计算，得分 = （很到位份数×0.5 + 到位份数×0.4 + 一般份数×0.3）/有效问卷总份数	根据问卷调查计算评价	
		保障教学设施运行（0.5分）	（0.5分）保障教学设施的正常运行 A. 设备正常运行（0.5分） B. 设备能基本能够正常运行（0.4分） C. 一般（0.3分） D. 不能正常运行（0分）	根据实地调查、访谈评价教学设备设施是否正常运行	
		行政服务效率（0.5分）	根据问卷调查服务效率，根据问卷调查计算，得分 = （很到位份数×0.5 + 到位份数×0.4 + 一般份数×0.3）/有效问卷总份数	行政服务效率根据问卷调查计算评价	

续表

具体指标			评价内容（标准）	指标说明	得分
一级指标	二级指标	三级指标			
效益性（10分）	履职效益（3.5分）	学生日常管理（0.5分）	学生日常管理 A. 非常满意（0.5分） B. 比较满意（0.4分） C. 一般（0.3分） D. 不满意（0分）	学生管理工作效果，根据调查、访谈情况评价	
		教研科研项目完成率（0.5分）	项目完成率 A. 所有项目能够按时完成（0.5分） B. 基本能够及时完成（0.4分） C. 一般（0.3分） D. 不能按时完成（0分）	根据项目能否按时完成情况评价	
		项目绩效管理有效性（0.5分）	项目绩效管理有效性 A. 项目绩效管理效果好（0.5分） B. 项目绩效管理效果比较好（0.4分） C. 一般（0.3分） D. 项目绩效管理差（0分）	根据项目绩效管理的有效程度评价	
		师资发展战略（0.5分）	促进师资队伍建设 A. 有效促进师资队伍建设（0.5分） B. 比较有效促进师资队伍建设（0.4分） C. 一般（0.3分） D. 无效（0分）	根据师资管理工作对促进师资队伍建设的作用评价	
	社会效益（3分）	资金支持程度（0.5分）	资金支持保障力度 A. 有完善有效的资金保障（0.5分） B. 有较完善有效的资金保障（0.4分） C. 一般（0.3分） D. 无效（0分）	根据资金支持计划和政策的有效性进行评价	

续表

具体指标		评价内容（标准）	指标说明	得分
二级指标	三级指标			
社会效益（3分）	资源/同行竞争力（0.5分）	(0.5分) 资源/同行竞争力在全省全国排名提升 (0.5分) A. 大幅提升 (0.4分) B. 有所提升 (0.3分) C. 持平 (0分) D. 下降	根据全省以及全国高校的综合排名结果评价	
	地区影响力（0.5分）	根据问卷调查计算，得分=（非常明显份数×0.5+明显份数×0.4+一般份数×0.3）/有效问卷总份数	地区影响力根据问卷调查评价	
	示范校建设成效（0.5分）	根据问卷调查计算，得分=（非常明显份数×0.5+明显份数×0.4+一般份数×0.3）/有效问卷总份数	示范校建设效果根据问卷调查评价	
	政策支持有效性（0.5分）	(0.5分) 政策促进学校发展战略建设 (0.5分) A. 有效促进学校发展战略建设 (0.4分) B. 比较有效促进学校发展战略建设 (0.3分) C. 一般 (0分) D. 无效	根据政策支持学校发展战略建设的作用评价	
可持续发展（0.5）	可持续发展作用（0.5分）	根据问卷调查计算，得分=（完全能份数×0.5+能份数×0.4+一般份数×0.3）/有效问卷总份数	根据资金保障、师资保障、制度保障等方面答题打分	
满意度（3分）	学生满意度（1分）	通过问卷调查测定满意度，本指标根据满意份数×1+比较满意份数×0.8+一般份数×0.6）/有效问卷总份数	根据问卷调查结果打分	
	教师满意度（1分）	通过问卷调查测定满意度，本指标根据满意份数×1+比较满意份数×0.8+一般份数×0.6）/有效问卷总份数	根据问卷调查结果打分	
	上级管理部门满意度（1分）	通过问卷调查测定满意度，本指标根据满意份数×1+比较满意份数×0.8+一般份数×0.6）/有效问卷总份数	根据问卷调查结果打分	
综合得分				—
评价等级		评价等级标准：优秀（S≥27），良好（27>S≥24），合格（24>S≥18），不合格（S<18）		

一级指标：效益性（10分）

五、提升预算绩效管理的建议

(一) 推进成本核算,构建政府成本会计体系

实施绩效管理离不开成本信息,政府成本会计对象的确定、成本的归集分配以及核算方法的选择为预算绩效管理的量化提供了数据支撑。本书的内在逻辑是以高校四大业务活动(教学活动类、行政管理活动类、教学管理(服务)活动类、后勤保障及教辅活动类)为桥梁,采用作业成本法对四大类业务活动的资源耗费情况进行成本费用归集,进而为绩效评估、绩效目标、绩效运行监控以及绩效评价等绩效管理全过程提供科学、合理的数据支撑。因此,科学性、合理的成本核算是本章研究的前提和基础,只有确保高质量的成本信息,才能满足成本管控、受托责任评价、预算编制、预算绩效评价的需要(郝东洋、张冉,2016),实现全过程绩效管理。但是,就目前而言,政府成本会计的研究相对滞后。虽然财政部于2019年颁布了《事业单位成本核算基本指引》(以下简称《基本指引》),要求成本核算作为成本控制的抓手、公共产品服务定价的依据以及绩效管理的重点,但该《基本指引》仅仅是为事业单位成本核算提供基本遵循依据,具体指引尚未颁布。总体而言,推行政府成本会计的难度较大、涉及面较广,是一个系统工程,因此,为了更好服务预算绩效管理,提出以下建议。

1. 制定成本核算具体指引

在《基本指引》的指导下,充分结合行政单位、高等院校以及科研院所的特点,明确成本核算对象,并针对不同的核算对象采用适当的成本核算方法,可以采用作业成本法,确定作业动因及资源动因,根据科研项目管理的实际情况,通过资源成本归集分配路径分析,合理确定资源成本分配模式,并通过模拟运用作业成本法,计算得出科研项目成本,为绩效评估的合理性、绩效目标设定的科学性、绩效运行监控的有效性以及绩效评价的公平性提供数据支撑。

2. 以业务活动为对象构建成本标准库

在预算管理的编制环节中,存在同一业务在不同部门的预算申报数不同的现实问题,这样极大地削弱了预算管理的可比性。因此,利用信息技术和相关管理制度,构建成本标准库,对同一业务发生的成本标准进行设置,有

效避免在预算申报环节"拍脑袋"的现象。例如，高等院校中的教师培训活动，可以对培训规格、培训时长、培训人数、培训地点等信息进行成本标准的核定，最终确定教师培训活动的成本标准。对高校共性业务的成本标准的制定，可以使绩效评估环节更加科学合理，有助于提升项目投入的经济性、实施方案的可行性以及评估结果的准确性，实现预算精细化管理的要求。

3. 以业务活动为对象编制成本费用明细表

从现有政府报告披露的信息来看，对成本费用的具体项目披露相对不足。从收入费用表来看，主要包括业务活动费用、单位管理费用、经营费用、资产处置费用、上缴上级费用、对附属单位补助费用、所得税费用以及其他费用。该种披露方式较难看出某个项目的整体支出情况，也就无法准确与该项目的预算绩效目标、监控指标以及绩效评价指标进行有效匹配。例如，教师带领学生参加学科竞赛，涉及差旅费、劳务费、宣传费、专项业务费（学生活动费、实验实习试验费）等科目，但是反映在政府会计中，仅仅体现在业务活动费用和单位管理费用科目中，对具体教师带领学生参加学科竞赛的成本支出并不清楚，因而也就无法确定与之相匹配的绩效目标。因此，细化收入费用表，一方面提升项目支出透明度，另一方面为预算监控、预算绩效评价提供基础数据。

4. 构建成本信息管理平台

信息技术的应用无疑提升了数据收集、整理、分析等各个环节的效率，并最终为全面地决策信息提供支持。就高等学校而言，其事物繁杂，项目类别多，例如，科研活动大致分为横向科研活动和纵向科研活动，而纵向科研活动又分为国家级、省部级和地厅级，不同级别的科研活动归属不同的职能部门，因此，要想实现高校精细化管理，必须借助信息化手段才能予以实现。通过构建高校成本信息管理平台，可以打通各个高校以及高校内部的信息壁垒，对于不同高校或同一高校不同院部的相似业务进行成本比对，进而对绩效评估、绩效目标、绩效运行监控以及绩效评价等方面提供数据支撑，提升可比性。综上所述，建议加快政府成本会计改革，为全过程绩效管理提供可靠合理的客观数据，并最终实现绩效管理从"人为判断"向"数字应用"转变。

（二）规范资产管理，引入资产效率绩效指标

2019 年，政府会计制度在全国行政事业单位全面实施，以"双基础、双

分录、双报告"的核算模式，使得权责发生制的财务会计与收付实现制的预算会计实现了既相互衔接又适度分离，为行政事业单位准确完整反映部门预算收支、资产负债以及资金投入使用效益情况提供了有效的信息途径。权责发生制下的财务会计包括了资产、负债、净资产、收入和费用五要素，该五要素能够全面反映政府可以用于履职的资源存量信息，提供公共产品和服务所产生的各种债务的规模和结构以及政府履行职能的可持续性。

基于权责发生制的政府财务会计实现了对资产购置、使用、处置及收益的全过程价值反映，这为预算绩效管理在产出指标（数量、质量、时效、成本）、效益指标以及满意度等方面提供了更为准确的绩效评价依据。具体来说，从预算投入到产出的过程所形成的各种有形资产和无形资产均会体现在资产负债表中，各种资产随着使用所发生的耗费（如折旧费）也能够反映在成本信息中，因此，资产信息是预算绩效产出的重要载体之一，在一定程度上反映了政府管理公共资源、履行责任的效果。因此，在预算绩效评价指标的设计中更应该充分体现出相关资产的利用率以及耗费情况。例如，高校教育活动投入形成的资产中，既可以依据资产信息，设置生均教学科研仪器设备值、网络教学资源利用率、OA系统办公覆盖率、图书资源利用效率、文体活动设施建筑面积及变化率等指标；还可以设置资产增长率、固定资产增长率、资产空闲率等反映资产利用效率的相关指标。强化资产管理对实现重要经济活动信息共享的作用，避免资产实物和价值管理"两张皮"，提升预算绩效管理水平。

（三）强化预算会计控制功能，提升预算绩效管理水平

以收付实现制为基础的预算会计是对政府部门执行预算的整个过程的记录和反映。在绩效管理功能定位下，预算会计应当利用其特有的预算数据获取、处理、分析和共享优势，向政府内外部利益相关者提供有关会计信息和发挥预算控制的功能。一方面通过程序化的会计流程对财政支出程序硬控制，减少不符合预算要求的资金支出；另一方面通过会计信息的收集整理和反馈为预算编制和调整提供依据，防止出现较大的预算偏差（张军等，2020）。因此，在政府会计促进预算绩效管理中应用进一步加大预算会计的信息供给和控制作用。

1. 提升预算透明度

良好的预算透明度是公共财政管理的基础，预算会计应当提供有关政府

预算及相关活动的信息，便于使用者了解会计主体耗费的预算资源，评价其努力程度和取得的服务成就。

2. 完善预算支出流程

通过设计合理的预算支出程序促使财政资金的支出更加合理有效。例如，做好预算事前控制流程，建立前置的预算会计预审核机制是保障预算会计发挥事前控制功能的有效手段。

3. 促进预算会计和相关机构会计制度的融合度

预算会计和其他政府机构使用的会计制度协调性和互通性较差，财政资金核算还无法实现全流程的统一，应从资金链上实现资金流动信息共享。

4. 实行预算全过程跟踪

政府支出项目往往具有跨年度的特性，因此，跟踪核算整个支出周期的预算执行情况，实现对项目支出全过程的监督管理，有助于提升预算资金使用效率，为预算绩效目标管控、绩效评价提供数据支撑。

（四）提升政府会计信息质量，保障预算绩效管理信息可靠性

政府会计的信息供给作用为预算绩效管理提供了信息保障，而高质量政府会计信息是政府会计服务预算绩效管理的前提，但是，高质量政府会计信息依赖于政府会计准则的有效执行。也就是说，我国各级政府能否编制出高质量的权责发生制政府综合财务报告，关键取决于政府会计准则制度能否被高质量地执行。公共选择理论认为，政府主体是否有效执行政府会计准则制度，取决于其对预期收益和成本的权衡，即执行准则制度所带来的预期收益能否弥补甚至大于所带来的成本。而我国政府会计准则是以"双系统"和权责发生制为主要技术特征的，这要求政府会计主体将更多除了现金业务以外的业务纳入核算范围，如固定资产折旧、无形资产摊销等现金业务的衍生业务，以及预计负债、资产捐赠等非现金业务，核算范围的扩大无疑给政府会计主体带来了更多执行成本，因此，政府会计主体基于成本收益的权衡，可能针对不同业务选择性地执行准则制度（路军伟等，2020），进而影响了政府会计信息的质量。因此，适度披露政府财务报告和借助外部监督机制，可以促进政府会计准则制度的执行效果，提升政府会计信息质量，为预算绩效管理提供可靠的数据支撑。

1. 适度披露政府财务报告

预算绩效管理的实施与执行，除了需要有科学的绩效评价指标体系外，

还必须要有能测量和记录用于反映政府投入和产出的及时完善的政府财务报告系统（赵合云、陈纪瑜，2010）。因此，政府应基于受托责任观的政府会计系统明确财务报告的信息供给者与信息需求者，尤其是关注外部信息使用者的需求（张琦，2007）。政府应适当披露预算执行、绩效评价、行政成本、政府家底、政府债务等方面的信息，以便为社会公众、立法机构和国家审计部门等信息使用者问责并监督政府，提升政府会计信息质量。

2. 建立政府财务报告审计制度

政府财务报告审计作为对政府财务报告实施的独立鉴证机制，确保权责发生制下政府综合财务报告的质量。政府财务报告审计源于对公共权力进行监督与制约的现实需求，在参与国家治理中发挥监督与制约公共权力的治理价值。政府财务报告审计的核心就是通过获取充分、适当的审计证据，对政府财务报告的真实性、合规性进行甄别并提供评价信息，以合理保证公共受托责任履行情况是否在政府财务报告中得以恰当体现。因此，构建政府财务报告审计制度，逐步明确谁来审、审什么、如何审、审计结果如何运用、如何保障审计有效实施等一系列问题，借助外部监督机制提升政府会计信息质量，为全面实施预算绩效管理提供可靠的信息保证。

（五）完善财政信息一体化平台，实现信息共享

在大数据和信息共享的时代下，如何有效融合和利用数据，提升数据收集、处理效率已经成为影响管理水平的重要因素之一。政府会计以其对资产、负债、收入、费用进行全面系统的确认、评估和登记，为新时代全面实施绩效管理提供了更为科学的管理理念和重要的信息保证（徐经长、何乐伟，2018）。但是，面对庞大的数据源以及各个信息孤岛，要想真正发挥政府会计对预算绩效管理的作用，需要借助信息化手段方式才能够实现。

1. 协调财务会计与预算会计，实现数据有效融合

在"双基础、双分录、双报告"的核算模式下，虽然对同一经济业务财务会计和预算会计均进行了记录，但由于确认和记录方式存在差异，仅从分录上较准确匹配出同一笔经济业务。因此，政府应加强预算会计和财务会计功能的协同互动关系，提供反映报表项目数字勾稽关系的调整报表及其他补充信息，特别是要详细说明重要报表项目的差异及原因，向使用者提供更全面、更易于理解的政府会计信息。因此，秉持完整性、可靠性、适应性、经济性的系统建设原则，优化政府财政一体化信息系统，设置辅助核算模块，

形成预算、财务、成本相互衔接的交互式信息系统,能够方便数据的快速提取和重复利用,提升财政数据的深入融合和利用。

2. 打通业务与财务,促进业财一体化

在财政一体化系统中构建成本标准库和项目库,使其与政府会计核算信息系统、预算决算系统进行深度融入,从项目预算评估阶段开始,可以从成本标准库和项目库中比对,同时还可以将预算编制、预算执行、预算绩效评价与项目的事前立项、事中进行、事后分析联动结合应用,丰富数据支撑,实现信息共享,预算的编制、执行、调整、绩效评价等基础数据与项目库信息结合,从历史信息、同类型项目、其他项目等多维度对各项指标进行比较分析,为财务管理和战略决策提供有力依据。例如,通过项目库来规范不同项目的核算要求,确保资金使用的合规性,协同预算绩效评价指标渗透关联到会计核算中,使每笔支出都能找到对应的绩效评价指标,强化全过程的绩效管理意识,实现预算绩效评价与政府会计核算的相辅相成。另外,建立与中国的财政管理、国库结算、国有资产管理、财政资金绩效管理等子系统相衔接的全面政府会计核算系统,并实现自动会计报表编制、财务信息分析以及绩效测量考评。

通过财政信息一体化平台的构建,能够实现对相同项目的预算形成申报有标准、监督有指标、评价有依据的预算绩效管理体系,为预算绩效管理提供重要数据支撑和技术保障。

本章课题组负责人:王生交
　　　　　　成　员:张悦、何利、路媛媛、薛媛、黄永华、贾娜、李飞亚、崔璨、魏守智

主要参考文献

[1] 阿儒涵,程燕林,李晓轩等. 关于财政绩效评价综合打分制方法的思考 [J]. 中国科学院院刊, 2020, 35 (12): 1439 – 1447.

[2] 高娟. 新时代中国政府绩效评价研究 [J]. 中国软科学, 2019 (12): 62 – 71.

[3] 高晓杰,魏晓艳. 美国文理学院教师绩效评价的经验与借鉴 [J].

中国高等教育，2019（24）：55-57.

[4] 胡志勇，王泽彩. 预算绩效指标体系构建的标准及其应用 [J]. 经济纵横，2020（12）：92-99.

[5] 姜宏青，王翔. 预算绩效管理与政府成本会计信息体系的融合研究 [J]. 会计与经济研究，2020，34（3）：36-49.

[6] 刘锋. 基于新政府会计视角的机关运行成本管理研究 [J]. 中国行政管理，2020（4）：40-43.

[7] 马蔡琛，赵笛. 大数据时代的预算绩效指标框架建设 [J]. 中央财经大学学报，2019（12）：3-12.

[8] 马蔡琛，赵笛. 中国预算管理改革的回顾与展望——"十三五"改革评估与"十四五"发展路径 [J]. 求索，2021（2）：151-159.

[9] 马蔡琛. 2020后的预算绩效管理改革前瞻 [J]. 人民论坛·学术前沿，2020（14）：38-44.

[10] 马海涛，孙欣. 全过程预算绩效评价结果应用：理论框架构建 [J]. 经济与管理评论，2021，37（2）：95-106.

[11] 马欣悦，汤霓，石伟平. "双高计划"院校办学绩效评估及建设策略 [J]. 四川师范大学学报（社会科学版），2021，48（2）：119-129.

[12] 苗庆红. 公共财政框架下中国预算改革：回顾和展望 [J]. 中央财经大学学报，2020（5）：3-12.

[13] 彭满如，沈宜蓉，谭圆奕等. 高等学校绩效预算管理优化路径研究 [J]. 现代大学教育，2019（5）：97-102.

[14] 齐小乎. 第三方评价迎来规范发展新阶段 [J]. 中国财经报，2021（007）.

[15] 山雪艳. 政府预算绩效评价及其影响因素：基于公共价值理论的实证研究 [J]. 华中师范大学学报（人文社会科学版），2020，59（4）：68-77.

[16] 汪育文，宋喆. 江苏高水平大学建设绩效评价的价值遵循与路径选择 [J]. 中国高校科技，2020（3）：49-53.

[17] 王德. 全面实施预算绩效管理，大力推进机关运行成本管理创新 [J]. 中国行政管理，2020（1）：12-17.

[18] 王建华. 对高等教育中问责与绩效评价的反思 [J]. 现代教育管理，2020（7）：1-7.

[19] 王泽彩,胡志勇. 政府预算绩效管理与政府会计改革的协同性研究 [J]. 经济纵横, 2019 (11): 82-90.

[20] 杨峰. 省属高校研究生资助管理绩效评价——基于2019年第三方评估机构的实证分析 [J]. 高教探索, 2020 (11): 52-57, 80.

[21] 郑方辉, 刘国歌. 预算绩效管理与财政绩效评价: 以教育经费为例 [J]. 兰州大学学报 (社会科学版), 2019, 47 (5): 42-51.

第六章

资产管理与预算管理结合机制研究

第六章主要聚焦在政府会计改革的背景下，基于政府综合财务报告编制中产生的数据信息，结合河南省实际情况，以行政事业性国有资产管理和预算管理为研究对象，按照履行综合管理职能的财政部门层级、履行监督管理职能的主管部门层级、履行具体管理职能的预算单位层级三个层级，通过深入挖掘与充分运用从资金到资产的价值链管理与信息流管理，打通全生命周期资产管理与全过程预算管理的路径，并以此路径为核心，建立一套有核心运行机制、保障机制、监督与绩效管理机制三个层面的机制框架，以保证预算资金及国有资产安全和高效使用。本部分主要解决两个关键问题：基于河南省省情，摸清楚当前河南省资产管理和预算管理结合的情况；借助政府会计改革和政府综合财务报告编制的契机，如何通过机制建设促进资产管理与预算管理的结合。

一、河南省资产管理与预算管理结合机制现状及问题

（一）政策制定情况

1. 明确提出预算管理和资产管理相结合的理念（2006~2010年）

2006年7月，财政部印发了《行政单位和事业单位资产管理办法》（财政部令第35号、36号），明确了资产管理和预算管理相结合的新理念，以制度的形式提出了推进资产管理与预算管理相结合的新要求。2007年8月，河南省人民政府发布了《河南省行政事业单位国有资产管理办法》（河南省人民政府第108号令），明确了资产管理活动应当遵循的三个原则，资产管理与预算管理相结合、资产管理与财务管理相结合、实物管理与价值管理相结合；

明确了财政部门、行政单位（事业单位主管部门）、事业单位三个层面上的管理机构和职责；明确了资产配置的原则、标准和审批程序；规范了资产使用、资产处置应遵守的流程和制度；明确了资产评估和资产清查的范围、内容和规定；明确了产权登记的内容和产权纠纷解决的方式；明确了在国有资产管理中出现的违规违法行为应承担的法律责任。2006年，财政部制定了《行政事业单位资产清查核实管理办法》（财资〔2016〕1号），河南省财政厅转发了此通知，其中关于河南省各级资产清查核实管理权限问题，按《河南省财政厅关于印发〈河南省行政事业单位资产核实暂行办法〉的通知》（豫财办资〔2007〕15号）有关规定执行。从财政资金的支付方面，严格把好出口关。根据资产清查的情况，鉴于出现有资产无满足履行职能需要时的资产处置问题，河南省也出台了相关的文件，即《关于明确省级行政事业单位申请使用资产处置收入程序问题的通知》（豫财办资〔2009〕39号）、《关于明确省级行政事业单位国有资产处置和对外有偿使用收入管理有关问题的通知》（豫财资〔2010〕168号）、《河南省政府办公厅印发河南省省级行政事业单位国有资产对外有偿使用管理暂行办法》等相关文件，对行政事业单位的国有资产处置程序进行了规范。

2. 加强资产管理与预算管理相结合的试运行阶段（2011~2017年）

2010年12月，河南省政府出台了《河南省省级行政事业单位国有资产配置管理暂行办法》（豫政办〔2010〕137号），明确了资产配置的概念和原则、审批的流程和程序、资产配置的条件和程序；提出了建立省级政府公物仓的计划，同时，省政府办公厅印发了《河南省省级公物仓管理暂行办法》，界定了资产配置的一般标准，强调了资产配置执行过程的管理监督工作等相关内容，对加强资产管理发挥了重要作用，体现了资产管理与预算管理、财务管理的有机结合。2011年，河南省财政印发了《河南省省级事业单位通用资产配置标准（试行）》（豫财资〔2011〕6号）、《河南省省级财政资金支付方式管理暂行办法》（豫财办〔2011〕66号）、《河南省财政厅进一步加强省级行政事业单位临时性资产配置管理的通知》（豫财资〔2011〕101号）等多个加强资产配置方面的配套性文件；2014年，河南省人民政府印发了《关于加强省级预算管理盘活财政存量资金的通知》（豫政办〔2014〕54号）、《河南省省级财政专项资金管理办法》（豫政〔2014〕16号）。几年来，行政事业单位资产管理工作取得了明显成效，确立了"国家统一所有，政府分级监管，单位占有、使用"的管理体系，初步构建了管理制度框架，逐步规范资产配置、使用、处置等各环节的管理。但是，各级财政部门与相关部门之间管理职责没有很好落实，制度体系不够健全，资产管理与预算管理相结合机制有待进一步完善。2015年，财政部印发了《关于进一步规范和加强行政事业单位国有资产管理的指导意见》（财资〔2015〕90号），该意见的出台，十分有效地推动了行政事业单位资产管理工作。

3. 加强资产管理与预算管理相结合的完善阶段（2018年以来）

2018年12月，财政部印发了《关于进一步加强和改进行政事业单位国有资产管理工作的通知》（财资〔2018〕108号）。同时，河南省财政厅印发了《关于进一步加强预算执行管理加快预算执行进度的通知》（豫财〔2018〕196号），针对不同的财政专项资金适时制定并下发了专门的政策规定，进一步完善了河南省行政事业单位资产管理的运行机制，部分地解决了资产管理具体执行过程中的一些模糊不清的问题。2018年，财政部还印发了《中央行政事业单位国有资产配置管理办法》（财资〔2018〕98号）。结合河南省省情实际和在资产管理中存在的问题，河南省财政厅于2020年10月印发了《河南省省级行政事业单位国有资产配置管理办法》（豫财资〔2020〕178号）和《河南省省级行政事业单位通用资产配置标准》（豫财资〔2020〕222号）。178号办法强调了三个方面：一是坚持资产配置管理与预算管理相结合的原则；二是坚持问题导向和目标导向的原则；三是坚持资产配置管理与绩效管理相结合。2021年，中华人民共和国国务院第738号令《行政事业性国有资产管理条例》予以公布，一是明确资产范围，二是明确管理体制和部门职责，三是明确资产配置、使用和处置，四是明确预算管理和基础管理，五是明确资产报告和监督制度。2021年，国务院发布《国务院关于进一步深化预算管理制度改革的意见》，明确提出加强政府性资源统筹管理，加强行政事业性国有资产收入管理，盘活各类存量资源。在预算绩效管理方面，2019年4月，中共河南省委 河南省人民政府印发了《关于全国实施预算绩效管理的意见》（豫发〔2019〕10号）；河南省财政厅印发了《河南省省级预算项目政策事前绩效评估管理办法》《河南省省级部门预算绩效目标管理办法》等6个办法。2020年7月，河南省财政厅印发了《河南省省级预算绩效运行监控管理办法》（豫财政〔2020〕8号）、《河南省财政厅关于开展2020年省级预算绩效运行监控工作的通知》等文件，这些政策、制度、办法，将预算绩效管理分别从政府预算、单位预算和项目预算三个方面构建了事前评价、目标管理、运行过程监控、开展绩效评价、加强绩效评价结果应用等全过程预算绩效管理环节链条,将其评价结果作为改进预算管理和省财政部门安排以后年度预算的重要依据,也为进行与此相关的财政数据分析与应用提供了有力的政策和数据依据,为预算管理和资产管理的结合提供了可行性。

(二) 推动资产管理和预算管理相结合的实施情况

河南省组建了资产管理和预算管理工作的专职队伍,搞好调查研究,抓好政策、制度、办法等文件的落实;全面启动并稳步推进政府会计和综合财务报告制度改革,加强了政府会计改革的信息系统建设,开展了试点,相关功能正在逐步实现中;持续抓好资产清查工作,落实各项制度,设法做好资产配置工作;构建了省级预算标准体系和资产配置体系;畅通了资产管理同预算管理的结合环节,提高了资产配置相关预算的精准性、科学性和约束性;构建了资产配置管理的长效机制,有力地推动了资产管理和预算管理相结合。2019 年,按照财政部统一安排,河南省开始建设预算管理一体化系统,2020 年开始调试试用。这一平台实现了政府预算、部门预算、单位预算及上下级预算之间的业务环节和预算、会计预算、决算、财务报告的一体化,数据标准更加规范,形成了数据标准统一格式的海量财政数据仓库,为政府会计数据分析应用提供了丰富资源。但是目前河南省对政府会计数据的使用主要集中在预算会计数据使用方面,如预算执行进度监控、债务指标管理、项目绩效评价指标设计等,对于财务数据和其他外部数据的分析和使用进展相对缓慢。如何盘活、挖掘、分析使用这些海量数据,在政府综合财务报告中全面反映政府财务状况和运营情况,以及如何增强资产管理系统与预算管理系统的衔接等问题是我们目前需要解决的问题。

(三) 河南省资产管理与预算管理相结合的主要效果

1. 清查资产,完善制度

河南省国有资产管理方面经过近些年的发展,已经取得了一些成效,紧紧围绕资产管理制度建设、人才队伍建设、内控机制建设、资产管理及政府采购管理信息化建设等方面开展工作,规范了资产购置、处置和调配等程序,完善管理体制、大力夯实管理基础,健全内控体系。2007 年以来,按照财政部统一要求,多次对全省行政事业单位资产进行了全面的清查,核实资产总额,制定了有关资产清查方面的文件;之后的两年内,在预算中增加了资产存量情况表、增量情况表和资产经营收入情况表。

2. 明确资产配置标准，提高可操作性

2010年12月，河南省政府办公厅印发了《河南省省级行政事业单位国有资产配置管理暂行办法》（以下简称2010《办法》），该办法界定了资产配置的内涵，明确了资产配置条件和配置程序，严格了配置标准的执行规定，强化了资产购置、验收、使用和监督检查的制度和规定，该办法自2011年1月1日起开始施行。随后，河南省又出台了《河南省省级行政事业单位通用资产配置标准（试行）》（豫财资〔2011〕6号）（以下简称2011《标准（试行）》），对规范省级行政事业单位资产配置行为、合理配置国有资产发挥了重要作用。2011年以来，各地市行政机关和财政全供事业单位都陆续开始执行，并制定了相应的配套制度。2011《标准（试行）》明确做出了以下规定，各有关单位（市级党的机关、人大机关、行政机关、政协机关、审判机关、检察机关、人民团体机关、各民主党派机关和财政全供事业单位）需配置资产时，应首先考虑从现有闲置资产中调剂，特别是大型仪器设备，应首先考虑共享共用。2010《办法》和2011《标准（试行）》的实施，对提高资产使用效益起到积极的推动作用，强有力地促进了资产管理和预算管理相结合，一定程度上改变了长期以来存在的"重资金、轻资产""重购置、轻管理"等问题，资产管理得到了规范和加强，拓展了预算管理的广度和深度。但部分内容与新规定、新要求不够适应，主要表现在：部分资产配置标准不适应单位实际需求和市场供给、部分资产的配置标准和现行政策不够衔接、部分标准采用的划分方式操作性不够强。因此，结合2016年5月财政部印发的《中央行政单位通用办公设备家具配置标准》（财资〔2016〕27号）和《河南省省级行政事业单位国有资产配置管理办法》（豫财资〔2020〕178号），河南省财政厅于2020年12月研究制定了《河南省行政事业单位通用资产配置标准》（以下简称2020《标准》），标准制定过程中，坚持了四个原则：一是坚持配置标准的刚性约束。规定使用年限标准，规范单位资产更新；规定配置数量标准，推动单位加快闲置资产处置，夯实资产存量；规定价格标准，引导单位厉行节约，落实政府过紧日子的要求。二是坚持合理配置、杜绝浪费。2020《标准》修订时充分考虑现阶段我省的经济发展水平和财力保障能力，同时落实政府过紧日子的相关要求，正确处理需求与保障之间的关系，寻求两者间的最佳结合点，确保标准能落地、可执行，同时发挥政府购买力对市场价格的引导作用。三是坚持与现有政策有效衔接。2020《标准》加强了国家与河南省现有政策的衔接，实现了与《政府会计准则》《办公用房建设标

准》《办公用房装修（改造）项目支出预算标准》《办公用房和公务用车管理办法》等规章制度的有效衔接，确保了政策制度的一致性。四是坚持配置标准动态更新。随着社会经济发展水平提高，市场和行政事业单位的实际需要也在不断变化，因此，2020《标准》将根据物价水平、技术水平、财力状况和资产普及程度等适时进行更新和调整。2020《标准》明确了适用对象、适用范围等内容，附有通用办公设备及空调设备配置、通用办公家具配置两个表，分别按照资产品目从数量上限、价格上限、最低使用年限三个方面进行限定。针对未列入资产品目内的其他通用设备，明确了应当坚持厉行节约、从严控制原则，并结合单位履职需合理配置；明确了各单位根据实际情况，因特殊需要，超出本标准规定的，应严格控制并履行审批手续；明确了各单位不得超范围、超标配置资产等要求。2020《标准》的下发，健全了省级预算标准体系和资产配置体系，为各行政事业单位的资产管理提供了可操作性，解决了此前关于资产配置方面模糊不清的一些问题，有力地促进了资产管理和预算管理的有机结合。

3. 多举措并进，搭建资产管理和预算管理结合的框架体系

截至目前，河南省从国有资产管理的内容、方式、工具、人员、制度、机制等方面，搭建了较为科学的顶层设计预算管理与资产管理有效融合的整体框架；资产管理和预算管理制度基本健全；"财政部门—主管部门—占用单位"的横向网络体系已经形成，单位（部门）间分工明确，权责清晰；国家资产国家所有、单位资产占用者使用、主管部门监管到位的知识基本普及；资金和资产对单位事业发展同等重要的理念基本具备；初步建立了一支资产管理和预算管理的专业团队；通用资产的配置标准已经建成并已经实施；初步规范了"二上、二下"资产预算编制流程；资产管理和预算管理运行机制基本有效；充分运用了资产管理信息系统，预算管理信息系统和财务管理信息系统等技术手段提升了管理水平；前期已进行了大规模的资产盘点清查，核实了资产存量数据，探索建立了资产共享平台，资产调剂工作逐步展开。省级政府公物仓已经建立，并将有关资产（省级举办重大会议、大型活动购置的资产；成立临时办公机构、由牵头部门负责组织申请购置的资产；单位上缴的资产；政府罚没物资；单位申请处置的资产；等等）纳入政府公物仓管理，统一调剂使用。在前期调研的基础上，河南省财政厅根据实际情况，正在为全力推进预算管理一体化系统、研究制订政府会计改革实施方案做前期准备，而且已经在郑州、洛阳、驻马店等城市展开试点，理论研究和实践

二者紧密结合,以实现河南省国有资产的管理更加优化合理。

(四) 河南省资产管理与预算管理相结合存在的问题

1. 履行综合管理职能的财政部门层级存在的问题

(1) 资产管理责权配置体制仍不完善。从目前我国执行的"国家统一所有、政府分级管理"体制来看,存在着产权及利益关系界定不合理、不清晰等问题,纵向从中央到市县多层委托代理传递链条过长,造成信息失真、无人负责;各部门横向之间国有资产管理责权划分不合理、不清晰问题同样存在。

(2) 资产配置过程存在脱节。虽然国家在资产配置管理方面的要求不断深化,各项制度管理规范不断严格,相关单位的理解也不断深入,但资产配置管理方面还是存在规模控制不够、重视程度不足、管理力量不足、信息统计不全、政策执行不力、监督管理不严等问题。

根据表 6-1 中数字显示,2017~2019 年全国行政事业资产总额、行政单位资产总额以及事业单位资产总额分别增长了 25.67%、32.58% 和 22.75%。存量资产的大幅上涨,一方面说明了各项事业发展的需求不断增加,但从另一个方面也影射出了存量资产使用效率不高、共享力度不够等问题,新增资产配置与存量资产结合仍需不断加强,新增资产规模仍需更好地控制。

表 6-1　　2017~2019 年行政事业性国有资产情况分析

年份	全国行政事业性国有资产		行政单位资产		事业单位资产	
	总额 (万亿元)	增长率 (%)	总额 (万亿元)	增长率 (%)	总额 (万亿元)	增长率 (%)
2017	30	—	8.9	—	21.1	—
2018	33.5	11.67	10.1	13.48	23.4	10.90
2019	37.7	12.54	11.8	16.83	25.9	10.68

注: 表中数据根据 2017~2019 年度国有资产管理情况的综合报告计算整理得出。

另外,从审计署年度预算执行审计公告结果和实际工作管理中发现的问题看,资产配置管理存在的问题仍不少,主要表现在超标准和范围购置通用办公设备和家具,求新、求大、求全购置设备,新增资产配置预算编制质量不高,设备使用效率不高,重复购置资产,形成账外资产,等等。

(3) 资产报告对财政功能发挥支持不充分。《行政事业单位国有资产年度报告管理办法》(财资〔2017〕3 号) 中明确规定了财政部门是行政事业单位资产报告工作的综合管理部门,但从目前的执行情况来看,国有资产报告较少从财政视角去挖掘利用,没有对财政功能发挥提供有力支撑。财政只能是局限于收支的记账式财政,而无法发挥其作为宏观管理部门,以财政资源高效配置发挥其作为国家治理基础和重要支柱的作用。

(4)对资产处置等事项监管不到位。2017年修订的财政部第35、第36号令中规定,"各级财政部门负责本级行政(事业)单位国有资产收益的监督管理",在实际中,大部分行政事业单位都没有经过上级部门以及财政部门的审核,随意进行资产处理或者投资。部分单位在转让资产过程中,以内部处理为主,随意设定价格,甚至存在压低价格的状况,部分人员从中牟利,使得国有资产收益游离于预算管理之外,造成单位资产的大量流失。

2. *履行监督管理职能的主管部门层级存在的问题*

(1)尚未建立资产管理与预算管理结合的意识。长期以来,基于收付实现制的预算管理体制形成了"重资金轻资产""重购置轻管理"的思想,导致主管部门在执行预算汇总和监督职能时,更偏重对预算的管理,从而导致"重钱轻物""重买轻管"的现象依然存在,这些使一些资产管理与预算管理结合的制度虽然上墙,但无法落地,导致工作人员在日常工作中将资产管理与预算管理割裂开来,虽然在资产的购置、使用和报废中主管部门有审核职能,但没有融入预算与资产管理结合的审核造成预算硬约束功能发挥不出来。

(2)资产家底尚未彻底摸清。资产管理与预算管理本质上就是资源增量管理与资源存量管理之间的关系。要想达到存量约束增量的目的,就要把增量激活存量作为预算管理和资产管理的有效方式,这也是资产管理与预算管理有机结合的必要条件。这里有一个前提条件,就是资产存量得摸清楚。但当前的情况是部门预算与单位资产存量的关联度较低。长期以来,主管部门在进行汇总预算的时候多是根据定额标准或以往经验来审核,更多的是关注增量资产,以及合理性与合规性审查,符合政策成为主管部门审核的第一要点,主管部门并不重视预算工作结束以后形成的资产的后续管理。存量不清晰,造成了无法用存量去预算增量。

(3)预算系统与资产系统尚未建立关联机制。从横向来看,会计系统是打通预算系统与资产管理系统的桥梁。预算系统与国库支付系统早已打通,即预算与预算的执行(资金的支付)已经形成了一个完整的逻辑线条,并已实现可监控。预算系统与会计系统目前已基本实现打通,预算系统与会计核算系统可同时处理业务,二者之间可追溯查找,但同时基于权责发生制,会计核算系统与资产管理系统尚未打通,目前资产管理系统主要负责资产月报表的填制、申报工作和资产年度报告的编制,由资产管理部门负责;而预算和会计核算系统多由财务部门负责；两个系统的不关联导致一些单位资产管理系统数据与会计系统数据差异较大，这也就造成了当前资产管理系统与预算系统不关联，没有形成从"预算的编制—预算的执行—决算和资产的购置—资产使用—资产处置"这一闭合型的控制链，主管部门从横向上无法通过预算系统和资产管理系统来进行预算与资产相结合的管理，预算管理刚性不足，资产管理控制力弱。从纵向来看，虽然基于"预算管理一体化系统"建设，整合各级预算编制、预算执行、决算、绩效管理等业务环节，但资产管理系统并没有统一的系统平台，市场上可选择的软件商较多，而主管部门主要通过月末和年末的资产报表来汇总资产状况，因此，在纵向上作为主管部门，无法实现预算管理和资产管理的关联。

(4) 资产管理水平较低。

①在配置环节上，主管部门对所属事业单位资产配置的存量信息掌握不足，在审核预算中，不能很好地以存量定增量；配置标准目前只能按照河南省财政厅颁布的通用资产统一配置标准，而对与行业特征密切相关的特别是一些专用资产缺乏标准。在配置资产中，河南省不再以购置为主，而是优先调拨和共用共享，但主管部门没有掌握所属事业单位足够的资产信息，也没有共享信息平台，以实现主管部门的调拨职能。

②在资产使用环节上，主管部门对所属事业单位的资产管理还是粗放式管理模式，每个月通过资产使用月报来汇总资产消耗情况，既没有监督，也没有考核绩效，从而对提升资产使用效率的监督职能发挥不充分。

③在资产处置环节上，主管部门行使的主要是审核权力和限额内的审批权力，但在调研中发现，存在资产到了报废年限由于报批程序复杂不进行报废，或资产已经毁损，但由于没到使用年限而不进行报废的情况。作为主管部门，在信息不对称的情况下，无法掌握所属事业单位资产处置的真实情况，从而对所属事业单位预算编制的监督也就缺乏力度。

3. 履行具体管理职能的预算单位层级存在的问题

(1) 行政单位。当前，河南省行政单位资产管理与预算管理相结合模式的探索取得了一些积极进展，但在行政单位内还不同程度上存在着资产管理与预算管理结合不够密切或相脱节的现象。

①资产管理各阶段未能与预算管理有效融合。

A. 资产配置阶段。部分行政单位关注点在资产预算申请上而不在资产配置上。在安排预算时，没有严格按照人均资产比率等指标进行配置。同时，资产共享机制仍处在试行探索阶段，国有资产被人为地分割在各部门固定式使用，较难根据实际使用情况在单位之间进行相应调配。

B. 资产使用阶段。一是会计核算不规范。例如，购置固定资产长期未入账或没有完整入账，造成资产实有数与账面数不符。二是固定资产增减变化未能严格履行规定的报批程序。三是产权不明晰。在现行资产管理体制下，不同管理主体分别监管各自对应系统的资产，存在各主管部门根据自身部门利益或所监管资产的属性出发制定管理制度的现象，甚至存在同一资产的不同权限分属于不同管理部门的现象，缺乏系统性的综合管理。

C. 资产处置阶段。部分行政单位对拥有的国有资产在出租、出让、置换、核销时，未严格按照处置范围履行相关审批手续。资产处置管理与财务管理相脱节，处置的资产未及时提供完备手续进行账务入账，致使资产账面与实际库存不符。

②科学编制并严格执行资产预算工作仍较薄弱。通过对河南省部分行政单位调研，发现一些行政单位并未有效地将资产预算编制和执行建立同步关联，在预算执行期间难以有效地对资产管理进行控制。主要体现在：一是预算执行控制力较弱。部分单位对预算管理的认识和重视程度不够，预算约束观念淡薄。一些行政单位财务管理人员预算管理意识不强，缺乏对预算工作重要性的认识，对待预算管理的态度仅仅是"为了完成任务"。预算管理"重结果、轻过程"，从而削弱了预算执行的控制效果。二是预算编制机制不完善。预算管理部门和资产管理部门之间协调配合不够，预算编制粗放，预算约束力弱化，部分行政单位预算管理在编制资产配置预算、使用维护预算、处置收益预算方面未能实现根据资产存量情况和资产配置标准、处置标准等进行编制。

③绩效管理缺乏足够的动力支撑。现行预算绩效管理中仍然存在一些突出问题，例如，绩效理念尚未牢固树立，绩效管理广度和深度不足，绩效激励约束作用不强，弱化了预算绩效监督的权威性和有效性，导致预算绩效管理对提高资产管理水平的作用没有充分发挥。

④信息化系统未能形成有效的支撑。信息孤岛现象依然存在，系统之间的融合度、数据间关联度有待加强，仍需进一步完善信息系统效能。例如，部分单位虽然有预算管理系统与资产管理信息系统，但预算管理系统与资产管理系统没有打通，不能实现资产从"入口"到"出口"全过程的动态监管。

(2) 事业单位。

①基于资产管理的视角。

A. 资产配置阶段。资产配置环节存在的问题主要表现在：超标准和范围购置通用办公设备和家具，求新、求大、求全购置设备，单位部门之间、单位之间存在着相互攀比的心理，单位尽可能多地使用财政资金购置资产；有些单位出于利益的驱使，争项目、争经费，不断购置资产，而忽视对资产的管理，造成资金的严重浪费。其中较为普遍的现象是有些职工从自身利益出发谎报国有资产的价格或者多次购置同一资产，使得资产的使用效率大大降低；有些单位根据自身情况配置资产，未实现区域内资产的合理调配使用，未实现资源共享，例如，单位之间的合并、分立和新设单位等，单位合并后资产非减反增，单位分立后大量购置办公设备，新设单位办公设备全部重新购置，等等；新增资产配置预算编制质量不高，重复购置资产，形成账外资产等，使得大量的资产被闲置，资产配置失衡，造成了国有资产的浪费和流失。

B. 资产使用阶段。近些年，通过不断完善资产报表体系、建立信息化管理系统、开展清产核资等方式，部分单位的资产"家底"基本摸清，但资产管理主观意愿不强，资产"重购置、轻管理"现象普遍，存量资产使用情况仍不够细化和清晰，设备使用效率不高，缺乏对资产的使用效果评价以及结果的管理，资产如何使用、后期如何维护、购置资产后运用效率如何、日常保养怎样，缺乏统一的管理考核机制，存在着固定资产维护工作未落实、清查盘点不到位的问题，由于资产维护与修理工作未能落实到位，严重影响了资产的使用寿命。

C. 资产处置阶段。部分事业单位未能依据国有资产管理规定落实报废资产审查手续，也没有对资产残余价值进行评估，处理固定资产报废处置程序规范性不强，随意性大。当固定资产到达报废年限、无保修意义，且不能再继续投入使用时，未能进入资产报废处置环节及时按要求进行报废，直接导致单位实物管理和价值管理脱节。

②基于预算管理的视角。

A. 存在预算管理与资产管理脱节现象。从目前调研结果来看，河南省很多事业单位资产管理和预算管理缺乏密切结合，在具体工作中不能将资产管理与预算管理二者结合的理念渗透到日常决策环节，也不够注重梳理资产和预算两者的关系，不管是工作中还是思想上，都将两者当作独立工作开展，难以促进两项工作的顺利融合。从实际的预算编制情况来看,大部分事业单位都较为重视对新增资产比例进行严格的控制,针对现有存量资产,却没有对其开展科学合理的分析,导致资产预算编制缺乏科学性以及合理性,甚至还会造成事业单位在开展预算编制的过程中存在盲目性的情况,最终弱化了新增资产预算同存量二者之间的联系。很多单位在开展预算编制工作中,得不到充足的资产信息支持,导致资产预算目标与实际情况不相吻合,这种预算脱节现象直接制约着资产管理工作顺利开展,也不利于合理分配,资产使用效率受到严重影响。同时,在资产管理工作中,资产采购、资产使用、资产保管等细节工作都保持相互独立关系,未和预算管理建立密切联系,也不注重为预算编制传递真实、准确的数据,对资产预算管理工作开展造成一定影响。

B. 资产管理和预算管理结合存在信息技术鸿沟。从实际情况来说,事业单位虽然建立了较为基础的信息化管理系统,提高了该部门的工作效率,但是相关系统独立运行,整个事业单位内部形成了一个个信息孤岛,无法实现数据和资源的共享,大大削减了信息的作用。例如,在新政府会计制度下,政策要求各事业单位对固定资产计提折旧,这就需要大量的资产信息作为支持。

经过实地调研发现,医院的预算管理与资产管理相结合的现状普遍好于各大高校。河南省比较先进的医院如河南省人民医院、河南省肿瘤医院,在全国率先采用了智慧财务系统。首先,财务处对全院资产进行了一次彻底清查,并录入信息系统;其次,对各项资产进行编码,具体资产落实到了具体责任人,同时智慧财务系统对资产的配置、使用、处置情况进行了详细登记,通过这些举措,资产的存量得以彻底摸清,为预算管理打下坚实基础。另外,资产管理中心与预算管理中心接受统一领导,按照科学的方法进行预算,信息传递没有障碍,并且预算一旦建立,必须坚决执行,不得随意更改,即无预算不开支,超预算不开支;同时,医院可以随时随地查询预算执行的情况,对其执行效果进行评价,积极推进财务管理制度建设。对比医院,很多事业单位的会计核算工作则显得比较滞后,导致财务信息不能对资产变化情况实现及时反映,应入项没有及时记入,该销项没有及时核销,造成存量不清、账务与实际脱节等问题。

C. 预算执行控制力较弱。预算管理对资产日常管理缺乏监督指导,导致资产购置、使用、保管以及验收等工作缺乏规范化制度,进而出现收益失管、投资失控、处置失序以及使用失范等问题,严重降低资产利用率,造成资产流失。对于资产管理和预算管理环节中的风险缺乏系统、科学的识别、评价和控制。例如，预算编制中随意编报，资产采购中没有严格按批复的预算执行，采购完成后对于资产状况、使用效率等后续情况没有任何追踪评价。如此可能导致决策失误，造成重复购置、处置不当等国有资产浪费或流失问题，以及资产闲置，存在隐形流失问题。

（五）河南省资产管理与预算管理相结合存在问题的原因

1. 履行综合管理职能的财政部门层级的原因

（1）制度设计落后。《河南省行政事业单位国有资产管理办法》自 2007 年 9 月 1 日起施行，2020 年 10 月 23 日河南省财政厅印发《河南省省级行政事业单位国有资产配置管理办法》（豫财资〔2020〕178 号）、2020 年 12 月 3 日河南省财政厅印发《河南省省级行政事业单位通用资产配置标准》（豫财资〔2020〕222 号），虽然在一定程度上弥补了目前政策法规制定相对落后的局面，但是行业配置标准、配置流程设计等方面的规章制度仍有待完善，而且河南省各地市在有关国有资产管理方面的制度安排也有较大差异。

（2）管理信息系统未发挥实质作用。目前河南省行政事业资产管理平台已初步搭建，信息系统主要由河南省行政事业单位国有资产管理信息系统、河南省行政事业性国有资产月报系统以及河南省执法执勤和特种专业用车管理系统构成，预算管理系统也可以满足预算全过程管理的需要，但是从资产管理与预算管理结合的角度来说，两个系统尚未打通，这就使得在资产管理过程和预算管理过程缺乏联动，各环节无法形成依据和制约关系。

（3）制度约束弱化。即便当前诸多行政事业单位已经意识到国有资产收益管理的重要性，并且也全面建设了相关体系，但是我国依旧缺少完善的体系引导，造成行政事业单位在国有资产收益管理和应用等环节中呈现出无序的状态。并且，由于对应的监管体系不全面，财政部门无法对行政事业单位国有资产应用情况进行监管，导致资产管理整体效益受到影响，而在资产管理与预算管理相结合的过程中更是缺乏确定的制度设计。

（4）管理意识不强。"重预算、轻资产"的管理理念依然是资产管理过程中的重要障碍，财政部门往往对财政资金较为重视，但是对由财政资金形成的资产则普遍不够重视，存在管理上的缺位现象，尤其是对资产形成后的使用、维护及处置的环节的监管不到位，造成资产管理与预算管理严重脱节。

2. 履行监督管理职能的主管部门层级的原因

（1）制度建设不完善，单位领导重视程度不够。河南省目前制度建设偏向预算的编制和执行，而对资产管理层面的制度，特别是资产管理与预算管理相结合的制度只是相关部门的简单规定，对实施内容、实施路径和方法等方面没有具体的规章制度，各主管单位也没有相应的实施制度，导致在二者结合上没有科学且标准化的制度体系。主管部门以及其所属基层预算单位的领导受传统观念影响，对于争取项目资金非常重视，而对实物形态的资产管理缺乏足够重视。

（2）预算编报形式与资产管理形式存在着信息不对称。预算编报形式与资产管理形式存在着信息不对称，一方面导致了资产家底是否摸清不影响预算的编制，另一方面也导致了预算系统与资产管理系统的割裂。部门预算支出经济分类科目主要按照类和款进行编制和管理。而资产管理主要是依据会计核算，会计核算主要分成资产类、负债类、净资产类、收入类和费用类五大会计科目。预算表和会计报表在编报形式以及编报逻辑上的不一致，导致两种报表很大程度上存在着信息不对称的情况，主管部门在进行预算管理和资产管理结合中无法用现有的信息进行有效对接。

（3）信息技术平台建设不足。当前在预算管理一体化系统建设下，预算与预算执行，以及预算执行的绩效都可以通过信息技术进行追踪和控制。但与已实现纵横二维相互对接的预算网络体系相比，资产管理体系统一的"财政部门—主管部门—基层预算单位"的一维网络体系尚未建立起来，无法实现资产的网上动态管理。如果资产管理系统与预算系统实现连接，主管部门可以通过预算前置，以及资产的全过程管理，促进二者的结合，来提高其监督水平。

（4）专业人员专业能力参差不齐。首先，一部分资产管理的人员没有财务专业背景，导致在与财务工作人员协调工作和报送数据时出现各种问题，造成资产管理水平不高。其次，随着政府会计改革的推动，近年来颁布的政府会计准则和相关的政策较多，财务处理变化较大，财务人员后续教育学习不能及时跟进，在资产管理与预算管理的相关业务中出错多、重复返工量大，降低了工作效率，对于主管部门实施监督工作非常不利。最后，随着信息化技术在财务工作中的大量运用，财务人员的信息技术水平相对落后，软件不会用、用不好，使用软件的时间成本都很高，导致预算管理和资产管理水平提升较慢。

3. 履行具体管理职能的预算单位层级的原因

（1）行政单位。

①对资产管理与预算管理相结合的认识尚未真正到位。对于大部分行政单位来讲，领导层与管理人员对国有资产管理重视程度不足，在单位内部未

有效建立资产管理意识的情况下，资产处置随意化以及个人化的问题较为严重，进而造成国有资产利用率下降。此外，目前部分行政单位还未深刻认识到资产管理和预算管理密切结合的重要价值，在具体工作中还不能将二者结合理念渗透到日常决策环节，仍将两者作为独立工作开展。

②资产管理各阶段难以与预算管理相结合。

A. 资产配置阶段。目前，河南省已经相继颁布了《河南省行政事业单位国有资产管理办法》《河南省省级行政事业单位国有资产配置管理暂行办法》等相关条例，对加强行政单位资产管理发挥了重要作用，但在实践中，对资产的预算配置安排仍存在随意性，部分单位仅仅从自身发展考虑，争项目资金、争资产，编制预算时未根据存量资产状况，很难做到预算安排的科学性、公平性和达到应有的效益，造成资产配置预算不够准确。

B. 资产使用阶段。资产使用状况与预算编制缺少相互关联性。例如，资产使用缺乏效率标准，资产形成后归单位和部门无偿占有使用，现有对资产管理的绩效考评机制的制约作用不够强，导致资产购而不用，用而效率不高；清查盘点制度缺失，有的单位盘点和清查流于形式，无法准确摸清家底。因此，资产使用情况难以对资产预算的准确编制产生有效的支撑。

C. 资产处置阶段。一是资产处置制度机制不完善。行政单位因为资产报废报损程序复杂，对资产报废、报损不及时，不进行处置手续，不做账务处理，账面资产存量大，可使用资产数量少；单位之间很难进行资产调剂、置换，缺乏明确制度促进资产合理流动，导致国有资产单位占有使用实际上成为单位所有。二是资产处置收入与预算安排脱节。资产处置收入统一上缴财政，纳入预算，但与预算的安排脱节，且资产管理部门无安排使用权，导致对资产管理难以产生激励作用。

D. 资产管理人员配备及专业素质有待提升。部分行政单位资产管理处的人手不够，资产管理部门的日常工作任务量较大，经常顾此失彼，难以保证资产管理制度的有效落实，无法保证岗位职能效果的有效履行和制衡机制的发挥。另外，资产管理人员的专业素质参差不齐，部分人员对资产管理的新制度不十分了解、对新技术手段存有抵触情绪，导致资产管理水平低。

③缺乏有效的绩效评价和激励机制。目前，虽然对行政单位国有资产管理情况进行了相应的绩效考评，但尚未形成有效的资产使用考核指标体系，导致行政单位的资产使用情况对其下一年度的资产预算安排影响较小，无形中使行政单位只注重资产购置，而不在资产管理上下功夫。并且，行政单位

承载着公共管理、公共服务等多种功能，许多活动社会效益都需要一个比较长的时期才能显现，所以对其绩效进行评价非常困难，造成当前许多行政单位在整个预算管理过程中缺乏有效的预算执行评价体系，导致预算执行的约束力度不够。而提高资产的使用效率，达到资产管理与预算管理相结合的制度安排，需要建立相应的激励机制，这也是资产管理与预算管理能够有效结合的动力来源之一。

④信息化管理缺失。部分行政单位在进行资产预算编制时，得不到充足的资产信息支持，使资产的增量配置与存量管理之间信息不对称，导致单位资产预算安排缺乏准确的基础性数据，难以对资产重复购置和超标准购置进行有效控制，致使资产预算与实际需求难以吻合，不利于合理分配资产。

（2）事业单位。

①资产配置方面。财政部门对资产配置缺乏有效的指导和规范，单位的资产采购决策主观性较强，对资产配置活动缺乏科学的规划。一些单位没有深入地去了解资产管理的内涵，没有深刻地认识到它的来源、作用和价值，盲目采购；另外，我国事业单位在资产配置的相关环节中通常都没有注重资产管理同预算管理的有效融合，资产预算编制缺乏科学性以及合理性。此外，新增资产配置如不考虑存量资产使用效率因素，也会出现偏差。

②资产使用方面。部分单位没有制定并执行严格的规章制度，资产的后期管理形同虚设。对固定资产的维护保养工作仅仅局限于个别价值较高的资产，有些单位虽然已经制定了相应的资产盘点制度，但由于单位资产数量较多，账实盘点消耗大，资产定期盘点也仅仅只是对固定资产账目数据进行了核实，部分固定资产早已不存在，甚至不知去向，造成国有资产流失。另外，有些事业单位账务处理不规范，存在"重核算，轻资产"管理，账务处理不规范、不及时，导致资产账实不符、账卡不符，形成账外账。

③缺乏监督与绩效考核机制。事业单位要有效落实资产管理和预算管理的有机结合，就要对其加强监管考核，而现实是财政预算安排与资产绩效管理之间的关联度不高，很多事业单位并未针对有关工作开展严格的监管考核。很多事业单位未及时地将资产预算相结合工作纳入绩效考核体系，导致对各部门相关工作人员缺乏足够的约束力，在工作中容易出现怠慢心理，这种消极的工作状态也影响了资产预算结合进度。相关部门还没有出台有关行政事业单位国有资产管理的绩效考核制度，单位获得的国有资产由该单位自行负责，这导致单位对国有资产管理的透明度相对较低，这样在制定财政预算时

也就不能充分展示行政事业单位的真正需求。

④缺乏做好资产管理与预算管理结合的内生动力。事业单位的收入大致分为两块，一块是财政拨款收入，另一块是创收事业收入。通过调查对比河南省医院和高校的收入组成发现，医院以创收事业收入为主，占到了90%以上，而财政拨款收入较少。一方面，医院大部分资产来源于自己的创收事业收入；另一方面，医院资产的高昂价值与随时随地需要各部门之间调拨使用这些资产的特点，使得医院有意愿和有动力管理好资产、做好预算管理与资产管理的结合，所以说二者的结合，在以创收事业收入为主的医院只是时间问题。而高校收入主要以财政拨款收入为主，自身创收事业收入少或没有什么创收事业收入，为了增加预算资金，为了下一年的预算资金到位不受什么影响，在编制资产采购预算过程中缺乏科学性和规范性，不少单位在预算编制时只从自身的资金需求出发，随意性较强，预算编制粗糙，脱离实际情况，经常出现盲目采购或者重复采购等问题，普遍存在着"重资金、轻资产，重购买、轻管理"的观念，预算执行差异率较大，对于预算管理与资产管理结合的重要意义，不少职工（包括管理人员）没有认识到位，严重影响了资金的使用效果。

⑤人员素质参差不齐。首先，参与管理的人员知识水平和法律素养参差不齐。由于部分管理人员自身对相关的政策、法律法规和业务操作等方面的认知较少，资产管理人员的风险意识、责任意识不强，对预算管理与国有资产管理对接相关细则一知半解，导致某些单位资产管理水平不高，采用的对接标准和方法还欠缺科学性。其次，财政预算资金管理理念落后。一些行政事业单位管理层对预算管理和资产管理结合工作缺乏足够重视，对两者结合涉及的具体工作缺乏关注度，导致预算和资产结合中存在的问题不能被及时发现，结合进程受到制约，整个资产管理和预算管理难以获得良好的融合效果。最后，管理分工不合理。在对接管理工作方面，高素质的资产管理人员队伍没有建立起来，配备的人员也不是很充分，其中很多负责人员都是一人同时兼任多职，相关人员的工作数量和压力都十分巨大，大大降低了国有资产管理和预算管理对接的工作效率。

二、河南省资产管理与预算管理结合的路径研究

（一）资产管理与预算管理结合的一般路径研究

长期以来，预算管理逐渐完善，基本形成"预算编制—预算执行—决算—

反馈预算"的全过程预算管理的闭环系统。随着近年财政部和河南省颁布资产管理制度的增加，资产管理在实践中基本形成了"资产配置—资产使用—资产处置—反馈配置"的全生命周期资产管理的闭环系统。当前，在河南省的行政事业单位中，两个闭环系统同时运行。过去很长一段时间里，预算管理并不是资产管理的利益相关者或者不是最重要的利益相关者。当前，随着政府职能改革的推进，在提升公共部门管理科学化和精细化、提高资源使用效率的要求下，资产管理的信息要为预算管理决策提供有用的信息，因此，预算管理成为资产管理最重要的利益相关者。这种角色的转变，带来预算管理中职能发生延展，延伸到资产管理中，从而使预算管理和资产管理能够结合。

在实践调研中发现，预算管理和资产管理在初始环节上已经结合，通过存量和配置标准的设置，预算部门在编制预算前要判断要不要进行资产配置，以存量定增量，以标准将一些超标和不符合标准的资产提前剔除，排除在预算编制之外。进入预算编制的资产通过预算的执行，一部分形成了资产配置结果。所以"资产配置—预算编制—预算执行—资产配置"在理论和实践上都走得通。传统预算管理仅仅指资金管理，或者说预算管理落到资金管理上，而对资金形成资产后的管理没有产生关联，所以预算执行和资产使用在传统预算管理视角是断联的。由于现在预算管理需要资产管理信息进行决策，预算执行职能的外延得以延伸，如果不考虑资产的存在形式，无论是资金还是资产，其实质都是价值流动，因此，可将资金到资产的过程抽象成一个价值链管理过程，从而将预算执行职能从资金管理延伸到价值链上的实物管理上，从而将预算执行与资产使用联系起来。资产使用和处置过程中的收益会进入预算编制中，价值流会进入预算编制中，同时资产运维预算会对资产的使用管理形成预算约束。整体来说，预算管理通过资金到资产形成的价值流的价值链管理，以提高资产的使用效率，资产在全生命周期管理中形成的信息流会反馈到预算上，促使预算编制得更加科学合理。全过程预算管理与全生命周期资产管理结合路径如图6-1所示。由于不同部门在预算管理和资产管理中发挥的职能不一样，因此，在二者结合的路径上具有一定的差异，在后面的内容中将分开阐述。

（二）不同层级的单位资产管理与预算管理相结合的路径

1. 履行综合管理职能的财政部门层级的结合路径

财政资金运动的过程与资产从来源、归宿到重新购建的过程紧密相关，

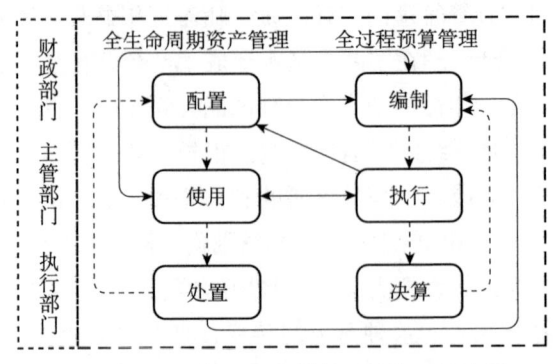

图 6-1 资产管理与预算管理结合一般路径

作为财政资金的主管部门负责资产管理，更有利于资产管理与预算管理以及公共财务管理的结合，可以更好地从源头上把控资产管理并提高公共资源的配置和使用效率。财政部门预算管理与全生命周期资产管理相结合的路径如图 6-2 所示。

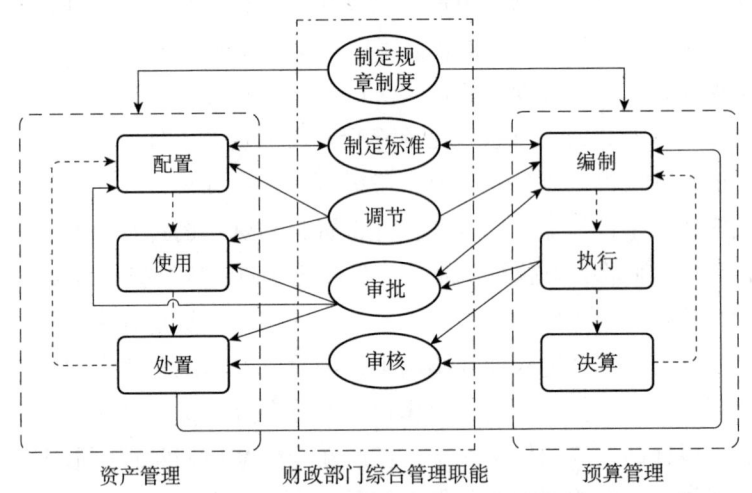

图 6-2 财政部门预算管理与全生命周期资产管理相结合的路径

（1）修订或制定相关规章制度。各级财政部门应当对现有的资产管理和预算管理的相关规章制度进行梳理和完善，加强顶层设计，制定行政单位国有资产的配置、使用、处置、评估、统计报告等一系列配套制度，细化各个环节的具体管理，以求全面规范行政单位的国有资产管理工作。根据河南省实际情况出台促进行政事业单位资产管理与预算管理有机结合的地方性规章制度，逐步完善涵盖配置、使用、处置和收益管理等资产管理全生命周期和投资评审、预算编制、预算执行、预算监督、绩效考评等预算管理全链条的全方位管理制度体系。

(2) 科学构建资产配置标准。科学合理的资产配置是实现资产管理与预算管理有机结合的突破口,而资产配置的关键节点就是结合各地区各行业实际情况制定出合理的配置标准。资产配置标准是行政事业单位编制资产预算和财政部门审核资产配置预算的重要依据,是深化预算改革、强化资产监管、实现预算对资产配置刚性约束的重要内容。制定资产配置标准,就是要解决满足行政事业单位履职需要配置什么资产、配置多少的问题,要根据行政事业单位职能定位、人员编制和财力状况等,明确各类资产配置的数量、价格、使用年限、技术性能等参数指标,从而有效控制资产规模,优化资产配置结构,提高资产管理效率,确保资产依法配置、使用和处置。

河南省目前出台的《河南省省级行政事业单位国有资产配置管理办法》和《河南省省级行政事业单位通用资产配置标准》,这两个省级文件普遍适用于省级行政事业单位满足办公基本需要的部分通用资产,如设备、空调、家具等,尚不能涵盖行政事业单位对资产需要的各个方面,尤其是专业类设备、其他通用设备等资产,因此,财政部门制定配置标准的资产类别和范围有待进一步扩大。目前制定配置标准的主要难点在于当前行政事业单位职能定位差异较大,涉及的行业和领域广泛,类型复杂,资产种类品目繁多,制定资产配置标准缺乏基础。

(3) 全面发挥资产调节作用。资产调节是提高国有资产配置效率的有效手段。从行政事业单位国有资产的资金来源、所有权以及财政部门作为行政事业单位国有资产管理部门的职能定位来看,这决定了各级财政部门是同级行政事业单位国有资产调节的管理主体。

建立行政事业单位国有资产调剂制度。财政部门对行政事业单位要求配置的资产,能通过调剂解决的,原则上不重新购置,发挥资产管理与预算管理的协同效应。资产调剂对象是行政事业单位长期闲置资产、低效运转资产、超标准配置资产等。行政事业单位需调剂资产时,应当按照规定程序报同级财政部门审批,经审批同意的方可进行资产调剂。行政事业单位需要新购新建资产时,应首先从现有的存量资产中的闲置资产中调剂,充分利用现有资产存量满足部分增量资产的需要,防止资产的重复购置和浪费。

综合利用报告制度形成的数据资料,建立"全口径国有资产数据库"和"全口径国有资产信息共享平台","全面完整反映各类国有资产配置、使用、处置和收益等基本情况"。2010年12月13日,河南省出台《河南省省级政府公物仓管理暂行办法》，为规范省级行政事业单位国有资产管理，维护国有资产的安全和完整，推进国有资产共享、共用，提高资产使用效益，建立配置合理、处置规范、监督到位的国有资产有效运行机制，根据《河南省行政事业单位国有资产管理办法》及国家有关法律、法规，河南省主要在管理机构与职责、公物仓管理范围及程序、公物仓资产使用和处置、监督检查等方面进行了制度规定，随后焦作、安阳、平顶山等地市出台市级公物仓管理制度。从目前的制度建设和执行情况来看，公物仓的建设还没有真正发挥出其应有的作用，因此，应积极推进省级公物仓管理办法的实施细则出台，在此基础之上将公物仓建设的层级推进到各地市，充分调动资产的共享共用机制，增强资产的使用效率。

（4）依法依规严把审批关口。

①资产配置审批。资产配置应当以满足行政事业单位履行职能的基本需要为原则，与行政事业单位的机构编制人数、职能设置、业务发展规划等要求相适应。财政部门对要求配置的资产，能通过调剂解决的，原则上不重新购置。购置有配备标准的资产需要报财政部门审批。未经批准，不得列入部门预算，也不得列入单位经费支出。

②资产使用审批。行政单位拟将占有、使用的国有资产对外出租、出借的，必须事先上报同级财政部门审核批准。未经批准，不得对外出租、出借。同级财政部门应当根据实际情况对行政单位国有资产对外出租、出借事项严格控制，从严审批，其所形成的收入，按照政府非税收入管理的规定，实行"收支两条线"管理。事业单位利用国有资产对外投资、出租、出借和担保等应当进行必要的可行性论证，并提出申请，经主管部门审核同意后，报同级财政部门审批，其取得的收入应当纳入单位预算，统一核算，统一管理。各级财政部门要加强对政府非税收入征收工作的监督管理，确保政府非税收入按照规定及时足额上缴国库或财政专户，防止隐瞒、截留、挤占、坐支和挪用政府非税收入。

③资产处置审批。各级财政部门和主管部门应当进一步加大对资产处置的监管力度，建立资产处置监督管理机制。主管部门根据财政部门授权审批的资产处置事项，应当及时向财政部门备案；由行政事业单位审批的资产处置事项，应当由主管部门及时汇总并向财政部门备案；由本级人民政府确定的重大资产处置事项，由同级财政部门按照规定程序办理。行政事业单位国有资产处置收入属于国家所有，应当按照政府非税收入管理的规定，实行"收支两条线"管理。

（5）加强审核规范资产处置。财政部门审核资产处置的范围为：闲置资产；超标准配置的资产；因技术原因并经过科学论证，确需报废、淘汰的资产；因单位分立、撤销、合并、改制、隶属关系改变等原因发生产权转移的资产；呆账及非正常损失的资产；已超过使用年限无须继续使用的资产；等等。需要处置的资产应当产权清晰，权属关系不明或存在权属纠纷的资产，需待权属界定明确后予以处置。

资产处置应当严格履行审批手续，未履行审批手续的，不得处置。行政事业单位应当充分利用信息化等管理手段，及时准确反映资产增减变动情况和处置收入情况。财政部门可根据实际情况，逐步建立集中处置管理制度，对地方行政事业单位国有资产进行统一处置。对地方行政事业单位重要事项及召开重大会议、举办大型活动而临时购置的资产，实行统一处置。

资产处置中产生的有偿转让收入、置换差价收入、报废报损残值变价收入、征收补偿收入、保险理赔收入以及处置资产取得的其他收入等都属于资产处置收入。资产处置收入应列入"行政事业单位国有资产处置收入"科目，并按照政府非税收入管理有关规定上缴国库，从而纳入财政公共预算形成闭环管理。资产购置及处置来源于预算，回归于预算。

2. 履行监督管理职能的主管部门层级的结合路径

无论是预算管理还是资产管理，主管部门对所属事业单位都发挥着重要的监督管理作用。随着政府会计改革的推进，在资产管理与预算管理的结合中，主管部门仍然发挥着重要的监督管理职能。主管部门在资产管理与预算管理结合中的作用路径如图6-3所示。

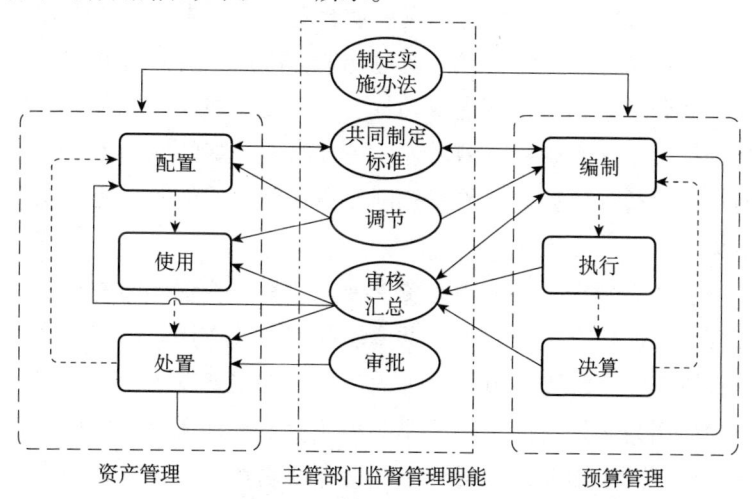

图6-3 主管部门资产管理与预算管理相结合的路径

(1) 制定实施办法，加强资产管理与预算管理的有效结合。当前，主管部门关于预算管理实施办法的制定，从预算编制、执行到决算已经形成一套相对成熟的实施办法体系。在资产管理实施办法的制定中，基本建立了资产配置、使用、处置的实施办法框架。但关于资产管理与预算管理结合的实施办法目前还没有建立起实施办法框架体系，一部分散落在资产管理或预算管理实施办法中，导致二者的管理在实施中还处在联系不紧密状态。作为事业单位的主管部门，应该根据财政部门的规章制度，结合行业特征和可持续发展需求，制定本部门事业单位资产管理与预算管理结合的实施办法，重点是将预算管理的各个环节与资产管理的各个环节相连接，特别是将预算执行的管理延伸到资产使用管理中，建立和完善包括预算管理、资产管理、二者结合管理在内的实施办法综合管理体系，指导事业单位进行全生命周期资产管理与全过程预算管理结合的实践活动。

(2) 协助财政部门制定配置标准，把控资产管理入口关。资产管理与预算管理能否有效结合，第一个关口就是资产的配置。配置标准的制定是财政部门的职责，但由于跨行业、跨类型的不同部门和不同资产的交叉，财政部门制定配置标准要结合实际，考虑行业和资产特征。作为所属事业单位的主管部门，对本行业和所属单位资产特征比较熟悉，能够结合实际情况，协助财政部门，为财政部门制定配置标准提供参考依据。当前，河南省已出台《河南省省级行政事业单位通用资产配置标准》（豫财资〔2020〕222号），但对于专用资产的配置标准还比较少，特别是针对行业性质的资产配置标准，目前河南省还没有出台。这些专用资产或行业资产配置标准，更加需要主管部门的协助，制定行业配置标准。通过配置标准使预算管理端口前移，与资产管理业务结合，应判断是否配置超标，从而使一些重复配置、超标配置和超范围配置排除在预算编制范围之外，一方面使预算的编制更加科学化和精细化；另一方面通过预算编制前端控制使资产管理的流入口更严格，做好把控的第一关。

(3) 发挥行业调节作用，提高资产使用效率。主管部门的行业调节作用主要是发挥主管部门在资产调剂、共享、共用上的作用。随着资产管理理念的变化，预算在资产配置环节从过去的以购置为主转变为以调剂优先、节俭使用、共享共用为主，在使用环节要对事业单位长期闲置、低效运转和超标配置资产进行调配。因此，在资产的配置和使用环节，主管部门需要掌握所属事业单位的资产信息，以在行业内部进行调配，同时将调配信息反馈到预算编制管理上，提高资产的使用效率。

（4）强化汇总与审核，对资产进行全生命周期监督管理。在预算的编制环节，主管部门向下汇总和审核所属事业单位的预算，向上给财政部门报批本部门预算，在预算执行环节和决算环节，都需要主管部门的审核。预算形成的信息会反馈到主管部门，这些信息帮助主管部门对所属事业单位资产配置、使用和处置的汇总与审核更加科学、合规、有依据，从而对所属事业单位资产进行全生命周期的监督管理。

（5）严格执行审批权限，促进资产处置的合理化。根据《河南省行政事业单位国有资产管理办法》的规定，省直事业单位货币性资产损失核销或者处置国有资产单位价值在10万元以上或者批量价值在50万元以上的，经主管部门审核同意后报省财政部门审批。上述规定限额以下的资产处置由主管部门审批，报省财政部门备案。事业单位的资产处置限额以上需要主管部门的审核，限额以下需要主管部门的审批。无论是资产处置的审核还是审批，都是国有资产的流出，把好资产出口，促进国有资产处置的合理化。

3. 履行具体管理职能的预算单位层级的结合路径

（1）行政单位。行政单位资产管理主要涉及配置、使用和处置环节，与之相对应，要把住资产入口关、资产使用关与资产出口关，借助"数字化"信息技术，实行对行政单位资产从入口、使用到出口等各环节的动态管理，及时提供准确、完整的资产统计报告和相关数据资料，有利于资产预算的科学编制。而行政单位资产预算主要包括配置预算、运维费用预算、处置收益预算三大类，要强化资产三大类预算的准确度及对资产管理各环节的约束力，增强资产预算编制刚性，细化预算内容，严格预算执行，提升资金使用绩效，避免资产重复购置和闲置，以提高资产的使用效率。目的是使资产预算编制有目标，预算执行、资产使用、资产处置有监控，预算完成、资产使用有评价，评价结果有应用，结果应用有问责，形成资产管理与预算管理结合的闭环，进而提升资产管理与预算管理结合的有效性。本书拟从以下途径（见图6-4）探究行政单位资产全生命周期管理与预算管理结合路径。

第一，资产入口关（配置）。资产配置预算编制应重存量，基于资产存量来编制资产增量预算；将资产增量预算与资产存量相结合，且资产配置超标准单位不得编列新增资产购置预算。行政单位各部门依据未来年度的工作目标，提出本部门的资产配置需求。资产管理部门结合使用部门的资产存量，进行可行性分析，将初步审核意见提交预算管理部门确定。

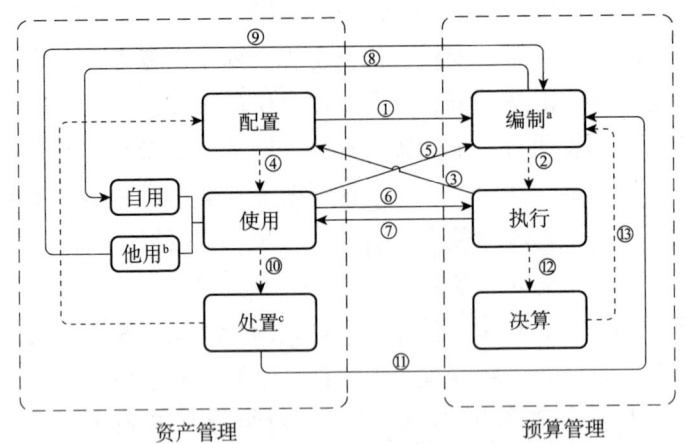

图 6-4 行政单位资产管理与预算管理相结合的路径

注：
①基于批复的资源配置计划进行资产配置预算编制。
②基于资产配置预算编制严格执行新增资产、存量资产运维费用预算，坚持"无预算不支出"的原则。
③预算执行来实现新增资产配置。
④新增资产投入使用。
⑤资产使用效率影响下一期资产配置预算的编制。
⑥资产使用状况一定程度上受制于预算执行的约束力。
⑦预算编制部门需要依据资产管理（资产使用的状态、资产数量）的信息进行决策，并通过预算执行（资金管理）来影响资产使用（价值管理）。
⑧编制支出预算以保障自用资产的维护。
⑨他用收入及时、足额上缴财政。
⑩基于行政单位资产处置标准对资产进行处置。
⑪国有资产处置收入及时、足额上缴财政。
⑫基于预算执行结果来编制决算报告。
⑬决算报告、全过程预算绩效评价报告为下一期预算编制提供支撑。
a 主管部门汇总预算，并由财政部门根据配置标准、存量资产使用情况、新增资产可行性报告、闲置资产情况对新增资产配置预算进行审核。
b 他用主要为出租、出借资产两种方式。
c 基于行政单位现行的货币性资产损失核销或者处置国有资产价值标准，价值标准以下的，备案后自行处置，价值标准以上的，经预算主管部门审核同意后报省财政部门审批。

增强对资产配置预算监督。一是对资产配置预算编制的监督检查，包括资产配置预算的编制是否符合国家的法规、方针政策和财务管理制度的规定，是否符合河南省国有资产配置办法，是否体现行政单位职责履行的需要，资产支出预算是否贯彻了统筹安排、保证重点、兼顾一般的原则。二是对资产配置预算执行的监督检查，如是否按预算管理规定和批复的范围、内容办理资产支出等。

资产购置后及时进行账务处理。一是单位对新购置的固定资产，在办理采购资金支付前，先将新购置资产录入资产信息系统，确保单位资产存量的准确性。二是各单位对已竣工决算的在建工程，应及时转增固定资产，并在资产信息系统中完整登记固定资产相关信息。三是各单位对已经批准报废并在资产信息系统中注销的资产，应及时进行账务处理。四是各单位对于接受捐赠的资产，应按规定作为本单位资产及时登记入账，并在资产信息系统中登记相关信息。五是行政单位资产管理人员对实物资产定期进行清查盘点，做到账账、账卡、账实相符。由此来确保单位资产存量数据的准确性，为资产配置预算的准确性提供有力支撑。

第二，资产使用关。提高资产使用效率是行政单位资产管理与预算管理相结合的核心。资产使用效率，就是资产在保持使用价值的前提下，提高资产的使用次数，使用得越频繁，资产的利用效率也越高。因此，行政单位应以提高资产使用效率为重点，落实资产管理责任制。提高资产的使用效率，达到资产管理与预算管理相结合的制度安排，还要建立相应的激励机制，即对行政单位资产管理的绩效进行科学评价，避免资产购而不用、用而效率不高的现象。

第三，资产出口关（处置）。进一步健全行政单位的资产处置机制。资产管理部门应及时跟踪资产预算执行情况，同时对符合报废条件的资产应及时进行处置，为资产预算执行和资产调配提供依据。行政单位在申请追加、调减预算时，要依据本单位存量资产的真实使用状况，以推进存量资产的优化配置。

（2）事业单位。建立事业单位资产管理与预算管理相结合的路径的最终目的是规范和加强事业单位国有资产管理，维护国有资产的安全完整，合理配置和有效利用国有资产，保障和促进各项事业发展，建立适应社会主义市场经济和公共财政要求的事业单位国有资产管理体制。因此，依据事业单位国有资产管理活动的基本原则和管理目标，充分利用预算管理各个环节对全生命周期资产管理的约束，资产管理和预算管理的结合路径主要通过资产配置、资产使用和资产处置阶段实现。

①资产配置阶段。资产配置的主要方式包括调剂、租用、购置、建设和接受捐赠等，根据《河南省省级行政事业单位国有资产配置管理办法》（豫财资〔2020〕178号）第十四条规定，事业单位的资产配置应优先通过调剂方式解决，确实无法调剂的，应当本着控制成本、节约资金、方便使用的原则，

对租用、购置、建设等方式进行综合分析和可行性论证，选择最优方式进行配置，而这些方式的运用均涉及财政资金的安排，因此，可通过资产配置相关预算进行约束，具体体现在以下三个方面。

第一，根据资产配置计划编制资产配置相关预算。事业单位应当根据业务需要、资产的存量情况，在资产配置标准内制定资产配置计划，能调剂解决的资产配置，通过调剂方式解决；必须通过购置的新增资产，根据预算编制进行配置。事业单位存量资产的使用绩效、新增资产可行性报告、经由财政厅审核通过的资产配置计划等是编制资产配置相关预算的重要依据。在资产配置相关预算编制过程中，首先要结合单位实际存量资产，对资产配置事项的合理性、合规性、可行性进行分析，研判事业单位在履职尽责与需要资产数量和性能的匹配度；预算审核过程中应重点突出国有资产管理部门和财务部门对编制内容的审核，审核依据包括了资产配置的可行性和必要性分析、财力状况、资产存量的使用效率等内容。

第二，预算的执行实现资产配置。预算的编制是资产配置的前提，未编列资产配置相关预算的资产购置事项不得进行资金支付，根据预算严格执行资产配置计划，最终实现了资产的配置。在预算执行过程中，要充分发挥预算约束刚性，在摸清家底、物尽其用的前提下，避免出现临时新增重大中心工作而产生的资产购置。

第三，资产配置信息的更新。根据配置预算购置的相关国有资产，加上调拨、奖励、建设和接受捐赠等方式的新增资产共同构成事业单位的存量资产，需要根据事业单位资产管理的要求及时更新资产存量信息，更新后的存量信息为后续资产配置预算的编制提供支撑。

②资产使用阶段。完成资产配置后，事业单位的国有资产进入了使用环节。在使用环节，事业单位应摸清国有资产"家底"，及时办理国有资产的产权登记和账务处理，对固定资产进行清查，完善资产管理账表及有关资料，做到账账、账卡、账实相符，并定期形成国有资产统计报告；及时将闲置、超标准配置的资产以及临时机构的资产和执法执纪单位罚没的物品、涉案物品纳入公物仓管理，实现国有资产共享、共用，提高资产使用效益。对于需要维护、保养和升级的国有资产所需费用及时列入预算编制计划，为国有资产运维提供物质保障，提高国有资产管理效率。

预算编制部门作为资产管理部门重要的利益相关者，需要资产管理的信息进行决策，因此，将资金管理与价值管理相结合，将预算执行的资金管理延伸到价值链管理上的实物资产管理中，实现了预算执行与资产使用过程的相互制约和管理。资产使用阶段与预算编制环节的结合通过资金链和信息链两个方式。资金链是指资产使用过程中的收益和产生的运维支出均需要以预算的收支编制为基础，信息链是指资产使用过程中产生的资产使用绩效信息为预算编制提供了重要的支撑。资产使用根据使用主体不同分为自用和他用，根据这一分类，两者结合的资金链和信息链具体表现为：

国有资产自用方面，事业单位应认真做好自用资产使用管理，积极引导和鼓励事业单位实行国有资产共享共用，建立资产共享共用与资产绩效、资产配置、单位预算挂钩的联动机制，将自用资产的日常运维费用纳入单位基本支出预算之中。而事业单位国有资产他用应符合制度规定的他用条件，建立起内部控制制度，对本单位对外有偿使用国有资产实行专项管理，确保用于对外有偿使用的国有资产保值增值，按照规定及时、足额缴纳国有资产收益，对资产对外有偿使用经营和收益分配进行考核和监督检查，并在单位财务会计报告中对相关信息进行披露。事业单位国有资产对外有偿使用取得的收益纳入单位预算，统一核算，统一管理。

资产的使用情况反映预算执行的效率。无论资产使用的主体是本事业单位还是其他主体，资产使用过程绩效所形成的相关数据和信息一定程度上可以反映出预算执行的效率，同时，资产使用绩效的信息对下一期事业单位国有资产配置相关预算提供了依据。

③资产处置阶段。事业单位国有资产处置，是对其占有、使用的国有资产产权转移或者注销的行为，包括各类国有资产的无偿转让、出售、出让、置换、对外捐赠、报废、报损以及货币性资产损失核销等。事业单位国有资产处置收入属于国家所有，在扣除相关税金、评估费、拍卖佣金等费用后，按照非税收入管理的规定，实行"收支两条线"管理，收入全额上缴省级财政专户，支出按照履行职能需要由省级财政部门统筹安排，从省级预算外财政专户中拨付，优先用于固定资产的维修和购置。事业单位国有资产的处置将会引起资产存量的变化，这种存量变化信息成为资产配置的重要依据。

以上内容是从全生命周期的资产管理视角来分析资产管理与预算管理的结合路径，从预算管理的视角来看，资产配置、资产使用的信息均是国有资产相关预算编制的重要依据，预算执行实现了资产的配置，形成资产增量的过程产生的相关数据也为预算的进一步编制提供了支撑。决算是对预算执行的总结，预算绩效评价、国有资产使用绩效为下一步的预算编制提供了重要依据。因此，在资产管理和预算管理形成相互影响、相互制约的闭环机制的同时，实现了资产配置、使用和处置的全生命周期管理与预算编制、执行、决算、绩效评价的结合路径，如图6-5所示。

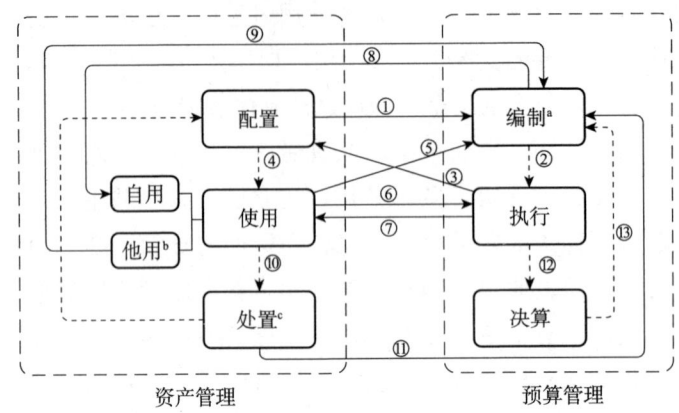

图6-5 事业单位资产管理与预算管理相结合的路径

注：
①根据业务需要和配置标准编制资产配置计划，经主管部门审核、财政部门审批的资产配置计划作为资产配置预算的重要依据。
②事业单位严格执行新增资产的配置预算。
③预算的执行实现新增资产配置。
④新增资产进入使用环节。
⑤资产使用绩效决定了下一个资产配置预算的编制。
⑥资产使用情况一定程度上反映了预算执行绩效。
⑦预算编制部门作为资产管理部门重要的利益相关者，需要资产管理的信息进行决策，因此，将资金管理与价值管理相结合，将预算执行的资金管理延伸到价值链管理上的实物资产管理中。
⑧编制支出预算以保障自用资产的维护。
⑨他用收益纳入单位预算，统一核算，统一管理。
⑩符合处置条件的国有资产进入处置阶段。
⑪国有资产处置收入应当在扣除相关税费后及时、足额上缴财政，编制收入预算。缴入国库的国有资产处置收入，支出优先用于固定资产的维修和购置。
⑫根据预算执行结果编制决算报告。
⑬决算报告、全过程绩效预算评价报告为下一期预算编制提供支撑。
a 主管部门汇总预算，并由财政部门根据配置标准、存量资产使用情况、新增资产可行性必要性报告、闲置资产情况对新增资产配置预算进行审核。
b 它用包括以出租、出借、对外投资、担保等方式取得收益的行为。
c 省级事业单位货币性资产损失核销或者处置国有资产单位原值在10万元（含10万元）以上或者批量价值在50万元（含50万元）以上的，经预算主管部门审核同意后报省财政部门审批。

三、河南省资产管理与预算管理结合的机制设计

(一) 资产管理与预算管理相结合的基本机制框架

资产管理与预算管理结合的基本机制框架具体如图6-6所示。

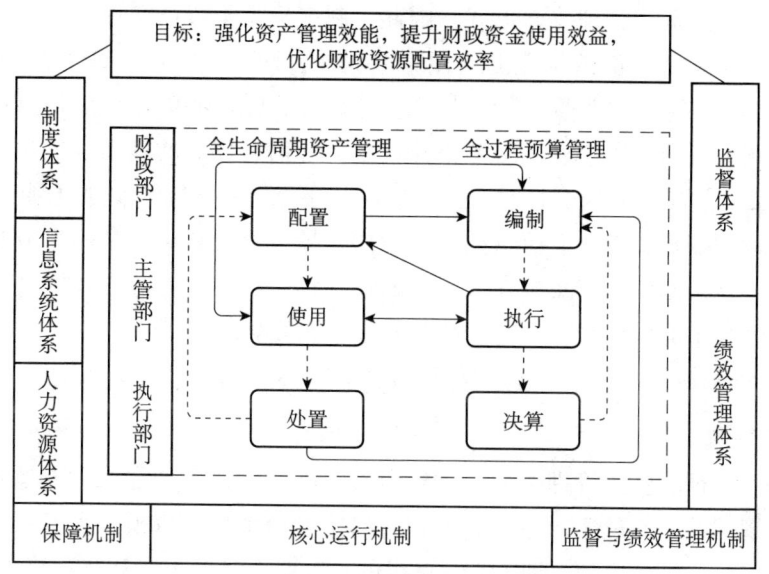

图6-6 资产管理与预算管理结合的基本机制框架

1. 全过程预算管理与全生命周期资产管理的有机结合是资产管理与预算管理相结合的核心运行机制

传统预算管理的思想是关注资金流，更多的管理集中在资金运动上，长期以来形成了重资金的习惯。而全过程预算管理是将资金运动及其带来的会计要素的变动都纳入预算管理中，从预算的起点，到预算投入的财力形成的资金，预算投入的物力形成的资产，将整个资金运动拉长成一个价值运动，做价值链管理。预算管理落到价值链上的会计要素环节，跟资产的购置、使用和处置全过程管理进行有机结合。在起点上，资产存量信息和资产的配置标准等信息体现在可行性报告中，成为编制预算前的一个重要控制环节。根据可行性分析，再经过两上两下的预算编制过程，通过资产的管理倒逼预算更精细、更科学，同时也通过预算管理从源头上做好资产管理。在预算的执行环节，设计到资金部分的管理通过预算的监控已经做得非常成熟了。但对

于形成的非资金资产,目前应该成为管理的重点,通过财务会计核算,将预算管理与财务会计核算结合,将预算管理延伸到会计要素的管理中,通过运转资产的消耗预算,将资产的核算与预算结合。

2. 制度建设、信息技术与人力资源是资产管理与预算管理相结合的保障机制

建立二者结合的思想要落实在制度上,特别是当前资产管理相关制度不够完善,导致资产管理流于形式。因此,制度建设是资产管理与预算管理结合的基础保障。价值链管理上的预算数据、会计核算数据、管理会计数据、业务数据,甚至一些非数据信息都会沉淀出来,让这些数据生成信息流并能为管理服务必须依靠信息平台的搭建,因此,信息技术的运用是二者结合的关键保障。当前,政府会计改革正在推行,综合财务报告的编制也刚刚开始,财务制度的变化,再加上信息技术的运用,导致在实践中人员不足或专业胜任能力不足,因此,充实专业人员,通过培训、后续教育等方式提升专业水平和对新技术的操作水平,是二者结合的重要保障。

3. 完善的监督与有效的绩效考核是资产管理与预算管理相结合的监督和绩效机制

预算管理和资产管理机制设计得再好,在执行过程中如果没有监督,很容易出现偏差,通过建立外部监督和内部监督体系来保障预算和资产管理的有效运行。绩效考核是管理中必不可少的相互联系的环节,只有预算和执行,而对执行效果不考核的话,那预算管理和资产管理就会流于形式。绩效考核是保障预算管理和资产管理有效执行的强有力手段。与企业绩效考核不同的是,行政事业单位的绩效考核不侧重经济效益,更侧重社会效益和环境效益。因此,将二者结合的绩效考核纳入整个预算绩效考核的大盘子中,是实现资产管理与预算管理结合的最终控制点。

(二) 资产管理与预算管理结合的管理流程

为促进资产管理与预算管理的有效结合,应当在预算管理的各个阶段实现与资产管理各个环节的对接及发挥双方之间的协同作用,即在预算编制、执行、决算与资产配置、使用、处置运行过程中,抓住关键环节和关节点,构建资产管理与预算管理之间的结合点,形成预算资金链和实物资产链的相互联动,以有效控制资产的增减及使用。本书拟从以下几个方面(见图 6-7)对资产管理与预算管理相结合的机制进行探究。

第六章 资产管理与预算管理结合机制研究

1. 核心业务管理流程

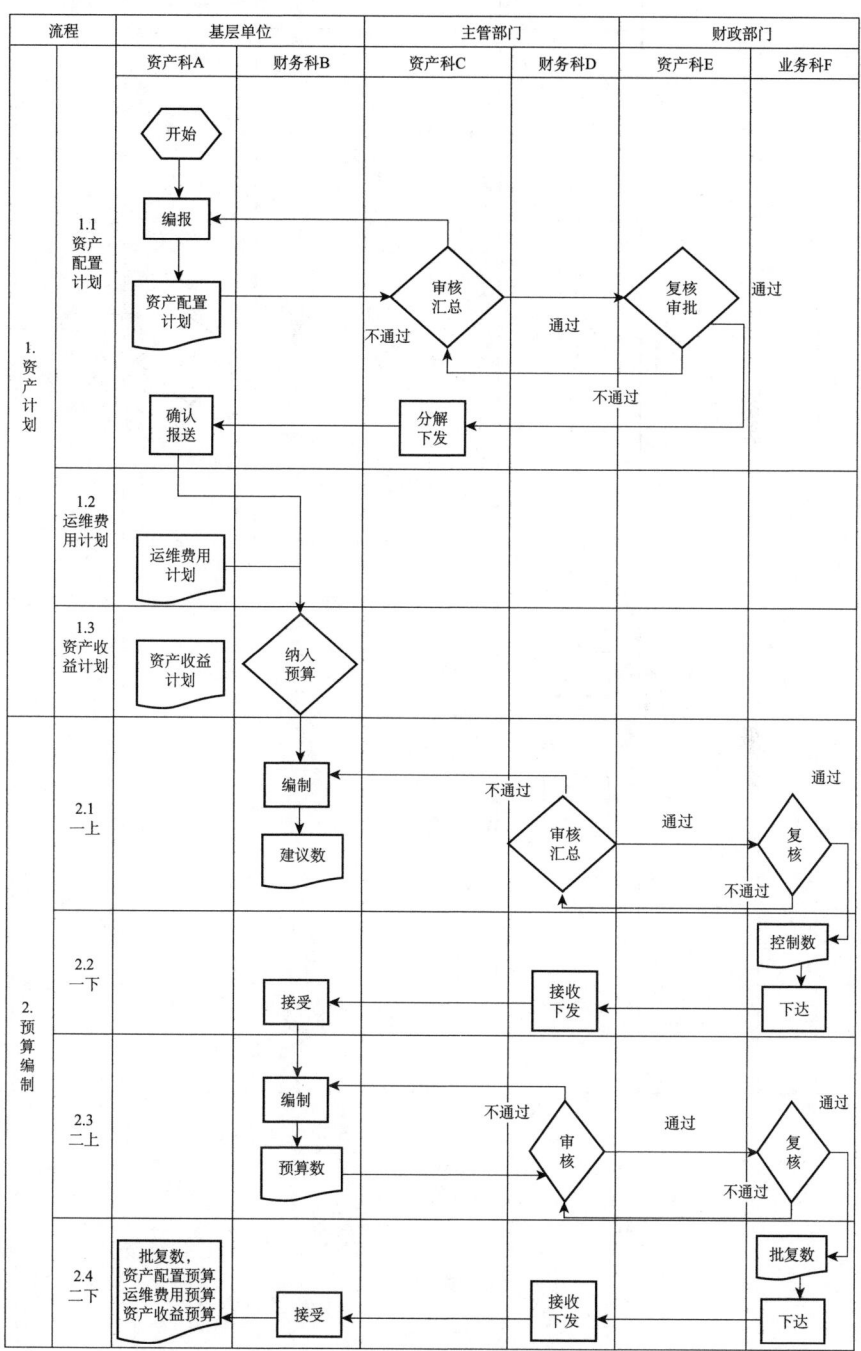

404 政府会计数据分析与应用研究

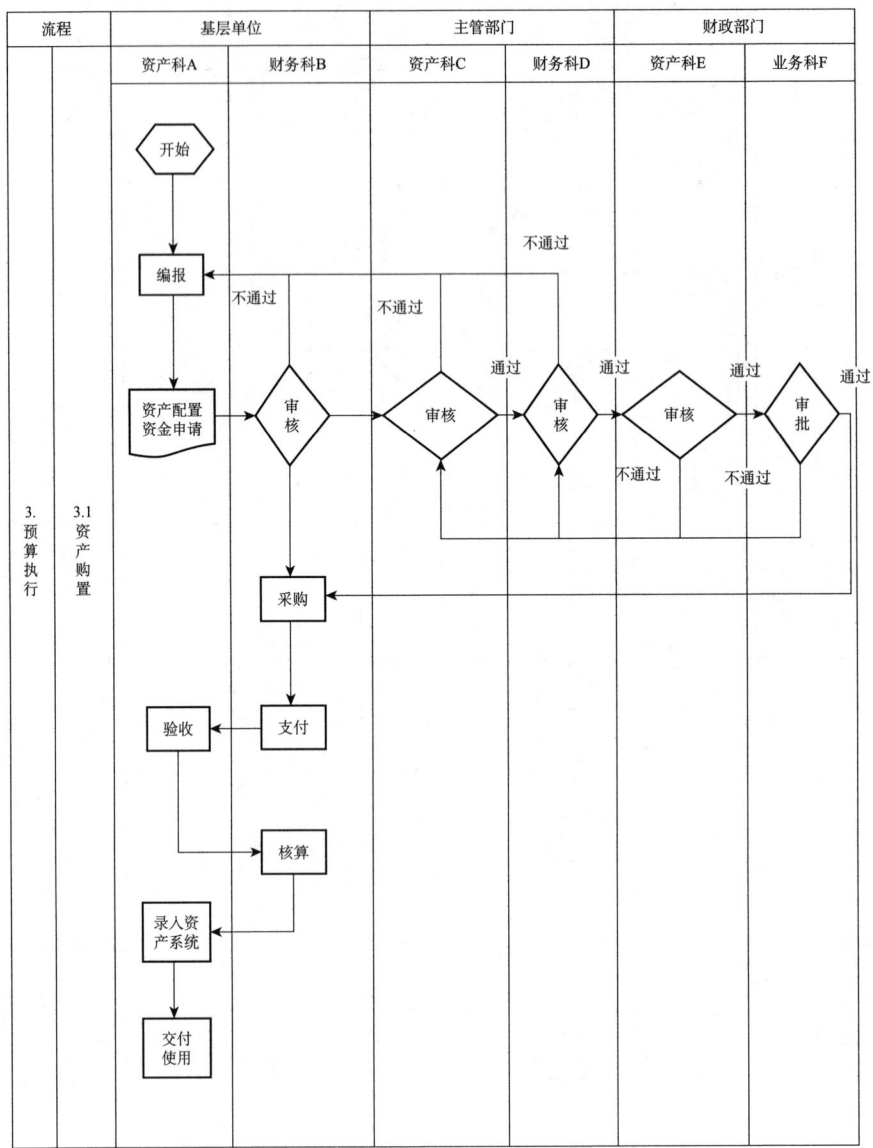

第六章 资产管理与预算管理结合机制研究

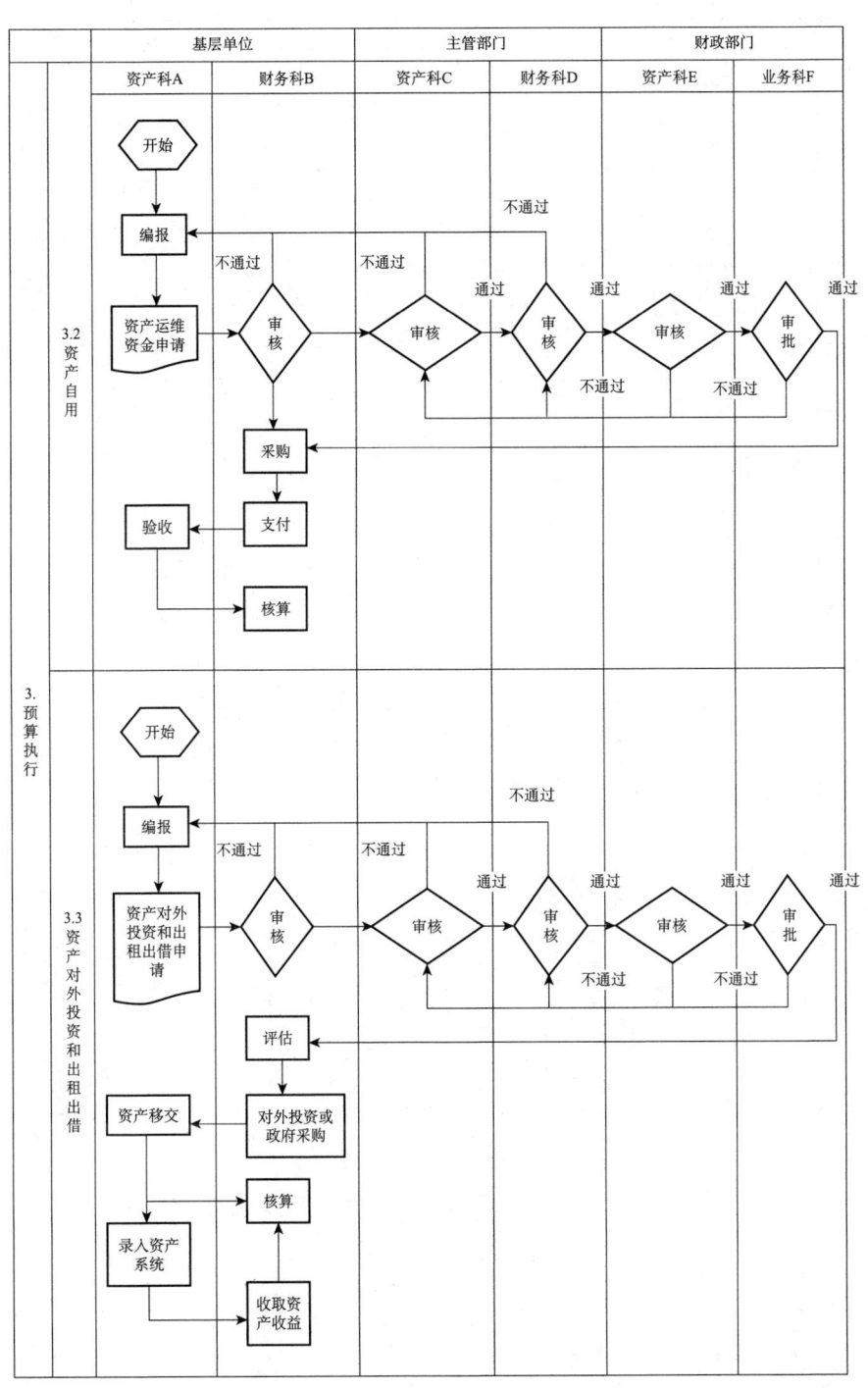

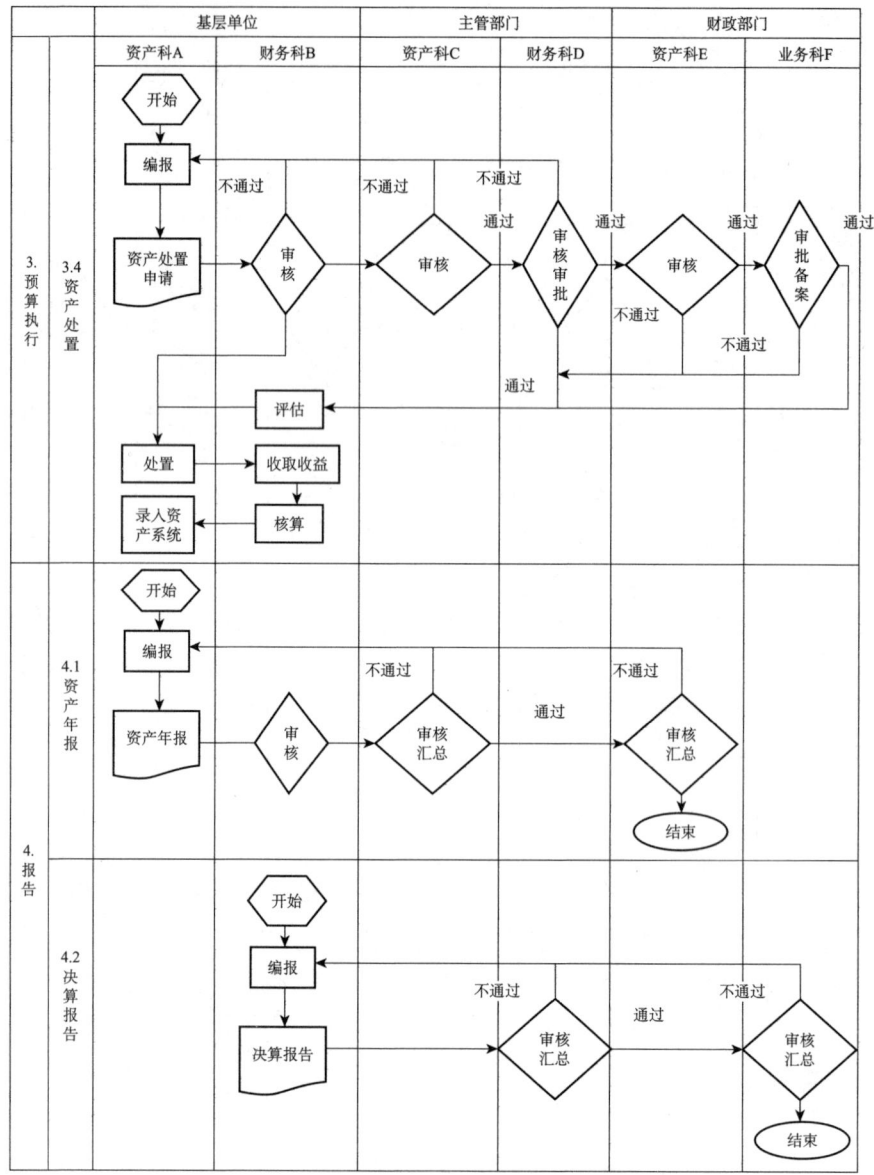

图 6-7 资产管理与预算管理结合的管理流程

注:

上述流程图基于以下条件:

①基于 2020 年业务流程。2021 年,资产配置的审批权限归口于财政各业务管理部门。

②假设各基层单位均有资产管理部门,并有隶属的主管部门。

③假设采购业务归属财务部门(实际工作中有隶属采购部门、资产部门或办公室)。

④假设资产配置、使用、处置申请归属于资产管理部门(实际中有隶属于资产使用部门)。

2. 结合点的控制说明

（1）资产计划阶段。

①增量资产的配置严格按标准审核，纳入预算。一是拟配置资产是否符合省内有关制度规定；二是拟配置资产是否与单位履职的需要相适应；三是发挥资产管理信息系统的作用，以资产存量信息为依据。四是把审核意见作为单位编入年度预算的依据。

②资产使用过程中的运维费用按定额标准和预计资产收益纳入资产预算。

③加强事项：

财政部门、主管部门进一步完善资产配置相关标准，严格把住资产入口关，科学合理配置资产，从源头上解决重复、超标准购置的问题。

资产存量一定要准确。存量资产精准才会使资产配置计划更为合理，资产管理部门通过有效清查来掌握单位资产存量情况，从资产"入口"开始控制和调整单位资产的存量，同时在建立科学的资产配置标准体系的基础上，结合单位履行职能的需要，科学核定单位资产收益、资产配置、运维费用等预算。

财政部门、主管部门严格依据基层单位资产存量数据、资产配置标准、以往资产绩效评价数据来审批资产配置计划。

（2）预算阶段。实施资产配置预算、运维费用的编制与审核，联动控制预算编制；资产管理部门要及时统计和反映资产购建、使用、处置管理情况，并反馈给预算管理部门。

①"二上二下"工作程序。基层单位的资产预算编制的报送审批采取"二上二下"的工作程序，即资产预算建议数上报（"一上"）、资产预算控制数下达（"一下"）、资产预算数上报（"二上"）和资产预算批复数下达（"二下"）四个程序。

资产预算建议数上报（"一上"），要求根据单位资产实际情况，提出资产预算规模和财政拨款数建议，形成单位年度建议预算，经主管部门审核后，报送财政部门。资产预算控制数下达（"一下"），根据财政部门核定的预算控制数，由主管部门分解下达预算控制数到基层预算单位。资产预算数上报（"二上"），基层单位根据下达的预算控制数，编制形成本单位资产预算数草案，经主管部门审核后，报送财政部门。资产预算批复数下达（"二下"），根据财政部门在人大通过的预算而批复的资产预算，主管部门在规定的时间内批复所属单位预算到基层单位。

②资产使用与预算编制的协同控制。考核资产的使用效率，纳入资产预算，即把资产的使用效率作为下一年单位资产配置预算调整的重要依据。

落实把资产使用共享、调剂等作为资产配置预算审核首要原则，节约新增资产预算投入。例如，基层单位根据自身资产实际情况，可以通过置换、申请划拨等方式来解决本单位资产缺口，无须增加自身支出。

资产有偿使用引入市场化运作方式，资产对外投资收入、资产出租和出借收入等必须全额缴入财政专户，纳入预算。

③规范资产处置，为资产配置预算编制提供真实准确的存量信息依据。资产处置收入、资产报废和报损的残值收入，严格执行"收支两条线"预算管理。

（3）预算执行阶段。在预算执行阶段，进一步完善资产预算的执行机制，要以资产预算指标作为资产购置、建设、使用、处置管理的重要依据，即时跟踪资产预算的执行结果，不断增强资产预算的导向和约束功能，形成资产管理与预算执行的协同控制。

①资产购置严格执行"无预算、不支出"原则；新增资产登记入库与资产入账核算相核对，更新资产存量数据和会计核算数据。

②基于资产存量数据和资产运维费用标准，审批资产运维费用，及时将资产运维费用入账核算。

③规范资产对外投资和出租出借申请、审批和执行流程，控制非经营性资产向经营性资产的转变；资产对外投资和出租出借收入及时正确核算，纳入资产预算管理。

④规范资产处置申请、审批和执行流程，在合法合规的前提下，鼓励单位拓展资产处置方式和途径，资产处置收入应及时正确核算并更新会计核算数据。

（4）预算报告阶段。通过全面总结分析资产预算执行结果和资产动态管理情况，形成期末资产报告，与预算决算报告有关项目相互印证，为准确评价单位有关资产使用绩效情况和编制下一年度预算提供重要依据。

综上所述，河南行政事业单位为促进资产管理与预算管理有效结合，要畅通堵点，补管理短板，贯通资产配置、资产使用、资产处置各环节，形成资产预算管理牵制资产管理、资产管理支撑预算管理的高水平动态配合，助力提升河南行政事业单位资产管理与预算管理结合的管理合力。

（三）保障机制

1. 制度体系

（1）资产管理与预算管理结合的制度体系。

①提升立法层次。从目前已有的制度来看，立法层次明显偏低，主要用

来规范资产管理的制度出台距今已近15年且是由财政部制定的《暂行办法》，时效性及立法层次明显较差。2014年，我国全面启动并稳步推进政府会计和综合财务报告制度改革，《中华人民共和国会计法》《中华人民共和国预算法》《政府会计准则——基本准则》等法律、行政法规和规章陆续出台，财政部制定印发了《政府会计制度——行政事业单位会计科目和报表》，自2019年1月1日起施行财政部《政府财务报告编制办法》（财库〔2019〕56号）等文件，逐步引领我国行政事业单位预算会计实现会计核算基础由收付实现制向权责发生制过渡，会计目标由收支鉴证向受托责任履职绩效反映转型。为了能够进一步提高预算管理与资产管理的结合，可以考虑借此契机逐步提高相关法律规定的法律级次，以此加强相关制度的规范性和约束性。

②健全管理制度。财政部门应当对现有的资产管理规章制度进行梳理和完善，加强顶层设计，根据本地实际情况出台行政事业单位资产管理的地方性制度，逐步完善涵盖资产配置、使用、处置等各个环节的管理办法和清查核实、产权登记、收益收缴、信息报告、监督检查等全方位管理制度体系。首先，资产配置标准是科学合理编制资产配置预算的重要依据，财政部门要按照"先易后难、分类实施、逐步推进"的原则，分类制定资产配置标准。其次，探索建立行政事业单位资产共享共用机制，推进行政事业单位资产整合。最后，财政部门和主管部门应当进一步加大对资产处置的监管力度，建立资产处置监督管理机制。

（2）制度补充。河南省国有资产管理制度体系经过近些年的发展，围绕资产配置、使用、处置、收益、清查、评估等方面，出台了较为全面的行政事业单位资产管理的地方性制度，但这一系列配套制度尚未覆盖资产管理的全生命周期和预算管理的全链条，省财政部门应当加强顶层设计，根据河南省实际情况出台促进行政事业单位资产管理与预算管理有机结合的地方性规章制度，逐步完善涵盖配置、使用、处置和收益管理等资产管理全生命周期和投资评审、预算编制、预算执行、预算监督、绩效考评等预算管理全链条的全方位管理制度体系。

①分类别、分行业构建完善的国有资产配置标准体系。近年来，河南省陆续颁布了资产配置管理办法和配置标准，一定程度上完善了资产配置标准建设体系，但总的来说，已出台的资产配置标准主要集中在行政事业单位部分通用资产配置上，大多数专用资产仍然没有配置标准。因此，财政部门必须基于资产分类开展资产配置标准的制定工作。一是明确界定通用资产和专

用资产的范围，扎实做好资产分类这一基础性工作；二是明确界定不同类型行政事业单位的通用资产和专用资产范围，解决高校、医院、科研院所、文体单位的通用资产是否一致等问题，在预算安排的刚性约束下，分别制定通用资产和专用资产配置标准，推进资产配置标准体系建设。

②建立应变机制进行例外管理。对行政事业单位为完成特殊任务时的特殊需求，或者对特殊时期的特殊需求等问题，如2020年新冠肺炎疫情期间的资金拨付，要建立特事特办的应变机制，而不能机械地执行标准，但又不能因为过多的例外出现而损害了标准执行的刚性。因此，为避免标准执行的随意性，应预先制定例外管理的制度。

③建立行政事业单位资产共享共用机制。建立行政事业单位资产共享共用机制的主要目标是盘活存量资产、提高资源配置效率，因此，确保财政资金的合理分配是前提，必须建立资产共享共用与资产配置、资产绩效、单位预算挂钩的联动机制，综合考虑各行政事业单位的存量资产和实际需求，在此基础上审批其资产增量，平衡资产的分配，一方面避免资产重复购置、闲置浪费，另一方面避免资产的随意处置。要实现国有资产的共享共用，财政部门要建立共享共用的制度体系，可借鉴我国共享经济的建设经验，从进入、运行和退出三个方面建立相应的管理制度予以保障，同时有针对性地根据不同类别的资产建立不同的共享模式，分类推进。

④完善产权登记制度。河南省行政事业单位国有资产管理应着重进行清产核资工作，建立完备的产权登记制度，一方面可为深入开展国有资产管理工作打下基础，另一方面也可为科学分配预算、准确评估单位绩效、提高资金使用效益提供基础数据。清产核资工作是行政单位国有资产管理的基础，要较好地实行新模式必须有组织、有领导地对机关及直属单位的现有资产进行一次全面清查。

⑤制定收益收缴管理办法。国有资产管理工作中最大的问题是收入管理层面的薄弱。政府应该严格管理行政事业单位的资产收入，且这些收入需要全部缴入国库。对行政单位的出租出借收入遵循约束和鼓励的原则，先把其归入财政专户，然后再做好规范工作，待条件适合以后再归入国库进行管理；行政事业单位出租出借收入要纳入单位预算，并进行统一的核算和管理。可以先易后难，快速出台相关的法律法规，使行政事业单位出租出借收入管理及国有资产处置有法可依，并以此为契机，制定出台行政事业单位未脱钩经济实体的缴纳收入和后勤服务单位缴纳收入的相关办法。

⑥建立国有资产报告制度。目前我国的财政报告以预算报告为主,而对资产报告的重视程度明显不足。随着《中共中央关于建立国务院向全国人大常委会报告国有资产管理情况制度的意见》(中发2017〔33〕号)的出台,国有资产报告制度被纳入中央顶层设计,更是为各省份建立完整规范的国有资产报告制度提供了难得的时间窗口。建立国有资产报告制度的目标就是通过完整规范的报告制度,全口径掌握河南省国有资产及其管理情况,管好用好国有资产。

⑦建立监督检查机制。虽然目前河南省人大对于国有资产的监督职能在不断加强,但是对于资产具体管理实施情况的监督却很少,没有一套完善的监督机制,监督工作难以展开。资产的多个环节监督力度不足,无法及时发现管理中的问题,进而导致资产使用效率低下,重复购置浪费严重。对于行政事业单位的国有资产管理,必须建立全方面监督和检查的有效机制,包括从资产配置到使用,再到报废处置的每个环节上,运用一定的监管方式对其进行检查和督促,建立政府监督、社会新闻舆论监督与社会公众监督相结合的方式,对国有资产的管理实施有效的监督和检查。

(3) 可行性报告和行业配置标准。为了能够更好地实现资产管理与预算管理结合机制的制度建设,根据所收集的资料和调研的情况,现草拟资产配置可行性报告模板(附件6-1)以及以高校通用资产为例的配置标准(附件6-2),以供参考。

附件6-1

可行性报告模板

一、总论

(一) 项目背景

应对项目名称、可行性报告编制单位情况、可行性报告编制依据、项目提出理由及过程、项目预期目标、项目建设基本条件做出说明。

(二) 项目概要

应对项目所属地区、项目类型、项目性质、项目建设规模、项目建设工期做出说明。

二、项目区域概况

应对项目区域的资源条件、社会经济状况、基础设施条件等进行分析。

三、项目分析

（一）项目合法性与合规性分析

主要分析项目是否符合相关法律法规的要求。

（二）公众参与分析

应将公众参与的意见形成有效书面文件，纳入可行性报告中。

四、项目规划方案及建设内容

（一）设计依据

（二）设计方案比选

（三）推荐方案说明

包括项目建设的软硬件条件、技术保障等。

五、投资估算及资金筹措

（一）投资估算

主要说明投资估算依据、投资估算编制说明、投资估算费用构成和投资进度计划。

（二）资金筹措

主要说明投资所需资金的来源及数量。

六、项目建设组织管理

（一）组织机构与人力资源配置

明确项目法人，提出组织机构设置方案，对组织机构适应性进行分析，明确人力资源配置。

（二）项目实施进度

说明项目建设工期，并做出项目实施进度计划。

（三）项目实施过程控制措施

主要是对项目进度、质量和投资三个方面提出控制措施。

（四）项目建设后运行管护初步方案

明确管护责任主体，提出管护措施，并说明经费筹措办法。

七、效益评价

对项目竣工后的社会效益、生态环境效益、经济效益进行评价。

八、风险分析

说明项目主要风险因素及其风险程度，并提出防范和降低风险的措施。

九、可行性研究结论与建议

附件 6-2

河南省高等学校通用资产配置标准

第一条 为规范河南省高等学校通用资产配置，根据《中华人民共和国预算法》、《河南省行政事业单位国有资产管理办法》（省政府令第108号）、《河南省省级行政事业单位国有资产配置管理办法》（豫财资〔2020〕178号）和《河南省省级行政事业单位通用资产配置标准》（豫财资〔2020〕222号）及国家有关规定，制定本标准。

第二条 本标准适用于河南省公办高等学校。

第三条 本标准所称的通用资产是指河南省高等学校为履行教育职能需要而配备的教学设施、设备，不包括特殊需要的专业类教学设施、设备。

本标准将资产划分为装修标准、教学家具、教学电子电器设备三大类。

未列入本标准的其他通用教学资产，应当按照与高等学校履行职能需要相结合的原则，从严控制购置。

第四条 本标准是省高校预算标准体系和资产配置标准体系的重要组成部分，是编制和审核高校资产配置计划和配置预算、实施政府采购和资产处置管理等工作的重要依据。

第五条 本标准规定的实物量标准是最高数量限制标准，不是必须达到的标准。

本标准确定的价格标准是最高价格限制标准，单位应当在满足教学需要的前提下努力节约经费开支。

本标准确定的使用年限标准是最低使用年限标准，已经达到规定使用年限，但尚可继续使用的资产，应继续使用，充分发挥国有资产的使用效益。

本标准实施之前已经超标购置且可继续使用的资产，应继续使用，待现有资产达到规定报废条件并按程序办理报废手续后，按照标准进行更新购置。

"双一流"和具有博士学位授予权的高等学校配置列入本标准的资产，其价格可在此标准规定的价格上浮10%。

河南高等学校通用资产配置，必须按照《中华人民共和国政府采购法》等有关规定进行政府采购。

第六条 本标准根据经济社会发展水平、市场价格变化等因素，实行动态调整。

第七条 因特殊需要，超出本标准规定的，应严格控制并履行审批手续。

国家对相关资产的配置标准另有规定的，从其规定。

第八条 省高校配置资产，应当严格执行本标准及有关规定，不得超范围、超标准配置资产，对违反本规定的将依照《财政违法行为处罚处分条例》和《河南省实施〈党政机关厉行节约反对浪费条例〉办法》追究相关人员责任。

第九条 省直属中等职业学校教学设施、设备的资产配置应低于本标准，具体标准由各主管部门参照本标准制定，报财政厅备案。

附表 **河南省高等学校通用资产（教学用）配置标准**

附表 6-1　　　　　　　　　装修标准

类别	计量单位	价格上限标准（元/平方米）	使用年限下限标准	备注
（一）教室				
1. 普通教室	平方米		8年	二次装修，包括地面、墙面、天花板装饰、门窗工程、水电安装（含给排水、强弱电）工程
2. 阶梯教室	平方米			
3. 计算机教室（监控室）	平方米			
（二）普通实验室	平方米		6年	
（三）广播电视台（演播室）、艺术教室、医务室	平方米			
（四）图书馆	平方米		8年	
（五）运动场馆				
1. 室外运动场	平方米		5年	二次装修，包括草地、跑道、排水系统、结构层及灯光、标准400×10毫米厚塑胶面层跑道（含足球场、跳高、跳远、沙地、铁饼、铅球、标枪等运动场地）
2. 室外篮球、排球、网球塑胶球场	平方米			
3. 体育馆	平方米		6年	二次装修，包括地面、墙面、天花板装饰、水电安装工程
（1）木板地面	平方米			
（2）丙烯酸涂料地面	平方米			
4. 健身房、乒乓球（羽毛球）馆	平方米			
5. 练舞房（木地板）	平方米			

续表

类别	计量单位	价格上限标准（元/平方米）	使用年限下限标准	备注
（六）学生宿舍	平方米			二次装修，包括地面、墙面、天花板装饰、门窗工程、水电安装（含给排水、强弱电）工程
（七）职工宿舍				
1. 教工单身宿舍（公寓）	平方米		8年	二次装修，包括地面、墙面、天花板装饰、门窗工程、水电安装（含给排水、强弱电）工程
2. 外籍教师及专家宿舍（公寓）	平方米			
（八）食堂				
1. 伙房	平方米		6年	二次装修，包括地面、墙面、天花板装饰、水池、冲洗池、灶台等零星工程、门窗工程、水电安装（含给排水、强弱电）工程
2. 餐厅	平方米			二次装修，包括地面、墙面、天花板装饰、洗碗池等零星工程、门窗工程、水电安装（含给排水、强弱电）工程

注：以上均按装修面积计算。

附表 6-2　　　　　　　　教学家具配备标准

类别	计量单位	价格上限标准（元/平方米）	数量标准	使用年限下限标准	备注
（一）教室					
1. 普通教室、阶梯教室、多媒体教室					
（1）学生课桌椅：排桌椅	位		按需配置	8年	
单人桌椅	套		按需配置	8年	
（2）固定黑板	块		按需配置	6年	
（3）普通讲台	张		1张/室	10年	
（4）电视柜	个		1个/室	8年	
2. 计算机教室（公共教学用）					
（1）课桌椅	套		按需配置	8年	

续表

类别	计量单位	价格上限标准（元/平方米）	数量标准	使用年限下限标准	备注
（2）书写板	块		按需配置	6年	
（二）图书馆家具					
1. 阅览桌椅	套		按需配置	10年	
2. 书架（钢制）：主架			按需配置	8年	
副架			按需配置	8年	
（三）学生食堂					
1. 餐桌：快餐桌椅	位		按需配置	8年	
圆桌（10人）	平方米		按需配置	8年	
2. 椅子	张		按需配置	8年	
（四）学生宿舍（公寓）					
1. 学生宿舍					
（1）组合家具	套		1套/生	8年	已配置组合家具的，不再配置床、书桌、椅子、储物柜
（2）床	张		1张/生	8年	
（3）书桌	张		1张/生	6年	
（4）椅子	把		1把/生	6年	
（5）储物柜	个		1个/生	8年	
2. 留学生宿舍（公寓）					
（1）书桌	张		1张/生	8年	
（2）椅子	把		1把/生	6年	
（3）储物柜	个		1个/生	8年	
（4）床（含床垫）	套		1套/生	8年	
（5）衣柜	个		1张/生	8年	
3. 博士生公寓					
（1）书桌	张		1张/生	8年	
（2）椅子	把		1把/生	8年	
（3）储物柜	个		1个/生	8年	
（4）床	张		1张/生	8年	
（5）衣柜	个		1张/生	8年	

附表 6-3　　　　　　　教学电子、电器设备配备标准

类别	计量单位	价格上限标准（元/平方米）	数量标准	使用年限下限标准	备注
（一）教室、实验室					
1. 普通教室					
电视机	台		1台/室	6年	50座位及以下教室
	台		1台/50座	6年	50座位以上教室
2. 多媒体教室					
（1）多媒体讲台	张		1张/室	10年	
（2）中控机	台		1台/室	5年	
（3）投影机	台		1台/室	5年	
（4）多媒体专业功放机	台		1台/室	5年	
（5）多媒体实物展示台	个		1个/室	6年	
（6）投影屏幕或电子板	张		按需配置	5年	
（7）台式计算机	台		1台/室	6年	
（8）音响或音柱	套		1套/室	5年	
3. 计算机教室配置（公共教学用）					
（1）台式计算机	台		按需配置	5年	
（2）服务器	台		按需配置	5年	可多室共用一台
（3）交换机	台		按需配置	5年	
4. 实验室					
（1）普通语言实验室（60座）	间			5年	
（2）交互式语言实验室（60座）	间			5年	
（二）学生宿舍（公寓）					
1. 学生宿舍（公寓）					
洗衣机	台		1台/层	8年	
2. 留学生宿舍（公寓）					
（1）洗衣机	台		1台/室	8年	
（2）电视机	台		1台/室	8年	
（3）热水器	台		1台/室	5年	

续表

类别	计量单位	价格上限标准（元/平方米）	数量标准	使用年限下限标准	备注
（三）专家宿舍（公寓）					
(1) 洗衣机	台		1 台/室	8 年	
(2) 电视机	台		1 台/室	8 年	
(3) 热水器	台		1 台/室	5 年	
(4) 台式计算机	台		1 台/人	6 年	
（四）各类教室、宿舍（公寓）、餐厅风扇、空调配置					
1. 风扇					
(1) 吊扇、吸顶扇、壁扇	台		按需配置	5 年	
(2) 落地扇	台		按需配置	5 年	
2. 空调				10 年	1. 已配置中央空调的，不再配置单机空调。2. 对空调有特殊要求的用房，如计算机室、实验室等，可另行报批

2. 信息系统体系

（1）预算管理一体化系统。2020 年，财政部发布了《预算管理一体化规范（试行）》（财办〔2020〕13 号）（以下简称《规范》）和《预算管理一体化系统技术标准》。《规范》中明确预算管理一体化系统主要包括基础信息管理、项目库管理、预算编制、预算批复、预算调整和调剂、预算执行、会计核算、决算和报告八个部分。目前河南省已基本完成了预算管理一体化系统的框架搭建和初步实现部分模块功能的开发，在省本级和部分市、县试点应用的基础上，将逐步推广应用预算管理一体化系统。但预算管理一体化的建设是一个长期的、逐步实施的过程，一方面要加大新功能的开发力度，对内形成全省财务业务统一基础数据，防止财政内生数据孤岛，充分发挥财政数据的整体效应，对外运用"互联网+"模式，与其他政务服务部门形成并联，充分发挥财政数据的协同效应；另一方面要细化已开发的模块和功能，深入挖掘已开发模块的级次模块，并细化功能规范，同时打通功能模块之间的对应和勾稽关系，建设结构化数据关系。按照财政部《规范》的要求，结合河南省省情，基于河南省正在建设的预算管理一体化系统，设计河南省预算管理一体化系统模块（见表 6-2），为建设和完善河南省预算管理一体化系统提供参考。在预算管理一体化系统模块中，预算支出全部以预算项目的形式纳入项目库实施动态监控，预算支出形成的资产、财务信息由会计人员通过会计核算模块反映其价值，使用信息由资产管理部门登记，资产卡片信息随着资产的购置、使用、处置等环节进行实时更新。资产信息模块、资产月报和资产年度报告信息将为预算提供决策有用的信息。表 6-2 中灰色部分表示预算与资产发生关联的部分。

表 6-2　　　　　　　　　河南省预算管理一体化系统模块设计

一级单元模块	次级单元模块	模块说明与内容
基础信息管理	单位信息	主要反映单位基本情况信息
	人员信息	主要反映单位人员基本信息
	资产信息	主要反映单位资产存量信息，包括财政部统一规定的资产分类和代码，标准化的资产卡片
	支出标准	主要反映预算支出分类并根据分类规定的预算支出编制标准
	政府收支分类科目	主要反映预算收支信息，包括财政部统一规定的收入科目和支出科目
	会计科目	主要反映会计要素信息，包括财政部统一规定的财政总预算会计科目、单位会计科目的科目代码和科目名称，以及各单位设置的明细科目
	账户信息	主要反映单位开户账户信息，包括国库单一账户、零余额用款额度账户、财政专户等
	区划信息	主要反映行政区划信息，包括行政区划代码、区划名称等
	政府非税收入项目信息	主要反映非税收入征收信息，包括执收单位、项目名称、项目代码、项目识别码、区划信息、分成比例、收缴标准、收入分类科目等
	政府债务信息	主要反映地方政府债务信息，包括债务余额、债权代码、债权名称、债券类型、发行日期、到期日期、票面利率、偿还方式等
	政府采购信息	主要反映政府采购基础信息，包括按财政部统一规定的政府采购品分类目录、政府集中采购目录、政府采购限额标准、公开招标金额标准等
	绩效管理信息	主要反映预算绩效信息，包括三级指标，其中一、二级指标统一设置，三级指标根据管理需要细化

续表

一级单元模块	次级单元模块	模块说明与内容
项目库管理	人员类项目	主要反映单位人员的工资福利支出和补助支出信息，包括项目名称、项目代码、项目类别、项目金额、绩效目标等
	运转类项目	主要反映为维持机构正常运转需要的公用经费项目和专项资产运维的其他运转类项目，公用经费项目按定员定额原则；其他运转类项目信息主要包括项目代码、项目名称、项目金额、资产卡片编号、资产绩效目标等
	特定目标类项目	主要反映为完成专项工作发生支出项目信息，主要包括项目代码、项目名称、项目金额、资产配置信息、资产绩效目标、可行性报告等
预算编制	政府预算	主要反映政府年度财政收支计划信息，包括一般公共预算、政府性基金预算、国有资本经营预算、社会保险基金预算
	转移支付预算	主要反映政府转移支付信息，包括转移支付收入预算和转移支付支出预算
	部门预算	主要反映本部门汇总和审核预算信息，包括一般公共预算、政府性基金预算、国有资本经营预算、财政专户管理资金和单位资金
	单位预算	主要反映本单位编制的预算信息，包括一般公共预算、政府性基金预算、国有资本经营预算、财政专户管理资金和单位资金
预算批复	政府预算批准	主要反映政府预算批准信息，按照报批程序和要求经本级人大批准政府预算后，登记入系统
	转移支付预算下达	主要反映财政部门经本级人大批准后，下达给下级政府的转移支付预算信息，主要包括项目代码、项目名称、预算级次、预算金额、下达日期、支出功能分类科目等信息
	部门预算批复	主要反映财政部门经本级人大批准后，向本级各部门批复预算，各部门再向所属单位批复预算
预算调整和调剂	政府预算调整	主要反映地方政府在特殊情况下预算调整的信息，主要包括预算调整方案、报批人大、批准后上报上一级政府，并在系统中填写《预算变动表》
	转移支付预算调整	主要反映转移支付预算信息调整，包括上级对本级新增（减少）转移支付、本级新增（减少）对下级转移支付、下级在不同转移支付项目间调剂、待分配转移支付调剂、转移支付预算和部门预算转列等
	部门预算调剂	主要反映预算执行中单位支出预算项目的调剂信息，包括同类科目下不同款级科目调剂、预算支出功能分类与预算支出经济分类调剂、不同预算项目库类别之间调剂、同部门不同单位间的调剂等

续表

一级单元模块	次级单元模块	模块说明与内容
预算执行	收入预算执行	主要反映收入预算的执行信息,包括税收收入、非税收入、债务收入、单位资金收入等
	部门支出预算执行	主要反映部门支出预算执行信息,包括国库集中支付(资金支付和公务卡支付)、单位资金支付、结转结余等
	转移支付执行	主要反映转移支付预算信息,包括转移支付资金调度、上下级财政结算、转型转移支付结转结余等
	预算执行报表	主要反映财政运行情况信息,包括预算执行月报表和分析表、库款月报表等
会计核算	总预算会计核算	主要反映总预算会计和单位会计核算信息,包括建账、审核原始凭证、登记记账凭证、登记账簿、期末结账、编制报表。单位会计核算中涉及财政资金的项目要与总预算会计账账相符。单位收到非流动资产时,应录入资产卡片,通过账务信息与资产卡片的核对账实相符
	单位会计核算	
决算和报告	财政总决算	主要反映政府年度预算的执行结果信息,系统自动生成财政总决算报表
	部门决算	主要反映各部门年度预算的执行结果信息,系统自动生成部门决算报表
	政府部门财务报告	主要反映政府各部门财务状况信息,系统根据财务会计核算结果自动生成资产负债表、收入费用表、附注等。主管部门对本部门所属单位报表进行合并,形成部门财务报表
	政府综合财务报告	主要反映政府综合财务状况信息,财政部门在汇总本级政府各部门财务报表后,进行合并、调整、抵销,编制政府综合财务报告
	行政事业单位国有资产月报	主要反映行政事业单位月末财务状况。月末系统根据财务会计核算自动导出资产负债表和根据基础信息模块中的资产信息导出实物资产报表
	行政事业单位国有资产年度报告	主要反映行政事业单位国有资产的年度状况信息,包括行政事业单位资产负债汇总表、行政事业单位资产情况汇总表、资产分析报告

(2)资产管理系统。2017年1月,财政部发布了《行政事业单位国有资产年度报告管理办法》(财资〔2017〕3号);2018年12月,财政部发布了《财政部关于做好行政事业单位国有资产月报试编写工作的通知》(财资〔2018〕109号)。当前,财政部已建立行政事业单位资产管理信息系统和行

政事业单位资产月报系统（见表6-3）。各级政府向同级人大报送的《国有资产管理情况年度综合报告》中的子报告《行政事业单位国有资产年度报告》信息由行政事业单位资产管理信息系统产生，各单位每月向财政部门报送的资产月报由行政事业单位资产月报系统产生。

表6-3 资产管理系统

系统名称	单元模块	系统名称	单元模块
行政事业单位资产管理信息系统	使用管理	行政事业单位资产月报系统	数据管理
	处置管理		数据审核
	收益管理		数据汇总
	产权登记		查询分析
	查询中心		导出打印
	辅助决策		报送统计
	资产报表		系统管理
	清查核实		
	数据体检		
	系统管理		
	法律文件查看		

当前，在河南省行政事业单位资产管理系统中，关于资产只显示土地、房屋、车辆、通用设备、专用设备五项固定资产的数量和金额。并按照资产分类中的编号为线索，可以连接到具体单位某项资产的资产卡片、财务信息、使用信息、折旧信息等，精细化管理程度较高，而对于纳入资产范围内的无形资产、公共基础设置、自然资源尚未进行精细化管理。当前，河南省行政事业单位资产管理信息系统主要核算资产、负债、净资产的详细情况，月报系统主要反映各单位、各部门资产情况信息，侧重点略有不同；河南省行政事业单位资产管理信息系统主要提供精细化的综合管理信息，月报系统主要用于日常管理，生成单位日常管理信息。

(3) 预算管理一体化系统与资产管理系统的融合。

①将资产管理系统嵌入预算管理一体化系统。从当前预算管理一体化系统设计理念来看，它是集预算管理、绩效管理、政府采购管理、资产管理、财务会计核算、综合财务报告一体的融合化信息化系统，在预算管理一体化系统中为资产管理系统预留接口，将行政事业单位资产管理信息系统和行政事业单位资产月报系统镶嵌到预算管理一体化系统的决算和报告模块中，并

将行政事业单位资产管理信息系统的标准化的资产卡片库镶嵌到预算管理一体化系统基础信息模块中的资产信息功能中，系统自动连接到资产管理信息系统中，更新和抓取资产信息，系统自动以存量定增量，为预算决策提供有用信息。从预算角度来看，它的决策更多依赖宏观资产信息，因此，通过资产管理系统嵌入预算管理一体化系统中（见图6-8），在预算管理一体化系统中形成决策有用的宏观信息，通过标准化资产卡片，系统自动链接到资产管理信息系统中，从而形成微观数据的追踪链条，同时在追踪链条上，主管部门得到的是中观数据，具体单位得到的是微观数据。

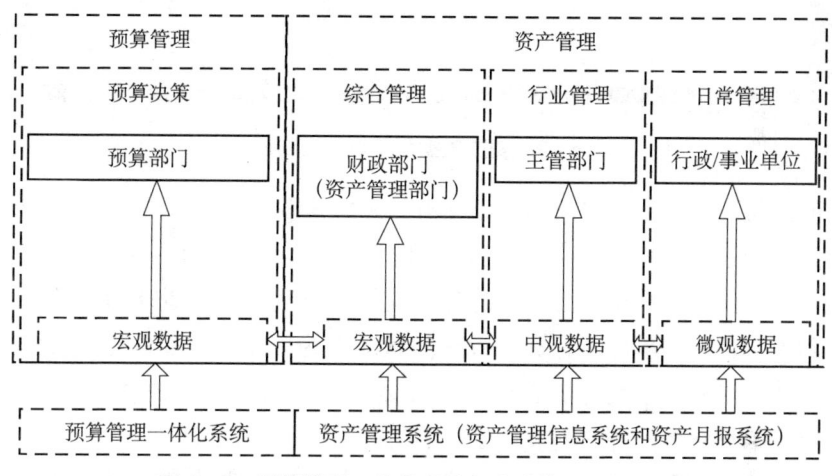

图6-8 预算管理一体化系统与资产管理系统融合

②建立决策与管理驾驶舱。利用预算信息与资产管理信息的交互，例如，将预算管理一体化系统中的区划信息与资产信息交互，形成河南省资产信息地图，并通过与资产管理系统的连接，建立追踪到具体单位具体资产的信息链条。通过信息的交互，系统自动生成直观的管理地图、管理折线图、管理饼图，一方面可以用于宏观到微观的管理，进行财政数据的分析；另一方面可以设置预警机制，实施全方位风险防控。资产数据决策与管理驾驶舱如图6-9所示。

3. 人力资源体系

为促进资产管理与预算管理人员专业与综合素质培养的结合，应规范和加强资产管理的机构队伍建设。

（1）资产管理队伍建设。

①主要领导负责制。在资产管理与预算管理有效结合过程中，单位主要

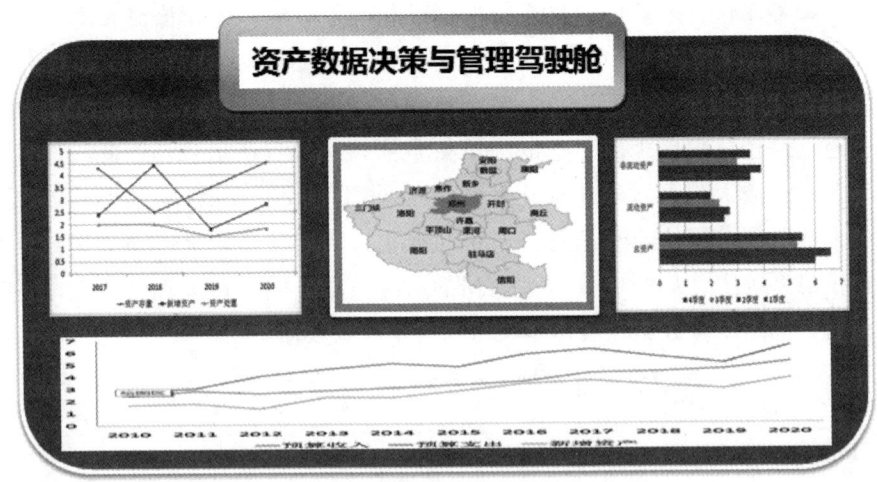

图 6-9　资产数据决策与管理驾驶舱

领导的参与、在工作中"无预算不支出、无预算不采购"的倡导和"要增量，看存量""说清目标和方案再给资源"的宣传会起到非常重要的作用。资产管理过程是一个需要多部门协作的过程，主要领导的参与有助于资产管理工作的顺利推行，可将单位国有资产管理的状况作为一项对主要领导干部的考核内容，使主要领导转变"轻资产、重资金"和"重结果、轻过程"的观念，关注资产预算管理的各个环节，提升单位资产管理水平。

②优化资产管理人才任用。依据专业技术岗位要求，任用具有高度责任感、专业素质高及学习能力较强的人员从事资产管理工作。一是要将资产管理责任落实到人，以专职为主进行资产管理人员配备，要求资产管理人员应有较强的责任心和服务意识；二是对资产管理人员在专业、能力、素质等方面设置相应的任职资格，要求资产管理人员应切实掌握与资产管理相适应的政策、业务知识和技能，具备财政、会计、财务管理等知识，熟练应用计算机网络信息技术，熟悉资产管理法规制度及预算的相关法律法规，能够胜任资产管理工作；三是鼓励资产管理人员进行资产管理技术和业务方面的研究，并为资产管理人员进行资产管理技术和业务方面的研究提供支持。

③加强资产管理人员成长培训。资产管理人员素质的高低直接影响到资产管理的工作效率，通过培训强化资产管理人员素质的提升，有计划、有组织地对资产管理人员进行定期和不定期的业务培训，并将培训制度化、系统化、常态化。首先，资产管理人员在从事资产管理工作前必须进行岗

前培训；其次，在从事资产管理工作的过程中，应继续对资产管理人员进行专业知识、专业技能的培训，财政、主管部门应切实履行责任，借助网络平台对资产管理工作进行宣传，组织对所属单位及本系统资产管理人员的培训，每年可采取多种形式，利用多种渠道，对财务人员、资产管理人员进行业务培训。培训的内容包括资产管理人员要掌握的法律法规、更新的专业知识、业务技能和新的方法，其中，专业化培训课程应该按照不同的资产管理人员的特点（如新进资产管理人员、普通资产管理人员、资产管理负责人）设置不同的培训课程。最后，建立行政事业单位资产管理人员年度继续教育制度。

（2）资产管理人员的考核机制。作为有效运行的支撑，需要建立相应的激励制度，这也是资产管理与预算管理有效结合机制的重要动力来源。资产管理部门、预算管理部门作为不同的责任主体，在管理过程中权责是否对等，有无相应的激励机制及激励程度的大小，都会对资产管理、预算管理的绩效以及两者之间的结合产生重要影响。

①完善考核的奖惩机制。将资产的动态管理、资产管理人员的工作复杂程度、制度执行情况、任务完成情况和实际贡献等纳入岗位考核体系。从"德、能、勤、绩"四个方面对资产管理人员日常工作进行考核。德考察指标从思想政治和职业道德方面进行设置；能主要从专业业务水平能力或者管理水平进行设置；勤主要从工作的努力程度进行设置；绩主要从人员履行岗位职责情况、是否有突出贡献进行设置，各单位可以细化指标并设置不同的权重。

严格按照资产管理考核结果进行奖惩。行政事业单位结合自身情况，对于工作表现优异的资产管理人员授予先进个人等荣誉，并切实给予经济奖励，如奖励单位节约的资产使用、运行维护部分费用，作为责任人员的奖励；对于有突出贡献的员工，可以进行破格提拔。对于工作表现较差的资产管理人员，可以施行警告、经济惩罚等处理方式；对于资产管理人员出现的严重违法违规现象，严格按照《中华人民共和国公务员法》《事业单位工作人员处分暂行规定》等相关法律、规定进行处理。

②重视考核结果分析。考核结果分析可以作为单位资产管理工作寻找存在的问题并进行反思的环节。资产管理部门对考核结果反映出来的问题要及时进行记录，找到资产管理中存在的缺陷并改进，从而提升资产管理人员的管理水平。

(四) 监督和绩效管理机制

1. 监督体系

为促进行政事业单位资产管理与预算管理在监督层面的结合，着力提高预算资金使用效益和资产利用效率，根据《中华人民共和国预算法》《河南省行政事业单位国有资产管理办法》《河南省省级行政事业单位国有资产配置管理办法》等有关法律、法规和规定，本书拟从以下主要方面加强行政事业单位资产管理的内外监督及问题纠偏纠正。

（1）监督内容。

①是否按照厉行节约反对浪费相关规定使用资产预算资金；

②是否按照省财政部门批准的年度资产预算指标、支出范围和标准支付资金（用于资产购置、资产运维等）；

③是否存在违法违规的资产购置行为；

④是否按照制定的资产配置标准进行资产配置；

⑤是否按照资产配置管理办法，选择最优方式进行配置；

⑥是否存在闲置、低效运转的资产；

⑦是否按照资产处置管理办法进行资产处置；

⑧按照有关规定和管理要求，其他需要资产监控的事项。

（2）监督机制。各单位是资产管理监控的实施主体，财政、主管部门是绩效监控的监督主体，应形成共同实施、协调统一的工作合力。

①内部监督。内部监督是行政事业单位按照资产管理办法对资产管理情况进行自我监督。在单位"一把手"的支持下，建立资产管理内部协同监督机制，可设立独立、健全、权威的内审部门，并与纪委协同联合监督，定期开展内审工作，形成资产管理自查报告（资产配置情况、使用情况、处置情况及收益情况等），并在内部予以公开（涉密的除外）。同时，行政事业单位也应积极配合财政、主管、审计、纪检监察等部门的监督检查，应当如实报告有关情况，及时提供有关材料。

②外部监督。

A. 财政部门监督。财政部门应研究制定有效的资产监控管理制度办法，重点监控资产安全、资产有无闲置情况等。

B. 主管部门监督。主管部门应建立健全本部门、所属单位资产监控管理制度，配合财政部门开展资产监控。在收集本级及下属单位资产监控信息的基础上，对本部门资产监控工作进行总结，对资产的纠偏处理情况作出说明，提出下一步改进措施，形成本部门资产监控报告。

C. 人大监督。加强人大监督的实质性，形成资产绩效管理的合力。各级人大应通过资产绩效管理满意度测评等方式，广泛搜集、传递民意，以重点监督政策或项目为载体，评价和监督财政、主管部门开展资产绩效管理的有效性。此外，人大还可以授权审计部门或独立机构，对财政、主管部门开展资产绩效管理进行评价，并将评价结果与资产预决算审查、资产利用效率、资产使用效益审查相衔接，对相关部门提出质询和问责。

（3）监督方式。

①内部监督方式。通过日常跟踪和定期资产清查等方式，采用数据核查、实地查验、系统监测等方法，跟踪新增资产配置、存量资产使用情况，及时发现问题并进行纠正。

②外部监督方式。通过定期巡查等方式，采用数据核查、实地查验、系统监测、解释说明等方法，检查新增资产配置、存量资产使用情况，通过警示、调整资产预算、限制和完善等措施进行纠偏纠错。

（4）监督结果应用。对于在资产监控中发现的问题，财政、主管等部门分析具体原因，及时采取分类处置措施予以纠正。

①对于因突发事件等客观因素导致资产新增的，可及时按程序调增资产预算，并同步调整资产绩效目标；

②未经批准超标准配置资产、超预算配置资产的，视实际情况按一定比例核减其新增资产配置预算；

③资产有闲置、低效运转现象，应暂停该类资产购置，按照有关程序调减资产配置预算并停止拨付资金，及时纠偏止损；

④未严格遵循相关规定，擅自对资产进行内部调剂或对外出租出借，引发了资源配备超标或资源浪费等问题，及时纠偏并有针对性地整改；

⑤未严格遵循资产处置规定，资产处置收入未上交或未及时上交的，及时纠偏并有针对性地整改；

⑥其他情况的处理措施。

2. 绩效管理体系

资产管理与预算管理结合的最终目的是提高财政资源的配置效率，优化国有资产使用效益，而将绩效理念和方法深度融入预算管理和资产管理的全过程，是推动国家治理体系和治理能力现代化的关键举措。预算绩效管理方面,河南省近两年加快了构建全方位、全过程、全覆盖的预算绩效管理体系的步伐,逐步实现预算和绩效管理一体化,切实提高财政资源配置效率和使用效益,基本构建起涵盖政府预算、部门和单位预算、政策和项目预算全方位的绩效管理格局,建立包括了绩效评估机制、绩效目标管理、绩效运行监控、绩效评价和结果应用的全过程预算绩效管理链条,完善了覆盖四本预算的全覆盖预算绩效管理体系。

然而,对于预算资金形成的国有资产如何进行绩效管理需要进一步挖掘,河南省资产绩效管理体系有待进一步完善。行政事业单位预算资金形成的资产是否符合国家相关法律法规、国民经济发展规划、党委政府决策以及相关专业发展规划,资产的配置是否与单位职责、事业发展密切相关,资产的使用效率和效益是否得到充分发挥,同样需要进行绩效管理。因此,基于预算绩效管理框架下的资产绩效管理,将绩效管理理念纳入资产的配置、使用和处置各环节,构建事前、事中、事后资产绩效管理闭环系统,是资产管理与预算管理相结合运行机制的重要组成部分。在现有的预算绩效管理体系框架下,进一步细化、优化资产管理绩效可以从以下几个方面着手。

(1) 资产绩效管理的内涵。资产绩效管理,是指行政事业单位依据资产管理目标(履职尽责和事业发展需要,提高资产使用效率,国有资产保值增值),运用科学、合理的绩效评价指标、评价标准和评价方法,将绩效管理的理念融入资产配置、使用和处置的整个过程,对资产的配置决策、管理过程、产出和效益进行客观、公正的评价,建立起涵盖资产管理事前、事中和事后的绩效评价体系。

(2) 资产绩效管理的对象和内容。行政事业单位纳入绩效管理的资产包括单位用国家财政性资金形成的资产、国家调拨给行政事业单位的资产、行政事业单位按照国家规定组织收入形成的资产,以及接受捐赠和其他经法律确认为国家所有的资产,其表现形式为固定资产、流动资产和无形资产等。

资产绩效评价的内容主要包括:
①资产配置的决策情况;
②资金管理和使用情况;
③资产管理和财务制度办法的健全性及执行情况;
④资产管理的产出情况;
⑤取得的效益情况。

(3) 绩效评价方法及流程。行政事业单位资产绩效评价以自评为主,方法主要包括成本效益分析法、比较法、因素分析法、最低成本法、公众评判法、标杆管理法等。根据评价对象的具体情况，可采用一种或多种方法。

资产绩效评价工作程序是指行政事业单位组织的资产绩效评价工作流程，一般分为准备、实施和撰写报告三个阶段。绩效评价准备阶段，包括确定评价对象、成立评价工作组、制定绩效评价工作方案、下达绩效评价通知、明确评价具体内容。绩效评价实施阶段，包括收集、审核资料，现场勘查，综合评价，交换意见，等等。撰写和提交评价报告阶段，包括撰写报告、提交报告、及时总结、建立档案。

(4) 资产绩效管理职责分工。从纵向管理来看，资产绩效管理体系中包括了省级财政部门资产管理处室、行政事业单位归属的省级管理部门的资产管理处室以及行政事业单位的资产管理处室，具体来说：

省财政厅资产管理处负责行政事业单位资产绩效评价的组织和管理，主要职责是：

①负责制定资产绩效评价制度和办法；

②组织所属单位开展资产绩效自评；

③组织对新增重点资产开展绩效评价；

④审查省级部门（单位）报送的绩效自评和部门评价报告；

⑤对省级部门（单位）开展整体绩效评价；

⑥负责对绩效评价工作进行监督检查；

⑦负责制订改进资产管理措施并督促部门落实；

⑧负责公开省级资产绩效评价结果，督促省级部门（单位）公开评价结果。

省级部门的资产管理处室负责本部门及所属单位预算绩效评价和自评的组织和管理。主要职责是：

①制定本部门绩效评价制度，组织开展本部门绩效评价工作，组织、指导和监督所属单位的绩效自评工作；

②拟订本部门绩效评价工作计划和工作方案；

③组织本部门使用的新增重点资产的绩效自评工作；

④组织对本部门所属单位整体资产开展绩效评价；

⑤向省财政厅提交资产绩效自评和部门资产绩效评价报告；

⑥督促落实省财政厅整改意见；

⑦负责公开本部门资产绩效自评和资产绩效评价结果。

各单位的资产管理部门负责资产绩效管理的落实，主要职责是：

①拟订本单位绩效自评方案；

②对本单位的资产管理进行绩效自评，根据需要，绩效评价工作可委托专家和第三方机构实施；

③向主管部门报告本单位绩效评价工作情况，提交绩效自评报告；

④落实省财政厅和主管部门提出的整改意见，并按要求公开绩效管理有关情况。

（5）资产绩效评价体系。行政事业单位资产绩效评价共用指标体系由决策、过程管理、产出和效果四部分构成。

决策阶段重在事前评价，评价的是行政事业单位拟新增资产的立项和资金的落实情况，考察资产管理部门是否建立了合理的绩效目标、绩效指标是否明确、资产配置资金的到位率和及时率。过程绩效指标主要评价资产管理制度的建设与执行、财务管理，主要考察行政事业单位的资产管理制度的健全性、制度执行的有效性、资金使用的合规性和财务监控的有效性。产出绩效主要通过资产的配置、资产保障水平、资产运行效率、资产安全完整与保值增值四个角度来评价。效果指标包括了资产使用的经济效益、社会效益、生态效益、可持续性影响和社会公众（服务对象）的满意度。详见表6-4。

资产绩效评价指标的原始数据获得途径包括：行政事业单位国有资产主管部门的监督检查报告；财政部门和审计部门的检查报告、审计报告；资产管理信息系统数据库；事业单位日常管理信息记录；单位报告和文件；单位问卷调查；现场调查和其他途径。

（6）绩效评价结果的运用。资产绩效评价结果应当采取评分与评级相结合的形式，具体分值和等级可根据不同评价内容设定。

省财政厅和省级部门（单位）应当及时整理、归纳、分析绩效评价结果，并将其作为改进资产管理、下一期资产配置审批、安排以后年度预算的重要依据。省级部门（单位）应对绩效评价中发现的问题及时制定整改措施，并报省财政厅备案；同时，应根据绩效评价结果，改进管理工作，完善管理办法，调整和优化本部门预算支出结构，合理配置资源，提升国有资产的使用效率和效益。

行政事业单位应及时落实省财政厅和主管部门的反馈意见，针对绩效较低的环节调整管理思路和方法，以提高资产管理水平和使用效率。

表 6-4 行政事业单位资产绩效评价共用指标体系

一级指标	二级指标	三级指标	指标解释	评价要点、评价公式及分值	评价标准
决策 (15分)	资产立项	重点资产立项规范性 (3分)	重点资产的申请、设立过程是否符合相关要求,用以反映和考核重点资产立项的规范情况	评价要点: 1. 重点资产是指房产、土地、车辆、专用设备、大额无形资产、公共基础设施、保障性住房、政府储备物资、自然资源资产; 2. 重点资产是否按照规定的程序申请配置、建设或开发 (1分); 3. 所提交的文件、材料是否符合相关要求 (1分); 4. 事前是否已经过必要的可行性研究、专家论证、风险评估、预算规模评审、集体决策等 (1分)	评价实施方结合重点资产实际确定每项评价要点分值,未达到评价要点要求扣除相应分数
		绩效目标合理性 (4分)	资产管理设定绩效目标是否依据充分,符合客观实际,用以反映和考核项目绩效目标与资产管理的相符情况	评价要点: 1. 是否符合国家相关法律法规、国民经济发展规划、党委政府决策以及相关专业发展规划 (1分); 2. 资产的占有、配置、使用是否与单位职责密切相关,是否为促进事业发展所必需 (1分); 3. 资产的出租、出借、对外投资和处置预期产出效益是否符合正常的业绩水平 (1分); 4. 资产的占有和自用预期效果是否符合正常的运营水平 (1分)	评价实施方结合资产存量和配置、使用、处置状况确定每项评价要点分值,未达到评价要点要求扣除相应分数
		绩效指标明确性 (4分)	依据绩效目标设定的绩效指标是否清晰、细化、可衡量,用以反映和考核资产绩效目标的明细化情况	评价要点: 1. 是否将资产绩效目标细化分解为具体的绩效指标 (1分); 2. 是否通过清晰、可衡量的指标值予以体现 (1分); 3. 是否与单位履职尽责和事业发展的工作量相对应 (1分); 4. 是否与预算确定的基本建设投资额或资金量相匹配 (1分)	评价实施方结合资产存量和配置、使用、处置状况确定每项评价要点分值,未达到评价要点要求扣除相应分数

续表

一级指标	二级指标	三级指标	指标解释	评价要点、评价公式及分值	评价标准
决策 (15分)	资金落实	重点资产配置、建设或开发资金到位率 (2分)	实际到位资金与计划投入资金的比率，用以反映和考核资金落实情况对项目实施的总体保障程度	资金到位率 =（实际到位资金/计划投入资金）× 100%（2分） 实际到位资金：一定时期（本年度或项目期）内实际落实到具体项目的资金。 计划投入资金：一定时期（本年度或项目期）内计划投入到具体项目的资金	评价实施方结合重点资产和基本建设项目实际设定最低得分率。 1. 资金到位率≥最低得分率，得分 = 资金到位率 × 该指标分值； 2. 资金到位率＜最低得分率，不得分
		重点资产配置、建设或开发到位及时率 (2分)	及时到位资金与应到位资金的比率，用以反映和考核项目资金落实的及时性程度	到位及时率 =（及时到位资金/应到位资金）× 100%（2分） 及时到位资金：截至规定时点实际落实到具体重点资产的资金。 应到位资金：按照合同或项目进度要求截至规定时点应落实到具体重点资产的资金	评价实施方结合重点资产和基本建设项目实际设定最低得分率。 1. 到位及时率≥最低得分率，得分 = 资金到位率 × 该指标分值； 2. 到位及时率＜最低得分率，不得分
过程 (25分)	资产制度建设与执行	管理制度健全性 (6分)	单位资产管理制度是否健全，用以反映和考核资产管理制度对资产的安全完整、保值增值、使用高效的保障情况	评价要点： 1. 是否已制定或具有资产购置、使用、处置、出租、出借、对外投资、担保、监管等系列制度（2分）； 2. 建立资产管理岗位责任制与内部工作流程（2分）； 3. 资产管理制度是否合法、合规、完整（2分）	评价实施方结合单位资产管理实际确定每项评价要点分值，未达到评价要点要求扣除相应分数

续表

一级指标	二级指标	三级指标	指标解释	评价要点、评价公式及分值	评价标准
过程(25分)	资产制度建设与执行	制度执行有效性(10分)	单位资产管理工作是否符合资产管理法律制度规定，用以反映和考核业务管理制度的有效执行情况	评价要点： 1. 是否遵守相关法律、法规、制度和办法规定（6分），分别为：是否科学编制资产配置预算（0.5分）；资产配置是否符合定额标准（0.5分）；是否严格按照招投标管理规定组织采购（0.5分）；是否签订采购合同并严格履行（0.5分）；新增资产是否按规定验收（0.5分）；单位构筑物、建筑物、大型仪器设备是否及时办理权属证书（0.5分）；是否定期组织资产清查盘点（0.5分）；资产配置、出租出借、对外投资、处置是否按规定报批（0.5分）；资产处置是否通过产权交易机构，采取拍卖、招投标、协议转让以及国家法律法规规定的其他方式进行（0.5分）；收益是否全部及时按规定上缴（0.5分）；应录入资产管理信息系统信息新增、使用、处置等是否全部录入并及时更新（0.5分）；资产月报年报是否准确、及时上报（0.5分）； 2. 是否已制定或具有相应的监控机制（1分）；是否采取了相应的财务检查等必要的监控措施或手段（0.5分），是否有监督检查结果、整改措施及整改效果（0.5分）； 3. 资产配置、使用的合同书、验收（交接）报告、技术鉴定、资产报告等资料是否齐全并及时归档（1分）； 4. 资产管理的人员配备、场地、办公和信息系统设备、信息支撑等是否落实到位（1分）	评价实施方结合单位资产管理实际确定每项评价要点分值，未达到评价要点要求扣除相应分数

续表

一级指标	二级指标	三级指标	指标解释	评价要点、评价公式及分值	评价标准
过程 (25分)	财务管理	管理制度健全性 (2分)	单位的财务制度是否健全，用以反映和考核财务管理制度对资产规范、安全运行的保障情况	评价要点： 1. 是否已制定或具有相应的资产预算资金和基本建设项目资金管理办法（1分）； 2. 资产预算资金和基本建设项目资金管理办法是否符合相关财务会计制度的规定（1分）	评价实施方结合资产预算资金和基本建设项目资金实际确定每项评价要点分值，未达到评价要点要求扣除相应分数
		资金使用合规性 (4分)	资产预算资金和基本建设项目资金使用是否符合相关的财务管理制度规定，用以反映和考核资产和基本建设项目资金的规范运行情况	评价要点： 1. 是否符合国家财经法规和财务管理制度以及有关专项资金管理办法的规定（1分）； 2. 资金的拨付是否有完整的审批程序和手续（1分）； 3. 是否符合项目预算批复或合同规定的用途（1分）； 4. 是否存在截留、挤占、挪用、虚列支出等情况（1分）	评价实施方结合资产预算资金和基本建设项目资金实际确定每项评价要点分值，未达到评价要点要求扣除相应分数
		财务监控有效性 (3分)	单位是否为保障资金的安全、规范运行而采取了必要的监控措施，用以反映和考核单位对资金运行的控制情况	评价要点： 1. 是否已制定或具有相应的监控机制（1分）； 2. 是否采取了相应的财务检查等必要的监控措施或手段（1分）； 3. 是否有监督检查结果、整改措施及整改效果（1分）	评价实施方结合单位实际确定每项评价要点分值，未达到评价要点要求扣除相应分数
产出 (36分)	资产配置	资产配置预算执行率 (2分)	单位当年实际配置资产总额与资产配置预算总额比率，用于反映和考核资产配置预算执行情况	资产配置预算执行率 = 单位当年实际配置资产总额/资产预算配置总额 × 100%（2分），数值均为年初、年末的算术平均数	评价实施方结合预算管理要求进行评分。 1. 实际完成率 = 100%，得满分； 2. 实际完成率 > 100% 或 < 100%，不得分

续表

一级指标	二级指标	三级指标	指标解释	评价要点、评价公式及分值	评价标准
产出（36分）	资产配置	实际完成率（2分）	资产配置、基本建设对应的实际产出数与计划产出数的比率，用以反映和考核资产产出数量目标的实现程度	实际完成率=（实际产出数/计划产出数）×100%（2分） 实际产出数：一定时期（本年度或项目期）内资产配置、出租、出借、对外投资、基本建设对应的实际产出的资产数量。 计划产出数：绩效目标确定的在一定时期（本年度或项目期）内计划产出的资产数量	评价实施方结合单位实际设定最低得分率。 1. 实际完成率≥100%，得满分； 2. 100%＞实际完成率≥最低得分率，得分=实际完成率×该指标分值； 3. 实际完成率＜最低得分率，不得分
		完成及时率（2分）	资产配置、基本建设项目实际提前完成时间与计划完成时间的比率，用以反映和考核资产产出时效目标的实现程度	完成及时率=[（计划完成时间-实际完成时间）/计划完成时间]×100%（2分） 实际完成时间：单位完成资产配置、出租、出借、对外投资、基本建设项目实际耗用的时间。 计划完成时间：单位按照实施计划或相关规定完成资产配置、出租、出借、对外投资、基本建设所需的时间	评价实施方结合资产配置、出租、出借、对外投资、基本建设项目实际设定最低得分率。 1. 完成及时率≥0，得满分； 2. 0＞完成及时率≥最低得分率，得分=（1+完成及时率）×该指标分值； 3. 完成及时率＜最低得分率，不得分

续表

一级指标	二级指标	三级指标	指标解释	评价要点、评价公式及分值	评价标准
产出（36分）	资产配置	成本节约率（2分）	完成资产配置和基本建设项目计划工作目标的实际节约成本与计划成本的比率，用以反映和考核资产配置和基本建设项目的成本节约程度	成本节约率＝[（计划成本－实际成本）/计划成本]×100%（2分） 实际成本：单位如期、保质、保量完成既定资产配置和基本建设项目工作目标实际所耗费的支出。 计划成本：单位为完成配置和基本建设项目工作目标计划安排的支出，一般以资产预算为参考	评价实施方结合产配置和基本建设项目实际设定最低得分率。 1. 成本节约率≥0，得满分； 2. 0＞成本节约率≥最低得分率，得分＝(1+成本节约率)×该指标分值； 3. 成本节约率＜最低得分率，不得分
		质量达标率（2分）	资产配置、基本建设项目完成的质量达标产出数与实际产出数的比率，用以反映和考核资产配置、出租、出借、对外投资、基本建设项目产出质量目标的实现程度	质量达标率＝（质量达标产出数/实际产出数）×100%（2分） 质量达标产出数：一定时期（本年度或项目期）内实际达到既定质量标准的资产数量。 既定质量标准是指项目实施单位设立绩效目标时依据计划标准、行业标准、历史标准或其他标准而设定的绩效指标值	评价实施方结合资产配置、出租、出借、对外投资、基本建设项目实际设定最低得分率。 1. 质量达标率≥最低得分率，得分＝质量达标率×该指标分值； 2. 质量达标率＜最低得分率，不得分

续表

一级指标	二级指标	三级指标	指标解释	评价要点、评价公式及分值	评价标准
产出（36分）	资产配置	资产和基本建设质量可控性（2分）	单位是否为达到资产和基本建设项目质量要求而采取了必需的措施，用以反映和考核单位对资产和基本建设项目质量的控制情况	评价要点： 1. 是否已制定或具有相应的资产和基本建设项目质量要求或标准（1分）； 2. 是否采取了相应的资产和基本建设项目质量检查、验收等必需的控制措施或手段（0.5分）； 3. 重点资产和基本建设项目是否按规定实施了招投标程序（0.5分）	评价实施方结合资产和基本建设项目实际确定每项评价要点分值，未达到评价要点要求扣除相应分数
	资产保障水平	人均办公用房（2分）	办公室用房总面积与单位在职人数的比率，用于反映和考核人均占有的办公用房面积	人均办公用房 = 办公室用房总面积/单位在职人数（2分）	该指标为负向指标，评价实施方根据配置标准进行评分。 1. 人均办公用房≤制度规定的配置标准，得满分； 2. 人均办公用房＞制度规定的配置标准，不得分
		人均通用办公设备（电脑打印机等）（2分）	通用设备实有数量与在职人数的比率，用于反映和考核人均使用的办公设备数量	人均通用办公设备 = Σ通用设备实有数量/在职人数，数值为年初、年末的算术平均数（2分）	该指标为负向指标，评价实施方根据配置标准进行评分。 1. 人均通用办公设备≤制度规定的配置标准，得满分； 2. 人均通用办公设备＞制度规定的配置标准，有一项的扣0.5分，有多项的，进行累计扣分；该指标最少为0分

续表

一级指标	二级指标	三级指标	指标解释	评价要点、评价公式及分值	评价标准
产出（36分）	资产运行效率	资产利用率倍数（2分）	单位当年的资产利用率是上年的资产利用率的倍数，反映和考核资产利用率的增减变动情况	资产利用变动率＝［单位当年用于履行公共服务职能的在用资产（扣除出租出借和长期投资资产）/总资产（扣除出租出借和长期投资资产）］/［单位上年用于履行公共服务职能的在用资产（扣除出租出借和长期投资资产）/总资产（扣除出租出借和长期投资资产）］，数值为年初、年末的算术平均数（2分）	该指标为正向指标。评价实施方结合单位管理要求进行评分。1. 资产利用率倍数≥1，得满分；2. 资产利用率倍数＜1%，不得分
		资产维修费用率倍数（2分）	单位当年资产维修费用率是上年的资产维修费用率的倍数，用于反映和考核资产维修费用率的增减变动情况	资产维修费用变动率＝（单位当年维修费用/固定资产总额）/（单位上年维修费用/固定资产总额），固定资产总额数值为年初、年末的算术平均数（2分）	该指标为负向指标。评价实施方结合单位实际设定最低得分倍数。1. 资产维修费用率倍数≤1，得满分；2. 最低得分倍数＞资产维修费用率倍数＞1，得分＝2−（资产维修费用率倍数−最低得分倍数）×该指标分值；3. 资产维修费用率倍数＞最低得分倍数，不得分
		资产出租出借率倍数（2分）	单位当年资产出租出借率是上年资产出租出借率的倍数，用于反映和考核单位资产出租出借率的增减变动情况	资产出租出借变动率＝（单位当年出租出借资产总额/资产总额）/（单位上年出租出借资产总额/资产总额）（2分），数值为年初、年末的算术平均数	评价实施方结合单位实际和资产管理要求，设定得分倍数区间。1. 资产出租出借率倍数在得分倍数区间的，得该指标分值；2. 资产出租出借率倍数不在得分倍数区间的，不得分

续表

一级指标	二级指标	三级指标	指标解释	评价要点、评价公式及分值	评价标准
产出(36分)	资产运行效率	资产闲置率倍数(2分)	单位当年资产闲置率是上年资产闲置率的倍数,用于反映和考核单位资产闲置率的增减变动情况	资产闲置变动率=(单位当年闲置资产总额/资产总额)/(单位上年闲置资产总额/资产总额)(2分),数值为年初、年末的算术平均数	该指标为反向指标。评价实施方结合单位管理要求进行评分。1.资产闲置率倍数<1,得满分;2.资产闲置率倍数≥1,不得分
	资产安全完整与保值增值	三年以上应收款项倍数(2分)	单位年末三年以上应收款项总额是年初三年以上应收款项总额的倍数,用于反映和考核年末三年以上应收款项总额的增减变动情况	三年以上应收款项增长率=年末三年以上应收款项总额/年初三年以上应收款项总额(2分)	该指标为负向指标。评价实施方结合单位实际设定最低得分倍数。1.三年以上应收款项倍数≤1,得满分;2.最低得分倍数>三年以上应收款项倍数>1,得分=2-(三年以上应收款项倍数-最低得分倍数)×该指标分值;3.三年以上应收款项倍数>最低得分倍数,不得分
		不良对外投资降低倍数(2分)	年末对外投资损失资产总额是年初对外投资损失资产总额的倍数,用于反映和考核对外投资的损失情况	不良对外投资倍数=对外投资损失资产总额/对外投资资产总额(2分)	该指标为负向指标。评价实施方结合单位实际设定最低得分倍数。1.不良对外投资降低倍数≤1,得满分;

续表

一级指标	二级指标	三级指标	指标解释	评价要点、评价公式及分值	评价标准
产出(36分)	资产安全完整与保值增值	不良对外投资降低倍数(2分)	年末对外投资损失资产总额是年初对外投资损失资产总额的倍数，用于反映和考核对外投资的损失情况	不良对外投资倍数 = 对外投资损失资产总额/对外投资资产总额（2分）	2. 最低得分倍数＞不良对外投资降低倍数＞1，得分 = 2 −（不良对外投资降低倍数 − 最低得分倍数）× 该指标分值；3. 不良对外投资降低倍数＞最低得分倍数，不得分
		固定资产完整率(2分)	盘点时，实有固定资产数量除以账面固定资产数量，用于反映和考核单位固定资产是否完整	固定资产完整率 = 实有固定资产数量/账面固定资产数量×100%（2分）	评价实施方结合单位管理要求进行评分。1. 固定资产完整率 = 100%，得满分；2. 固定资产完整率＞100%或＜100%，不得分
		非流动资产完整率(2分)	盘点时，实有非流动资产数量除以账面重点非流动资产数量，用于反映和考核单位非流动资产是否完整	非流动资产完整率 = 实有非流动资产数量/账面非流动资产数量×100%（2分）	评价实施方结合单位管理要求进行评分。1. 非流动资产完整率 = 100%，得满分；2. 非流动资产完整率＞100%或＜100%，不得分
		非流动资产保值增值率(2分)	年末非流动资产总额减去年初非流动资产总额，与年初非流动资产总额的比率，用于反映和考核单位非流动资产的保值增值情况	非流动资产保值增值率 =（年末非流动资产总额 − 年初非流动资产总额）/年初非流动资产总额×100%（2分）	评价实施方结合单位实际和资产管理要求，设定得分率区间。

续表

一级指标	二级指标	三级指标	指标解释	评价要点、评价公式及分值	评价标准
产出(36分)	资产安全完整与保值增值	非流动资产保值增值率(2分)	年末非流动资产总额减去年初非流动资产总额，与年初非流动资产总额的比率，用于反映和考核单位非流动资产的保值增值情况	非流动资产保值增值率 =（年末非流动资产总额 − 年初非流动资产总额）/年初非流动资产总额×100%（2分）	1. 非流动资产保值增值率在得分率区间的，得该指标分值；2. 非流动资产保值增值率不在得分率区间的，不得分
		负债倍数(2分)	单位年末负债总额是年初负债总额的倍数，用于反映和考核负债增减变动情况	负债倍数 = 年末负债总额/年初负债总额（2分）	该指标为负向指标。评价实施方结合单位实际设定最低得分倍数。1. 负债倍数≤1，得满分；2. 最低得分倍数＞负债倍数＞1，得分＝2 −（负债倍数 − 最低得分倍数）× 该指标分值；3. 负债倍数＞最低得分倍数，不得分
效果(24分)	经济效益	对外投资收益率倍数(2分)	单位当年对外投资收益率与去年对外投资收益率倍数，用于反映和考核对外投资收益率的增减变动情况	对外投资收益率倍数 =（当年对外投资净收益/对外投资资产总额）/（上年对外投资净收益/对外投资资产总额），对外投资资产总额数值为年初、年末的算术平均数（2分）	该指标为正向指标。评价实施方结合单位实际和资产管理要求，设定得分率区间。1. 对外投资收益倍数在得分倍数区间的，得该指标分值；2. 对外投资收益倍数不在得分倍数区间的，不得分

续表

一级指标	二级指标	三级指标	指标解释	评价要点、评价公式及分值	评价标准
效果(24分)	经济效益	出租出借收益率倍数(2分)	单位当年出租出借收益率与上年出租出借收益率的倍数,用于反映和考核出租出借收益率的增减变动情况	出租出借收益率倍数 = (当年出租出借净收益/出租出借资产总额)/(上年出租出借净收益/出租出借资产总额),出租出借资产总额数值为年初、年末的算术平均数(2分)	该指标为正向指标。评价实施方结合单位实际和资产管理要求,设定得分率区间。1. 出租出借收益倍数在得分倍数区间的,得该指标分值;2. 出租出借收益倍数不在得分倍数区间的,不得分
	社会效益	公共基础设施相关指标(2分)	公共基础设施对社会发展所带来的直接或间接影响情况	时间节约率 = Σ(原来到达时间 - 现在到达时间)/原来到达时间的加权平均数(以历史成本为权数)(1分),事故发生率 = Σ(原来发生事故次数 - 现在发生事故次数)/原来发生事故次数的加权平均数(以历史成本为权数)(1分)	评价实施方结合单位实际进行评分。1. 时间节约率为正向指标,实际时间节约率≥预计时间节约率,得满分;否则,该指标不得分;2. 事故发生率为反向指标,实际事故发生率≤预计事故发生率,得满分;否则,该指标不得分
		政府储备物资相关指标(2分)	政府储备物资对社会发展所带来的直接或间接影响情况	保障系数 = Σ(储备物资数量/保障人数)的加权平均数(以历史成本为权数)(2分)	评价实施方结合单位实际进行评分。保障系数为正向指标,实际保障系数≥预计保障系数,得满分;否则,该指标不得分

续表

一级指标	二级指标	三级指标	指标解释	评价要点、评价公式及分值	评价标准
效果(24分)	社会效益	文物文化资产相关指标(2分)	文物文化资产对社会发展所带来的直接或间接影响情况	接待参观游览人数增长率 = Σ（本年度接待参观游览人数/上年度接待参观游览人数）-1（以历史成本为权数）(2分)	评价实施方结合单位实际进行评分。接待参观游览人数增长率为正向指标，实际接待参观游览人数增长率 ≥ 预计接待参观游览人数增长率，得满分；否则，该指标不得分
		保障性住房相关指标(2分)	保障性住房对社会发展所带来的直接或间接影响情况	保障系数 = Σ 实际保障人数/应当保障人数（以历史成本为权数）(2分)	评价实施方结合单位实际进行评分。保障系数为正向指标，实际保障系数 ≥ 预计保障系数，得满分；否则，该指标不得分
	生态效益	自然资源资产相关指标(2分)	自然资源资产对生态环境所带来的直接或间接影响情况	绿化增长率 = Σ（本年度绿化面积/上年度绿化面积）-1（以历史成本为权数）(2分)	评价实施方结合单位实际进行评分。绿化增长率为正向指标，实际绿化增长率 ≥ 预计绿化增长率，得满分；否则，该指标不得分
	可持续影响	提高工作效率(2分)	资产后续运行及成效发挥所带来的可持续影响情况	办事周期节约率 = Σ（原来办事时间-现在办事时间）/原来办事时间的加权平均数 (2分)	评价实施方结合单位实际进行评分。办事周期节约率为正向指标，实际办事周期节约率 ≥ 预计办事周期节约率，得满分；否则，该指标不得分

续表

一级指标	二级指标	三级指标	指标解释	评价要点、评价公式及分值	评价标准
效果(24分)	可持续影响	提高资源配置效率(2分)	资产后续运行及成效发挥所带来的可持续影响情况	资金节约率 = ∑（调剂资产总额 + 共享资产总额）/资产配置总额（2分）	评价实施方结合单位实际进行评分。资金节约率为正向指标，实际资金节约率≥预计资金节约率，得满分；否则，该指标不得分
		社会公众或服务对象满意度(6分)	社会公众或服务对象是指因资产管理而受到影响的部门（单位）、群体或个人。一般采取社会调查的方式	社会公众或服务对象满意度 = 调查中满意的个体数与社会调查总体数的比率。社会公众或服务对象包括财政部门（1分）、主管部门（1分）、单位工作人员（1分）、单位业务人员（1分）、社会公众（2分）	评价实施方结合单位资产管理实际设定最低得分率。1. 满意度≥最低得分率，得分 = 社会公众或服务对象满意度×该指标分值；2. 满意度＜最低得分率，不得分

四、推进资产管理与预算管理结合机制建设的政策建议

资产管理与预算管理结合的具体体现是资产预算。资产预算是指与资产有关经济事项的资金收支计划。现行的资产预算由资产配置预算、运营维护费用预算、大型修缮预算和非经营性国有资产收入预算等组成。无论是行政单位、事业单位，还是主管部门、财政部门，资产预算均是预算的重要组成部分。尽管国家层面就行政事业单位预算管理与资产管理有效融合从管理内容、方式、工具、人员、制度等方面，搭建较为科学的部门规章层级的制度框架，但其结合机制、相关政策还有提升的空间。本政策建议是在前文对资产管理和预算管理结合路径、机制进行详细阐述的基础上提出来的，具体如下。

（一）强化资产管理和资产预算管理理念

强化资产管理理念。资产是单位履职尽责及事业发展的重要物质保障，要深入普及、不断强化国有资产国家所有、单位占有使用的认识，改变资产管理"重采购、轻管理"的理念，提升单位领导和资产管理人员、纪检监督人员对违规占有、使用、处置国有资产行为的识别能力，强力"一体推进"资产管理方面的"不敢腐、不能腐、不想腐"建设；加强"以案促改"工作，以身边事，警醒、教育身边人；至少在单位内部公示单位资产状况信息，包括资产存量、使用状况、使用部门以及期间资产增量、核减等信息，尤其是重点资产相关信息，主动接受监督。

强化资产预算管理理念。资产预算是与资产相关的经济事项发生的基础，要牢固树立资产经济事项"无预算不采购、无预算不支付"的理念；强化资产预算硬性约束，非政策要求和突发事件不能突破资产预算；资产预算追加应当履行严格审批程序；加强预算资金检查监督，严禁采取变通方式突破资产预算。

（二）加强资产管理和资产预算管理法制建设

择机出台《行政事业单位国有资产法》。为加强企业国有资产管理，国家制定了《企业国有资产法》；为进一步加强行政事业单位国有资产管理，2020年12月30日，国务院召开常务会议，通过了《行政事业性国有资产管理条例（草案）》，但从法律制度体系完整性方面看，还缺少法律层面的《行政事业单位国有资产法》。

加快制定行业专用资产配置标准。财政部2018年12月24日印发了《中央行政事业单位国有资产配置管理办法》，河南省财政厅2020年10月23日印发了《河南省行政事业单位国有资产配置管理办法》；2016年5月17日，财政部印发了《行政单位通用办公设备家具配置标准》；河南省财政厅2020年12月2日印发了《河南省省级行政事业单位通用资产配置标准》；但是缺少行业主管部门制订的行业内部常用的专用设备配置标准，主管部门制定系统内部专业设备配置标准的进程应当加快。

尽早制定资产预算编制具体操作实施细则。《预算法》中明确以预算单位存量资产状况作为预算编制的一个参考因素，说明资产状况及管理水平影响着预算资金配置方向（或配置结构）及资源配置效率。《行政单位国有资产管理暂行办法》和《事业单位国有资产管理暂行办法》均将预算管理与资产管理相结合，作为资产管理的一个原则。该项规定实际上明确了预算管理是资产管理的一个手段，即行政事业单位资产配置、使用、处置应当以资产预算为基础，编制并执行资产预算，严格接受资产预算硬性约束。《中央行政事业单位国有资产配置管理办法》《河南省省级行政事业单位国有资产配置管理办法》均将资产配置计划作为资产预算编制的前置环节，是资产与预算相融合的又一形式（形态）。但资产预算编制的具体操作缺少规范遵循，为规范资产预算编制工作，建议出台资产预算编制的具体操作细则。

积极完善资产处置的相应规定。尤其应当明确当年发生的资产处置事项，应当当年处置完毕；不能仅仅约定不得跨年处理的规定，还应当约定连续两年没有处理完毕的，属于懒政怠政行为，给予相应处分、处罚。对在机构变更时发生的资产划转行为，应当明确单位间没有办理资产移交手续时，人事部门不得办理人员调转和工资发放手续；办理人员调转手续的，属于渎职行为，建议给予相关部门和办理人员相应处分、处罚。

探索制定资产绩效指标体系、资产绩效评价办法等具体规章制度。在指标设置方面，建议设置以下一级指标：管理机构和人员设置、资产管理事项、资产配置效率、资产使用效果、资产存量盘活和共享共用情况、资产保值增值情况、信息系统和应用、其他指标。资产配置效率二级指标：人均占有办公室使用面积、人均占有通用设备数量。资产使用效果二级指标：资产成新率、资产闲置率、出租出借收益率、对外投资收益率。其他指标二级指标：公共基础设施、政府性储备物资、文物文化资产、保障性住房入账率、增长率、运营效率。

（三）搭建互融互通信息化平台，为资产管理和预算管理有机结合强攻赋能

站在提升单位治理水平、为实现政府治理水平和治理能力奠定坚实物质基础的高度，以提高资金使用效益、资产使用效率和业务工作效率为目标，运用内控思维和绩效管理模式，按照财经法律规定、经济和专业业务流程、财务和业务管理要求，建立融合预算管理、政府采购、资产管理、财务管理与会计核算功能的大融合信息系统平台。积极拓展资产管理信息系统功能，增加非固定资产模块，使该系统能够兼容流动资产、长期投资、在建工程、公共基础设施、政府储备物资、保障性住房等资产信息，并对应生成资产报

表信息。同时，使资产管理信息系统在预算管理一体化系统中留有端口，增强预算管理一体化系统功能，保证预算管理部门能够对资产信息追本溯源；提升预算管理一体化系统功能，将包含资产月报和财务报告系统的财政部统一报表系统（河南）作为信息报告模块的一部分与预决算报告平行显示。定期更新预算管理一体化信息系统，努力做到相关业务间及时、有序推送关联数据，准确、科学生成业务和财务报告等各种财务信息和非价值信息，为加强监控、强化管理、科学决策提供信息参考。

（四）全面摸清资产"家底"，做实资产存量

真正摸清单位资产"家底"，夯实资产存量，必须要脚踏实地、踏踏实实做好这项工作。财政部门要做好资产清查盘点制度设计、制度制定和制度执行督察。主管部门务必加强资产清查制度执行力度，在充分考虑行业资产特点、科学进行资产分类的基础上，制订本系统的资产清查方案。清查方案要明确要求所属单位按期报送清查报告和清查报表。主管部门对所属单位资产清查中盘盈盘亏本身及其处置方法的合理性、合法性，应当通过检查、复核清查工作底稿方式进行全方位深层次监督。行政事业单位务必年末统一进行资产盘点清查，核准各单位资产存量，包括质量、结构和分布情况等信息。具体工作既要有时间表，又要有路线图。事前做好具体方案，并对具体清查人员做好政策法规、预计发生情况和应对操作进行培训。事中要全方位指导监督，工作人员要按照具体要求做好各种工作，既要注重剥离不符合固定资产标准的资产将其记入存货，又要关注将符合资产确认标准的公共基础设施、政府储备物资、保障性住房及自然资源资产纳入资产范围，同时，还应当将容易忽略遗漏的知识产权、专利权、名誉权等无形资产纳入盘点范围。事后要对资产存量数据进行核验，判断盘点结果的真实性和准确性，有无弄虚作假、脱离实际情况的行为，并进行积极纠正。政府应当按照国有资产"国家统一所有、政府分级监管、单位占有使用"的管理体制，对于长期历史遗留造成的资产账实不一致的情况，按规定报经批准后作出处理意见。

（五）做实资产配置计划编审

细化资产配置计划编制。单位要以资产存量为基础，结合单位年度履职尽责和事业发展需要，根据资产配置相应标准，初步确定应当匹配的资产品名、数量、性能，由单位内部各业务部门按照统一规范性表单分资产类别自

行申报，资产管理部门（或财务部门）审核汇总后生成本单位资产配置计划。资产配置计划要提供增量资产品名、规格、型号、数量、单价、质量等详细的非价值和价值信息。

强化资产配置计划审核。财政国资部门（或财政部门业务处室）在资产审核时充分发挥作用，组织指导业务主管部门和单位资产管理部门依托行政事业单位资产管理信息系统人员数量、资产存量数据、本级资产配置标准对资产预算进行审核。既要审核单位资产存量真实性、完整性、准确性，防止单位虚报数量、单价和金额，不显示质量标准情形，还要审核资产预算是否考虑了行业中长期规划，是否属于单位履职尽责、完成年度工作计划的需要，是否考虑资产的调剂和共享共用，是否符合厉行节约精神和资产配置标准规定要求。

（六）加强资产管理和预算管理专业队伍建设

与人事编制部门沟通，建议单位内部增设预算管理和资产管理部门，明确相应岗位和与岗位相匹配的专业技能标准；任用具备专业能力、胜任预算管理岗位和资产管理岗位的人员，确保单位履职到位。

把好入职关。对拟任用人员进行相关基础知识考试，考试通过后方能上岗；加强任期的业务培训，提升专业素养和业务操作能力。培训内容既有政策法规方面的，又有制度办法方面的，还应当有任务分解、归口管理、实施步骤、工作标准、注意事项、时间要求、运营测试、监督检查等方面的实施方案。培训结束还要进行培训效果考试，考试合格方能从事预算管理和资产管理工作；同时建立末位淘汰机制，连续3次管理工作在后三名的，建议调离相关任用工作岗位。

（七）强化绩效考核，勇于监督，奖惩分明，违法必究

强化绩效考核。建议将资产绩效管理作为预算绩效管理的组成部分，将预算管理和资产管理水平纳入政府对部门单位的考核指标体系，反映单位履职尽责状况，与单位评先评优比例、人员评先评优比例及绩效工资发放系数挂钩。

勇于监督是指勇于担当，认真监督。行政事业单位勇于担当，对本单位资产管理和预算管理担负具体职责，履职不到位属于渎职行为。单位内部领导要以身作则，做好表率，并积极强力支持资产管理部门与人员的工作；资

产管理部门切实履行具体管理职责,管理人员克服畏难情绪,与纪检部门一起敢于善于监管,积极运用资产绩效管理方式,科学设置绩效指标,加强绩效监管,切实做好资产管理,并及时向主管部门和财政部门报送年度资产盘点报告和资产报告。主管部门是预算管理和资产管理的关键部门,要充分发挥行业监管职责,绝不能事不关己、高高挂起、懒作为、不作为。通过制定具体管理制度,创新和丰富管理方式,运用具体管理方法,实施具体管理措施,并不断强化对资产盘点状况的监督和资产报告的审核,强化对所属单位资产预算审核及对资产管理和预算管理的监督。财政部门实施综合管理职责,发挥引领作用,进一步加强顶层设计,完善体制机制,强化对主管部门和行政事业的指导监督。

尝试将体制分级监管提升为上级监管;不断强化机制反应灵敏度,与部门考核优劣、人员奖惩与任免直接挂钩;强化综合管理职责,对部门设置、岗位设置、人员任用、管理标准、管理方法、管理措施予以明确;对主管部门管理和单位管理状况予以考核和监督检查;同时可以开展以上级部门牵头,或由上级部门委托下级部门的专项监督检查,并及时通报检查结果。

奖惩分明,违法必究。大力表彰优秀单位,积极推广示范单位的具体做法,形成示范效应。积极宣传,营造管理良好氛围,形成正向的舆论导向;对违规违纪问题,勇于问责,违法必究。

本章课题组负责人:颜敏
　　　　　成　员:李婷婷、盛锐、王林江、赵卓娅、周海民、吕冰妍、米蕊、李建芳、王齐琴、翟登峰、付东

主要参考文献

[1] 古丽娟. 行政事业单位资产管理与预算管理的融合探讨 [J]. 中国总会计师, 2019 (5): 76-77.

[2] 李春龙, 裴红萍. 国有资产与预算管理结合的效率模式 [J]. 北京: 中国水利水电出版社, 2013: 67-98.

[3] 李森. 试论行政事业资产管理与预算管理相结合的根本出路——分别编制经常预算和资产预算、完善一般公共预算体系 [J]. 行政事业资产与财务, 2018 (13): 1-5.

[4] 廖海波. 事业单位资产管理与预算管理相结合的思路探讨 [J]. 行政事业资产与财务, 2019 (23): 93-94.

[5] 陆阳春. 中国政府会计体系构建研究 [D]. 北京: 财政部财政科学研究所, 2013.

[6] 潘成利, 马锋. 如何做好事业单位资产配置管理工作 [J]. 国有资产管理, 2020 (5): 31-33.

[7] 田世宇. 关于加强行政事业性国有资产管理情况报告成果应用的思考 [J]. 国有资产管理, 2021 (6): 35-38.

[8] 王雍君. 预算绩效评价: 评价公共资产与负债管理绩效 [J]. 财政监督, 2021 (12): 54.

[9] 徐国华. 行政事业单位国有资产管理绩效评价研究 [J]. 知识经济, 2020 (18): 8, 15.

[10] 严培胜, 张青, 严建新. 事业单位资产配置与预算规则机制设计 [J]. 湖北经济学院学报, 2019 (4): 90-97.

[11] 袁冬明. 新政府会计制度实施背景下行政事业单位固定资产管理 [J]. 国有资产管理, 2020 (12): 45-48.

[12] 赵善庆. 公立高校固定资产管理新模式的构建——基于财务预算角度 [J]. 财会月刊, 2015 (31): 22-25.

[13] 中华人民共和国财政部令第 100 号, 财政部关于修改《事业单位国有资产管理暂行办法》的决定, http://www.gov.cn/gongbao/content/2021/content_5581071.htm。

[14] 中华人民共和国财政部令第 35 号, 行政单位国有资产管理暂行办法, http://www.gov.cn/gongbao/content/2007/content_660528.htm。

[15] 中华人民共和国财政部令第 36 号, 事业单位国有资产管理暂行办法, http://www.gov.cn/gongbao/content/2007/content_660534.htm。

[16] 中华人民共和国国务院令第 738 号, 行政事业性国有资产管理条例, http://www.gov.cn/gongbao/content/2021/content_5595919.htm。